José Joaquín Granados y Gálvez

# Tardes americanas

Gobierno gentil y católico: breve y particular noticia de toda la historia indiana: sucesos, casos de la Gran nación Tolteca a esta tierra de Anáhuac, hasta los presentes tiempos

Barcelona **2022**
**Linkgua-ediciones.com**

## Créditos

Título original: Tardes americanas.

© 2022, Red ediciones S.L.

e-mail: info@linkgua.com

Diseño de cubierta: Michel Mallard

ISBN rústica: 978-84-9816-266-0.
ISBN ebook: 978-84-9897-861-2.

# Sumario

Créditos _____ **4**

Brevísima presentación _____ **9**

De lo que contienen las Tardes americanas _____ **11**

    Censura del M. reverendo padre fray José de san Benito _____ 25

    NOS el doctor don José Ruiz de Conejares _____ 28

    Aprobación del M. reverendo padre fray Fernando Rivera _____ 29

    Dictamen del M. reverendo padre fray José Arias _____ 32

    Fray Santiago Cisneros de la Regular Observancia de N. san padre san Francisco ___ 35

Introducción que sirve de prólogo _____ **37**

Tarde I. Acredítase el carácter de la historia indiana con la luz de varios monumentos _____ **48**

Tarde II. Gobierno gentil. Principio y fin de los toltecas: varias operaciones, y llegada de los chichimecas, con la resolución de los decantados problemas de quienes, de dónde, y por dónde vinieron las primeras gentes pobladoras de estas tierras _____ **56**

Tarde III. Continúase la serie monárquica, y se da una breve instrucción de la teogonía, y calendarios indianos _____ **68**

    Prospecto de la rueda _____ 77

Tarde IV. Ciencias, cultura y civilidad de los antiguos y actuales indios. Breve relación de los feudos al imperio de Tetzcoco _____ **90**

Tarde V. Origen, progresos y fin de los aztecas o mexicanos, y explicación de algunos fenómenos _____ **128**

Tarde VI. Poder tlatelulcano, breve noticia del reino de Michoacán, y otras cosas dignas de leerse _____ 141

Tarde VII. Descripción de la grandeza de las dos cortes, Tetzcuco y México____ 149

Tarde VIII. Entierros, sepulcros, casamientos, y coronaciones de los antiguos indios _____ 158

Tarde IX. Conquista del reino: hechos y glorias de Cortés: derecho que fundan a estas tierras los reyes católicos _____ 174

Tarde X. Gobierno católico prudente _____ 195

Tarde XI. Relación de los primeros ministros evangélicos, y apología hecha a favor del V. P. fray Juan de San Miguel, primer fundador de la hospitalidad michoacana _____ 208

Tarde XII. Erección de iglesias y provincias regulares, con una breve noticia de sus primeros prelados _____ 227

Tarde XIII. Virtudes y fama póstuma de muchos varones indianos, que florecieron en santidad _____ 238

Tarde XIV. Gobierno católico justo. Establecimiento de alcabalas, y otros sucesos recomendables _____ 250

Tarde XV. Índole, genio, y talentos de los españoles americanos, y noticia de varios acontecimientos _____ 265

Tarde XVI. Gobierno católico fiel. Alteración de algunos pueblos, su pacificación, digno elogio, y conclusión del gobierno americano_____ 290

Tarde XVII. Concilio cuarto mexicano, y pronóstico de la duración y felicidad futura americana_____ 315

Nota el Indio _____343

**Libros a la carta**_____ **349**

## Brevísima presentación

José Joaquín Granados y Gálvez nació en Málaga en 1734, y llegó a México con diecisiete años de edad. Inició en la Nueva España su carrera religiosa y llegó a ser obispo de Sonora. *Tardes americanas* es un extenso diálogo entre un indio y un español, que ubica al libro en su época y relata, con cierta vehemencia, la vida colonial durante el siglo XVIII.

## De lo que contienen las Tardes americanas

Gobierno gentil y católico: breve y particular noticia de toda la historia indiana: sucesos, casos notables, y cosas ignoradas, desde la entrada de la Gran nación Tulteca a esta tierra de Anahuac, hasta los presentes tiempos.

M. I. S.

Excelentísimo señor

CENSURA DEL M. reverendo padre fray José Rafael Olmedo

Lector jubilado, doctor Teólogo, y catedrático del Venerable Sutil Escoto en la Real y Pontificia Universidad de México.

CENSURA DEL M. reverendo padre fray José de san Benito

Carmelita Descalzo, Escritor público, ex-Lector de Sagrada teología Expositiva y moral, Prior que fue de su Convento de Oaxaca, dos veces del de Salvatierra, y actualmente de este Convento grande de san Sebastián de México.

NOS EL doctor don José Ruiz de Conejares

Abogado de los Reales Consejos, Ordinario del Santo Oficio de la Inquisición de este reino, Provisor Vicario general, visitador, y gobernador de este arzobispado por el ilustrísimo señor doctor don Alonso Núñez de Haro y Peralta, del Consejo de su majestad, arzobispo de esta Santa Iglesia Metropolitana, etc.

APROBACIÓN DEL M. reverendo padre fray Fernando Rivera

Lector jubilado, Ex-Custodio, y padre de la provincia de los Zacatecas.

DICTAMEN DEL M. reverendo padre fray José Arias

Lector de Prima de Sagrada teología, Guardián, y Regente de Estudios en el Colegio Real, y Pontificio de la Purísima Concepción de Zelaya.

FRAY SANTIAGO CISNEROS DE LA Regular Observancia de N. san padre san Francisco

Predicador general de Jure, ex-Definidor, y ministro, provincial de esta Santa provincia de los Gloriosos Apóstoles san Pedro, y san Pablo de Michoacán, y Siervo, etc. = Al reverendo padre fray José Joaquín Granados, Predicador general de Jure, ex-Definidor, e Hijo de esta nuestra sobredicha provincia: salud, y paz en nuestro señor Jesucristo.

Soneto

De un Apasionado de la Obra, y del Autor

Tardes americanas gobierno gentil y católico: breve y particular noticia de toda la historia indiana: sucesos, casos notables, y cosas ignoradas, desde la entrada de la Gran nación Tulteca a esta tierra de Anahuac, hasta los presentes tiempos.

Al señor don Miguel de Gálvez
CONSEJERO DE GUERRA, GOBERNADOR DE LA
REAL JUNTA DEL MONTEPÍO MILITAR, Y
PRESIDENTE DE LA REAL ACADEMIA DE
DERECHO PATRIO, Y PÚBLICO, etc.

M. I. S.

Los particulares dones de nobleza y conmiseración con que generosamente el Cielo ha dotado el gran espíritu de V. S.: el distinguido aprecio y dulce ternura con que encarecidamente mira los inocentes engendros del Malagueño país; y el sublime concepto de Literato que universalmente se tiene granjeado entre todos los Sabios, siéndole como innata la propensión a los estudios y estudiosos, han sido un eficaz argumento, que pudieron vencer mis reverentes temores, para que sin violencia lleve hasta los encumbrados umbrales de su poderosa protección el humilde sacrificio de las racionales tareas que gustoso consagro a la voceada piedad del excelentísimo señor don JOSÉ DE GÁLVEZ, dilectísimo Hermano de V. S. Cuantos empeños, escollos, arduidades, y continuados afanes han pretendido probar la constancia de mi aplicación en los largos periodos de esta Obra, ninguno ha sido bastante a enflaquecer la robustez de mi ánimo; y sí, la inseparable consideración de arreglar con mis religiosos deseos el majestuoso agrado de un Mecenas, que justamente pisa, como por gloriosos despojos de sus inmensos méritos, las doradas púrpuras del Dosel. Muchas veces tomé la pluma para empeñar con la sinceridad de un mudo lenguaje la alta dignación de su grandeza, y otras tantas me la retrajo del papel el natural encogimiento de mi nada, hasta que informado del precioso carácter de benignidad con que pródiga se jacta y enriquece el Alma de V. S. pude alentar la cobardía de mis justas timideces, soltando los diques a las ansias que siempre tuve de imprimir a la frente de mis fatigas los venerables cultos de un Nombre que la Posteridad adorará como inmortal.

Los regulares y elocuentes idiomas con que las criaturas recomiendan y hacen meritorias para con las Deidades sus clamores y tiernas súplicas, son aquellos fuertes medianeros, que obligados por la caridad, abogan e interponen para con ellas sus respetos. Este admirable estilo que dicta el Cielo por sus Oráculos, observó fielmente el infelice pueblo de Israel, remitiendo sus rendidas deprecaciones al Primer ministro y gobernador del Consejo Supremo Moisés, por la mano de su compasivo Hermano y Sacerdote Aarón.

Iguales cultos tributa mi fe en el Templo de las veneraciones a V. S. que a su excelentísimo Hermano; pero sin confundir las personas, cuanto hace humillar mi encogimiento lo divino de la de san Exc. tanto alienta mi pequeñez lo humano de la de V. S. Este glorioso epíteto de accesible con que todo el Mundo lo conoce, arrastra libremente mi confianza a suplicar a V. S. se digne admitir la religiosa ofrenda de mis desvelos, para que valorizada con su respetable Patrocinio, merezca el dulce agrado que reverentemente solicita en el Mecenas.

Todos saben, que la invariable y rara aplicación a las letras, particular lumbre, serio juicio, libertad, y despotismo que sobre todas ellas goza, le han hecho tan visibles al soberano sus relevantes méritos, que movida su piedad augusta de la rectitud y peso de la justicia, los ha distinguido hasta aquí con los altos honores de Consejero de Guerra, gobernador de la Real Junta del Montepío Militar, y presidente de la Real Academia de Derecho Patrio, Público, y Práctica de Tribunales. Y no abreviándose, como debemos creer, la mano de un monarca tan Justo y Liberal, no es dudable que dilatará las merecidas fortunas de V. S. hasta la inaccesible cumbre de una felicidad incomparable.

Antes que mi veneración lograra instruirse de las maravillosas prendas de V. S. dulcemente se lisonjeaba con poseer la que sobre toda ponderación tenía de sus ilustres Hermanos los señores don Matías y don Antonio; confesando ajustado a la común fama de los pueblos (apreciadores del Heroísmo) serles a las firmezas de sus méritos muy desiguales los honores, no obstante de mirarlos empleados, al señor don Matías ya de Teniente de rey, Coronel, y Comandante de las Islas Canarias, y hoy provisto a la presidencia y Capitanía general del reino, de Guatemala; y al señor don Antonio, Teniente Coronel y Comandante de la Plaza de Cádiz; mas después que V. S. ha demostrado al Orbe la Ejecutoria de su antigua Nobleza en el terso papel de las obras, se fueron hasta sus adorables retretes mis religiosos votos, sin violar los que siempre consagrará el rendimiento a sus generosos Hermanos. Ello es, señor, que si como en la ocasión a mi pluma la dirige una inocente súplica, la empeñara un espíritu imparcial, podría afirmar sin lisonja, que aquel pueblo de adquisición, gente santa, y Generación electa de las Escrituras, era la de V. S. acreditando con los hechos y las virtudes, la indefectible verdad de los Profetas. Ojalá y yo fuera uno de ellos, para que correspondiendo a mis deseos los vaticinios, viéramos a su esclarecida Progenie dominar los tronos de la grandeza, y a V. S. como fuerte pilastra para sostenerla.

V.S. dispensará las groseras expresiones de mi afecto, recibiéndome benigno el que tengo de que la Divina majestad guarde su apreciable vida los años que a todos sus interesados nos importa. México 28 de enero de 1779.

B. L. M. a V. S. su más rendido Capellán,
fray José Joaquín Granados y Gálvez.

Excelentísimo señor

Aquel sagrado respeto que guió la reverente mano de Teófilo a ofrecer en las supremas aras del Romano Capitolio las obras de Cicerón, fue más que gustosa libertad del obsequio, estrecha obligación del tributo: Hæc tibi compensatio opera Tullii. Acusaría el Mundo de delincuentes los gloriosos sudores de Cicerón, si la religiosidad de sus cultos se hubiera consagrado a los inmortales templos de extranjeras Deidades. Labrole Roma dorada cuna a los gorjeos de su infancia, majestuoso dosel al dulce magisterio de su elocuencia: elevó agradecida al fastigio de la dignidad, al que piadosa madre alimentó entre sus caricias; y sería defraudarle sus derechos a la naturaleza, si ingrato no la constituyera poseedora de sus fatigas. Conducíanle Esau y Jacob la preciosidad de sus afanes al buen Isaac: no era lisonja de la fineza, sino justo rédito del rendimiento; porque siempre fueron los padres indispensables herederos de los trabajos de los hijos, en mutua correspondencia de aquella máxima del Derecho: Filius: ergo bæres. En nada se desvían mis humildes votos de la dulce veneración de la patria, si deposito el sacrificio en los magníficos umbrales de la habitación de V. Exc. Dionos un suelo la existencia, gravando en la variedad de la suerte la grandeza de los destinos: eligió a V. Exc. para grande, y a mí para pequeño, porque sabiamente discreto destinaba la ternura de mis labios, e inocentes expresiones de mi lengua, para predicar el sublime carácter de sus méritos: Ex ore infantium, et lactentium perfecisti laudes. Engendrolo a V. Exc. con la soberana recomendación de padre, cuando a mí me concebía entre las desnudeces de hijo; para que los cortos caudales de mis obsecuentes ansias, fueran preciosa víctima de sus generosos respetos. Mecionos en sus festivas cunas Macharabiaya y Sedella (permítame la celsitud de V. Exc. hablar con estas voces; que la humildad de las palabras nada pueden enmendarle a la hermosura de los objetos); pero con distintos arrullos: porque aquella le ceñía a V. Exc. majestuosas fachas, que lo preparaban para el trono; y a mí ésta me ligaba groseros cordones, que me disponían al más gallardo y óptimo sacrificio: Est enim id anum, omnium quidem optimum sacrificium. Diónoslo niño la patria: Puer datus est nobis: para que llegando a grande, tuvieran lugar en su gigante corazón los pequeñuelos: Sinite parvulos venire ad me. Diónoslo niño la naturaleza, aun siendo por naturaleza tan grande; porque este don se le debe a la providencia divina, y aquel al efecto regular de la humana condición. No borra la minoridad la grandeza; porque ésta vincula sus derechos en los antiguos blasones de la sangre, y aquella adorna sus progresos en la vicisitud, y alientos cortos de la edad. Cuando en la heredada nobleza del ilustre caballero don ANTONIO DE GÁLVEZ, y la señora doña ANA MADRID, CABRERA, GALLARDO, Y JURADO, gloriosos padres de V. Exc. no se animaran generosamente todos los dotes de una suprema hidalguía, le sobrarían a su elevado esplendor las inmensidades de testimonios, que sin corromper la línea paterna, le han dado sus valerosos Progenitores. El esforzado caballero don ANTONIO DE GÁLVEZ, cuyo infatigable empeño no tuvo poca parte en la conclusión de la Conquista del reino de Granada por los años de 1492, estableciose con su nobilísima Esposa doña LUISA GÓMEZ DEL CASTILLO lleno de honores en la villa de Santa Ella, perteneciente al reino de Córdoba, heredando en ésta, como por patrimonio, el gobierno del estado noble, los señores don ALONSO GÁLVEZ, que casó con doña LEONOR LÓPEZ, don JUAN DE GÁLVEZ con doña GARCÍA RODRÍGUEZ, y don ALONSO GÁLVEZ con doña GARCÍA CARBAJAL. Éste pasó por orden de los reyes católicos a pacificar la rebelión de los Moriscos de la Alpujarra, dándole suerte la majestad del señor don FELIPE II en las poblaciones de Benaque y Macharabiaya, habiéndole antes consignado la Serenísima doña JUANA, Madre del emperador CARLOS V, por sus distinguidos servicios en las guerras, al señor don PABLO DE GÁLVEZ, tío del señor don ALONSO, igual suerte en mi amada patria Sedella, y puente de don Gonzalo, con la gracia de cuatro Títulos de los que hasta hoy posee por la línea de mi difunta Madre doña MARÍA DE GÁLVEZ, el de Preeminencias, mi carísimo Hermano don JUAN GRANADOS Y GÁLVEZ. Al señor don ALONSO siguió el señor don DIEGO DE GÁLVEZ, Regidor perpetuo en la villa de Macharabiaya, que casó con su Prima Hermana doña MARÍA DE GÁLVEZ, el señor don MIGUEL GÁLVEZ con doña ANA DE RUEDA CARBAJAL, familia de lo más acendrado de España, y Conquistadora de la ciudad de Vélez Málaga, el señor don FRANCISCO GÁLVEZ con doña ELENA GARCÍA CARBAJAL: fiole el rey varias negociaciones, cuya conducta desempeñó tan a satisfacción de su Real agrado, que le recompensó sus méritos con el honor de varias encomiendas. Este es el frondoso Árbol de los GÁLVEZ, tan gloriosamente dilatado por la gran Selva del mundo, como lo gritan las Togas, las Bengalas, Bonetes, Capillas, y Empleos honoríficos en los Tribunales más serios y respetables de la España. Díjolo como profetizándolo Casiodoro: Scitis enim sæpe ex hac familia, viros enituisse præcipuos; y lo dicen Valladolid en su Chancillería, Málaga en su Iglesia, Sevilla en sus Reales Asistencias, la Inquisición en sus ministros: siendo de éstos hasta ahora veinticuatro los que cuenta en el número de los Sabios celadores de la fe, y en la esclarecida religión de Santo Domingo el Rmo. padre señor CRISTÓBAL DE GÁLVEZ, Asistente al Solio, Maestro del Sacro Palacio, y dignísimo general de toda su Orden. Dije que este era el Árbol, no se si de la magnitud de aquel que pinta el Profeta: Magna arbor, et fortis, et proceritas eius contingens cælum: aspectus illius erat usque ad terminos universæ terræ: y Árbol cuya dilatación gloriosamente toca la esfera de la inmensidad, mas obliga a que con los vivos sentimientos de la admiración se le contribuyan votos, que con los tibios rasgos de la pluma se le demarquen sus frutos:

*Si genus excutias Equites ab origine prima*
*Usque per innumeros invenientur avos.*

No es mi ánimo, excelentísimo señor, sumar con la tosquedad de mi pluma la ilustre y dilatada Progenie de V. Exc.

*Non ego cuncta meis amplecti versibus opto.*

porque más que engrandecer su nombre, sería mortificar su modestia. Jamás intenté medir sus gloriosas exaltaciones con la preciosa vara de la Hidalguía; porque aunque ésta (en sentir de los profanos) arroga para sí los derechos de la virtud:

*Nobilitas sola est, atque unica virtus:*

el religioso dictamen de Claudiano, afianzado con el de san Ambrosio, hace poderosamente ver en la persona de V. Exc. que el generoso espíritu de virtud, y particularidad de dones con que enriquecen sus grandes almas los héroes, los elevan al fastigio soberano de las dignidades, y sagrada cumbre de la dominación:

*dona valent: emitur sola, virtute potestas.*

He puesto a la frente de mis humildes desvelos parte de los inmortales retratos de sus heroicos Ascendientes, no solo para mover la soberanía de sus piedades a que le de benigno acogimiento a mis estudiosas fatigas; sino para calificar con la deuda la estrecha obligación de aquestos cultos. Alentáronse en mí las religiosas inclinaciones de servir a V. Exc. luego que en este nuevo Mundo nos dio a conocer la sublimidad de su espíritu. Arrastrábame un natural impulso hacia sus altas veneraciones, y aun conociendo la mano que lo guiaba al rendimiento, procuré recogerlo, dentro de la abatida esfera de mi nada, por no probar con la temeridad del arrojo, algún majestuoso ceño en su apacible semblante. Osadía fue pensarlo; que nunca se ofenden las Deidades porque se le tributen inciensos en sus aras. Si fue delito, ya busco como reo la venia en el agrado:

> *Nil igitur referam, nisi me peccasse; sed ecce*
> *Pænitet, et facto torquor ipse meo:*
> *.....torquor infelix*
> *Sed memor admissi criminis esse reuni*
> *.....Parce precor Pater*
> *Spes mihi magna subit.....*
> *Ut tueare reos fecit tibi gratia vires.*
> *Mens abit, et major quoties peccasse recordor:*
> *Pænitet, beu sero! Sed miserere precor.*

Engendráronse en los retretes de mi pecho los generosos deseos de dilatar las glorias de V. Exc. no solo en los anchos territorios de la América, sino por los inmensos espacios del universo; pero (vuelvo a protestar mi culpa) se hubieran quedado sufocados entre las reverentes cortinas del encogimiento, si nuestra amorosa patria, como imperiosa Madre, no me hubiera reprehendido muchas veces la omisión. Consultele otras tantas mis temores, y airosa animó mi cobardía con Lucano:

> *Forsitam illius nemoris latuisset in umbra*
> *Quod canit, et sterili tantum cantasset avena.*
> *Ignotus Populis, si Mocænate, careret.*

No es ya el empeño dar a conocer al Mundo el inmortal nombre de V. Exc., que este bien grabado lo tiene en los duros bronces de su memoria; lo es sí hacerme presente a la superioridad de su agrado con la pequeñez de este pobrecillo holocausto, para que a la sombra de su grandeza, como a la de otro Neæmias, se difunda en copiosa llama el congelado hielo que se escondía en el profundo pozo de mi ignorancia. Y si la corta oblación de los estudios, que espontánea y ultroneamente le consagran las fatigas de un apasionado Andaluz, le fuere a V. Exc. desagradable, quéjese a la suprema cumbre de su dignidad; que a mí me sirven de parco para tan reverente engreimiento las elocuentes voces de Séneca y Vegecio, que por no ofenderlas con la vulgaridad y grosería de mi estilo, transcribo al pie. Por el argumento de la obra, ya verá la dignación de V. Exc. como no aspiran mis religiosas ansias a otro premio, que el de fijar las justas aclamaciones de sus superiores méritos, sobre las fuertes columnas de la posteridad americana. En la tarde XVI. Escribe mi mano, alentada no sé de qué superior influjo, un ápice, un algo del elevado honor de V. Exc.: mal dije: escribe la mano de la justicia la irreprehensible conducta de un ministro, que en toda esta gran parte del Mundo dejó con sus discretas máximas impresas las leyes de una constante inflexibilidad en los Jueces, gallarda disposición en las Milicias, una amable benevolencia y sociedad en las repúblicas, una indeleble escritura de seguridad contra los insultos, asaltos, y rebeliones de la inquietud y rebeldía de los protervos, una integridad y celo vigilantísimo en todas las Cabezas de los cuerpos Civil, Político, y Militar, y un distinguido amor, culto, y reverencia en los corazones americanos, al augusto nombre, y sacratísima Imagen del rey, en que hizo a la nación levantar los incomparables vuelos de la obediencia sobre las mismas alas de la fidelidad: Levavit se supra se: sin apartar de sus católicas inclinaciones la religiosidad, ejemplo, y culto que debe a la suprema inmunidad de la Iglesia, de quien siempre se manifestó defensor acérrimo, y reverente cultor de sus ministros. Por cuantos órganos podía sensibilizar la sublimidad de su alma, las utilidades, grandeza, virtudes, homenaje, cultos, obsequios, obligación, y rendimiento para con el soberano, no lo excusaba; siendo carácter propio de su gran espíritu, lo que para todos los ministros prescribe la ley Spadonem, §. Si civitas, ff. De excusat. Tutor. ¡Pero qué mucho, si la experiencia persuadía, y la fama pregonaba, a despechos de la emulación, vivir en el generoso pecho de V. Exc. aquellos cuatro políticos elementos de la hidalguía, que vuelven inmortal el nombre de los héroes! Especificarelos con el Filósofo en el 2 lib. de su retórica: liberalidad de manos, sutileza de ingenio, magnanimidad de corazón, y apacibilidad en el trato. Todos estos hermosos dotes, con los de la fineza, desinterés, tolerancia, bizarría, y cuantos ciñen los dilatados coros de las virtudes, aprendimos, excelentísimo señor, de aquellas repetidas lecciones que desde la sublime cátedra de la perfección, doctamente con el ejemplo nos enseñaba. A nadie, por infeliz que se considerara., negó V. Exc. su rostro; y aun con ser naturalmente modesto y grave, en la natural compostura de las palabras encontraba el agrado sin los melindres del ceño, y la dulzura sin los afeites del desprecio:

*Omne tulit punctum, qui miscuit utile dulci.*

Jamás negó las puertas al clamor del indigente, porque siempre tuvo apercibido su compasivo corazón a las piedades. Estas brillantes cualidades dejaron tan gravadas sus memorias en los agradecidos pechos de todos los indianos, que no hay (y crea V. Exc. mi ingenuidad como la más interesada en sus cultos y veneraciones) uno ni ninguno, que intente borrarlas del terso papel del amor, y del reconocimiento. Puede, respetuosísimo señor, no lo dudo, haber quien desconocido a la deidad, funde por ídolos becerros; pero estos son de aquellos genios suspicaces, altaneros, y groseramente entregados al brutalismo, como los pinta Ovidio:

*Ergo animi indociles, et adhuc ratione cartes.*

Toda la América Septentrional, desde la festiva cuna del Sol, hasta los tenebrosos sepulcros de su ocaso: hablaré con más claridad: Todo el americano Orbe, desde la gran México hasta los últimos confines y bárbaros senos de la California, que midió el incansable espíritu de V. Exc. palmo a palmo, y que hoy solo anhela a adorar la imagen de aquel original, que devotamente religioso veneró, amargamente llora: mal me explico: lloran nuestros ojos, las fuentes, las plantas, y las piedras en la partida de V. Exc. con aquella pena, que negándose al examen de la razón como, escondida, prohíbe el manifestarse en los labios como ignorada. Lloraron nuestros ojos: no es mucho: que inundándose los corazones en líquidos cristales de congojas, buscan cauces por donde salgan para el desahogo. Lloró lo insensible: menos es que hay ocasiones en que con mudo instinto sabe la naturaleza adolorida brotar lágrimas como perlas. Uso de esta licencia retórica en una pintura tan ingenua, porque el elevado Numen de V. Exc. se recree por un breve espacio con el elegante estilo del poeta, y olvide la desabrida locución de su cliente: fleverunt silvæ.

*Fluminaque et fontes ingenuere simul.*
*Quin etiam Rami positis lugere videntur*
*Frondibus.....*
*Et lapides visi-fletus quoque fundere veros*
*More nivis lachrimæ sole madentis eunt.*

Acompañaron, excelentísimo señor, mis lágrimas a los lastimosos sentimientos de la América, por su ausencia, no por su desvío. Yo parto, Yo me voy, dijo el tierno corazón de V. Exc., Yo me voy ante la presencia del rey mi padre, para que glorifique mis obras, justifique mis méritos, y premie mis servicios. Yo me voy, porque mi señor, y señor vuestro, me llama para entregar en mis manos todo el juicio y potestad sobre la Tierra americana. Pero os enviaré desde el trono de la Dominación el espíritu de mí verdad, para que os consuele, y enseñe todas las expresiones de mi fineza y amor. Alentada la cobardía de mi ánimo en vista de tan raro exceso de dignación, presento a la grandeza de V. Exc. el humilde dote de mis pobres sudores, disfrazados con el honesto traje de un Indio, y un español: éste con el carácter de ser racional planta del delicioso Jardín Malagueño, y el otro con el respecto de ser el escopo o blanco donde disparan los tiros el desprecio, la infelicidad, y la miseria; bastantes recomendaciones para que las soberanas piedades de V. Exc. benignamente los acoja. El empeño de mis tareas estudiosas no ha sido otro, excelentísimo señor, que el de sacar de entre los polvos de la ignorancia, y oscuro caos de la confusión, muchos preciosos monumentos de la Antigüedad indiana, que el tiempo codiciosamente ha tenido sepultados entre las ruinas del olvido. Unir a un método claro, conciso, breve, y no mal guisado ni desabrido, cuanto se ha escrito de Historias indianas, separando la paja, y escogiendo el grano. He procurado vestir con alguna hermosura aun los pasajes históricos, porque no los condenen a la pena del desprecio por desnudos, y por seguir la máxima del grande Agustino: Oratio nec tam nuda sit, ut frigescat, nec tam inculta, ut sordescat; sed graviter ornata, ut non displiceat: y dar a conocer así por una y otra Historia, Gentil y Católica, el amor, reverencia, homenaje, fidelidad, rendimiento, y culto que se les debe a la majestad, al trono, al Estado, Jueces, y ministros. Coloqué en esta obra aquellas noticias que parecieron oportunas a mi intento, reservando mucha copia de ellas, con que podría formar un cuerpo grande de nueva Historia, si a la superioridad de V. Exc. le agradan las humildes primicias que en este corto desvelo rendidamente le tributo; acompañando a la religiosa sencillez de estos votos, la de pedir incesante a Dios felicite su importante vida los años que para su honra necesita la patria, su protección la América, sus aciertos España, y el mérito de V. Exc. aquellas dignas exaltaciones en las que

*Tempora tot numeres, quotquot tua Palma coronat,*
*Tempora noster bonos sitque corona tua.*

Zelaya 19 de agosto de 1778.

Excelentísimo señor,

B. L. M. de V. Exc. su más adicto
Paisano, y obsecuente Capellán,

Fray José Joaquín Granados y Gálvez.

CENSURA DEL M. reverendo padre fray José Rafael Olmedo
Lector jubilado, doctor Teólogo, y catedrático del Venerable Sutil Escoto en la Real y Pontificia Universidad de México.
excelentísimo señor.
No bien me había insinuado el Autor de las Tardes americanas el designio y plan de esta Obra, a continuación de manifestarle mi profundo respeto, y obediencia al superior Decreto de V. excelencia cuando lisonjeándome con la idea del mas cumplido desagravio de la nación americana, concebí que su ingenioso Autor, haciendo blanco de sus Coloquios embotar los tiros de la envidia de los Extranjeros, por la conquista y justa dominación

en la América de nuestros Augustos soberanos, representaría en uno de los Interlocutores, con respecto a tan noble objeto, el carácter de los Grocios, Voltaire, Sidney, Gottlob, Bulangér y otros impíos Filósofos, abultando sus dichos infamantes contra la sabia conducta en los mismos asuntos de la siempre invencible y prudente nación española: y en el otro Interlocutor retrataría a ésta, que apoyada en monumentos irrefragables, repelería aquí calumnias, desharía allí agravios, y en todas partes insistiría en los hechos más gloriosos, teniendo siempre por mira, y llevando hasta los términos de la evidencia las glorias de España en la Conquista y conservación de este vasto Imperio.

Así lo meditaba entonces, hasta que informado por la atenta lección de la Obra, hallé en ella las noticias más sublimes, y la copia de monumentos bastantes para la ejecución de aquel designio; que no solo confundirían a los enemigos del Catolicismo, presentándoles la dilatación de la Monarquía española, como un proyecto sostenido por la religión, según convence el monje Zevallos; mas también exaltarían las Armas españolas poniendo de manifiesto aquella providencia protectora, que a mas de señalados prodigios, les destinó por Tropas auxiliares a los mismos que iban a subyugar a su Imperio y Dominación; porque no de otra suerte dispuso dominara a unas gentes inmensas en la multitud, sabias en sus leyes, cultas en su gobierno. Epítetos que, sin embargo de los extravíos a que las inducía la falta de la soberana Revelación, las deberían caracterizar, como es tan obvio convencerlo con las naciones Egipcias, Griegas y Romanas, en las más espesas tinieblas de sus errores y desórdenes; dándonos derecho los mismos respetables monumentos a juzgar con la lamentación de Séneca, que más que la razón, la costumbre ha graduado por la más inculta y bárbara, sobre todas las de la tierra, a la Gentilidad americana. Con sola una atenta consideración sobre las noticias tan sublimes en su género que aquí se acopian, cualquiera, por prevenido que se halle, se convencerá, de que la Historia universal de las Indias, tan deseada hasta ahora de los Sabios, verificaría, no solo la competencia a las mas célebres del Orbe, sino también el exceso, como se atrevió a asegurarlo el célebre caballero Boturini.

Copia tan abundante de luces, de que no gozaríamos, si la infatigable aplicación del Autor no lo hubiese casi familiarizado con los escondidos

monumentos de la Historia indiana, inspirándole y manteniéndole tan recomendable constancia aquel afecto, con que al trasplantarse a nuestro continente desde la Europa, suelo de su nacimiento, lo revistió de un espíritu
americano, que hizo desde entonces consagrara sus tareas literarias a ilustrar la nación. Por manera, señor, que a no estrecharme el superior Decreto
de V. excelencia a los precisos límites de un Dictamen sobre la calidad de
la Obra, haciendo la voz de toda la nación, y representando tan laudables
conatos en ademán de exigir todo su reconocimiento, expondría la que en
el fondo de los corazones deposita su gratitud a tan gloriosos afanes.

*Exegi monumentum ære perennius*
*Regalique situ Pyramidum altius;*
*Quid non imber edax, non Aquilo impotens,*
*Possit diruere, aut innumerabilis*
*Annorum series, et fuga temporum.*
*Non omnis moriar: multaque pars mei*
*Vitabit Libitinam: usque ego postera*
*Crescam laude recens;::::*
*Quæsitam meritis, et mihi:::*
*Lauro cinge.*                                            *Horat. Od. 24.*

Por lo cual, y por no contener toda la Obra cosa alguna opuesta a la fe,
buenas costumbres, ni Regalías de su majestad soy de parecer conceda V.
excelencia la licencia para la impresión. Así lo siento, en este Convento de
N. padre san Francisco de México en 26 de octubre de 1778.
   excelentísimo señoer
   B. L. M. de V. excelencia su más atento Capellán.
   fray José Rafael Olmedo.
   El excelentísimo señor Bailío frey don Antonio María Bucareli y Ursúa.,
Henestrosa, Laso de la Vega, Villacís y Córdoba, caballero Gran Cruz, y
Comendador de la de Tocina en el Orden de san Juan, Gentil Hombre de
Cámara de san Mag. con entrada, teniente general de los Reales ejércitos,
virrey, gobernador y Capitán general de esta Nueva España, presidente de
su Real Audiencia, Superintendente general de Real Hacienda, presidente

de la Junta de Tabacos, Juez Conservador de este Ramo, y Subdelegado general de la Renta de Correos en el mismo reino etc. vista la antecedente Censura. del M. reverendo padre fray José Rafael de Olmedo, concedió su licencia, para la impresión de estas Tardes americanas, como consta de su Decreto dado en 27 de octubre de 1778.

## Censura del M. reverendo padre fray José de san Benito

Carmelita Descalzo, Escritor público, ex-Lector de Sagrada teología Expositiva y moral, Prior que fue de su Convento de Oaxaca, dos veces del de Salvatierra, y actualmente de este Convento grande de san Sebastián de México.

De orden del señor doctor don José Ruiz de Conejares, Abogado de los Reales Consejos, Ordinario del Santo Oficio de la Inquisición de este reino, Juez Provisor, Vicario general, visitador, y gobernador de este arzobispado por el ilustrísimo señor doctor don Alonso Núñez de Haro y Peralta del Consejo de su majestad, arzobispo de esta Santa Metropolitana Iglesia de México, he revisado la Obra plausible, su título: Tardes americanas: su Autor el M. reverendo padre fray José Joaquín Granados de la Regular Observancia del Sagrado Orden Seráfico, Predicador general, etc. Digo que he revisado la dicha Obra, porque una y otra vez la he leído, tanto por los debidos respetos al Superior Decreto que me pone en las obligaciones de Censor, como relativamente a la Obra misma, que con la amenidad erudita de sus bellas americanas noticias, intima al gusto una como preceptiva propensión a su lectura. Ésta en la Obra es varia, erudita, amena: en ella su Autor, a modo de aquel Varón evangélico, del atesorado erario en la capacidad de su gran testa de nueva y antigua erudición americana, esparce aquella fragancia literaria, por la que pudo decir bien lo que bien dijo el Sentencioso.

*Quo semel est imbuta recens, servavis odorem testa diu.*

AMÉRICA. Que la población de este NUEVO ORBE COLONIO (así debe la que decimos América titularse, según bien lo entendió el Doctísimo Maluenda) haya sido ante-diluviana, no debe concebirse inverosímil; pues en mil y ochocientos, según unos, o en dos mil años de transcurso, según otros, desde la Creación hasta el Diluvio; como lo tuvo el antiguo, tiempo tuvo así mismo este nuevo Mundo para inundarse de gentíos. No empero lo aseveramos: porque desde los tiempos del BELLO TROYANO para lo demás allá, se miran tan por oscuridades, que a la reserva de las narraciones sagradas, nada alcanzan los LARGOMIRAS de la historia humana.

Hágasele la debida salva a la autoridad divina de los Sagrados Libros en aquel celebérrimo Pase de las doce Tribus por medio de los suspendidos flujos y reflujos del Mar rojo. A modelo de este tránsito, no faltan opinantes, que a una de aquellas Tribus, desaparecida en los tiempos de Salmanasar en la Cautividad Asiria le den (con facilidad) tránsito, y escape a este nuevo Orbe por no se qué desembocaduras al Golfo desde el Eúfrates. Digamos: que: In diversis diversa legi, et non debeo singulorum opiniones ponere. Entre tanta diversidad de opiniones, cuanto al por qué paraje hallaron estas gentes nueva entrada a este otro Colonio Mundo, podrá parecer golpe de acierto histórico el que se diere con el Montante del Macedón sobre el indisoluble Nudo del Frigio Gordio: porque en dificultades de esta clase tanto monta cortarlas como desatarlas: sea este Montante aquel bien excogitado, digo aquel GRAN PROBLEMA HISTÓRICO.

Nuestro Docto Dialoguista da tránsito a estas Colonias gentes desde la África a este otro Mundo. Pudiera algún Lector mal contentadizo crítico, afectando rigideces escépticas, displicentarse al leer, que con tan breve facilidad las haga dar un tan largo brinco desde la Africana tierra firme a las Fortunadas Islas, que llamamos las Canarias. Que desde allí con no menor brinco, como per saltum, las transporte a esta nuestra Isla de Cuba, y desde aquí cataoslas aquí en el Continente. No debe parecer exótica la Posición de nuestro sabio Autor, pues la funda en Autoridad: y qué fuera, que pudiera fundarse en Razón, o Raciocinio?

Las irrupciones del vastísimo piélago, las mutaciones causadas en el terráqueo desde su creación hasta el día, han sido tan enormes, cuales describen las historias, y bien pondera el citado PROBLEMA HISTÓRICO. Dígalo aquel semi cataclismo de Deucalión. Islas de África se llaman las Canarias, en quienes aquel célebre altísimo picacho de Teide pudo ser; no el Libyco; pero si el que vecino a las Herculinas Columnas, denominaba la antigüedad: el Monte Atlante. Desde luego que por él se llaman las fortunadas Islas en Mapas e Historias: así mismo Islas Atlántidas. ¿Y quién quita, que no ya la contigüidad o cercanía con la tierra Africana, como en el día, sino la continuidad, como acaso en antiguos tiempos antes de alguna irrupción marítima, las denominase desde entonces Islas de África?

Las que hoy son Islas muchas en plural Atlántidas, serían por ventura, en algunos de los antiquísimos tiempos en singular Isla Atlántida. Aquella que en las historias, aunque tan sonada, se tiene por tan soñada, como una de las muchas ideas de Platón. Hay quien a esta la sitúa a distancia de cinco días de navegación regular del africano Monte Atlante. Y en caso de tal navegación, bien podremos hallarnos sin mucha mental fatiga, en las Islas Atlántidas Canarias plurales, como en la Isla Atlántida en singular. ¿Y con qué Auténticos podrá, en esta posición negarse, que los que antes de alguna irrupción se hallaban situados en la singular Africana Atlántida, no pudiesen en un momento venir a hallarse, como cortados (después de la irrupción) hechos Colonos, o habitantes nuevos de las ya nuevas Islas Atlántidas en plural, o Canarias? Véase aquí con esto hecho perceptible aquel célebre Pase de nuestro de nuestro erudito Dialoguista. Y mientras en asuntos de tanta oscuridad, como de remoción de tiempos, a todos nos es libre el opinar, esperemos un poco aquí en Canarias, en donde todavía estamos con el Pase, o tránsito desde África con nuestro sabio Ponente, que vamos prosiguiendo nuestra americana caminata. Como los marítimos combates trozaron la vastísima longitud de la Atlántida en las Canarias, podrían asimismo haberla desmembrado y despedazado en estas otras muchas Islas acá hacia el Occidente. De trozos de aquella gran masa Atlántida podrían a fuerza de irrupciones venirse formando Puerto Rico, Santo Domingo, Cuba, las Islas Antillas, etc. Es así, que todas estas enunciadas, y otras que no se dicen, van formando una como Cordillera, y están en cierto modo enunciando y demostrando uno como rastro de alguna, o grande Isla, o grande Península, o acaso algún Continente que en antiquísimos tiempos pudiese haber importado continuidad desde el africano a este nuestro de este Orbe Colonio. No disentirá a este modo de concebir aquel que siga el dictamen de no haber Dios formado Islas algunas desde el principio de aquella creación universal. Es a este propósito digno de notar el que se les diese a muchas de estas Islas el nombre. de Antillas, que quiere decir Islas ante Islas, unas ante otras, como que vienen juntas seguidas, o que antes de alguna irrupción marina vinieran continuadas unas a otras, estas continuadamente ante aquellas. Istae Insulae ante illas. Fácil modo es este de ver claro, que pudo suceder en estas americanas trozaduras a los moradores de estas Islas vecinas al americano Continente lo que a los Isleños Canarios, viniendo estos Cubanos, Antillanos, y otros a hallarse (al modo que los Canarios, Isleños, africanos, Atlánticos) de habitadores de la Atlántida Africana, nuevos pobladores Colonios de este nuevo Continente.

Debe a la verdad valer esta razón para los pobladores racionales de estas Occidentales Islas, y Continente occidental, pues no hay otra más concluyente, en opinión de muchos, respecto de los irracionales pobladores. ¿Quién condujo y transportó Camellos africanos a las Canarias? ¿Quién Leones, Tigres, y otras fieras a otras Islas? Allí vinieron a quedarse aislados después de cortados por alguna marina división de la tierra firme.

Así debemos concebir la docta posición de nuestro erudito Dialoguista arriba dicha.

En todos los demás particulares de esta su Obra procede metódico en el orden, corriente en los pasajes, claro, y limpio en el estilo, vasto en la erudición Sagrada, y humana, noticioso en la antigua y moderna, discreto en su crítica, y en el todo de su Obra copioso, y muy lleno. No encuentro en toda ella cosa opuesta a nuestra Santa fe Católica, al común de Santos padres, a las generales costumbres de la Santa Romana Iglesia, ni a las Regalías de su majestad (que Dios guarde) por lo que, salvo meliori judicio, soy de dictamen que puede su señoría, siendo servido, conceder su licencia para que salga a la pública luz.

Convento de Carmelitas Descalzos de México a 25 de noviembre de 1778.

fray José de san Benito.

## NOS el doctor don José Ruiz de Conejares

Abogado de los Reales Consejos, Ordinario del Santo Oficio de la Inquisición de este reino, Provisor Vicario general, visitador, y gobernador de este arzobispado por el ilustrísimo señor doctor don Alonso Núñez de

Haro y Peralta, del Consejo de su majestad, arzobispo de esta Santa Iglesia Metropolitana, etc.

Por el presente, y por lo que a Nos toca, concedemos Licencia al padre fray José Joaquín Granados, para que pueda dar a las Prensas las Tardes americanas que refiere en su Pedimento, respecto a que reconocidas de nuestra orden, no contienen cosa contra nuestra Santa fe, buenas costumbres, ni Regalías de su majestad (Dios le guarde) con calidad de que no se den al público, sin que por el Aprobante se cotejen, y por el Oficio se tome razón. Dado en México, a 18 de noviembre de 1778 años.

M. F. doctor Ruiz.
Ante mi
Jacinto Antonio Vázquez,
Not. mayor

## Aprobación del M. reverendo padre fray Fernando Rivera

Lector jubilado, Ex-Custodio, y padre de la provincia de los Zacatecas.

M. reverendo padre N. Mtro. provincial.

Preparado del espíritu de inteligencia que maravillosamente derramó V. P. reverendo sobre mí imponiéndome su precepto para que revisara el Tomo intitulado: Tardes americanas, gobierno Gentil, Político. y Cristiano de los indios de esta Nueva España, que pretende dar a la luz pública el reverendo padre fray José Joaquín Granados de esta nuestra Santa provincia, Predicador general, ex-Definidor, y Guardián que ha sido de los Conventos de Xiquilpan, Rioverde, y Valladolid: luego prontamente, como a Jacob para llenar los votos de su padre Isaac, lo que quería, me ocurrió muchas ocasiones: leí esta obra, y en todas veo con Quintiliano, que immortalis ingenij beatissima ubertate, vivo gurgite exundat, guardando con él mismo la propiedad de las palabras, la rectitud del orden, sin que le falte cosa ni le sobre. Y si como dice el Máximo doctor: verum est testimonium, quid ab amica voce profertur; mi Censura en el caso, tanto será más verdadera, cuanto es más notorio el estrecho vinculo de Amistad y Paisanaje que profesamos, teniendo presente que: Districtius semper censor, qui diligit extat dura fronte legit mollis amicitia. Así lo he ejecutado, y a la verdad libre de toda adulación, protesto, que quien conociere al reverendo padre Granados, luego confesará traer sus obras el testimonio en sí mismas: conduciéndonos sin violencia a fundar de ellas el juicio, que el Gran padre Agustino tuvo de las que escribía su Amigo Sixto: Hoc, videlicet, opere (decía el Santo) nec legi brevius, nec audiri lætius, nec intelligi grandius, nec agi fructuosis potest. Y creeré podrá su Autor halagarse blandamente en la gloria que tendrá toda esta nuestra Santa provincia, viendo con Marcial, que: Laudat, amat, cantat nostros mea Roma libellos, = Neque sinus omnis, me manus omni habet. El maravilloso tejido de divinas, y humanas Letras, la valentía en promover las dudas, y casi celestial gracia en satisfacerlas, la novedad de una idea tan gallarda escrutadora del indiano Heroísmo, ningún rastro dejan a la razón para la sospecha, transformando la sutileza de su estudio, la ingeniosidad en ingenuidad, y lo peregrino en doméstico, recomendándose con el aprecio de aquellas obras que han sido, y son digno elogio de la fama, y de la inmortalidad. Debió Roma a la gloriosa aplicación de Tito la presente memoria de su nombre: Grecia a la de Platón: a la de José Israel: España a su Mariana: y nuestra América Septentrional, que hasta aquí tenía sepultada gran parte de sus antiguas y presentes glorias, ya se ve ilustrada por el Autor, procurando eternizar sus proezas a la presencia de la Posteridad. Mucho ha debido nuestro país americano a las tareas de Acosta. Herrera, Solís, y otros eruditos, sin embargo de haber publicado una Historia, que contribuyendo muy poco o nada de la antigua, dedican sus desvelos a aquel estado en que precisamente se hallaban las provincias al tiempo de su Conquista. Algo más presenta el Sapientísimo padre Torquemada, dando en los dos primeros tomos de su Monarquía no muy escasa luz de la religión, usos, y costumbres de los antiguos; y en nuestros tiempos, guiado de las Instrucciones de los célebres Sigüenza, y Viajero Gemeli, el caballero Boturini promete darnos una nueva Historia general de América Septentrional; pero escaseándonos aquellas el más lucido Heroísmo, y ahogándose ésta en las muchas aguas de sus deseos, hemos vivido privados hasta ahora del logro de un tesoro, que hace a nuestro Continente más rico, que sus Minas. El que leyese con juiciosa atención esta Obra, soy de sentir, que a mas de que se embelesará con la elegancia y erudición de sus periodos, hallará en breve laconismo una completa Historia de la antigüedad americana, y desde la Conversión hasta los tiempos presentes, debida al sumo trabajo con que el Autor ha adquirido la inteligencia de Cifras, Figuras, Símbolos, y Caracteres con que se explicaban los antiguos indios; de donde viene, como estoy cerciorado, la claridad con que promueve su parecer de donde, y por donde vinieron los primeros Pobladores de estos reinos, el orden de gobernar, el poder que sostuvieron, ciencias que poseyeron, índoles y genios de que fueron dotados, el Cómputo inmutable que observaban, los Calendarios por donde se dirigían, Nombres, y Empleos de los Oráculos, y gentes, la inteligencia de la artificiosa Rueda que simboliza los sucesos y los tiempos, y otro sin número de ignoradas noticias conque solicita nuestro gusto; y son otros tantos monumentos, que como a otro Edipo, lo constituyen digno de alabanza, pudiendo unos a otros decirnos, que: Quodcumque optaris; sed tu sapientius opta, invenies vere, si reperire vellis.

En el gobierno Político Católico, no hay línea donde no apure a la retórica todas sus figuras, debiendo el Autor a muchos Doctos de esta Santa provincia el honor de la admiración, cuando tuvieron el gusto de esta recreación, tan llena de exquisita erudición, que no hay pasaje que no se halle engalanado de humanas y divinas Letras, Decretos Pontificios, y Determinaciones Conciliares: y obra de este carácter, paréceme no poder ser otra, que aquella, de quien dijo el poeta: Nil ita sublime est: primaque ab origine Mundi Nondum vulgatum clarius extat opus.

Ya sabía este nuevo Mundo, que ninguna ciencia le era forastera, siendo los mayores teatros de sus letras fieles panegiristas de sus estudios, y sublimidad de talentos, por lo que se granjearon sus hijos las aclamaciones, y dieron más de una vez prueba de esta verdad las autorizadas lenguas de los moldes. Mas en esta obra tanto apura el caudal de sus conocidas luces el reverendo padre Granados, que mirado cada uno de sus discursos, parece en su estructura elevarlos a sí sobre sí, exornándolos tan galantemente, que juzgo necesario nuevo estudio para que no prive el embeleso del sonido del sazonado fruto de la doctrina. Sucediome, que abstraído el gusto en la elegante Tarde que dedica el Autor a los Cantares que en su muerte hizo el gran Tloltzin, el de Nezabualpilli a nombre de las cortes en la coronación de Moctecuhzuma, y el uno de los sesenta que transcribe de Nezahualcoyotl, sospeché (protesto con ingenuidad mi escrúpulo) que o podrían ser parto de su ingenio, para hacer alarde vistoso de sus talentos, o ardid de su piadoso estudio para prevenir desengaños al Cristiano. Arrebatéme del gusto, y le hice esta Injuria, no reflexionando en el lib. I. cap. 46 y lib. 2. cap. 49. y 68. del erudito reverendo padre Torquemada, que desdice esta sospecha, y autoriza el cuidadoso desvelo de esta Obra, que por sí sola se autoriza: Ipsa per se loquitur, dijo san Ambrosio; siendo como atributo de ella, no poderse negar su solidez, y razones en que se funda. No dudo que la invención cuanto más rara, y peregrina, tanto más se dispone a los rigorosos peligros de la sospecha; pero conformándose con la razón y la ley, todos son lauros cuantos pueda concebir temores. Por tanto, siendo muy poco lo que se descubre en esta Obra, que no aparezca nuevo, me animo en pluma del poeta a colocarla en la sublime esfera de Divina: Sacra recognosces, miræ novitatis in istis = semper et inventis ulteriora feres. Así lo juzgo instado del mérito a que eleva Sixto Senense, obras que como esta, amistan la claridad, brevedad, abundancia, y seguridad, por cuyas dotes se hace acreedora con Hugo Lugdunense de alabanzas en lugar de censuras: Laudes pro censura detuli. Y por esto no conteniendo cosa contra nuestra Santa fe Católica, rectas costumbres, y Regalías de su majestad, me parece que podrá V. P. reverendo prestar su licencia para que se imprima, salvo el Superior dictamen de V. P. reverendo a que enteramente me sujeto. Dada en el Colegio Real y Pontificio de Universidad de la Purísima Concepción de la ciudad de Zelaya a 3 de septiembre de 1778 años.

fray Fernando Rivera.

## Dictamen del M. reverendo padre fray José Arias
Lector de Prima de Sagrada teología, Guardián, y Regente de Estudios en el Colegio Real, y Pontificio de la Purísima Concepción de Zelaya.

Por orden de N. M. reverendo padre fray Santiago Cisneros, Predicador general ex-Definidor, y ministro provincial de esta Santa provincia de los GG. AA. san Pedro, y san Pablo de Michoacán, he visto la Obra, cuyo título es Tardes americanas, su Autor el reverendo padre fray José Joaquín Granados, Predicador general, y ex-Definidor de la misma provincia. Y haciéndome cargo, de que los Libros impresos, por su duración, y multitud, son al Público notablemente provechosos, o nocivos, según la utilidad, inutilidad, o malicia de lo que enseñan, o persuaden, buscaba yo en esta Obra el fin, y los medios, la materia, forma, y accidentes para aplicarle mi debida Censura: y hallé, que no es el fin, como parece, precisamente instruir en Genealogía, Cronología, y Sucesos antiguos, y presentes de estos reinos: no explicar oscuros caracteres, que para comunicación racional, y archivo de la memoria, como de Alfabeto usaban los indios: no pintar la disposición, y grandeza de sus Edificios y palacios, que componían populosos Lugares, y magníficas cortes: no su comercio rico, ni su político, y militar gobierno: no los errores, idolatrías, supersticiones, inhumanidades de su gentílica abominable religión. Nada de esto es el fin.

Este es, según parece, recomendar a la antigua Gentilidad, cuanto es lícito; y después de entrado el Evangelio, abogar por los indios Cristianos en el tribunal de la Justicia y Misericordia; y exaltar con mil honores a los Criollos, que somos descendientes de Europeos; destruyendo las falsas imaginaciones de la ignorante vulgaridad, que cree a estos antiguos indios más bárbaros, que los que lo han sido, y son en las demás naciones, y que de tal suerte menosprecia a los Criollos, que haciéndoles favor, les concede saber la doctrina Cristiana, mera capacidad para las letras, mediano valor, ingenio, y cultura en armas, artes, gobierno, y otras prendas, con que se ven excelentemente adornados muchos hombres en otros reinos del antiguo Mundo, hasta llegar a imaginarlos individuos en cierto modo inferiores de la especie humana, y por la mayor parte menos nobles que cuantos nacen en España, y en las otras partes de la Europa.

Este es el intento principal de esta Obra, que yo alcanzo: lo demás son medios eficaces del Autor, que con su bastísima erudición en Historias Sagradas, y Profanas, e instrucción en todo género de letras, consigue el utilísimo fin de varios vulgares desengaños. Por los cuales algunos insignes Europeos, todos los Criollos, y americanos debemos un eterno agradecimiento, y alabanza al Autor, que gloriosamente nos vindica de injurias, y nos exalta con generales y particulares honras. Séale retribución la complacencia que esperamos, de que al mismo tiempo que los Lectores vean las causas bien seguidas de los clientes, admiren la destreza superior del Abogado: alaben su espíritu imparcial, pues siendo Europeo, que acá llamamos Gachupín, emplea sus tareas trabajosas en abogar por la nación americana: alaben también su literatura, y buena crianza, que habiéndola recibido de esta Santa provincia, como que vino a ella Corista tierno, en esto mismo se recomienda de agradecido a su Magisterio, a sus Oficios, Prelacías, y Dignidades, con que muchas veces bien que con mérito, lo ha honrado.

Y porque yo, como Censor debo salir a la defensa de lo que apruebo, hágome cargo de lo que en esta Obra se hace más admirable, y que casi toca la raya de lo increíble, esto es, que los antiguos indios Gentiles estaban tan adornados de las virtudes Cardinales, y exceptuando la religión, de las demás morales, de tan buen gobierno monástico, económico, y político, de tal disciplina en artes, y ciencias naturales, que hacían competencia con los más Sabios Gentiles griegos, y romanos. Pero a mas de que ya responde la autoridad en que el Autor se funda, hay una credibilidad casi evidente en el mismo hecho de haber Dios nuestro señor entrado el Evangelio eficaz, y maravillosamente en estas partes. Porque, aunque, como dice el Apóstol, Dios nuestro señor tal vez donde abunda el delito, hace sobreabundar su gracia, y misericordia; pero el gobierno ordinario es, conferir su gracia, donde halla disposición negativa, esto es, carencia de impedimentos mediante la observancia de las leyes de la naturaleza, y ejercicio de virtudes morales; lo que asientan los Teólogos con aquel su dicho: al que hace lo que está de su parte, Dios no le niega su gracia: conviene a saber: al que ayudado de la divina gracia actual, ejercita unas virtudes morales, Dios le añade más gracia para que ejercite otras virtudes morales, hasta darle aquella, con que si es Infiel, llegue a la felicidad de la verdadera religión. Esto supuesto, si Dios, que no es aceptador de personas, dejando a los judíos, Mahometanos, y otros Infieles, y Herejes, introdujo con muchas maravillas la religión verdadera, la fe, y la justificación entre estos indios, parece por consecuencia moral, y según el ordinario gobierno, que estarían adornados de las dichas virtudes.

Salgo también a la defensa sobre el estilo, y digresiones. El estilo no es llano, y natural, propio de quien enseña alguna facultad, o es solamente Historiador; es por la mayor parte hermosamente figurado, alto, expresivo, y propio de quien intenta la diversión de algunos ratos, en que muchos Lectores buscan, no solo la verdad de los objetos, sino el deleite de las metáforas, sublimidad, y elegancia de las voces. Algunas digresiones se hallan largas, porque lo artificioso del Dialogo corresponda a lo natural de una conversación privada, en que frecuentemente experimentamos semejante digresiva libertad. O diré, que al docto Autor, lleno de noticias, sucedió lo que a un río, caudaloso, que a impulsos de su plenitud, él mismo se abre puertas para comunicar las aguas de que abunda. Por esto, y sobre todo, porque la obra no contiene cosa alguna contra nuestra Santa fe, y buenas costumbres, y Regalías, juzgo que se puede dar a la Imprenta. Este es mi parecer, salvo, etc. Colegio de la Purísima Concepción de Zelaya, septiembre 15 de 1778.

fray José Arias.

## Fray Santiago Cisneros de la Regular Observancia de N. san padre san Francisco

Predicador general de Jure, ex-Definidor, y ministro, provincial de esta Santa provincia de los Gloriosos Apóstoles san Pedro, y san Pablo de Michoacán, y Siervo, etc. = Al reverendo padre fray José Joaquín Granados, Predicador general de Jure, ex-Definidor, e Hijo de esta nuestra sobredicha provincia: salud, y paz en nuestro señor Jesucristo.

Por las presentes firmadas de mi mano, y nombre, selladas con el sello mayor de nuestro Oficio, y refrendadas de nuestro Secretario, concedemos a V. P. nuestra bendición, y licencia, para que pueda imprimir una Obra, que ha compuesto, intitulada: Tardes americanas, atento a que, por Comisión nuestra, ha sido revista, y aprobada por los Reverendos padres fray Fernando Rivera, Lector Jubilado, y ex-Custodio de esta nuestra sobredicha provincia, y fray José Arias, Lector de Sagrada teología, Guardián, y Regente de Estudios en nuestro Colegio de la Purísima Concepción de Zelaya, con la condición, de que al principio de ella se ponga esta nuestra Licencia, y los Pareceres de los citados Teólogos de nuestra religión, y que se observen las demás cosas prevenidas por Derecho. Dadas en este nuestro Convento Capitular de N. padre san Francisco de Querétaro, en 22 días del mes de septiembre de 1778 años.

fray Santiago Cisneros,
Mro. Provinc.
Padre M. don san P. R.
Fray Francisco de León.
Secretario

Soneto
De un Apasionado de la Obra, y del Autor.

Cesen ya los afanes y desvelo
De Gomara, Solís, y Antonio Herrera:
Sepúltense las glorias de Cabrera,
Y de Torquemada el justo anhelo:

No remonte ninguno, no su vuelo,
En vista de que ocupa ya la Esfera
La Pluma Granadina sin primera,
Para pintar de América su Cielo.

Labrémosle Columnas con alarde,
Para que el tiempo avaro no consuma
Un nombre que inmortal nuestro amor guarde.

Démosle vivas muchos, pues en suma,
El carácter que muestra en cada Tarde,
Tarde habrá quien le iguale ni resuma.

## Introducción que sirve de prólogo

Acompañado de un Paisano, salí, como solía, una tarde entre muchas, para desahogo del ánimo, a las frescas riberas de la Alaja, río tan hidrópico de sus corrientes, que bebe con implacable sed cuantos diáfanos cristales le tributan los muchos veneros y manantiales con que pródiga la naturaleza lo enriquece, sin dejar a los habitadores de sus márgenes otro recurso a sus sedientas ansias, que el de unos escasos cristales que, por alto, les franquea. Y al llegar a la ancha rotura de una ladera (común asilo de mis fatigas) nos encontramos con un Indio, socio en mis honestas diversiones, soledades, y retiros. Saludelo con aquellas cariñosas demostraciones de quien le amaba tiernamente. Correspondiolas cortésmente agradecido: y aún no bien concluíamos las discretas ceremonias que enseñan la política, la atención, y buena crianza, cuando el Paisano en voz baja, y cerca del oído, me dijo como admirado de la llaneza del Indio: Curas conozco, que ostentan con esta especie de gentes tanta majestad y soberanía como el Gran señor en su Diván, y el Zar de Moscovia en su Gabinete. A que le respondí: Dueño mío, cada uno gasta de su humor: este es mi genio: y cuando no lo fuera, me esforzaría con este despreciable natural a deponer cualquier engreimiento que quisiera introducir en mí la vanidad, y la soberbia; porque sus prendas y virtudes son acreedoras a más distinguidas expresiones que las mías. Jamás traté hombre de su clase más atento, más cristiano, más humilde ni comedido: a que se agrega haberle dotado Dios de unas potencias claras, e instruido en todo género de ciencias, artes, y facultades. Nada se le esconde a su estudio y penetración, poseyendo una cierta dominación y despotismo sobre todas ellas, como el que las goza por una especial gracia y privilegio de lo alto. ¿Y en la historia, y acontecimientos de este reino, qué tal grado de ilustración tiene? me dijo el Paisano. Ha, señor mío, le respondí, es tan alto y excelente, que no tiene que envidiar a muchos que blasonan de sabios y eruditos. Encanta y embelesa con su narración, porque a mas de la prontitud en referir los pasajes, y ajustar las épocas, es ingenuo, claro, breve, verídico, y poco amigo del hipérbole, de los tropos, de las frases, ni de la admiración impertinente. De suerte, que muchas veces he pensado para mí, que si como este Indio anhela solo a recogerse dentro de la esfera de su abatimiento, levantara los vuelos de la pluma hasta donde alcanza la hermosura y facundia de su lengua, entregando a los moldes lo que dicta de preciosas noticias, leeríamos en nuestros tiempos una obra pulcra, válida, acre, sublime, varia, elegante, pura, figurada, espaciosa, y difundida con grande elogio y alabanza, como lo pide Plinio en su Epístola 20 No por esto pretendo decirle a vuestra majestad que me debe el concepto que se granjearon en su siglo el nuevo Opinador Portugués Pereira, y los universales en ciencias don Ginés de Rocamora, y don Fernando de Córdoba; pero sí me debe el que se deben tener todos los estudiosos y aprovechados. Ahora por lo dicho podrá vuestra majestad juzgar si es digno del aprecio, y de la recomendación. No solo es acreedor, respondió el Paisano, al cariño de un Cura (que este era el título que me daba) sino a los cultos y veneraciones de un príncipe. Cuanto valgo, tengo, y he adquirido con la industria y solicitud desde que salí para estos reinos de Málaga, nuestra amada patria, se lo endonaría gustoso, y lo haría dueño de mi corazón, y demás arbitrios. V. reverendo sabe lo inclinado que fui desde la infancia a enriquecerme de todo género de letras y noticias: y aunque la variedad de la suerte me ha desviado de una aplicación tan útil y genial; con todo, el tiempo que he podido hurtarle a mis trabajos, empleos, y ocupaciones, he procurado avivar el gusto por la lectura, y apunticos que hago de lo que toco, oigo, y leo. Estas ansias de saber, que casi me son naturaleza, tienen en el día en mí más calor y asiento que nunca: porque con el motivo de haberles prometido a algunos amigos de nuestros países darles razón de mis destinos y ejercicios, desvelos regulares en todos los Europeos indianos, me provocan, y aún me estrechan con respetos, inseparables de mi gratitud, a que les dirija una instrucción de la historia, civilidad, usos, y costumbres de los antiguos indios, con una breve relación de la Conquista, acontecimientos después de ella, serie de gobierno, y las cosas más notables acaecidas hasta estos tiempos. Y no obstante de conocer que el empeño era muy desigual a mis fuerzas, registré libros, y consulté a los Sabios. Pero implicándose estos, y no pudiendo convenirse, ni ajustar la variedad de dictámenes de los otros; después de aporrearme la paciencia con bastante sentimiento en mis negocios e intereses, he suspendido estas fatigas, haciéndome sordo (aun en perjuicio del honor) a las repetidas instancias del paisanaje. Y ya que la fortuna ha presentado ocasión tan útil para mi desempeño, me acusaría de omiso, si malograra un lance en que, interponiendo V. reverendo su valimiento, y ayudando por su parte con lo mucho que puede repartir de su estudio y aplicación, no diera la última mano a un asunto de semejante empeño, en que acredito mi fineza, y las confianzas de aquel. Paisano mío, le dije, vuestra majestad déme a mí por escusado de semejante empeño, si no quiere quedarse en la misma oscuridad en que hasta aquí ha vivido: y no se me enoje, hasta tanto que no le exponga y justifique mi razón. vuestra majestad suponga, que a más de las continuas tareas de la administración, que me roban y han robado aun aquellos breves instantes de tiempo que pudiera emplear en un estudio de esa naturaleza; en los veinticuatro años que en servicio de Dios, y de vuestra majestad cuento de este reino, y ausente de nuestros Béticos territorios, con separación de solos tres, que fueron los de los gorjeos pueriles, tantos mi sagrada religión me ha empleado en los penosos afanes de los púlpitos, y otros ejercicios: debiendo a sus provechosas fatigas el premio y el honor que prescribe san Pablo a los que constituidos Administradores y Coadjutores en el ministerio de la verdad, se disponen para coger la heredad de la salud eterna. Tras de esta corro los caminos, fatigo los caballos, castigo la lozanía de mi cuerpo: sufriendo las crudezas, golpes, y rigores de las impiedades y destemplanzas de los tiempos: y esfuerzo la flaqueza de mis desmayados alientos para que no se pierda ni malogre ninguna de las almas que me son encomendadas: porque aunque la alta dignidad de Pastor y Cura de ellas vive reñida con mi mérito, soy uno como Coadjutor y Teniente suyo, librando el desempeño de su autoridad y obligación en una ampolleta, estola, y manual, que entre catorce que representamos sus veces, reparte: siendo estas insignias sagradas toda la librería en que incesantemente estudiamos, y nos fecundamos de noticias. vuestra majestad sabe, que la aplicación a la Historia demanda un total retiro de los bullicios del siglo, y con el recogimiento un considerable número de Historiadores verdaderos y desapasionados, para poder beber como en fuente los sucesos, y separar la agua turbia de la clara, porque así no se acobarda el ánimo en demostrar la verdad: a que se agrega faltarme, a mí aquella valerosa comprensión, que no trabuca las especies, y genio metódico para ordenarlas: una suprema discreción con que poderlas calificar según el mérito de cada una: vivacidad de ingenio para apartar y discernir las verdaderas de las adulterinas: y la nobleza y claridad de estilo con que se enamoran los lectores y oyentes. Todo me ha faltado, porque non omnibus omnia. Mucha gloria me resultaría en servir a un Paisano que se dedica a ilustrar la patria con asunto tan divertido, como provechoso. Pero ya que la desgracia me condena a la confesión de una culpa tan fea y abominable para el Mundo, como es la de la ignorancia, haré que este Indio, según su buena voluntad, condescienda con los buenos y laudables deseos de vuestra majestad Aún no bien clausulaba mi oración, se levantó el Indio, y con el gracejo, aire, y compostura acostumbrada, me dijo: V. P. venerado, sabe muy bien, que mi voluntad, corazón, y cuanto tengo, debo contribuirlo a su obsequio. Jamás fui dueño de lo mío, porque todo ha sido suyo. Sabe asimismo, que soy un pobrecillo Indio, cuyo carácter es el desprecio, la mofa, y la ignorancia; y cuando no le constara al Mundo nuestra estolidez y simpleza, bastaría el eco de esta voz Indio, para que despreciara sus conceptos, se riera y mofara de sus producciones. Tú dices bien, le respondí; pero como el fin del Paisano, según ha dicho, no es el de participar a persona alguna de estos reinos estos trabajos, sino el de congratular los ánimos de algunos ultramarinos; entre éstos, no hay duda, tendrán otra reputación y recibimiento, como quien vive bien lejos del negro borrón con que injustamente os infaman y tiznan las gentes de razón de aquestas partes. Pues siendo así (prosiguió diciendo) gustoso me ofreceré a comunicarle al señor español todo cuanto alcanzare, y he procurado saber, no solo por los libros y autores, sino por la inmemorial tradición que de padres a hijos en mis antepasados se ha conservado; siendo ésta el más constante testimonio de los sucesos y cosas que no vemos ni tocamos. Y porque vuestra majestad no se persuada a que tantas gracias caben en mí, cuantas. con sonrojo mío, el crecido amor de nuestro padre ha pintado; sépase, señor, que no es todo oro lo que reluce. Nuestro padre me ha oído muchas veces, y vuestra majestad me oirá desde aquí en adelante hablar de las costumbres y leyes de los romanos: y creerá que he avanzado con mi estudio a discurrir por las doce tablas donde Roma las tenía escritas, que tengo en los dedos a Tito Livio, Eutropio, Cátulo, Aulogelio, Paulo diácono, Macrobio, Pulión, Barro, a Sexto Cheronense en los digestos de los romanos, y a Julio Capitolino en el libro de los Césares;

y no es así, señor mío, porque estos Sabios Escritores, apenas los conozco sus nombres. Las fuentes donde he bebido una u otra noticia de las antigüedades romanas, han sido en Cicerón, Valerio Máximo, Séneca el padre, y algo en la natural Historia de Plinio, y todo en la Historia moderna de Lorenzo Echard. Me oirá vuestra majestad del gobierno de los griegos y Macedonios: y creerá que se al pie de la letra a Salustio, Honoxícrates, y Platón en su república; y no es así, porque la tal cual luz que he adquirido de estas naciones, se la debo a Plutarco, Quinto Curcio, Aristóteles, y al moderno Francés Monsieur Rollin. Me oirá hablar del pueblo Hebreo, virtud de sus Jueces, valor y hechos de sus Capitanes, potestad y dominación de sus príncipes: y creerá que yo no he tenido otra lección, que en las antigüedades de José; y no es así, porque la poca instrucción que tengo de este desdichado pueblo, se la he debido a la Escritura sagrada, entendiendo su letra, por lo poquito que he leído en la glosa de Nicolás de Lyra, Juan de la Haye, y algo de su espíritu por Calmet, y Cornelio Alápide, y uno y otro, en lo poco, aunque bueno, que escribió el marqués de san Felipe. Me oirá tratar algunas veces del culto y canonizaciones de los Santos, decisiones del Vaticano, Estado de la Iglesia, y Concilios en ella celebrados: y creerá que yo tengo en la memoria al Angélico doctor Santo Tomás, y las Constituciones de los Alejandros, Gregorios, Nicolases, y Sixtos; y vivirá muy engañado, porque la noticia que tengo de materia tan sagrada, se la debo a Graveson, Pagi, Natal Alejandro, Mateusi, Pedro Soto, y el Pontífice grande Benedicto XIV. Me oirá hablar algunas cosillas que pertenecen a la medicina, y generación de meteoros: y creerá que no ha sido otro mi estudio, que en Esculapio, Avicena, Hipócrates, Pablo Zaquías, Senerto, y otros célebres Profesores; y no es así, porque si produjere, alguna bachillería física, química, anatómica, o mecánica de esta arte, no ha sido mas que trasladar algunos fragmentos que he recogido de Hoffman, Boerhaave, Balglivio, Berellen, Porras, y Martínez. Me oirá vuestra majestad disponer de los mundos celeste y terrestre: y creerá que yo me he comunicado frecuentemente con los Ptolomeos, Tales, Euclides, Alfonsos, Apolonios, y Sarrabales; y no es así, por que no he tenido otra doctrina, que la que me enseñaron mis maestros en el Colegio de Santa Cruz, en el Tratado de meteoros, generación de fenómenos y asterismos, con otras figuras: y en el de física, dándome a conocer la altura, latitud, y profundidad, con todo lo que contiene la super-ficie de la tierra, sus entrañas y senos. Y en fin, verá vuestra majestad que en algunas ocasiones le replicaré disputandi gratia, en materias morales: y vivirá entendido, que los autores de mi uso no son otros que Escoto, Santo Tomás, san Antonino de Florencia, Caramuel, Rebelo, Laiman, Salas Molina Reginaldo, Rosignolo, Salón, los Salmanticenses, Silvio, Maldero, Gutiérrez, Giribaldol, Bañez, Valencia, Vallerino, Geneto, Villalobos, Sabino, Aragón, Ilsungui, Busembaun, González, y Azor; y no es así, señor mío, porque los únicos moralistas en quienes he procurado tomar avisos para ajustar mis costumbres, han sido La-Croix, Corella, Torrecilla, Sporer, Cóncina, Ligorio, y Potestas. Y advierta vuestra majestad que de cada uno de éstos no he leído mas que un poquito; pero de los ilustrados Echarri, Larraga, Ferrer, y Ascargota desde la cruz a la fecha. Con que así, aunque vuestra majestad me oiga hablar, referir, y disputar con abundancia de autoridades y erudi-ciones en éstos y otros asuntos que se nos ofrecieren, no me haga tan omniscio, como nuestro padre quiere que lo sea; porque ya, para aquí en adelante, le hago saber mis bebederos, con lo que nos ahorraremos del trabajo de citar, y llenar las márgenes de textos, números, y latines, salvo cuando se ofrezca tocar materias singulares incidentemente. Los Decretos, Leyes, y Ordenanzas promulgadas a estos reinos, que trajere para autorizar y persuadir una u otra razón, puede vuestra majestad siempre que quiera, en los cuatro tomos de su Recopilación registrarlas. La Historia con los acontecimientos indianos, que vuestra majestad quisiere recoger de mi estudio, se los daré sin tropiezo alguno en los Historiadores Francisco López de Gomara, Antonio de Herrera, Acosta, fray Juan de Torquemada, y en los muchos manuscritos, lienzos, mapas, y otros monumentos que tengo registrados, traducidos del mexicano, nahual, y chichimeco al elegante idioma otomí. Para la serie, virtudes, y sucesión de los virreyes, no he tenido otros documentos, que lo poco que escribieron uno u otro de los referidos Betancourt, y Juan Díaz de la Calle, y el desvelo en leer la abundancia de Dedicatorias y papeles sueltos, dirigidos al honor y culto de sus Excelencias. La observación de los casos y cosas notables, unas debemos a los mismos autores, otras a la tradición de viejos a mozos, y muchas a lo que hemos tocado con los ojos en nuestros tiempos. Estas son las oficinas de donde sacaré lo mucho o poco que podré participar a vuestra majestad sin poner de mi casa otra cosa, que el lenguaje, estilo, orden, y trabazón, que por lo que a mí toca, puedo llevar, y algunas sutilezas, con que los Ingenios suelen divertirse, y travesear. Este es el metal de mi campana: si a vuestra majestad gustare su sonido, aparejado me tiene para el trabajo; y si no, haga lo que más le cuadrare. ¿A quién no le ha de agradar, dijo el Paisano, la claridad y sencillez? Digo que me cuadra una y mil veces: y reniego del tiempo que he perdido y malogrado por mi desgracia y mala suerte. ¡Ha, padre mío, volviéndose a mí, y como en el campo más infructífero, pobre, y estéril, se suele hallar el tesoro, que no se encuentra en la tierra que se jacta de amena, fecunda, y abundante! ¡Quién creyera, que en una población de indios tan despreciable y ridícula como es esta de los Amoles, había de depositarse riqueza de tanto precio, y valor! Quien supiere, le respondí, que la mano de Dios no se ata ni abrevia para nadie, y que el Sol igualmente dispensa sus luces a los indios y los españoles. En este conocimiento estoy, prosiguió el Paisano: y desde ahora ya V. reverendo puede prestar paciencia con un huésped, que olvidado de sus empleos, negocios, e intereses, los pospone al gusto de sus amigos. Ahora sí que me río de la fortuna, porque sin temor de las hablillas, y de la mordacidad, podré parir lo que tenía concebido del verdadero, dulce, elocuente, y alto en sus conceptos, Solís: del incansable, y sabio investigador de las cosas, Pellizer, Salazar, Gil González, Betancourt, Boturini y otros. Ahora podré entregar a los moldes mi trabajo, para que su lectura se haga clara, inteligible, y menos molesta a mi Paisanaje; burlándome de los golpes de la censura, aun en unos tiempos como los presentes que los juicios de los Lectores se miran tan delicados, y escrupulosos. Ea pues, menos prosa, dije, y no se pierda el tiempo, que es lo más precioso. Y en el supuesto que están vuestras majestades convenidos, lo que ha de ser tarde, que sea temprano: papel, plumas, y tinta no han de faltar: mi letra, aunque es gorda, se puede leer; y ya que no puedo ofrecerme para otra cosa, serviré de Amanuense. Por mí no hay embarazo, respondió el Indio; solo si reflejo en lo que el señor español dice de los moldes, porque nos exponemos en este caso a que la rectitud de unos Tribunales tan serios, como son los de estas partes, tomen residencia aun de los defectillos más leves de nuestras diversiones y entretenimientos. Y no es lo más esto, sino que vuestra majestad por español, y yo por Indio, vendremos a ser el blanco de los pellizcos, araños, tarascadas y mordiscones, aun de los que no tienen uñas, y les faltan los dientes. vuestra majestad viva entendido, que el que con más piedad nos mirare, callará en público por su modestia, y en secreto se burlará a carcajadas de nuestras intenciones; y el que no, nos dará el honrado tratamiento que merecemos, llamándonos ociosos, menguados, locos, y remendones, que ajustamos nuestro cotón de retazos ajenos. Y a la verdad, señor español, en nada mentirán, porque todo es viejo lo que yo puedo decirle. Muchos siglos antes de ahora está escrito con más elegancia y dulzura, cuanto pretende saber de mí. Las disputas, noticias, reflexiones, y argumentos, que servirán como de paladeo a nuestro gusto, los despreciarán con vituperio, como a digresiones impertinentes y molestas, por no tocar, y desviarse del hilo de la Historia. Pues cree, le respondió el Paisano, que nada me asusta de lo que a ti te intimida. En no oponiéndose a la fe, buenas costumbres, y Regalías de su majestad lo que hablaremos, no tienen los Jueces jurisdicción en nuestra libertad: y mucho mas echaremos la llave del seguro, si nuestros sudores se ajustan con las leyes de la razón. De todo lo demás no te haga fuerza, porque les tapa la boca Tucídides, persuadiéndoles, que siempre en el Mundo se representa una misma Comedia, sin otra diferencia, que mudar los nombres de los que se introducen en la farsa; y la Sabiduría eterna diciéndoles, que no hay nada nuevo debajo del Sol. El que remendemos nuestro saco con paño del vecino, es seguir la doctrina de Casiodoro: que más se ha de ajustar el Historiador a trasladar lo que lee, que no en inventar para que lean; y los dichos de Pedro Selense, y el Abad Gilberto: que el que no tiene troje, debe recoger las espigas de sus mayores. A nuestros razonamientos calificarán por digresiones los que no entendieren de tropos históricos, cuyo carácter es eslabonar lo más precioso, cuando parece que más se desvía del principal asunto. Y sobre todo, consuélate, que ni los papas por papas, doctores Santos por doctores, ni el Cristiano por Cristiano, ni el Gentil por Gentil, han estado libres de la censura, y la contradicción, hablando, escribiendo, y sintiendo mal los unos de los escritos de los otros. Dijo mal, y censuró Ocán al Pontífice Juan XXII, Rufino a san Jerónimo, Lupo a Prosper, Prosper a Donato, Salustio a Cicerón, Cicerón a Hermágoras, Aulo a Séneca, Horacio a Ennio, Aben Ruiz a Aristóteles, éste a Platón, Amort a la ilustrada de Agreda, Gonet a Quiroga, y en nuestros tiempos Florentino a fray Fortunato de Brescia, y el Maestro Feijoo a Lulio, Guevara, Lyra, Pellizer, y otros, y a éste Mañer, Sotomarne, y muchos. Pongamos de nuestra parte lo que nos cabe, abrazando lo cierto, y desviando lo dudoso, diciendo lo verdadero, y no atreviéndonos a decir lo falso, que son las leyes que en el libro segundo de Orat. mandó observar en la Historia Cicerón; porque es la Historia Dama muy melindrosa, cristal que con el más leve soplo se empaña, paño tan fino y delicado, que no admite ruga ni doblez. Ahí no es nada: como que es, dijo el Indio, en pluma del mismo Cicerón, el más fiel testigo de los tiempos, luz de la verdad, vida de la memoria, maestra de la vida, y anunciadora o panegirista de la Antigüedad; y se oscurecería este esplendor, si se tropezara con uno u otro descuidillo de duda o falsedad. Pues por eso digo, prosiguió el Paisano, que todo nuestro empeño ha de ser hablar con la verdad en la mano, aunque el estilo no tenga aquel adorno y hermosura que pide Virgilio en la Égloga VIII.;

*Quorum stupefactae carmine linces etc.*

Ni la obra por su pobreza y humildad merezca en todo las alabanzas de Belloso, de ser noble en el arte, grande en las cosas, útil en las costumbres, elegante en la erudición, insigne en el estilo, y clara en la verdad. Esta virtud se concibe en la tierra, porque de ella nace; y le defraudaríamos a nuestro barro sus derechos, si no la amáramos como a hermana, y la desconociéramos como a extranjera. Seamos claros, ingenuos, y verdaderos en la poquita de historia y acontecimientos que trasladaremos, y mofe y ría el que quisiere; porque no anhelamos a darles una obra como aquella de quien dice el poeta:

*Quod videas non habet, maius orbis opus;*

Ni a imprimir nuestros afanes en otros pergaminos o papeles, que en las rústicas cortezas de esos Sauces, mudos testigos de nuestras conversacio

**45**

nes. Para eso último, le dijo el Indio, se puede acomodar bellamente aquello de Horacio en su Arte Poética:

*Linienda Cedro, et levi servanda Cupreso.*

Pues por todo lo dicho, y un poquito de sufrimiento en las adversidades, continuó el Paisano, no tenemos que temer ni a los que nos calumniaren con sus palabras, ni persiguieren con sus obras. Fuera de que, aunque la agua se coge de este río, ya tengo dicho, que no es para que se beba aquí, sino para que la guste mi patria: y sea turbia o clara, amarga o dulce, la ha de recibir piadosa, como que es fino obsequio de hijo a madre. Pues siendo así, respondió el Indio, no hablemos más en el particular, y demos principio a lo que importa. Aguárdense vuestras majestades dije yo, que para entrar a esta casa, ha de ser por la puerta. ¿Y ya han elegido el nombre que se le ha de poner a esta nueva criatura intelectual? En verdad, respondieron ambos, que siendo obligación del Cura bautizar, creímos que también la tuviera de imponer los nombres. Y ya que no le tenga por el empleo de Párroco, téngala por el de Padrino, que para este efecto solemnemente le convidamos, y conferimos toda nuestra autoridad. Sonreíme de la prontitud; y aceptando el cargo, les dije: lo que vuestras majestades quieren escribir, es lo más precioso de la Historia Septentrional americana, ya se considere en el melancólico estado de su Gentilidad; y ya en la venturosa suerte de su Catolicismo: abrazando dentro de unos mismos discursos el orden Monárquico de la una, y la serie de gobierno de la otra. El lugar que permite el día para que vuestras majestades confieran, y yo escriba, es por las tardes. Con que debiendo el nombre convenir con la cosa, me parece que el nombre que se le debe poner es el de Tardes americanas. Y muéveme a dar este título, a más de lo dicho, los ejemplares de tantos, que prohijando para sí los días y las noches, adoptan para sus ideas los más fugitivos instantes. Llenos están los andenes de las Librerías de los rótulos y divisas: Noches Áticas= Mañanas de abril y mayo= Siestas de san Gil= Años Virgíneos= Días Eclesiásticos= Horas Canónicas= Hebdómadas Santas=Meses Josefinos, y = Siglos dorados. Todo cuanto se representa en este gran teatro del Mundo, es Comedia: y ya que no merezca esta obrilla tener lugar entre sus

Jornadas, por falta de buenos papeles, podrá tenerlo en el de los Sainetes jocosos; porque cuando no enseñe con la doctrina, podrá entretener con el gracejo y la variedad. Hasta ahora no sé que tenga tocayo este mal pulido infante: y si lo tuviere, convendrán en el nombre; pero no en las complexiones. El consuelo que pueden tener es, que al que leyere con sana intención sus cláusulas, le agradarán: y la irrisión que causaren (por ser estudio de un Indio, y un español) la castigará con rectitud la dignidad de los Sujetos de quienes hablan. Alegres y regocijados con la invención, y últimamente persuadido el Indio por el Paisano, de que no hay Lías feas, cuando hay Jacobos enamorados, nos regresamos, por entrar la noche, a nuestras respectivas ubicaciones: ellos a estudiar lo que habían de dictarme, y yo a cercenar el papel, cortar las plumas, y adiestrar la mano. VALETE.

## Tarde I. Acredítase el carácter de la historia indiana con la luz de varios monumentos

**Español.** Raras fueron las naciones que con estudiosa solicitud no procuraron dejar algunos monumentos para acordar a la Posteridad la memoria de sus Progenitores, hechos de sus héroes, inclinaciones y costumbres de sus antiguos. Muy distinguidas fueron aquellas, que aun revestidas del espíritu de ociosidad y torpeza, no trabajaron con algún desvelo en noticiar a los siglos la influencia de sus astros, propiedades de sus climas, disposición de sus terrenos, política de sus repúblicas, economía y subordinación de sus miembros; valiéndose de la dureza de los pórfidos, de la grosería de las pieles, y de las toscas cortezas de los árboles, como de desaliñados moldes, para imprimir sus caracteres y figuras: creyendo afianzar por este medio la duración de sus nombres, y que no caducaran entre las deshechas ruinas del tiempo y del olvido, como discretamente lo practicaron los romanos, escribiendo los hechos de sus Capitanes, colgándolos en el Templo Panteón; los Troyanos grabando en las armas sus victorias; y el Sumo Sacerdote trayendo esculpidas en la vestidura las hazañas de los Capitanes de las doce Tribus: *Et Parentum magnalia in quatuor ordinibus lapidum erunt sculpta*. Unas empuñaron los créditos de sus escrituras en la elegancia del estilo, en la buena asonancia del periodo, y en la brillantez de sus cláusulas; usando de la galantería de estos adornos, como de preciosos licores, para embriagar dulcemente el ánimo, sin apartarlo de la verdad de aquellos testimonios con que pretende ilustrarlo. Otras hacían visibles sus tradiciones con la desazón de un molesto razonamiento, desagradables frases, desabridas pinturas, y desunión de aquellas partes que vuelven agraciado el sonido de la oración, empalagando el gusto de los melindrosos; como si el carácter de la Historia, y de los acontecimientos, fundara el valor de sus asensos en los fugitivos humos de la melosidad, pompa, y hermosura; y muchas constituidas en el fatal extremo del brutalismo, ahogaron enteramente entre los precipitados desórdenes de la ignorancia y del descuido, aquellas noticias que pudieran contribuir a la instrucción, y menos oscuro conocimiento de sus principios.

Digna de lamento debe ser aquella república que no puso todo su estudio en engrandecer su Estado, y llenar con la memoria de sus escritos de glorias a sus pueblos. El empleo de depositar en los archivos los varios monumentos de las operaciones, y acaecimientos de las cosas, prosperidad o infortunio en los sucesos, aseguró de inmortal la fama de los griegos y de los romanos, ministrándoles copiosa luz a los Homeros, Foroneos, Cicerones, y Titos, para que en la elegancia de sus plumas pudieran verse los vastos volúmenes que componían las recomendables noticias de sus épocas. Y aunque estas naciones se lisonjearon de imponer leyes a la elocuencia, al magisterio, y a las letras; no por eso dejaron de conciliarse elogios los Asirios, hebreos, egipcios, Lacedemonios, y otras muchas gentes, porque con llaneza de estilo, y sin tan vivos encarecimientos, imprimieron con infatigable estudio los Apolonios, Prometeos, Licurgos, Secundos, y otros, abundantes instrucciones de su heroísmo, y de sus hechos.

Aquellos primeros Conquistadores de este nuevo Mundo, y los que inmediatamente sucedieron a ellos, no omitieron instruirse en los idiomas del país; valiéndose de la naturaleza, del arte, de la industria, y del desvelo, para ver si hallaban norte que los guiase al descubrimiento de algunas noticias, que unidas a método y serie historial, formaran un cuerpo digno del agrado, y de la recomendación. Pero hallándose burlados de su trabajo, no encontraron con otro premio que el engaño en algunas, la contradicción en otras, y en las más la oscuridad, el descuido, y pereza, en que se cree vivieron tan diversas gentes y naciones, apartadas del raciocinio, y entregadas torpemente a la brutalidad: tomando ocasión de esta delincuente falta de documentos los Autores de la Historia indiana para opinar tan variamente, que arrastrados de sus dictámenes, y adhiriendo cada uno a su propio parecer, han decretado en la materia con la libertad y despotismo de independientes Jueces en causa propia; de donde se sigue, que los aficionados a la lectura, sin fijar el pie en la verdad, corren tras del bando o partido de la pasión, y no de la justicia.

**Indio.** No vivieron mis antiguos tan entregados a la ociosidad, trato, y versación con las fieras, que no fueran dejando en sus descendientes alguna memoria de sus antigüedades, ya fuese por relaciones, ya por figuras, símbolos, jeroglíficos, y caracteres, que esculpidos en unas planchas, tarjas, lienzos, palos engomados, y pencas de maguey curadas, que era el papel corriente, y hasta ahora usan algunos, y llaman metl, y nosotros ge-mitl, significaban los sucesos, al modo que otras naciones en duros pergaminos, que enrollaban entre los vástagos del cedro, y púrpura de bermellón.

*Nec titulus minio, nec Cedro charta notetur.*

Las puntualísimas noticias que el Tlatoque don Fernando de Alba Yxtlilxochitl dio del Imperio Chichimeco al señor virrey don Luis de Velasco, con relación Jurada, ¿de qué otros monumentos la ajustó sino de los mapas de primor exquisito de nuestros antiguos, donde se veían historiados todos los acontecimientos, principio, y fin de nuestras naciones? La *Historia general*, *Compendio histórico del reino de Tetzcoco*, *Relaciones históricas de los reyes Chichimecos*, y *Compendio de la Historia Tolteca, Chichimeca y Mexicana*,[1] que trabajó el mismo Yxtlil, ¿de qué otra guía se valió, ni qué otra luz tuvo para lograr el fruto de su aplicación, que las planchas y pencas en que con cifras escribían sus hechos mis antiguos? La instrucción que el señor de Tetzcoco, Pimentel, Juan de san Antonio, y Bachiller Cano Moctezuma, dieron a los señores virreyes, de las costumbres y modo de gobernarse: la Historia de los Toltecas desde que edificaron a Tula, con la sucesión de ocho soberanos, sus nombres, empleos, y ejercicios, desalojamientos, y destinos: ¿de donde la tuvieron sino es de aquel Libro sagrado que mis antiguos llamaban Teoamoxtli, donde estaban grabadas sus leyes y costumbres, sistemas de sus calendarios, caracteres de los años, símbolos de los meses y días, orden de los signos y planetas, ciclos, senios, neomenias lunares, religión, ritos, ceremonias, y todo cuanto correspondía al sabio establecimiento de una vida civil y política: llegada de los Chichimecas, peregrinaciones desde Amaqueme, fundación de Tenayucán, traslación de la corte a Tetzcoco, y carácter de sus príncipes: las jornadas de los mexicanos desde su tierra Astlan, hasta avecindarse en los carrizales de

---

1   Véase Fernando de Alva Ixtlilxochitl, Historia de la nación Chichimeca, Barcelona, Linkgua ediciones, 2022. (N. del E.)

la Laguna: los debates, infortunios, operaciones, guerras, y otros sucesos, hasta elegir rey, su felicidad, y poderío: relación de los dioses y ritos de todas mis naciones: Cronología histórica de los Potentados de Culhuacán: Escuelas, Universidades, Colegios, Artes, y maestros que las enseñaban: la distribución de los días, semanas, meses, años, siglos, y reglas ara saber las festividades fijas y movibles, con la ciencia de ser éstas dieciséis, ¿de donde lo supieron tantos Escritores indios, entre los que sacaron la cara al teatro del Mundo Alvarado Tetzozomoc, Chimalpain, Ayala Cacique, Ponce, y otros, sino de los mapas, ruedas, y calendarios con que sabiamente se gobernaban mis gentes, y que estaban a cargo de los Pintores, por concurrir en ellos con el arte, la noticia y destreza de unir sus figurillas para la significación de los vocablos?

Al modo que de la colocación de las letras consonantes y vocales, formamos cláusulas y oraciones, dulces, sensibles, y galanas, no debiéndose tener por tan oscuras; que si las dieciséis letras caldeas y hebreas no hallaran Abraham y Moisés, cuatro Palamedes, y dos Epifarno, o los fenicios, como quiere el poeta:

*Phænices primi (tamen si credimus) ausi:*
*Mansuram rudibus vocem signare figuris:*

Y Isis y Nicostrata las griegas y latinas, que unieron y pusieron en composición donato, Diomedes, y Prisciano; jamás se hubiera llegado a entender, pongo por ejemplo, la Gramática eólica, ática, común, dórica, y jonia, que usan los griegos, y la presta, mística, y romana que hablan los Latinos. En estas pinturas, que eran las letras de que se servían los cartagineses, leyó Eneas la trágica destrucción de Troya; sin que por este modo de entenderse, se le pudiera a esta nación defraudar el derecho a la cultura y raciocinio. Los Garamantas, Masagetas, y rústicos habitadores de la helada Escitia, no usaban de otros andenes en que depositar sus acontecimientos, que el testimonio y tradición de unos a otros; y tan ajenos estuvieron de ser notados con el denigrante de bárbaros, que antes merecieron los elogios de la soberanía de Alejandro. Siempre he tenido para mí, que a ninguno se le haría difícil adquirir un pleno conocimiento de sus significados, si hubiera quien ilustrara de los preceptos, reglas, y principios con que ligaron los caracteres los primeros Artífices y Compositores de ellos. Explicaré un algo, para que vuestra majestad vea cuán fácil les sería instruirse en estas figuras, y a mis antiguos conservar las cosas pasadas, y perpetuar las presentes.

Para saber que los Tultecas fueron los primeros Artífices, Sembradores, y Pobladores de estas tierras, y que éstos vinieron del Poniente, sucediéndoles los Chichimecas, traspuestos desde el Norte, cuya inclinación era la caza, con la que se alimentaban: preparaban una tabla, o curtidas pencas de maguey, y sobre ellas dibujaban la tierra, imitando con el arte las propiedades de la naturaleza: al principio de la pintura, sin precedencia de otros, unos monillos humanamente figurados, más o menos perfectos según la valentía del pincel, con las insignias de la arquitectura en las manos, y unos granos de más en ademán de tirarlos, con un Sol sepultándose en su Ocaso, bajo de cuyas fallecientes luces colocaban su cuna y natalicio, desde donde caminaban y salían. A éstos seguían los Chichimecas arco en mano, y a sus pies, como en despojo de sus triunfos, muchos animales terrestres y volátiles, cruentas víctimas de los dardos y las flechas, y una faja azul encrespada con algunas salpicaduras de cristal, y mogotillos blancos; significativo todo de que su venida era del Norte, por las nieves y hielos que pintaban. Para distinguir las épocas, y los tiempos, se valían de los aspectos de la Luna, significando en las lunaciones los números, cuyo cuidado estaba al cargo de los Pintores, que eran los maestros. La puntualidad de multiplicarlas con referencia a aquellas en que acontecían los sucesos, era todo el estudio de estos Sabios, valiéndose de las figuras de cuatro rasguillos piramidales, alusivos a los cuatro cuartos de la Luna: de modo, que si al acontecimiento seguían cien rasguillos, contaban veinticinco Lunas, que venían a ser dos años poco más de nuestro regular cómputo. Para los ejercicios del día tomaban por gobierno la más o menos altura del Sol, como ahora los cultos Campestres la regulación de las horas por las picas que consideran de altura en él. El mismo gobierno observaban de noche, estando pendientes del curso de las Cabrillas: debiéndole advertir a vuestra majestad que la sencillez de este manejo solo corrió en el primero y segundo periodo, porque en el tercero y cuarto, ya verá cómo se rigieron con método tan racional, sensible, y claro, como las más civilizadas naciones del día.

**Español.** Hace pocos años, que con la ocasión de vivir en una Población chichimeca, me intimé con un viejo Cacique, Cristiano, y de buenas intenciones, y tratando esta misma materia, me manifestó un cuadernillo, que se compondría de cincuenta a sesenta hojas, y en él estampadas unas figuras tan horribles, que creyendo fueran algunos embelesos de sus hechicerías y supersticiones, me conturbé de tal modo, que el reposado Anciano, conociendo mi inquietud y sobresalto, con disimulado gracejo me dijo: Aquí tiene, señor Gachupín, las principales oraciones del Catecismo: hícele instancia porque me explicara el sentido de aquellos monstruosos figurones; y correspondiendo a mis deseos, comenzó por el padre Nuestro, cuyos primeros rasgos eran unos monillos abrazados de un venerable Anciano, en demostración de rogar y pedir, pisando un campo azul éste, y aquellos un lienzo poblado de árboles etc. y replicándole que porqué usaban de aquellas asquerosas figuras en cosas tan sagradas, se volvió a sonreír, diciéndome: señor mío, el que nunca vio ni conoció las letras del A. B. C. no será culpado en juzgarlas por palillos de tinta, o pequeñuelos monstruos que forma la travesura. Fuera de que semejantes figuras, digo retratos, no dejan de decir alguna proporción con sus originales. Éstos fueron unos robos que los primeros católicos hicieron a mis antiguos, con el laudable fin de que los Neófitos y recién convertidos aprendieran con más facilidad los primeros rudimentos de la fe Católica; valiéndose de estas antiguas letras indianas aun los venerables ministros evangélicos, como se lee de los padres Sahagún, Benavente, y otros.

Lo cierto es, que si aquellos celosos Obreros de la religión hubieran dejado correr éstas o semejantes señales y caracteres en los principios de la Conquista, no padeceríamos los indios los desprecios de la ignorancia, barbarie, y brutalismo que nos imputan; pero sin luz de éstos, y creyendo que aquellas pinturas eran efecto de la idolatría que profesaban, quemaron unas, y condenaron otras al vituperio; con cuyo motivo los que las poseían, intimidados de la pena, procuraron por no sufrir el castigo, esconderlas de la vista de aquellos, que después con el conocimiento de los idiomas, símbolos, y jeroglíficos, pudieran haber formado considerables volúmenes de una Historia amena, y digna del aprecio. Como se prueba: pues por uno u otro documento que hallaron los Escritores de esta América escondido entre las ruinas del susto y del temor, han ministrado una tal cual luz de las antigüedades indianas.

**Indio.** Muy corrientes fueron esas letras simbólicas en el principio de la Conquista, no hallando dificultad en entenderlas los que con algún estudio se aplicaban a unirlas. Muchos fragmentos conservo en mi poder, que podría enseñarle para que se deleitara algunos ratos, y tomara alguna tintura de los primeros dialectos, y cartilla característica de mis antiguas gentes: juzgando este método por más racional que el de otras naciones, como las Nacteas, que para establecer sus proyectos, resolver sus ideas, emplazar sus maquinaciones, y distinguir los tiempos, usaban de unos manojos de varillas, invención engañosa, y nada segura. Y porque vuestra majestad pueda en poco escribirle a sus Paisanos mucho de lo que somos, y fuimos los indios, encomiende a la memoria el siguiente

Soneto
Los indios de este Mundo americano
Son de la humana especie, como todos:
Distínguense en los usos, y los modos,
Porque visten humilde, no profano.
En el color semejan al Gitano,

Tienen las propiedades de los Rodos,
Propensiones y genio de los godos,
Y el culto y religión a lo Romano.

Por aquestas divisas y señales
Ya podrás conocer, sin que te asombres,
Que los indios son gentes, no animales:

Y así puedes desde hoy mudarles nombres,
Creyendo que los indios tales cuales
Para todo cuanto hoy son muy hombres.

## Tarde II. Gobierno gentil. Principio y fin de los toltecas: varias operaciones, y llegada de los chichimecas, con la resolución de los decantados problemas de quienes, de dónde, y por dónde vinieron las primeras gentes pobladoras de estas tierras

**Español.** Deben los Escritores tratar el argumento que se proponen, con majestad, continuarlo con discreción, resolverlo con decoro, llenar los números de sus escritos con el carácter de lo fiel, libre, y verdadero. No deben atarse a los lazos del interés y del respeto; porque entonces más son las plumas cañones con que se bate y destruye la verdad, que pinceles con que se trata y eterniza el desengaño. No deben ser los instrumentos con que se criben sus conceptos las pasiones, sino las tintas, porque con éstas, se llena el papel de edificaciones; y con aquellas, de adulación y lisonjas. Me ha parecido introducirme con este exordio, porque lleves advertido, que quiero que el carácter de tu lengua sea como la pluma del Escritor, que escribe velozmente la verdad, proponiendo los lances, y Sujetos de la Monarquía como ellos son, no como tú quieras que sean; separando lo cierto de lo dudoso, y lo verdadero de lo falso.

**Indio.** Y le faltó a vuestra majestad que decir lo que Horacio de los Pintores, y de los poetas, porque ya he visto a más de cuatro Escritores, que transformando en pinceles sus plumas, pretenden que se les aplaudan sus rasgos por valentías, y sus sombras y oscuridades por primores. Vuestra majestad crea, que debí a Dios el beneficio, en medio de ser un desdichado Indio, de que me diera unos padres honrados, y enemigos de la mentira; y siendo mi genio inclinado a detestarla, y amar la verdad, en nada tengo que vencerme: esto supuesto, vuestra majestad óigame, y crea cuanto yo le dijere.

Los primeros que habitaron estas tierras, fueron unos hombres excesivamente grandes, esforzados, y de triplicada corpulencia de nosotros: llamábanse Quinametzin o Gigantes: dícese que éstos fueron destruidos por los Xicalancas y Olmecas, gentes briosas, y de recomendable inventiva para los lances de la guerra. Después de esta nación gigantesca, poblaron los Toltecas, nación útil, dócil, tratable, y provechosa para todas las operaciones y cultivos de la tierra. Fueron los primeros que sembraron el algodón, el maíz, y otros frutos y semillas, para alimento y conservación de la humanidad: los descubridores del oro, y de la plata, curiosos Lapidarios, y ágiles en todas materias. La destreza en la arquitectura, no hace muchos años que se dejaba ver en algunos edificios, cuyas caducas ruinas eran pregoneras de las habilidades de sus operarios y Alarifes; por cuya causa el nombre Tolteca, importa lo mismo que Artífice grande. Vinieron de una Tierra llamada Huehuetlapalán, en el año cetecpatl, esto es, un año entrado al octavo de la quinta edad, que era el de doscientos y ocho de habitar en sus Regiones. La primera que poblaron, corte y Cabeza de su Imperio, fue Tula, distante doce leguas de México.

A los ciento y cuatro años de su llegada coronaron por rey a Cholchiuhtlanextzin: sucedió a este Txtilcuechahuac; y tras de éste reinaron Huetzin, Totepeuh, Nacaxoc, Mitl. Éste levantó un suntuoso Templo a la Diosa Rana: por muerte de éste entró en el gobierno la reina Xiuhtzaltzin, y por la de éste Tolpiltzin, octavo y último rey de los Toltecas, gentes pacíficas, poco o nada guerreras, en la religión idólatras y supersticiosas, enemigas del ocio, e inclinadas al trabajo, y de bella disposición sus cuerpos. Contaban su edad o xiuhtlalpile de cincuenta y dos a cincuenta y dos años: éste era un siglo para todos los Gentiles indianos. El fallecimiento de esta edad, era la época más gloriosa y memorable para esta nación, y las que después sucedieron; porque retocaban la piedra, renovaban el fuego de sus sacrificios: en esta hacían crisis sus reinados: de suerte, que si pasaba de cincuenta y dos años el reinante, contándose desde su coronación, era depuesto, y entraba el Sucesor; y si moría antes de cumplirlos, gobernaba el Magistrado de la república, con una especie de gobierno aristodemocrático, hasta cumplirse en esta la edad, en la que sucedía el heredero legítimo. Las pestes, hambres, y calamidades insufribles que por algunos años padecieron, les precisaron a desalojar estas tierras, creyendo ser efectos de las venganzas de sus dioses, y voluntad de que transmigraran para Campeche, Honduras, etc.

Mientras fracasaba entre las deshechas tempestades de tan repetidas desgracias este infeliz reino Tolteca, dirigían sus intentos para estos países, desde el Septentrión, por la parte del Norte, los Chichimecas, cuya Capital era Amaqueme: traían por principal Caudillo al príncipe Xolotl, y otros doce o trece Capitanes con él: eran estas gentes de condición altiva, guerrera, feroz, y poco doméstica: cubrían sus carnes de toscas pieles, y sus aspectos de terror y espanto. La ambición de exaltar sus nombres, aun a costa de vencer escollos, les hizo llegar hasta las cercanías de la que hoy es México: aquí fundó el príncipe un pueblo que tomó la derivación de su nombre: revistó su gente, y halló ser tanto el número, cuanto correspondía al de poder formar doce cerrillos o promontorios con tan sola una piedra que cada persona sola una vez trajo en la mano: repartiola por las sinuosidades, cuevas, y rincones de las serranías, proporcionándola a la caza, único ejercicio, oficio, e interés de sus comodidades y alimento, siendo despojo de sus flechas toda especie de animal. Ordenaron Congregaciones populosas, y corte para su Caudillo y demás señores, con nombre de Tenayucán: exploraron la tierra, a cuyo empeño debieron el importante hallazgo de algunas familias Toltecas, que unas habían tomado por asilo el húmedo sepulcro de los carrizales de la Laguna, y otras las escondidas cuevas que se formaban del volcán hacia el Mediodía: por éstas supieron haberse ausentado su nación precipitadamente, poco más de cinco años, y las tierras de su alojamiento.

Aprendieron a sembrar maíz, cultivar la tierra, y otros ejercicios menos molestos para sus afanes, logros, y contratos. Ligáronse con estas escasas familias por medio del matrimonio, de cuya unión resultó instruirse en el mecanismo y otras racionales industrias, civilizándose y haciéndose domésticos y sociables. De día en día crecía más el número de las gentes, así por las que nacían, como por las que de nuevo se avecindaban de otras tierras, atraídas de la fama de Xolotl. Entre otras fueron seis señores de su antigua tierra Amaqueme con muchos Vasallos que les acompañaron, y otros tres que vinieron del Poniente, del linaje esclarecido Citin o Ulcuas: arrastraban estos personajes entre todos, las veneraciones que los Cornelios, Camilos, y Marcelos entre los romanos. Estableciéronse con un grueso ejército, y casaron los dos mayores con las dos únicas hijas de Xolotl.

Dilató este gran emperador su poder hasta la esfera de la mayor altura; todo le fue debido por las raras virtudes de que fue dotado: era medido en sus acciones, agradable en el rostro, moderado en sus palabras, tardo para el castigo, blando para la misericordia, maduro en resolver, diligente en reparar las cosas de su nuevo estado, avenido con el consejo, dulce con sus familiares, benigno con los extraños, y amante de sus súbditos: la heroicidad de estos atributos le afianzó, aun en medio de los bandos e inquietudes que contra su majestuoso decoro maquinaron los mal contentos, con tanta fijeza la corona, que a los ciento y sesenta años de su edad, y noventa y nueve de reinado, dejando sus pueblos en paz, y por sucesor y heredero a su, hijo Nopaltzin, murió, cubriendo de universal sentimiento a toda la tierra. Murió Xolotl, porque vivía como todos sujeto a la violencia y poder tirano de la muerte. Murió Xolotl, Atlante y principal Cabeza de tan dilatadas Generaciones. Murió, debiendo ser inmortal por sus virtudes y sus hechos. Corto es el espacio que nos permite la tarde, para poderle formar en breve laconismo a tan gran héroe, unas justas y dolientes exequias, dignas de su memoria y de su nombre.

**Español.** Deja por ahora esos melancólicos acuerdos, que buen cuidado tendrán las frías losas que encubren sus cenizas, de predicarle esos y mayores elogios, si él vivió conforme a las sagradas leyes de la naturaleza, y vamos a lo que importa. Afirmas que los Gigantes fueron los primeros Pobladores de estas tierras, siendo así que algunos Críticos de estos tiempos, y muchos de los pasados, hasta les negaron la existencia, creyendo que lo que Dios habló por sus Oráculos fue en un sentido metafórico, ponderativo, e hiperbólico.

**Indio.** Pues señor mío, si esos Sabios incrédulos hubieran venido a estos países por los siglos XVI, y XVII, hubieran visto con sus ojos muelas del peso de dos libras, y cabezas correspondientes a la deformidad de estos huesos; y el caballero Boturini por el año próximo pasado de cuarenta y cinco, muela de tanta magnitud, que pudieran repartirse en ciento de las nuestras: con que si no se allanaban a conceder la infalibilidad de las Escrituras, se convendrían en dar asenso a la evidencia. Muchos se fundan para negar la fe de estos testimonios, en que la larga distancia de tantos siglos los había de haber resuelto en su principio, que es la nada, o la incesante revolución de los tiempos los había enteramente deshecho y consumido: sin hacerse cargo que en las montañas del Perú, hace pocos días, sacó un célebre Investigador de la naturaleza, de la dureza de sus entrañas, peces del mar, conchas petrificadas, arborizaciones marinas, y toda suerte de plantas que se crían en el fondo de este elemento, no siendo bastante ni toda la formidable inversión de las cosas en el Diluvio, ni las continuas alteraciones de los tiempos, para borrar estas imágenes, aniquilarlas y destruirlas; y el Francés Pedro Morlet, mucha osamenta petrificada en las montañas de Burgos, asegurando este diestro Escultor, ser de los Gigantes que perecieron como todos en el Diluvio.

La verdad de que hubieran poblado éstos nuestras tierras, estriba en la tradición, y en las Historias, que afirman haber sido los Xicalancas y Olmecas los valientes agresores de tan desmedidos Jayanes, y prescriben sus operaciones, orden, ejercicios, y economía de vivir y multiplicarse: y porque no hagamos pie a lo que pudo o no pudo ser, vamos a lo verdadero y seguro, como es que los Toltecas fueron los primeros Pobladores, o a lo menos, los que primero dieron principio a la serie formal de la Historia.

**Español.** Dices muy bien, y no pongo duda que esta nación fuera la primera de esta parte septentrional, cabiéndome mucha en su origen y llegada a esta cuarta parte de Mundo, no habiendo Historiador que concuerde con otro en su dictamen.

**Indio.** Es cierto, señor mío, que muchos han fatigado su estudio a fin de descubrir ese secreto, y como no han hallado luz que los guíe a la verdad, han sido tantas las opiniones cuantos los Escritores: nada se les escondió a mis Sabios Toltecas, siendo tan puntuales Historiadores de sus sucesos, que hasta el Diluvio se encuentra demarcado entre sus Mapas: y si en aquel Libro Divino, que en tiempo de Yxtlilcuexahuac rey de Tula, y de Huematzin celebérrimo Astrónomo, con junta de todos los Sabios escribieron, revolviendo cuantos monumentos escondía mi Antigüedad, trasladando de éstos su origen, división de sus gentes en la confusión babilónica, peregrinaciones por la Asia y África, llegada a estas partes, fundaciones, y progresos, y otras preciosas noticias; se hallaran las que para este intento eran necesarias, no hubieran los Autores con tanta variedad opinado, afirmando unos, que fueron aquellos hebreos de las diez Tribus cautivas por Salmanasar rey de los Babilonios, las que no cabiendo en la Asiria, pasaron a poblar tierras remotas y desiertas: otros no conviniendo con esta edad tan larga, y tomándola desde la destrucción de Jerusalén por Vespasiano y Tito, quieren que los Prófugos y Vagos fueran los primeros Pobladores de estas Regiones; unos asientan que fueron los Curlandios, gentes sujetas al rey de Polonia, y habitantes en el Sur que colinda con nosotros por la tierra del Labrador; otros que los romanos e Islandeses, parificando con los que en tiempo de Huemac rey de Tula aparecieron con ropaje negro y largo al modo de sotanas, la materia de lino, cuello de escote, mangas cortas, caras rayadas, y propensión a alimentarse con carne humana, venciendo el estrecho hasta arribar a Tampico; y muchos escriben que fueron los fenicios, por ser los más símbolos y congeniales con los antiguos Toltecas. Quienes afirman, que los Tártaros por vencer con una gran facilidad la gran muralla que los dividía de la China, y las largas navegaciones desde ésta hasta nuestras Costas: y cuales creen que fueran siete familias o generaciones, que separadas de la confusión de Babel, transitaron toda la Asia, y devinieron a arribar a la Península de la California; creyendo asimismo, que estos Trasmigradores fueron los nietos de Chan hijo de Noé: diferenciándose muy en poco los que fundan su dictamen con los Tártaros, respecto de los Asiáticos.

**Español.** A estos y otros pareceres semejantes jamás he podido ajustarme, por los muchos inconvenientes que pulso; y si yo hubiera de hacer opinión, diría, que no pudieron ser otros que aquellos que habitaban las tierras más vecinas al Trópico, que desde luego serían los africanos que lindan con los Tenerifes: y la razón es, porque ninguno puede por tierra arribar a estas partes, por constar claramente que son Islas las dos Américas; y cuando no fuera así, la unión que podrían tener, habría de ser no por la parte del Sur, creyendo algunos que se comunican por el Cabo del Estrecho de Magallanes; sino por la del Norte, cuyo helado clima y vecindad con la Zona frígida y Círculos polares, hace tan intratables los parajes y tránsitos, que aún niega la habitación, estalaje, y domicilio a las fieras; no faltando quien con su pluma pretendiera templar el rigor de los hielos, facilitándoles conductas por el soñado Estrecho de Annian, situado en el Norte, pasándolos a estas partes en unas balsas, chalupillas, o canoas. Digo pues, que no conviniéndome con estos y otros dictámenes, que se han fundado sobre principios débiles y oscuros, y lo que es mas, sobre montones de imposibles; y creyendo ser fuerza que su tránsito fuera por los mares, en unos tiempos que tan poca o ninguna luz ministraba la Náutica, pues solo tenían adquirido un simple manejo de ella, como lo tenía Noé, constando de muchos graves doctores, que visitó por el Mediterráneo a sus hijos, que los tenía repartidos por varias partes del Mundo, tomando este segundo padre de la humanidad dechado en la Nave en que Dios lo libertó del universal Diluvio, para fabricar embarcaciones con que poder flotarse sobre las aguas.

Los habitadores del centro o cabos de África, los debemos suponer menos torpes en la Marina, por las utilidades que les inferían las pescas y negociaciones oportunas: y estando como están inmediatos a los Trópicos, era regular que los montaran sin la dificultad que los demás habitadores de la tierra, tropezando antes de arribar a dichos Trópicos con los escollos, estrechos, y rápidas corrientes que causan los huracanes y ráfagas de viento encontrados; y una vez puestos entre las dos líneas, ya no se pulsa inconveniente alguno para arribar a estas partes: porque gozando como gozan desde allí los mares de la bonanza de favorables vientos, corriendo de la parte de Levante, aunque se aparten algo de la línea Equinoccial entre los Trópicos, y ocupando las Américas toda la parte del Globo hasta los cincuenta y cinco grados, en el Hemisferio austral, no se percibe duda en que los africanos fueran conducidos de los vientos bonancibles a ser los primeros americanos Pobladores. Dase bastante prueba a lo dicho con lo que todos aseguran de aquel Piloto, que o bien fuese español, o bien Martín Bohemo, natural de Nuremberg, dio luz a Cristóbal Colón del descubrimiento de la Isla española.

Dicen que traficando en las Costas de África, y arrebatado de una violenta tempestad, dio con su Navío en la América. Por ninguna otra parte del Mundo que no fueran las Costas de África, podría verificarse semejante arribo, por correr siempre, y sin variación, como llevo dicho, los vientos de la parte de Levante, ya sean fuertes y tempestuosos, ya sordos y apacibles: y así como éste involuntariamente fue conducido; no es inverosímil creer sucediera así a los Costeños africanos de que hablo. De este sentir es

Aristóteles, a quien sigue Teofrastro citado por Alejo Venegas. Las palabras del Filósofo son las siguientes: Unos Mercaderes navegaron desde las Columnas de Hércules, y a cabo de muchos días de navegación hallaron una Isla, que distaba de la tierra firme, en la cual no había moradores, aunque era abundante de todas las cosas necesarias a la vida humana (a más de muchos Ríos navegables que había en ella) (nótese los muchos Ríos) por lo que acordaron de quedarse allí, y poblaron la Isla. A este dictamen se arrima (según Bougainville, ilustre Individuo de la Academia de Inscripciones y Bellas letras de París en su prim. Mem.) el antiquísimo Geógrafo Eratóstenes, asegurando por la relación que tenía de los Viajeros, estar habitada la Zona Tórrida de gentes. Éstas, dice Diodoro en el lib. 5 ser los cartagineses africanos; juzgándolo así otros algunos, como quieren los eruditos Mohedanos (Hist. Lit. de Esp. Lib. 37.): y el padre Orrio (Consectario 3. pág. 66.) afianza, que Chan hijo de Noé fue el primer Poblador de la África, y que de éste se propagó la América, habiendo sido continente con la Costa occidental de Guinea. Lo único que puede oponerse a este modo de pensar, es el constar en la Historia; que los Toltecas vinieron de la parte del Poniente, como por Jalisco, y los Chichimecas de la parte del Norte, como por el Nuevo México: pintando la venida a esta Tierra de Anahuac en un Mapa donde se descubre un gran brazo de mar, ríos, y lagos de poca o mucha dilatación, y unas barquillas de madera, o carrizales fuertemente tejidos, en que navegaban; y siendo así, como lo es, no pudieron venir del Oriente los que tenían sus mansiones en las partes del Norte y Poniente.

Yo rendiría la fuerza a la razón, si la abundante pintura de ríos, brazos de mar, y lagunas, como se vio igualmente en el Filósofo, no nos persuadiera a que colocados los africanos en las Islas de Cuba, Santo Domingo, Florida, Habana etc. no pudieron esguazar, como lo hicieron, al Ancón bajo, Río de las Nieves, Río de Flores, Bahía del Espíritu Santo, Río de Pescadores, Río de Palmas, y Río de Panuco, apoderándose de sus Costas para ocupar la Abadía, Guasteca, Río-verde, y Colonia de Santander, comunicándose por Soto a la Marina etc. Otros desde Cuba tomaron el rumbo de Yucatán: de aquí el del Río grande, Cabo de Camarón, dejando el Puerto de las Higueras, Caballos, y Triunfo de la Veracruz: de Camarón, el Desaguadero que viene de la Laguna de Nicaragua, bogando por el Cabo Blanco, Puerto de la Herradura, Posesión de Nicaragua, Bahía de Fonseca, Cholulteca, Río de Quahutemala, Citula, Laguna de Cortés, Puerto Serrado, Tequantepec, Colima, Cabo de corrientes, Puerto de Navidad, Chiametla, Río de Miraflores, Punta de Ballenas, o Tierra de Californias, donde se arrancharon muchas familias por la fertilidad y desahogo del país: y muchas siguieron de la Punta de las Ballenas a la Bahía del Abad, Cabo del Engaño, Cabo de Cruz, Puerto de Sardinas, Ancón de san Miguel, Bahía de los Fuegos, Costa blanca, Sierras nevadas, Puerto de todos Santos, Cabo de Galeras, Cabo nevado, y Bahía de los primeros; y hallándose sobre cuarenta a cuarenta y cinco grados al Norte, formaron sus estalajes, no queriendo probar con el poco reparo, el rigor y crudeza de los hielos. Multiplicados por largos tiempos en dilatadas generaciones, y encendidos con guerras civiles los ánimos, por sacudirse los débiles el yugo de los Poderosos, fueron viniendo sucesivamente unos tras de otros, como ya veremos en el discurso de nuestras Tardes.

El motivo de no desembarcar en las Costas de la Veracruz, siéndoles más fácil que el molesto tránsito que les damos, pudo tener su origen, o en que divertidos por los rumbos dichos, pudieron no acertar con éste; o en caso de arribar, hallar poblada la tierra de la nación gigantesca, y ladearlo para las partes referidas. Fuera de que las siete cuevas de donde salieron para poblar los Chichimecas el Norte, o tierra de Amaqueme, son unas Islas que colocan éstos en sus Mapas más hacia el Oriente que hacia otra parte alguna, confundiéndose con los de los Toltecas, que las sitúan en el Poniente; bien es que los Mapas de éstos no nos pintan tierras, sino familias: y cómo éstas vaguearon sin fijeza alguna por tan varios rumbos, olvidados del viento que correspondía a las primeras estancias de sus mayores, creyeron ser su venida por aquella parte donde se hallaban arranchados. Y cuando esta razón no fuera bastante, lo sería la de los muchos ríos y brazos de mar que nos pintan los científicos Toltecas en sus Mapas, hasta colocarse en el Poniente, cuyos esguazaderos no se verifican por otras partes más que por las dichas.

Ni hace fuerza el imposible que aparatan, de no poderse navegar el Océano que media desde los Trópicos hasta las Islas de Cuba, Santo Domingo etc. en unos vasos tan inconstantes y pequeños, que al más ligero dengue de una ola, infelizmente fracasarían, no bastando toda la destreza del ingenio y habilidad a sujetar el poder de un elemento tan soberbio; afianzando este modo de pensar con la difícil conducción de viáticos en una navegación tan dilatada, y no conocida por los primeros Marineros: digo que no hace fuerza, porque se debe juzgar, que unos hombres que pulsaban de día en día el furor e inconstancia de los mares, no se arrojarían a ellos conociendo el peligro, si no aseguraran la preciosa joya de sus vidas en buques capaces de hacer alguna resistencia a su orgullo; tomando este dechado, o ya en la Arca, o ya, como dije, en la Nao en que el gran padre Noé surcaba todo el Mediterráneo. Y siendo los vasos de algún mediano desahogo, ya es fácil creer, que se abastecerían de víveres, con la desconfianza de aquellos, que sin fijeza de rumbo ni destino, anhelaban a descubrir Mundo desconocido; entendiéndose esto en el caso que la navegación fuera tan dilatada como los poco instruidos quieran pintársela; que los que no, bien saben, que una vez montados los Trópicos, y batiendo con alguna fuerza el Levante, en el corto espacio de ocho a diez días, se vence la larga carrera del Golfo, y con felicidad se arriba a las Costas sobredichas; desde las que es creíble inventaran los barcos, canoas, y chalupas para traficar en los pequeños brazos de mar, lagunas, y ríos, pudiendo moverlas de una a otra parte; que no lo harían con vasos grandes, y de mediano volumen: socorriéndose con esta industria fácilmente de la agua, cortezas, y raíces de árboles, que es el alimento de que se mantenían, y hoy los Isleños llaman cazabe. Este es mi parecer, ahora tú seguirás el partido que más racionalmente te adaptare.

**Indio.** No me desagrada el modo de opinar de vuestra majestad y en el caso de no haber, como no lo hay, testimonio, revelación o divina escritura en contrario, nada perderé en seguir su dictamen; y pues vuestra majestad habla con la libertad de Maestro en este asunto, quiero que me diga, ¿cómo siendo esos africanos de una misma nación, y propio idioma, sembraron tantos, como pudieran los edificadores de Babel? Quiero asimismo que me aclare una dificultad que jamás he podido vencer, y es, que suponiendo el que estas tierras antes del Diluvio estarían pobladas de gentes, como que era crédito de la Omnipotencia dar lugar y plenitud a lo vacío, concurriendo el que cuantas más criaturas dilatara por el universo, esas más imágenes y copias tendría de su divino Ser y grandeza; y no habiendo método, idea o noticia de la Arca, ni de otra embarcación alguna para flotarse en las aguas, sería regular, que atropellaran con el rigor de las nieves que les causaría la Zona frígida, o Círculos polares; si no es que antes del Diluvio no fuera tan cruda, o hubiera otras tierras templadas que se unieran con éstas, libres de las aguas que después, por las del Diluvio, se congregaron mares; o si no, que Dios usando una de sus raras maravillas, como con los hijos de Israel, les facilitase el tránsito para estas tierras: y en este caso, quisiera yo el que vuestra majestad me dijera, si serían hebreos, cartagineses, fenicios, griegos, o españoles los primeros que las habitaron.

**Español.** Supón que no todas las tierras antes del Diluvio estaban pobladas, como observamos muchas en el día, y cuando lo estuvieran, como dice un Moderno por estas palabras: La América estuvo poblada antes del Diluvio, como el resto de la tierra::: hay en ella vestigios del Diluvio, como son los testáceos, los montes de piedra suelta, que entonces arrollaron las aguas, como se ven en la California, nada pudo rastrearse, porque todo quedó ahogado entre los sepulcros del abismo. Que de los cartagineses se difundieran tantas y diversas lenguas, sin asemejarse las unas a las otras en la pronunciación, ni en el sonido, no debe hacerte fuerza, cuando de los tres hijos de Noé, que no hablaban más que la lengua de su padre, y los Alarifes de Babel, que se entendían como si no tuvieran mas que un labio, dimanaron los setenta y dos idiomas con que cada nación se distingue en el universo. Además, que si damos fe a tus Historias, en ellas leemos que Tztacmehuatl, habitador de las siete cuevas, y maternos senos donde se engendraron las más naciones pobladoras de estos países, tuvo seis hijos, entre los cuales fueron Otomitl, Tenuch, y Mixtecatl de tan distintos idiomas entre sí, como lo es el hebreo del griego, y el griego del portugués. Que Dios obrase de sus adorables prodigios en el racional e irracional pueble de estas tierras, tampoco lo dudo; porque así como no faltan Santos padres que digan, que los Ángeles, en obedecimiento a los soberanos órdenes del Autor de la naturaleza, introdujeron los insociables brutos, e indómitas fieras en el Arca, para repararlas del universal estrago, y por el mismo las trasladaron a sus respectivos lugares; con mayor causa lo ejecutarían con la especie humana, antes y después del Diluvio, por resultarle más gloria y magnificencia al Supremo criador de ello. Esto es lo que alcanzo, y baste por ahora, que ya es tarde.

## Tarde III. Continúase la serie monárquica, y se da una breve instrucción de la teogonía, y calendarios indianos

**Indio.** La sabiduría de los hijos, es una inmortal gloria que engrandece la felicidad de los padres: eternízase la memoria de éstos, con la virtud y heroicidad de aquellos. Aquel padre deposita unas riquezas póstumas, que deja por heredero en el buen nombre de un hijo, el alto timbre de su gloriosa fama. Un Sabio decía, que eran los hijos vivientes espejos donde se miraban los difuntos retratos de los padres. Murió Xolotl dejando animadas sus proezas en la dilatada sucesión de muchos generosos héroes. Uno de ellos fue Nopaltzin, que como Primogénito le sucedió en el Imperio. Casó con Azcalxochil, hija de Pochol, príncipe a quien le venía por legítima herencia la corona Tolteca. Por este casamiento se emparentaron, como ya dije en la Tarde pasada, Ulcuas y Toltecas. Fue Nopaltzin magnánimo, brioso, esforzado, y de la intrepidez de ánimo que heredó de su padre. Apagó muchos fuegos, que encendieron los disturbios y sublevaciones movidas entre las provincias feudatarias: redujo a su obediencia a los Tulantzincas, nación que profesaba la altivez, y la rebeldía: consignole a un hijo bastardo muchos señoríos, y murió a los treinta y dos años de su gobierno. Sucediole su mayor hijo Tlotzin: fue sabio, prudente, y a mi juicio, el monarca más digno de memoria en todo el Imperio mexicano. Reinó treinta y seis años: llegó al colmo de la humana felicidad: mandó la vastedad de sus repúblicas sin contradicción: desterró de los miembros del Estado las emulaciones, y el escándalo: gozó de sus tesoros sin avaricia: atrajo con suavidad a los rebeldes: fue amado de muchos, aborrecido de ninguno: lo enriqueció la naturaleza con cuantos inestimables dotes puede ufana franquear: poseyó su alma una rara iluminación, que parece lo apartaba de la ignorancia y engaño de los demás: conoció los débiles cimientos sobre que se levanta el edificio de la majestad, y de la soberanía: concibió que era una mentida apariencia la lisonjera vanidad del trono, y que la vida del soberano estaba tan sujeta a la inconstancia y la corrupción, como la del Vasallo.

Y porque no dude vuestra majestad esta verdad, oiga la más edificativa sentencia de un Católico en los murientes labios de un Gentil, que fueron los últimos periodos con que cerró la breve cláusula de su vida. «Debo suspirar (dijo a presencia de su numerosa corte) porque siendo el mayor monarca del Mundo, no alcanza mi poder a celebrar ni una ligera tregua con los acerbos dolores que me atormentan: ninguna ciencia me ministra la majestad para saber la hora, o el cuando el Repartidor de las vidas, vendrá a cobrarme la que me dio; y pues ni el fausto, ni la potencia son bastantes a felicitarme la seguridad de un corto aliento apartad de mí cuanto me pueda lisonjear la ostentación de lo caduco, y miradme morir, que es lo más cierto e infalible; pues cuando cada una de las heladas cenizas de nuestros mayores no persuadiera vivamente a esta triste consideración, me bastara el doloroso espectáculo de mí mismo, para inferir la certidumbre de la inmortalidad». Como si hubiera leído aquella sentencia de Tertuliano en el libro de Resurrect. de Speculo mortis, erudiuntur viventes. En efecto murió Tlotzin, dejando envidiosa la paz de los Octavios, y la gloria de los Salomones, y le sucedió Quinatzin. Fue este príncipe inclinado al lujo y la vanidad. Trabajó en hacer recomendable el trono, y engrandecer la majestad, hasta pisar sacrílego la elevada cumbre de los dioses. Fue el primero que se mandó conducir desde Tenayucán hasta Tetzcoco, distancia de siete leguas, en unas ricas Andas, que cargaban cuatro principales señores, y el Palio cuatro reyes los más poderosos; soberbia ostentación, que mantuvo toda su vida, y continuó en sus Sucesores. Practicó la idea que le dictó su vanidad, como a los romanos y egipcios, la de los Carros conducidos por Elefantes y Leones. Pacificó muchas provincias reveladas: venció muchas batallas, caminando siempre a la frente de su ejército, para poder acometer el primero al enemigo. Era hombre feroz, de ánimo inflexible, pronto en las determinaciones, y feliz en todas sus empresas. Murió a los sesenta y seis años de ceñir con la Diadema sus sienes. Manifestaron su difunto cadáver sentado sobre una Silla de inestimable valor, coronado y cubierto de reales vestiduras, y por despojos de sus triunfos un manchado Tigre a la espalda, una Águila Real a los pies, y en las manos arco y flecha, en demostración de guerrero, nunca vencido, y siempre vencedor. Por su muerte, fue coronado Techotlalatetzin, príncipe sagaz, discreto, y de un lumbre y nobleza igual a la de su augusto abuelo Tlotzin.

Manejó las materias de Estado como pudieran los más diestros Áulicos de nuestros tiempos: arregló sesenta y cinco provincias, sujetando cada una a sus respectivos reyes y señores, cuyos nombramientos hizo entre Acuhuas, Chichimecas, Tepanecas, y Culhuas, naciones las más ilustres y distinguidas. Pensó no obstante el reconocimiento del feudo, que les era gravoso, unir mayores fuerzas al Imperio; y para asegurar su idea, dispuso con astucia, que en los Repartimientos de las gentes y habitadores de los pueblos, se mezclasen unas con otras las familias, de modo que siempre se verificase, que si la Población era de Culhuas, hubiera por lo menos en ella una quinta parte de las tres naciones restantes, reconociendo cada una feudo y vasallaje a sus legítimos señores, estorbando por este medio las sorpresas y revoluciones que suelen maquinar los mal contentos. Últimamente, para más recomendación de su persona, y aseguramiento de su Monarquía, instituyó los empleos de Capitán general, embajador, y Camarero mayor, depositando en cada una de estas familias la distinción de estos honores, para que con la vecindad al trono, pudieran en cualquier vaivén servir de puntales para sostenerla. Después fueron instituidos los oficios Hueycalpixqui, o mayordomo mayor, que era el que percibía la Real Hacienda, y a quien todos los Recaudadores de los tributos daban cuenta: el Hueyaminqui, o Cazador mayor, Maestre Salas, el Guarda joyas, o Celador de los Artífices que las labraban: el Archivero mayor, a cuyo cargo estaban todas las cosas que se escribían, cuidando de los Cronistas e Historiadores, para que con citación del día, mes, y año, y la verdad que demandaba la Historia, pintaran las Generaciones Reales, hechos y batallas, con todas las cosas más exquisitas dignas de la memoria de los siglos. Cada uno de estos Empleados tenía su Achcauhtli, o Capitán de Guardias, las cuales se servían de Nobles, y experimentados en las guerras. Con estas laudables máximas de prudencia y de gobierno, murió dejando pacíficas sus provincias a los ciento y cuatro años de su gobierno, subiendo al trono Yxtlilxochil.

Pudo servir este infeliz monarca de triste modelo de desgracias: apenas llenó un breve paréntesis de su Monarquía, en el que instituyó y creó Audiencias y Tribunales en muchas provincias, y Consejeros de Guerra en su corte, siendo el primero de esta invención, fue jurado por emperador en Huexotla, firmando con la coronación su desastre y su ruina; porque negándole la obediencia Tezozomoctli rey de Ascapuzalco, y conspirando los ánimos de otros, se hizo apellidar señor del Imperio Tepaneco, cuyo

Derecho defendido por Yxtlil, en el término de tres años, flaco de fuerzas, y destituido de socorros, se puso en fuga, dejándole al Tirano la posesión de sus Patrimonios. Retirose a los montes, y acompañado de algunos leales, trabajaba en calidad de Masahue para conservar la vida. Desconociéronlo sus deudos, olvidáronlo sus amigos, despreciáronlo sus vasallos, y hecho blanco de los tiros de la impiedad, vino a morir inhumanamente a manos de dos Capitanes asesinos, que con inaudita alevosía sobornados por Tezozomoc, le quitaron la vida. Más desdichas sufrió este desventurado príncipe en el espacio corto de siete años, que glorias y felicidades en cuatro siglos sus antepasados. Jamás le vio el rostro a la fortuna; porque envuelto entre los desastres e infortunios de un destino adverso, gozó la majestad entre el desprecio, la soberanía entre la injuria, la púrpura entre la irrisión, el poder entre el sufrimiento, y el trono entre el sepulcro. Heredole en tan fatal constitución Nezahualcoyotl su hijo: continuó en éste la trágica suerte de su padre, hasta que bonanzando el tiempo, y auxiliado con el poder de Yzohual rey de México, y de otros apasionados, recobró a Tetzcoco, cabido en suerte al mexicano en el repartimiento que hizo Tezozomoc, y desde este tiempo pagó tributo al de México el Tetzcocano. Sentose en la Silla de sus gloriosos Progenitores, y luego al punto resucitó las leyes, máximas, y costumbres de sus augustos abuelos, que yacían míseramente sepultadas entre los desórdenes y relajaciones que habían introducido los Infieles Tezozomoc, y Maxtla su hijo.

Arregló los Consejos y Audiencias, colocando en los empleos a los más dignos. A Quahutlehuan y Ychuntlatotza, hermanos suyos, nombró por sus primeros Consejeros, los que asociados con su Real persona, habían de resolver las causas criminales. Decía que el peso de la vida de un Vasallo, solo debía estar en las manos de su príncipe, como que éste lo juzgaba por el negocio más importante del Estado. A otros eligió para que entendiesen en las cosas civiles, y universal despacho del reino. Reformó el Consejo de Guerra, confiriendo entre la Nobleza y Plebe los honores; porque era de opinión, que solo se había de distinguir el mérito, y no la pasión, ni la sangre: nombró por presidente de él a su hijo Acapipiol, asociándole a Quocalmamali. Creó Junta de Hacienda, y en ella ministros de los Sujetos más expertos, y Mercaderes más ricos, inteligentes, y desinteresados: en ésta se trataba de los intereses reales, tributos, y justas pensiones de los pueblos: presidíala otro hijo suyo llamado Hecahuehue. Decretó que le hablaran por Intérpretes y Memoriales: mandó separar los oficios mecánicos en distintos barrios de la ciudad, sin que se mezclaran los unos con los otros: puso maestros en la Arte Adivinatoria; y astrología Judiciaria, nada segura, que enseñaban: consignó premios para los poetas, según sus habilidades y aplicación, con que hermoseaban y decoraban el verso, y especialmente los que producían en sus cantares, conceptos con que explicaban los hechos y grandezas de sus Predecesores, y otras personas dignas de la memoria de los siglos: edificó magníficos templos, y labró Huertos y Jardines para el desahogo y la recreación.

Tenían igual asiento en la generosidad de su corazón la Justicia y la Misericordia: de sus personales rentas proveía las trojes, para el socorro de los pobres de cualesquiera sexos: indistintamente acudía al clamor del humilde, y del poderoso: para los peregrinos mandó fabricar Hospicios, y dentro de su corte casas de comunidad, con consignación de rentas para los litigantes extranjeros, que por su pobreza no podían soportar los gastos necesarios. Mandó que a los caminantes se les sembrase maíz y frutos comestibles a un lado y otro de los caminos de sus tránsitos, para que con libertad, y sin fracción de la Ley, que condenaba a muerte al que sin permiso de su dueño cogiera siete mazorcas, pudieran alimentarse, y emprender sus viajes con menos molestia: formó y publicó un Código con las siguientes Leyes penales:

Que los traidores fuesen despedazados vivos con una universal disección, o anatomía de sus miembros y coyunturas: al seductor y novelero en perjuicio de la majestad, y de la república, que fuese asado en un palo de encina, hasta que consumido entre la voracidad de las llamas, sirviese de escarmiento a otros: al nefando, que fuese amarrado a un tronco, y por el sexo delincuente se le sacaran las entrañas, y formando hoguera de su cuerpo, fuera el cómplice arrojado a ella: al adúltero, mandaba que entre dos peñas se le demoliera la cabeza: al agresor, que fuera degollado con agudos pedernales: al ladrón, que antes de ser ahorcado, fuera arrastrado por las calles: al ebrio público y escandaloso, siendo constituido en dignidad, que luego irremisiblemente fuese ahorcado, arrastrado, y arrojado su cuerpo a un río dedicado solo para este fin, y si era plebeyo, vendido por primera vez, y por segunda condenado a la pena ordinaria.

Mandó que de ochenta a ochenta días se celebrase el Napoaltlatoli, o Audiencia general, en que se juntaban todos los Tribunales, Jueces, Procuradores, y Asistentes de las provincias, para que en presencia de todos los pueblos se decretasen las dudas, definiesen los pleitos, sentenciasen los reos, reconociesen los tributos, y todo lo conducente a la Guerra: ordenó este celebérrimo Congreso, como por vía de última apelación en todas las causas, y cosas que de hecho, y de derecho se producían en las Audiencias, y Consejos ordinarios: manejaba los negocios de peso por sí solo, sin comunicarlo a confidente alguno, y para el mejor éxito de sus ideas, cavó una mina desde lo más intimo de su Palacio hasta la salida de la ciudad, por donde pudieran entrar y salir sin ser vistos los Correos, y Negociantes de porte y gravedad: no asentía a la vana religión de sus mayores, juzgando por ridiculez, y culto vano los sacrificios que se tributaban a las peñas, y los maderos, en que el Demonio lograba los copiosos triunfos de la malicia, y de sus engaños. Quiso decretar la total abolición de las humanas víctimas a los asquerosos Ídolos; pero temeroso de la inobediencia, ordenó, que solo se ejecutasen en los cautivos, y reos de muerte. En fin, después de arreglar con ochenta leyes que sabiamente dispuso, las costumbres y política de su reino y Vasallos, dejar escritos sesenta Cantares en diversos asuntos, que fueron como otros tantos monumentos de su ingenio, elocuencia, y habilidad, y después de mandar que sigilasen su fallecimiento, porque creyéndolo vivo, no se atreverían a insultar el reino los mal querientes, murió este gran monarca, dejando por heredero a su tierno hijo Netzahualpili, y nieto del rey Totoquihuatzin de México.

Siguió los pasos de su padre: fue venturoso en la Guerra, agraciadamente severo en lo público, marcial y festivo en lo secreto, sobrio en sus acciones, y caritativo con el menesteroso. Fabricó un balcón en tal orden, que pudiera ver cada clase de pobres de los que ocurrían al mercado a mendigar las migajas, y recoger los desperdicios de los tratantes, y mandándolos llamar, informado de sus pobrezas, vestía a unos, remediaba a otros, no fiando de otro que de sí mismo la distribución de las limosnas. En días festivos servía a muchos Pobres, que se les ponía su Real mesa, pudiendo colocarse en el Catálogo de los Luises, Hernandos, Eduardos, y Enriques, si como les imitó en la caridad, hubiera conocido y abrazado la verdadera religión: fue tan integérrimo, y exacto ejecutor de las leyes de sus mayores, que a su hijo Huexotzincaltzin, y a quien más tiernamente amaba, mandó quitar la vida por unas palabras inmoderadas que dijo a una concubina de las de su lecho; sin ser bastante inclinarlo a la indulgencia ni los clamores del reino, ni el poderoso respeto de su cuñado el gran monarca Moctechuzuma. Era inclinado a las ciencias, especialmente a la astrología: granjeose por su aplicación, y estudio el glorioso epíteto del rey más Sabio de su siglo, como lo fue Alfonso en Castilla. Manifestó el alto conocimiento que poseía en esta ciencia, avisándole a Moctechuzuma de la venida de unos Extranjeros, que se introducirían en sus cortes desposeerían de sus corona s, y los harían tributarios de ajenos señores: fue dotado de un especial numen poético, no apartando la naturaleza del verso de los rígidos preceptos del arte; sus Cantares más parecían ser concebidos de un estoico, y moral Cristiano, que de un Gentil profano y presumido. Adhirió en punto de religión al dictamen de su padre, creyendo que el Sol era única Deidad adorable, por la beneficencia con que igualmente influía en los tres reinos, vegetable, sensible, y racional. En medio de la bonanza con que le lisonjeaban la grandeza, y la fortuna, se cubrió su ánimo de tan vehemente cobardía y tristeza, que separado de los bullicios del Gabinete, negado a la dulce conversación de sus amigos y familia, murió, según dicen unos; otros que fue como Pitagórico transmigrado a las antiguas tierras de Amaqueme; y los más afirman, que se volvió invisible a los de su corte, y Vasallos: lo cierto es, que ninguno lo volvió a ver, y que habiendo reinado cuarenta y cinco años sus tres hijos, Cacama, Coanacotzin, y Yxtlixuchil, disputando cada uno la Dominación absoluta, vinieron de acuerdo en dividir, como lo hicieron, el Imperio en tres partes.

Las provincias de la Sierra quedaron sujetas a Yxtil, menor hijo: las treinta y tres del Sur a Coanatzin, segundo; y a Cacama, que era el mayor, Tetzcoco con todo su vasto continente: en cuyos tres floridos vástagos vinieron a secarse las raíces, cortarse el robusto tronco de los antiguos y nobilísimos Toltecas, Aculhuas, Tepanecas, y Chichimecas. Siete fueron desde el gran Xolotl hasta Netzahualpili los gloriosos príncipes que ocuparon la majestad del trono Chichimeco y Alcuhuano, no debiendo contarse Tezozomoc ni Maxtla, porque impíamente arrogaron para sí los derechos de ajeno Patrimonio, ni a Cacama, por haberle faltado las solemnidades de la elección y nombramiento.

**Español.** Es cierto que según tu narración no tuvo el Imperio de Tetzcoco que envidiar la gloria de los Lacedemonios por sus Licurgos, la de los griegos por sus Solones, la de los romanos por sus Pompilios, ni la del Oriente por sus Justinianos; porque emulándose las virtudes entre sí, parece que disputaban la inmortalidad de sus nombres. Seis copias, entre doce, de sus monarcas, retrató Roma en su pecho para la gratitud y el homenaje, mandando borrar del lienzo y de la memoria las otras seis, por impíos, bárbaros, y crueles. Bien pudo Tetzcoco gloriarse sobre Roma, porque faltándole lienzo para las imágenes, le sobró héroes para las alabanzas. Dignos eran de las largas edades que les prescribes, porque los días de los príncipes Justos, Sabios, y virtuosos, deben multiplicarse como los del Fénix. Cien años dices que reinó Xolotl, sobre sesenta que contaba de vivir sobre la faz de la tierra: esta última edad es la vida del hombre; y todo lo que sobrevive, es correr con pasos de gigante hacia su primera materia; porque cuantos desde ahí respira alientos, son débiles presagios de su principio, que es el polvo la resolución, y la nada. Cien años, reinaron muchos de tus príncipes; monarca hubo en Israel que no reinara mas que dos. Menos de dos debe manejar el Cetro el Tirano; más de ciento el Sabio y Prudente. Entre el número de los inmortales, debían contarse cuantos soberanos han sido asunto de tus alabanzas Qué moralidades! Qué leyes! Qué ordenanzas, y qué establecimientos tan justos y recomendables! Qué costumbres, y qué máximas para asegurar, y hacer eterna la existencia de un gobierno! A los sagrados del silencio debió Federico rey de Prusia, y marqués de Brandemburgo, la felicidad de sus proyectos y triunfos. Resucitó este gran monarca de nuestro siglo las olvidadas memorias de Nezahualcoyotl, autorizándolas el inmortal papa Clemente XIV. y engrandeciéndolas casi todas las augustas Testas de la Europa: haciéndose gloriosamente intratables los Gabinetes, por el estudioso desvío con que manejan y confieren sus adorables y acertadas resoluciones. Ciento y sesenta, y aún más años les das de vida a tus monarcas; pocos días son para tus cultos, muchos para la inconstancia de la naturaleza.

**Indio.** Ya sé, señor, por donde camina vuestra majestad y no piense que pretendo con las edades de los míos, empeñar a nuevo estudio la delicadeza de los Ingenios. Pocos años hace que se escribió sobre las edades de la humanidad, pretendiendo con los discursos acortarles los años, y oscurecer los testimonios. vuestra majestad esté cierto, que cuanto yo digo, o lo he de persuadir con autoridad, o lo he de convencer con la razón; y porque esta materia pide más luz de la que vuestra majestad se tiene, escuche no con poca admiración lo que hasta aquí habrá ignorado. Dividían mis antiguos el Mundo en cuatro períodos: el primero, desde la Creación hasta el Diluvio: el segundo desde el Diluvio hasta la destrucción de los Gigantes: el tercero, desde la destrucción de los Gigantes hasta la desolación y ruina, que en los reinos Vegetable y Animal sufrió la tierra de Anahuac, causada por los huracanes y temblores; y la cuarta desde este universal estrago hasta la consumación de los siglos por fuego: dándole a cada edad su nombre. A la primera: Atonatiuh: primer Curso Solar, que destruyeron las aguas. Al segundo: Tlochitonatiu: segundo Curso Solar, fenecido con temblores de tierra. Al tercero: Ecatonatiuh: tercer Curso Solar, destruido por el aire; y el cuarto: Tletonatiuh: cuarto Curso Solar, que acabará en fuego. Al año que llamaban Nenontemi, y era Lunisolar para unas naciones, y para otras Solar, le daban 360 días, no mencionando los cinco, porque en sus observaciones astronómicas los reputaban por infelices y aciagos; bien que se valían de ellos para los cálculos cronológicos. El año lo componían de dieciocho meses, y el mes de veinte días, y las seis horas que le sobraban a éste, los matemáticos que se juntaron en Huehuetlapalan, las ajustaron con el Equinoccio Verno como cien años antes de la venida del Verbo, componiendo de ellas de cuatro a cuatro años un día más, con lo que quedaban igualados los años civiles y astronómicos, en cuya memoria construyeron en Cepoallán 365 templos, alusivos a los 365 días del año. Dividían asimismo el año en cuatro tiempos, en el orden siguiente: Tecpatl, Primavera: Calli, Estío: Thoctli, Otoño; y Acatl, Invierno. Enlazaban los años con Triadecateridas, y otras figuras, con que ajustaban veinticinco años, que era el Ciclo Solar. Al siglo llamaban Gehuehuetilixtli, que era una vejez, o ciento y cuatro años. Dividíanlo en dos mitades, y cada una se componía de cincuenta y dos años, a la que llamaban Xiultlapile: unión o ligadura de los años: porque fenecidos los cincuenta y dos, volvían a contar de nuevo. Todo lo cual podrá entender en la explicación de la gran Rueda, y columnas siguientes.

## Prospecto de la rueda

Pintaban cuatro Vientos, que eran: Mediodía, Oriente, Septentrión, y Poniente: en cada viento colocaban una Casa con un carácter: al de Mediodía, que era el primero, llamaban Conejo: al del Oriente, dos cañas: al del Septentrión, tres Pedernales; y al del Poniente, cuatro Casas. A cada figura de éstas le daban el valor de trece años. Por la primera, que es el Conejo, o Catohtli, comenzaban la cuenta, llevando en ella un año: del Conejo, o Mediodía, pasaban al Oriente, o dos Cañas, que llamaban Omeacatl, y eran dos años: de éste pasaban al Septentrión, o tres Pedernales, que llamaban Eytecpatl, y eran tres años; y de éste últimamente pasaban al Poniente, o cuatro Casas, que llamaban Nahuicalli, y eran cuatro años. Fijos ya sobre que desde la Casa primera del Mediodía, hasta la del Poniente, llevaban cuatro años, volvían al uno, que era un Conejo, y sobre cuatro que habían corrido, decían cinco: de aquí pasaban al Oriente, y al dos le aumentaban cuatro, decían seis: al Septentrión, y sobre tres cuatro, decían siete, y de éste al Poniente, y sobre cuatro, cuatro, contaban ocho. De aquí se volvían a colocar en el signo de Conejo, y sobre cinco que contaban en él, aumentaban cuatro, y decían nueve años: al seis del Oriente cuatro, y decían diez: al siete del Septentrión cuatro, y decían once; y al ocho del Poniente cuatro, y decían doce; y en fin, volviendo al Mediodía, o Conejo, sobre los nueve aumentaban cuatro, y eran trece, primera parte de las cuatro que componía la edad de cincuenta y dos. Del signo Catohtli, o Conejo, pasaban al de Omeacatl, o dos Cañas, y con el mismo orden que el antecedente, contaban trece hasta llegar al Poniente, o Nahuicalli, que es el signo de las cuatro Casas, donde ajustaban las cuatro veces trece, que son cincuenta y dos.

El ingenioso y sutil artificio de esta Rueda, servía no solo para ordenar el Calendario Ritual sino para saber puntualmente los sucesos y cosas acaecidas de inmemorial tiempo, prescribiendo el día, mes, y año, con el siglo en que acontecían, y significándolas con las cifras y figuras más simbólicas de los acontecimientos: pondrele a vuestra majestad a la vista un retrato de dos que tengo visto, el uno que explica la coronación del gran Nezahualcoyotl, y el otro la del invicto Chichimeca Nopaltzin; que si tuviere facultades con que poder grabarlos, hará un buen servicio a sus Paisanos, y si no, se quedarán ahogados como los demás que vuestra majestad ha tocado y visto con sus ojos.

## MESES DEL AÑO 18.

Daban principio al año por el mes de febrero, que en nuestra lengua llamamos Mextli Atlcahual, o por Marzo; pero estando al cómputo y colocación de los cinco meses que restan desde los trece a los 18 en que ajustaban el año, debía ser el de febrero y no otro.

| Denominación. | Interpretación. |
| --- | --- |
| Atlacahualco. | Ausencia de aguas |
| Quahuatlehua. | Vida de las plantas. |
| Xilomaniliztli. | Oblación de maíz tierno. |
| Tlacaxipehualiztli. | Disciplina de sangre, y desollamiento de hombres. |
| Coailhuitl. | Fiesta general. |
| Tocoztontli. | Desvelo de veinte días. |
| Hueizcoztli. | Ayuno, penitencia, y desvelo grande. |
| Toxcatl. | Daño y pérdida de frutos. |
| Etzalquatiztli. | Atole y tamal de frijol. |
| Tecuilhuitontli. | Fiestas particulares de Nobles. |
| Hueitecuilhuitl. | Fiesta mayor de Nobles. |
| Tlaxuchimaco. | Repartimiento de flores. |
| Xocotlhuetzi. | Vendimia de frutos. |
| Hueymiccailhuitl. | Conmemoración general de los difuntos. |
| Vehpaniztli. | Limpieza. de los templos. |

| | |
|---|---|
| Teotleco. | Venida de los dioses. |
| Tepeilhuitl. | Fiesta Serrana. |
| Quecholli. | Llegada de las Aves divinas. |
| Panquetzaliztli. | Reseña, y prevención para la guerra. |
| Atemuztli. | Aguas nieves. |
| Titil. | Tiempo de heladas. |
| Izcalli. | Mudanza de tiempo. |

| Meses Dedicados. | Interpretados. |
|---|---|
| 1. A Tlaloc. | Dios de las Aguas. |
| 2. A Xipe o Teteu. | Dios de los Plateros. |
| 3. A los Tlaloques. | dioses de lluvias moderadas. |
| 4. A Centeutl. | Diosa de los Sembrados. |
| 5. A Tezcatlipoca. | Dios con nosotros, o espejo resplandeciente. |
| 6. A Huitzilopuchtli. | Dios de la Guerra. |
| 7. A Huixtocihuatl. | Diosa de las Salinas. |
| 8. A Xilonen. | Diosa del Maíz. |
| 9. A Huitzilopuchtli. | Dios de la Guerra. |
| 10. A Xixuhtecuhtli. | Dios del Fuego. |
| 11. A Tozitzin. | Madre de los dioses. |
| 12. A Gatoocca. | Todos los dioses. |
| 13. A Occabuithehé. | dioses de Sierras frías. |
| 14. A Mixcohuatl. | Culebra de Nube. |
| 15. A Huitzilopuchtli. | Dios guerrero. |
| 16. A Los Tlaloques. | Dioses de las Aguas. |
| 17. A Cozcamihauh. | Principal Anciana. |
| 18. A Yzcozauhqui. | Dios del Fuego. |

| Meses Ocupación. | Actos sagrados. |
|---|---|
| 1 | 1 |

2

| | 2 |
|---|---|
| 3. Compra de Niños. | 3. Sacrificábanlos por las buenas aguas. |
| 4. templos y Calles enramadas con flores y hojas de maíz tierno, teñidas con sangre de las orejas y espinillas. | 4. Hacimiento de gracias por la nascencia del maíz. |
| 5. Deprecaciones y lágrimas, a que los movía la voz de la flauta que tocaba el gran Sacerdote por los cuatro ángulos del mundo. | 5. Rogación porque no se escasearan las aguas. |
| 6. Amasijos y otros víveres. | 6. Oblación divina porque el Cielo les daba los alimentos. |
| 7. Cantos y bailes de mujeres mientras el recogimiento de la Sal. | 7. Demostración de gratitud. |
| 8. Desgrano y repartimiento de semillas. | 8. Limosna general a los pobres. |
| 9. Vendimias y repartimiento de flores, trato y comercio de mercancías. | 9. Galas y vestiduras ricas para los ídolos. |
| 10. Vendimia de las frutas, y aserramiento de maderas. | 10. Fuego incesante para los sacrificios. |
| 11. Listas, ejercicios, y formaciones de tropas. | 11. Defensa de la religión. |
| 12. Labor de esteras y petates. | 12. Alfombras para los templos, sobre las que estampaban sus pies los dioses. |
| 13. Construcción de culebras, imágenes, y muñecos. | 13. Símbolos y Retratos de los dioses. |
| 14. Aderezo de dardos y flechas. | 14. Disposición de guerra. |
| 15. Escaramuzas y ensayos de la gente de guerra ante los templos. | 15. Seguridad de los triunfos. |
| 16. Escultura de imágenes de masas comestibles. | 16. Preparación sagrada para el año siguiente. |

17. Juegos de Carnestolendas.

18. Caza general de animales terrestres y volátiles.

17. Disposición para los ayunos.

18. Ofrendas a los Sacerdotes y sacrificios irracionales.


Días del mes veinte

1. Cipactli.
2. Ehcatl.
3. Calli.
4. Cueztpallin.
5. Cohuatl.
6. Miquiztli.
7. Mazatl.
8. Tochtli.
9. Atl.
10. Izcuintli.
11. Ozmatli.
12. Malinalli.
13. Acatl.
14. Ocelotl.
15. Quauhtli.
16. Temetlatl.
17. Tititonatiuh.
18. Tecpatl.
19. Quiahuit.
20. Xochitl.

1. Serpiente armada de arpones.
2. Aire.
3. Casa.
4. Lagartija.
5. Culebra.
6. Muerte.
7. Venado.
8. Conejo.
9. Agua.
10. Perro.
11. Mono.
12. Mecate.
13. Caña.
14. Tigre.
15. Águila.
16. Piedra de moler.
17. Acelerado movimiento del Sol.
18. Pedernal afilado.
19. Lluvia.
20. Flor.


Los cuatro ángulos del Mundo, las cuatro Estaciones del año, y los cuatro Elementos, entendían con unos propios nombres, pero con diversos significados.

| Signos | Vientos | Tiempos | Elementos |
|--------|---------|---------|-----------|
| Catochtli. | Mediodía. | Primavera. | Tierra. |
| Omcacatl. | Oriente. | Estío. | Agua. |
| Eytecpatl. | Septentrión. | Otoño. | Fuego. |
| Nahuicalli. | Occidente. | Invierno. | Aire. |

Los días del año astrológico eran 260. Componían el mes de veinte días, figurábanlo con veinte caracteres o signos, y cada signo con trece días.

Supongo que entre las muchas fiestas fijas celebraban dieciséis movibles, que eran las más principales y solemnes, y para estorbar el concurso, no obstante que transferían la de menos solemnidad, y vencer las dificultades y confusiones que padecían con las seis horas que le sobraban a cada año; dispusieron intercalarlas en los Ciclos o Xiuhmolpias, contando trece días a sus decadencias. Los cuales no simbolizaban con carácter o figura alguna, reputándolos como mudos y sin ejercicio; ocupándose en estos días en ejemplares actos de ayunos, penitencias, y disciplina, hasta la renovación del fuego. Esta intercalación la hacían solamente en el Calendario Ritual, por reputarse en este como biséxtiles tales días, y no en los demás, como verá vuestra majestad adelante, porque se alterarían los principios de los años, Solsticios, y Equinoccios, quedando de este modo en su invariable orden el año Trópico. Así se gobernaron, hasta que el rey de Tetzcoco Nezahualpili, con el sublime ingenio de que el Cielo lo había dotado, ajustó las horas de cada año, componiendo con ellas de cuatro en cuatro un día cabal, y hubiera establecido el bisexto con la entrada del año el día primero de enero, si con su muerte y llegada de los españoles, no se hubieran trocado las cosas de nuestra América.

El artificio de los Almanaques, o composición de sus Pronósticos, era de una rara invención y sutileza: dábanle al Sol su carrera en el círculo del año por veinte signos, y a cada signo trece casas: al primer signo, que también era primera casa, llamaban Cipactli, que quiere decir Espada de Pez marítimo, y las demás eran las siguientes.

| | |
|--|--|
| Ehecatl. | Aire. |

| | |
|---|---|
| Atl. | Agua. |
| Calli. | Casa. |
| Ytzcuintli. | Perro. |
| Quetzpalli. | Lagartija. |
| Ozumatli. | Mona. |
| Cohuatl. | Culebra. |
| Malinali. | Yerba medicinal. |
| Miquixtli. | Muerte. |
| Acatl. | Caña. |
| Mazatl. | Venado. |
| Tochtli. | Conejo. |

Servía Cipactli de signo y casa, como ya dije, y así por él comenzaban a pronosticar. Cada casa la iluminaban con siete caracteres, que llamaban:

| | |
|---|---|
| 1. Ozelotl. | Tigre. |
| 2. Quauhtli. | Águila. |
| 3. Temetlatl. | Piedra. |
| 4. Ollintonatiuh. | Movimiento del Sol. |
| 5. Tecpatl. | Pedernal. |
| 6. Quiahuit. | Agua que llueve. |
| 7. Xochitl. | Flor. |

Todo lo que acontecía bajo de este signo Cipactli, lo pronosticaban próspero y feliz: si comercio, bien logrado: si nacimiento en los nobles, señoríos, y en los plebeyos, valor y ascensos: en las enfermedades, las de menos malicia, y con el Dios sobre todo, procuraban hacer verdadero el pronóstico con los ayunos, vigilias, penitencias, y muchos actos de edificación. Enlazaban estos siete caracteres, coronando con ellos las trece casas, para explicar no solo la suerte de cada uno, sino para inferir sus aspectos, influencias, y cualidades, y los movimientos y alteraciones de los tiempos. Del mismo modo que otros pasean al Sol por doce casas, bautizándolas con los nombres de Aries, a quien adornan con el Vellocino de oro: de Tauro, con sus Estrellas: de Géminis, abrazado y lisonjeándose con la hermosura de su madre Leda: de Cancro, con los dos colores verde y negro: de León, con el ardor y la furia: de Virgen, con sus rubias y candeales espigas: de Libra, con su peso igualando los días y las noches: de Escorpión, con su naturaleza fría y húmeda: de Sagitario, muerto por Alcides: de Capricornio, con su cara afeminada: de Acuario, con sus vertientes urnas; y de los dos Peces, con sus escamas diamantinas. Debajo de éstos colocan los meses en que reinan, y se señorean, y tejen según su orden los siete planetas, representando cada uno la figura de la insignia que les aplican: a Júpiter el Rayo, a Marte la Lanza, a Saturno comiéndose los hijos, al Sol el Carro, a Venus las Palomas, a Mercurio el Caduceo, y a la Luna las tres formas. Y sabiendo del carácter y cualidades de que cada astro y signo se compone, y los días y meses en que entran gobernando, pronostican las aguas, tempestades, granizos, hielos, humedades, sequedad, enfermedad, y muertes etc. Este glorioso estudio, que tuvo su principio de los egipcios, y está en corriente en nuestros tiempos, lo fue igualmente en mis antiguos, formando sus Pronósticos según la ciencia que tenían de los astros, significados bajo de los caracteres de arriba con los que, como ya he referido, formaron los cuatro calendarios, conviene a saber: el Astronómico, donde demostraban la situación de los signos: el natural, para la labranza: el Cronológico, para ordenar los símbolos de los días; y el Ritual, para el método de las fiestas. Y porque nada se le quede a vuestra majestad por saber, o a lo menos sepa que nada ignoraron mis antiguas gentes, aun en el tiempo mas oscuro, y lleno de confusión, oiga el modo que tenían de gobernarse por la Teogonía, o descendencia de los dioses.

Teogonía.

| Teutl. | Dios. |
|---|---|
| Citlanatonac. | Estrella resplandeciente. |
| Citlalicue. | Faldellín de la Estrella. |
| Tecpatl. | Pedernal. |

Éste fue arrojado del Cielo, y cayó en la Tierra que llaman Chicomoztoc, o siete cuevas en donde se engendraron más de 1.500 dioses.

| | |
|---|---|
| Tezcatlipoca. | Espejo brillante, y Ánima del Mundo. |
| Titlacohua. | Nosotros somos tus Esclavos señor de Cielo y tierra. |
| Telpuctli. | Mancebo hermoso. |
| Huitzilopuchtli. | Todo Poderoso. |

Su pintura unas ricas plumas sobre el brazo izquierdo, significativas del Pajarillo verde, o Chupa-rosas, y de Opuchtli mano siniestra.

| | |
|---|---|
| Tlaloc. | señor del Paraíso. Repartidor de las aguas. |
| Tlaloques. | dioses Pluviales. |
| Tloquenahuaque. | De quien penden las cosas. |
| Ipalnemohualoni. | Por quien vivimos y somos. |

SEMI-DIOSES, Y HOMBRES DIOSES

| | |
|---|---|
| Toteo. | Calvo. |
| Yxtlilton. | Tiznado. |

Abogados contra los catarros, toses, ferinas, diarreas, tenesmos etc.

| | |
|---|---|
| Tzapatlatenan. | Mágico. |

Descubrió la virtud del aceite uxitl, provechoso a los pueblos.

| | |
|---|---|
| Opuhtli. | El Izquierdo. |

Inventó la arte de la Pesquería.

Este modo de engrandecer los héroes de la humanidad, y mixturar la prole divina con la humana, fue muy común en las gentes del universo, creyendo que Rómulo fue hijo de Marte, Esculapio de Apolo, Perseo de Júpiter, Hércules del mismo, y de Alcmena, y Aquiles de Tetis y Peleo, como lo canta Ovid. en la Fab. 7.

> Vix bene virgineos Peleus invaserat artus.
> Illa novat formas; donec sua membra teneri

Sentit.
Exhibita estque Thetis confessam amplectitur heros,
Et potitur votis, ingentique implet Achille.

He colocado en este lugar estas divinas Generaciones, porque en los tiempos oscuros les servían a mis antiguos como de principios, y pequeñas épocas, para interpretar y ordenar todas las cosas de su religión y costumbres; valiéndose de estas fábulas sagradas, y aparentes simulacros, no solo para ajustar, como lo hicieron, de trece, las triadecateridas o trecenas con que enlazaban los caracteres de los años, y símbolos de los días; sino para formar un Calendario del año natural, no obstante de ser su gobierno cuasi teocrático, o sustentado por oráculos, como se ve en los cuatro Tecpatl, Calli, Tochtli, y Acatl, en que por el retoño de las yerbas contaban los años, y explicaban los Elementos. Dije que de estos engaños divinos formaban una idea y cómputo muy particular, como por ejemplo:

Por el primer símbolo de los días, que llamaban Cipactli, conocían que había un padre superior al Sol, y a todo lo que ocupa el cóncavo luminoso del Cielo, entendido en toda la latitud de su voz, que es Cipactonatl; y Cipactli, sincopado, padre de los vivientes. Dábanle a éste por mujer a Oxomozco; otros le llaman Tozi, nuestra abuela; y los mejores lenguaraces Cihuacohuatl, que se interpreta la mujer culebra, o la mujer a quien engaña la culebra, o la mujer que pare gemelos o coates, que llamaban culebras, de la palabra Cocohua, de adonde traían la noticia de nuestros primeros padres Adán y Eva; no escondiéndoseles de que a ésta la engañó la Serpiente, y que todos sus partos eran gemelos, teniendo del primero a Caín y Calmana, y del segundo a Abel y Delbora: de aquí pasaban a ajustar el tiempo de la Creación con Tezcatlipoca, Dios que cuando crió al Cielo y la Tierra, mandó al Sol que tirara una flecha sobre ella, la cual cayó en la de Aculma, y abriendo un hoyo, salió un hombre de medio cuerpo para arriba, y de la otra mitad la mujer, tomando la tierra el nombre de su formación, porque Acul quiere decir hombro, y Maytl, brazo: y sabiendo que la primera edad, o primer curso del Sol, que llamaban Atonatiuh, había corrido cuasi dos mil años, hasta que lo destruyó el señor del Paraíso Tlalocatecuhtli, por aguas; y tejiendo por ésta los demás tiempos, venían a inferir no solo el de la creación del hombre, sino todo lo demás perteneciente a la vida civil y religión.

Este fue, señor mío, y es un breve rasgo del nacional, raro, y científico modo de gobernarse mis antiguas gentes, arreglándose a estos métodos, cómputos, y cálculos como otras naciones a los Platónicos, Planetarios, hebreos, egipcios, Sagrados, y católicos. El año Solar, que tiene 365 días y seis horas, que es todo el espacio de tiempo en que el Sol pasa por los Equinoccios y Solsticios, hasta terminar la carrera por el Zodiaco, es el cómputo más fiel que observa toda la Cristiandad, por haberlo así arreglado nuestra Madre la Iglesia. Divídelo en cuatro partes, que cada una consta de tres meses.

> Perque hiems, æstusque, et inæquales autumnos,
> Et breve ver spatiis exegit quatuor annum.

El mes en Calendas, Nonas, e Idus, y en cuatro semanas y dos días, la semana en siete días, y el día en veinticuatro horas, cada hora en cuatro puntos, el punto en diez momentos, el momento en doce minutos, y el minuto en veintiocho átomos, y éstos en nada. La edad la partió en evos, el evo en siglos, el siglo en indicciones, la indicción en lustros, constando cada uno de cinco años, y el año de doce meses etc. Este cómputo se debió al trabajo del monje Dionisio Romano, por Decreto del papa Víctor, aunque hoy está enmendado por la Corrección Gregoriana. El mes entre mis antiguos se componía también de cuatro semanas, la semana de cinco días, y el día comenzaban a contarlo desde que nacía el Sol hasta el nacimiento del siguiente, al modo que los judíos desde que principiaba la noche, hasta la tarde venidera, en que se sepultaba: los matemáticos desde el mediodía para arreglar sus Lunas, y los Eclesiásticos en las Vísperas, observando aquella Ley a vespere in vesperam, celebrabitis sabbata vestra. Este modo tan digno de elogio, comenzó en la segunda edad indiana, y continuó hasta la venida de los españoles; bien que con menos o más oscuridad, según la ilustración y estudio de los Sabios: y llamo segunda edad a aquella en que habitó en estas partes la científica nación Tolteca, porque la primera fue la de los Gigantes, de quienes no hubo más noticia que la que tengo referida a vuestra majestad y contaremos por tercera y última en la que dominaron los grandes Chichimecas, Olmecas, mexicanos etc.

Esto supuesto, y que los años los contaban como ahora los católicos, debería hacerle más fuerza a vuestra majestad la larga edad de mis antiguos, si la experiencia no diera a conocer en el día, ser más dilatadas y durables las vidas de los actuales indios, que las de los señores españoles: en solo este pueblo podría manifestarle a vuestra majestad de quince a veinte que cuentan algo más de cien años, y prometen según su robustez y disposición la vida de otro siglo: la causa que yo he pensado para esta conservación es, en que a más de burlarse mis gentes de las crudas intemperies de los Elementos, y otras cualidades que tocan el impío extremo de lo insufrible, y lograr una inflexibilidad envidiable, aun en medio de las desnudeces, hambres, trabajos, sujeción, y abatimiento que padecen y toleran sin alteración del ánimo; viven arregladas a una invariable dieta en todo lo que conduce al animal.

Es gente, señor mío, que por lo regular, se sacude de sí aquella tirana predominación del vicio, que irrita y desordena el concierto y armonía de los humores. El alimento que toman es uno siempre y escaso, componiendo apenas la cantidad de veinticinco a treinta onzas en la sustancia de unas delgadas y sutiles tortillas de maíz, y un poco de chile y sal, que sirve como de aliciente a los melindres del gusto; de adonde infiero, que los espíritus naturales tendrán menos en que ejercitar sus funciones, y mucha más facilidad en su elaboración, que aquellos que les arrojan a sus estómagos copias de materiales fuertes, acedos y crudos. La ninguna dependencia en los intereses, tratos, y negociaciones temporales y espirituales, debemos creer que les concilie un ánimo exento y despejado de las impresiones que conturban y debilitan la más erguida robustez de la máquina. La ira, la venganza, el temor, el estudio, el desvelo, el sobresalto, el desasosiego, y otros afectos revoltosos, que causan las pasiones: el inmoderado uso de bebidas o licores volátiles y espirituosos: la Gula, la destemplanza, y ninguna frugalidad en los manjares groseros, pingues, y balsámicos, que obstruyen, sofocan, impactan, depauperan, empuercan, y contienen el admirable curso de los líquidos, y necesaria vagueación de los espíritus animales, y de la vida, deben juzgarse por causas que indispensablemente producen y engendran una conmoción extraña, que desgobierna toda la simetría y buena textura de los órganos, sustancia, articulaciones, y facultades de la naturaleza. De todos estos estragos y ruinas, que arrastran a la más lozana juventud para el sepulcro, viven y vivieron libres los míos, poseyendo juntamente con estos privilegios, un índole y temperamento humilde, sufrido, paciente, inaltera-ble, y conforme a la suerte de su constitución; a que se agrega el que las arterias, tendones, nervios, y cutis, son más groseros y consistentes que los de Vms, o ya porque les es naturaleza, o porque se curten y endurecen, por el descubierto y desabrigo con que sufren las varias estaciones de los tiempos.

**Español.** Son tan eficaces tus razones que convencen sensiblemente la duración y largueza de vida de vosotros, y de vuestros antepasados, cre-yendo que Xolotl y todos sus descendientes, pudieran vivir no solo un siglo, sino dos, sin canas, rugas, ni muletas, que son los síntomas más expresivos de la senectud, y vecindad con la muerte.

## Tarde IV. Ciencias, cultura y civilidad de los antiguos y actuales indios. Breve relación de los feudos al imperio de Tetzcoco

**Indio.** Aquella Suprema Sabiduría, que a puños mide la inmensidad de las aguas, y a palmos la grandeza de los Cielos, dispuso según convenía a la grandeza de su dilatado Poder, que unos tiempos se vistiesen de flores, y otros de espinas; que en unos dominasen la rusticidad y la ignorancia, y en otros la ilustración de las ciencias. No deben vituperarse los unos, ni engrandecerse los otros; porque siendo como un efecto de la Providencia, debe conformarse la criatura con lo que su mano obra. Los siglos que hoy llaman de hierro, son los que franquean con prodigalidad las riquezas del oro, y de la plata; y lo que se nombran de oro, no conocieron la preciosidad de estos metales. Querían dar más valor a la simplicidad que a la sabiduría, como si no se debe estimar con proporción todo lo que viene de lo alto. Llamáronse aquellos siglos dorados, porque a la sencillez, seguía la menos malicia, que en comparación de éstos reina en los corazones de los hombres. Si las Monarquías de mis antiguos hubieran continuado en el caos oscuro de la Gentilidad, ya podíamos llamarles a estos siglos los del hierro, y aquellos los dorados; porque obrando conforme a las leyes de la razón, y del desinterés, no se les percibía inclinación a la avaricia; desgracia de que se quejaban los Italianos en el gobierne de Saturno, que con el pretexto de introducirles el comercio y la sociedad, y alejarlos de la estupidez y barbarie, le habían engendrado el pernicioso espíritu de la codicia, y del interés. Esto mismo les sucedió a los Atenienses con Lisanias, o primer Júpiter, como le llaman los poetas; a los Lisios con Radamanto; a los Cretenses con los Ninos; y a los Bohemios con los Cequios Creatinos; que empeñados en cultivar la inculta, montuosa, y eriaza tierra, cuantos surcos con el arado de la discreción abría el entendimiento, tantos más terrenos desmontaba para sus logros la malicia. Debían hallarse mejor con la ignorancia que con el raciocinio, cuando éste desordena con sus máximas la sencillez de las costumbres.

Los que no han leído las Historias de nuestra Antigüedad, o no se han instruido en aquellas noticias que merecen la dignidad del asenso, gradúan la simplicidad por barbarie, el culto por impiedad, la ingenuidad del trato, comercio, y comunicación, por brutalidad y fiereza. Ninguna cosa faltó a aquellas repúblicas para que no mereciesen el carácter de la civilidad, de la política, y del raciocinio; porque tocando los ápices de la cultura, le investigaron a la naturaleza sus más profundos arcanos, y admirables fenómenos, valiéndose de esta utilísima ciencia para el uso de sus virtudes y prodigios. Miraban que el Cielo se extendía a cuanto se ve desde los confines del aire para arriba, esto es, aquel cóncavo luminoso donde aparecen tantas y tan brillantes imágenes, asterismos, planetas, y otros innumerables cuerpos de incomprensible grandeza y hermosura, sin ignorar al mismo tiempo qué número de estrellas tenían movimiento, y cuando aparecían con plenitud de luz, opacas y eclipsadas; dejándose ver entre varios Mapas el número de las fijas, y de las errantes, contando los indios Chiapanes siete, que correspondían a los días de su semana, y en las Ruedas Toltecas la declaración de los ministerios, oficios, e influencias de cada una, con el número de las fijas, que eran cuantas en su Calendario Ritual se escribían por fiestas inamovibles, regulando su inconstancia o fijeza por el invariable movimiento de la Luna, y curso del Sol, dándole a éste el nombre de Oliintonatiuh, y al otro Ollinmeztlizaqual, y los Chichimecas Yonabiadi al del Sol, al de la Luna Yonatzaná, estrellas fijas Bathunaheé, errantes Yonaceheé. Miraban la gran masa catóptrica de elementos, con todos los materiales mezclados de aire, fuego, tierra, y agua, y conocían que todas estas materias y sustancias se sujetaban a la alteración, corrupción, y mudanza, viéndolas engendrarse, nacer, y morir. Sabían que el Mundo terrestre se dividía en tres regiones, suprema, media, e ínfima: en la suprema, que es la tierra superficial, miraban hombres, brutos, plantas, frutos, flores etc. y conocían que todo lo sostenía para conservar la armonía y concierto de lo sensible y vegetable.

Miraban la región media, o subterránea, y sabían que ésta era una continuación de la redondez de la superficie hacia el centro o la profundidad, o un globo oscuro interrumpido a trechos con varias cavernas, canales, y conductos, más o menos dilatados y encogidos, dentro de cuyas quiebras, abismos, y sinuosidades se producían y cuajaban varios entes y sustancias invisibles, sin escondérseles el modo de cocerse, estancarse, aumentarse, y disminuirse la diferencia de sólidos, insensibles, y cuerpos líquidos que se producen en dicha región. Conocían que bajo de esta cubierta o rostro de la tierra, había muchas partes o miembros de ella, más o menos pegajosos, según la estrechez y afinidad que tenían con la agua. Conocían que estas partes a veces eran sutiles y desunidas, como en los parajes areniscos, en los tepetates, secas y desmoronadas, y en los pedriscos, macizas y fuertes; no ocultándoseles el modo de la trabazón y sustento de unas con otras, y su admirable disposición y conformidad. La ciencia que de la región íntima tuvieron, diré a vuestra majestad después.

**Español.** Creo, porque tú lo dices, que se vistieran tus antiguos de un conocimiento tan raro, que muchos de los míos ignoraron y carecen; pero aunque te esfuerces a persuadirme lo contrario, jamás creeré que supieran ser efectos de un fuego fatuo, ardiente, activo, y de dilatadísima fuerza, que se contiene dentro de unas profundas cavidades que se llaman pirofilacios, los Volcanes, y otros muchos respiraderos fogosos, que veían aparecer unas veces con precipitación furiosa, otras con sosiego y templanza, y las más exhalando humos, vapores, y soplos benignamente cálidos. Jamás creeré que supieran, que la variedad de las aguas salobres, dulces, medicinales, verdes, negras, claras, turbias, gordas, delgadas, cristalinas, y limpias, se rebujaban e impelían por el viento y abundancia de líquidos, con que ahítas y rellenas las cavernas o hidrofilacios, salían a desahogarse a la superficie, de donde se formaban los ríos, termas, fuentes, lagunas, estanques, y cisternas, y que sus malignas o venturosas cualidades, las tomaban de los varios azufres, sales, nitros, azogues, rasinas, y otros desabridos o apacibles materiales de sus tránsitos.

No puedo creer supieran que los estragos de los terremotos, o como quieren los físicos (pulsos, temblores, e inclinaciones) las ruinas, conturbación, destrozos, y miedos que ocasionan con sus movimientos, tengan su origen, de que no pudiendo el aire contenerse por lo recluso, raro, y extendido en sus cavidades o aereofilacios, luchaba por salir a la superficie, de adonde se originaban las convulsiones, roturas, y temblores en la tierra, con lamentable subversión de los montes, casas, y vivientes de todo el reino animal y vegetal. Nunca creeré finalmente, el que supieran que el formidable estallido del trueno, la violenta luz del relámpago, y los repentinos estragos y calcinaciones de los rayos, eran efectos de los materiales rasinosos, malignos, y retostados del nitro, sal amoníaco, alumbre, carbón, y otras partículas llenas de aire y exhalaciones prontas a encenderse, las que elevadas por el calor del Sol a la región aérea elemental, y recogidas en la nube, como anhelan con ímpetu a extenderse y salir, desgarran con terrible estruendo la nube de adonde nacen, y se ocasionan tan terribles meteoros; y muéveme a no creer que tuvieran ciencia de los principios, causas, y origen de estos maravillosos fenómenos de la naturaleza, el haber leído en tus Historias, que aquel Volcán que está a la frente de Tlaxcalan, Popocatepec, y que registraron con sus ojos Diego Ordás, Andrés de Tapia, Montano, Mesa, y otros, lo juzgaban por un lugar que los dioses habían fabricado para depósito de las almas que tenían que purificar sus culpas y pecados. La Laguna de México la consideraban como una congregación de aguas, de adonde sus dioses, especialmente el Tlatocatecuhtli, sacaba porciones para regar los campos, según que la necesitaban. Las tempestades, torbellinos, y huracanes, decían ser las contiendas y luchas que entre sí trababan las Deidades, sobre querer cada una arrogar para sí la potencia y dominación sobre los mortales.

**Indio.** No cabe duda en lo que vuestra majestad dice, como no cabe en que semejantes producciones eran nacidas de un vulgo o populacho que todo lo atribuye al misterio, al accidente, y al milagro, sujetando enteramente el impulso de las causas criadas, a la providencia y orden sobrenatural: como para el fuego que la tierra vomitaba, lo creían otros ser alientos y encendidos soplos de Plutón; para los rayos, tempestades, y borrascas, enojos y cóleras de Júpiter, y guerras con Neptuno; y para fertilizar las sementeras, cuyos frutos dedicaban a los cultos del Templo de Diana, las aguas que bebía Saturno de la Laguna Meotis.

> *Postquam Saturno tenebrosa in tartara misso.*
> *Sub Iove mundus erat;*
> *Annuit omnipotens: et nubibus aerea cæcis*
> *Occuluit, tonitruque, et fulgure terruit orbem.*
> *Verba minora dea: tollensque ad sydera Palmas.*

*Æternum stagno, dixit, vivatis in isto.*

Pensando así la Gentilidad rústica ultramarina, como la mía, porque no concebían que el Supremo Autor depositó en ellas virtud y cualidades para engendrar y producir mayores efectos y maravillas. Estos achaques populares, señor mío, los padecieron mis antiguas repúblicas, y no dejan de adolecer de ellos las de vuestra majestad aun en un siglo tan racional y cultivado como el presente. Diecinueve años cantaremos por el próximo mes de septiembre, que abriéndose una boca en una de las Haciendas del Regidor don Andrés Pimentel, Vecino de la ciudad de Patzquaro, vomitó tanto fuego, y escupió tanta piedra y ceniza, que cuasi en ochenta leguas en contorno dejó vestigios de su voracidad y fiereza, y hasta el día explica su furor, según la copia de materiales que cuece, abriga, engendra, y alimenta. Y siendo un regular efecto de la naturaleza, lo juzgó, y aún cree el vulgo, que fue castigo de Dios ejecutado en su dueño y demás habitadores de Jorullo, de quien tomó nombre el Volcán. ¿Qué tempestades, temblores, o extraños movimientos de la tierra experimenta el reino racional, que no los canonice el rústico por un efecto de la ira, justicia, y divina venganza? Y pues, ¿donde está la cultura y raciocinio de una gente tan civilizada? Ea, que eso habla, me dirá vuestra majestad el popular, no el instruido; el ignorante, no el noticioso: eso me dice, y eso le digo yo. Componíanse las repúblicas de mis antiguos, de gentes vulgares y nobles, de toscas y limadas. Ningunas se conocieron en sus siglos más diestras y pulidas en la labor del oro, plata, y piedras preciosas, no escondiéndoseles a su penetración aquellas oficinas y talleres donde se engendraban las riquezas, así de estos metales, como de los azogues y medios minerales, conociendo que estas tan hermosas criaturas, debían su perfección y cocimiento a la influencia de los Cielos, y cualidades elementales; y lo más admirable era, que usaban de sus primores, más para el desprecio, que para el orgullo, la vanidad, y la soberbia.

No se desviaron del conocimiento de aquella ciencia que el Griego llamó filosofía, por donde todos los hombres se hacen felices, empeñando la experiencia y la razón para descubrir la evidencia de unos principios que los guiara al conocimiento de sí mismos, y de todos los objetos que pudieran arrimarlos hasta el soberano Autor de su existencia; no debiéndole a los estudios de Formey, Brucker, Deslandes, y otros, ni la más leve instrucción de sus historias críticas de filosofía. Ignoraban, es muy cierto, aquellos encantos del Blictiri, con que se embelesan, entretienen, y aun malogra el más precioso tiempo la juventud, aporreándose la cabeza con gritos y manotadas, sobre si la lógica es, o no necesaria para adquirir las demás ciencias. Caminaban sin la luz de las sutilezas de Aristóteles, invención de los predicables de Porfirio y fatigas de Severino; pero fueron sabios en aquella ciencia que enseña al hombre a pensar y discurrir bien, perfeccionándole su entendimiento con demostraciones y reglas, para que aparten lo verdadero de lo falso, abracen lo bueno, y no caigan en el error en que frecuentemente se engañan los sentidos, y falsean los juicios en varias materias; no teniendo otras reglas para tan glorioso discernimiento, que las que han tenido Malebranque, Soria, Martínez, y otros Profesores del Escepticismo. Ignoraban (es muy cierto) cuanto los padres de la Iglesia, y en las divinas Escrituras se hallaba escrito, de la inmortalidad de la alma racional, cuyo Tratado se dice Psicología, y pertenece, como parte principal, a la Metafísica, ciencia que trata de los espíritus, y entes inmateriales; pero sabían lo que ignoró la cultivada república de Atenas hasta Sócrates, como pudiera el mejor Católico, que las almas no morían; conociendo por una misma luz los destinos y lugares que para una eternidad, separadas de los cuerpos, habían de tener, creyendo que unas iban al Infierno, que llamaban Mictlán, y los Chichimecos Niduú. Colocábanlo a la parte del Norte, como otros en el centro de la tierra. Llamábanlo Mictlán, que quiere decir: Lugar de muertos que nunca vivirán, o país de sombras. Convenían con Virgilio en la diversidad de penas que pinta registró Eneas; pero adquirieron luz más superior, con conocer, que no solo había Infierno, sino Purgatorio, y Gloria. Otras al Paraíso, o Tlalocán, o Ylhuicatl, agua de las fiestas del Cielo, que los Otomites llaman Magetzi; y muchas al Purgatorio, que creían ser el Volcán de Popocatepec, donde purificadas de las culpas, salían para el lugar de Tlaloc, que era la tierra de Phajaá, descanso y bienaventuranza; pudiendo convencer al impío Helbet de sus errores, con la doctrina de unas gentes tan Gentiles como indianas; y quien tuvo tanto conocimiento de una materia tan profunda y escondida, mucho mejor debemos creer lo tuviera de aquella admirable correspondencia de la alma con el cuerpo, a quienes algunos llaman comercio; muchos, influjo físico; unos, causas ocasionales, y otros, como Leibniz y Wolff, transgresores de la religión, armonía prestabilita.

No ignoraron aquellas reglas y fundamentos de hablar y decir bien, que enseña la retórica, y acreditaron con su estudio Hermágoras, Demóstenes, Gorgias, Cicerón, Quintiliano, Alejandro Greco, Horacio, Fronto, y otros, y con sus cantos, florido estilo, copioso, sentencioso, y abundante, Virgilio, Ovidio, Sidonio, y Tito Livio: supieron persuadir y disuadir lo honesto y útil, vituperar, inclinar el ánimo a la benevolencia, declarar por su orden y con claridad todas las cosas, sostener la fuerza de lo que oraban, sosegar los ánimos de los dudosos, que son los tres géneros de las Causas, deliberativo, demostrativo, y judicial, y las cinco partes de la oración: exordio, narración, argumentación, confutación, y conclusión; jugando, cuando convenía, de los tres modos de decir, el ayuntamiento de los verbos, figuras de las palabras y sentencias, y de la diversidad de flores con que se adorna la elocuencia.

No ignoraron los signos de la música, con los fundamentos o claves sobre que se levanta su consonancia, melosidad, y dulzura; porque cantaban y tañían sus instrumentos con la ciencia y habilidades de los Anfiones, Alceos, Tebanos, Linos, Píndaros, Géminos, y Cómodos; usando solo de las dos partes métrica y armónica, y no de la orgánica, por no haber adquirido de instrumento de aire mas que la flauta, que tocaban los Sacerdotes menores en los templos: cuya falta de invento puede atribuirse a la carencia de metales; pero en las otras dos se arreglaban tan diestra y dulcemente a los comunes instrumentos Teponaztli y Tlapahuehuetl, que no confundiendo las palabras del canto con el ruidoso sonido de los instrumentos, gozaba a un tiempo el espíritu de la elegancia y suavidad del cantar, y se deleitaba el oído con la dulzura de la voz. Aquellas figuras pianas, calderonas, mudas, cromáticas, y tiernas, que por aire y embeleso, colocan y entretejen en el día los maestros de gusto en sus composiciones, eran el corriente y natural estilo de mis antiguos Músicos, deleitando y abstrayendo a una calma y tranquilidad las pasiones, como si estuvieran en dulces contemplaciones, éxtasis, y raptos; valiéndose de aquellos tres aspectos, tétrico para la guerra, patético para los estrados, y grave para los templos; no teniendo que envidiar a los dulces metamorfóseos, y variedad de musicales idiomas de los Ismenias, Pitágoras, Antegénides, Empédocles, y otros Músicos celebrados, de la Antigüedad ultramarina. Cualquiera que tocare la natural destreza y dominio que tienen y poseen los actuales en todo género de instrumentos, no se le hará duro el creer que cuasi les viene por herencia de sus antepasados.

De la poesía jamás hablaron con el estilo lírico de Catulo: el satírico de Pérsico y Juvenal: el epigramista de Marcial y Ausonio: el elegíaco de Propercio: el épico de Saseyo: el minógrafo de Sirio: el físico de Lucrecio; pero imitaron en sus Cantares y versos, el matemático de Manilio: el trágico de Séneca y Pomponio: el dulce de Eurípides, y el heroico de Silio. De los sesenta Cantares que compuso Netzahualcoyotl, de los que tengo visto dos, no hay alguno ni ninguno que no esté compuesto de versos jámbicos. Trasladaré parte de uno, que con ocasión de una asistencia general de cortes, dijo, ponderando la brevedad de la vida, y comienza: Xochitlmamani en mexicano, y en mi idioma otomí Nadenitzandú, cuya letra es la de abajo, y la nacional del Orador, y ésta su traducción: «Son las caducas pompas del Mundo como los verdes Sauces, que por mucho que anhelen a la duración, al fin un inopinado fuego los consume, una cortante hacha los destroza, un cierzo los derriba, y la avanzada edad y decrepitud los agobia y entristece: siguen las Púrpuras las propiedades de la Rosa en el color y la suerte: dura la hermosura de éstas, en tanto que sus castos botones avaros recogen y conservan aquellas porciones que cuaja en ricas perlas la Aurora, y económica deshace y derrite en líquidos rocíos; pero apenas el padre de los Vivientes dirige sobre ellas el más ligero rayo de sus luces, les despoja su belleza y lozanía, haciendo que pierdan por marchitas, la encendida y purpúrea color con que agradablemente ufanas se vestían: en breves periodos cuentan las deleitosas repúblicas de las flores sus reinados; porque las que por la mañana ostentan soberbiamente engreídas la vanidad y el poder, por la tarde lloran la triste cadencia de su trono, y los repetidos parasismos que las impelen al desmayo, la aridez, la muerte, y el sepulcro. Todas las cosas de la tierra tienen término, porque en la más festiva carrera de sus engreimientos y bizarrías, calman sus alientos, caen y se despeñan para el hoyo. Toda la redondez de la tierra es un sepulcro; no hay cosa que sustente, que con título de piedad, no la esconda y entierre. Corren los ríos, los arroyos, las fuentes, y las aguas, y ningunas retroceden para sus alegres nacimientos: acéleranse con ansia para los bastos dominios de Tluloca (que es Neptuno) y cuanto más se arriman a sus dilatados márgenes, tanto más van labrando las melancólicas urnas para sepultarse. Lo que fue ayer no es hoy, ni lo de hoy se afianza que será mañana. Llenas están las bóvedas de pestilentes polvos, que antes eran huesos, cadáveres, y cuerpos con alma, ocupando éstos los tronos, autorizando los Doseles, presidiendo las Asambleas, gobernando ejércitos, conquistando provincias, poseyendo tesoros, arrastrando cultos, lisonjeándose con el fausto, la majestad, la fortuna, el poder, y la dominación. Pasaron estas glorias, como el pavoroso humo que vomita y sale del infernal fuego de Popocatepec, sin otros monumentos que acuerden sus existencias en las toscas pieles en que se escriben. Ha! ha! y si yo os introdujera a los oscuros senos de esos Panteones, y os preguntara, que cuales eran los huesos del Poderoso Achalchiuhtlanextzin, primer Caudillo de los antiguos Toltecas; de Necaxec Mitl, reverente cultor de los dioses? Si os preguntara donde está la incomparable belleza de la gloriosa Emperatriz Xiuhtzal, y por el Pacífico Tolpiltzin, último monarca del infeliz reino Tolteca? Si os preguntara, que cuales eran las sagradas cenizas de nuestro primer padre Xolotl; las del munificentísimo Nopal; las del generoso Tlotzin; y aun por los calientes carbones de mi glorioso, inmortal, aunque infeliz y desventurado padre Yxtlilxochitl? Si así os fuera preguntando por todos nuestros augustos Progenitores, qué me responderíais? Lo mismo que yo respondiera: Indipohdi, indipohdi: nada sé, nada sé, porque los primeros y últimos están confundidos con el barro. Lo que fue de ellos, ha de ser de nosotros, y de los que nos sucedieren. Anhelemos, invictísimos príncipes, capitanes esforzados, fieles Amigos, y leales Vasallos, aspiremos al Cielo, que allí todo es eterno, y nada se corrompe. El horror del sepulcro, es lisonjera cuna para el Sol, y las funestas sombras, brillantes luces para los astros. No hay quien tenga poder para inmutar esas celestes láminas, porque como inmediatamente sirven a la inmensa grandeza del Autor, hacen que hoy vean nuestros ojos lo mismo que registró la preterición, y registrará nuestra posteridad.»

Esta es una parte de uno de los dos Cantares que le dije a vuestra majestad tengo leídos de este Sabio monarca, cuya composición es toda jámbica, percibiéndose poco de la heroica y fabulosa, por ser este género de verso ya el más corriente en la cortesana, pulida, y científica nación Tolteca, cuya lengua, por su hermosura, adorno de metáforas, y elocuencia, fue la Maestra y señora de todas las demás, y aun de todas las del Mundo, según muchos Sabios y Escritores.

español A mi fe, que semejantes sentencias he leído, dictadas por el Espíritu Santo en los libros de Job, y Cánticos del Profeta rey, comentando aquel Omnia veterascunt, tu autem permanes; y no sé que pudieran decir otro tanto los Sabios Estoicos, y Gentiles morales, que tanto engrandecieron los griegos y los romanos. Conociose en este príncipe la magnificencia de sus luces, lo admirable de su genio, la prodigiosa fertilidad de sus sentencias, la superioridad de su estilo, la majestad de su numen, y la cara grandeza de su locución, persuadiendo al desengaño los mentidos esplendores de las Púrpuras y las majestades, con las mismas voces del poeta latino:

*Et Regum cineres, structo monte quiescunt.*

**Indio.** De la aritmética y geometría no conocieron los retratos de Pitágoras, Boecio, Crisipo, Protágoras, Nicómaco, Tales, ni Euclides; pero se arreglaban como por números, a sumar, partir, multiplicar, para asegurar el bien de las comunidades, intereses y derechos en el comercio y tratos, contar y medir los tiempos, las edades, las generaciones, las historias, y los acontecimientos, y a medir las tierras, patrimonios, y heredades, para que cada uno se mantuviera dentro de los linderos y mojoneras de su posesión, usando como los más diestros facultativos, del compás, el plomo, la regla, el nivel, y el cordel; no escondiéndoseles las noticias del triángulo equilátero, escaleno, y joseles obtuso y agudo, cuadrángulos, pentágonos, y figuras hexágonas, y el cuerpo vicocedion, compuesto de muchos ángulos y superficies, la capacidad de la figura circular, que es la mayor de todas, sobre el movimiento de los cuerpos expertos, cuadrángulos columnares y piramidales; y digo que nada de esto se les escondió, porque aun entre los desechos monumentos que quedaron después de la Conquista, se admiraban en cada uno de sus paredones, el uso, ciencia, y práctica de estas y otras figuras que enseñan la aritmética y la geometría; y aun muchos de los españoles se valieron de las habilidades de los míos para instruirse en las alturas, profundidades, latitudes, distancias, y mensuras, y en la formación de las líneas rectas y diagonales.

Ignoraron el manejo de la aguja de marear, disposición de velaje, enlace y trabazón de las maderas, y elementos de la Náutica, (ignorancia general que hasta cuasi la mitad del siglo pasado padecían todas las naciones) pero sabían astruir como ningunas, y gobernar una Canoa o Chalupa con tanta destreza, que guardando el equilibrio, se burlaban de las inconstancias de las aguas.

Ignoraban los altísimos principios de aquella teología, que por las virtudes infusas y sobrenaturales de fe, esperanza, y caridad, se elevan las criaturas al amor y conocimiento de la existencia y Ser divino, distinción de personas, unidad de Esencia, perfecciones, atributos, poder, majestad, y grandeza del verdadero Dios, pero sabían que había una sola causa invisible, de quien pendían y tomaban ser todas las cosas, como ya le dije a vuestra majestad en la tarde antecedente.

En la astrología fueron tan sabios, que seguían la segura y verdadera, esto es, aquella que se funda en juicios y conjeturas de efectos naturales, y de la que hablan san Lucas y san Mateo a los Capítulos 10, y 12. no teniendo que envidiar la fama y nombre de los más célebres Astrólogos de nuestros tiempos. Los eclipses, sequedad, enfermedades, lluvias, buena o mala cosecha de los frutos, etc. pronosticaban regularmente cuasi con el método de los profesores del día; no escondiéndoseles a su penetración la muerte de Cristo, creyendo que el eclipse grande con que se llenó de horrores y tinieblas la tierra, era efecto de una total destrucción del universo, que moría el Supremo Artífice y Hacedor de la naturaleza; significando ese trágico y divino suceso, no solo en la fábula de los siete Conejos, sino en el cómputo que tenían desde la Creación del Mundo hasta la muerte del Hijo de Dios, que era el de 3.699 y a la llegada de los españoles 5.199. Este admirable conocimiento, que debió el Areopagita a la ciencia que poseía de los astros y planetas, no se les escondió al estudio que de estos mismos tenían mis antiguos, usando de cuatro calendarios, para la labranza, Cronología, Ritos, etc. uniendo al estudio de esta ciencia el de la física, no dejando arcano ni secreto que no le investigaran a la naturaleza, como ya oyó Vm.: y aunque en el cuerpo humano registraban la multitud de venas y ramificaciones que se derrama por todo él, arterias, nervios, tendones, sólidos, líquidos, senos y cavidades, su trabazón y ligamentos, el tránsito y generación de los espíritus, sueros, y otros licores de varia textura y color, ya sanguíneos, melancólicos, coléricos, y flemosos, aunque pudieran escondérseles estos sucos que se teñían de aquellas miasmas o idolillos que agarran en los canales por donde circulan, o de otras partículas que se levantan en la fermentación, o fuego moderado en la misma parte, y otros duendecillos que dentro de sí esconde la naturaleza, como v. g. el de conocer que la hambre se excita y mueve por los espíritus acedos volátiles, que inducen un cierto prurito o comezón en el apetito: la situación, oficios, y facultades que ejercen en los humanos cuerpos las glándulas de los intestinos, y el número de éstos, las venas lácteas, los conductos linfáticos, salivales, pancreáticos, torácicos, las incesantes circulaciones de la sangre, y rápidos movimientos del corazón, textura., armonía, y composición del celebro, fibras y nervios, reservas y economías del chilo, sin otra infinidad de cosas de que se compone la máquina interior del hombre: faltoles la luz de este mecanismo, porque carecían de instrumentos para instruirse; y aunque a la verdad en estas operaciones, más enseñan los agudos filos de las cuchillas, que la doctrina de los oráculos, con todo de faltarles los aceros, desmembraban y anatomizaban con cortantes pedernales los cadáveres, no para leer en sus entrañas los prodigiosos arcanos que en ellas escondía la naturaleza, sino para ofrecer los corazones a las Deidades de que vivían hambrientas, como la de Saturno; con que inconcusamente probaban ser el corazón la parte príncipe y más noble del cuerpo humano (supuesto que era la víctima más preciosa que ofrecían) sin meterse a investigar si el hígado, el pulmón, el celebro, cada uno de por sí, o todos juntos lo eran.

Y parece que en el corazón, como en fuente, colocaban la vida, la alma, y el espíritu, porque aún hasta hoy, por más que la dolencia se sitúe en el estómago, cabeza, brazos, pies, u otras partes distintas, juzgan que todo el mal lo tienen en él, y que de él se derrama y comunica a aquella parte paciente; y así si el estómago duele, lo primero que reparan es el corazón: y en esto no ponga vuestra majestad duda, porque a más de que todos tocan esta práctica, a cualquiera de los míos que le pregunte, aunque tenga un pie cortado, le ha de responder, zeumamuy, que es, me duele el corazón: de que se infiere, que solo en éste establecían el sistema de correspondencia y armonía de la alma con el cuerpo, y que todas sensaciones eran causadas en el corazón, con quien tan solamente comerciaba la alma; creyendo (y aún hasta ahora creen) que la parte era la herida, ofendida, y lastimada; pero el corazón el sentido, adolorido, y quejoso: de adonde viene, que mis Otomites, de una misma manera llaman a la alma que al corazón, aplicándoles a entrambos la voz muy, no queriendo que se distingan en el nombre, los que tanta íntima amistad profesan en las cosas. Aquellos que pensaren bien, verán que no se apartaban mis antiguos de una luz más que racional, aunque se les conceda la estupidez e ignorancia en el conocimiento y utilidades de la anatomía, parte tan principal de la física; sino es que diga, que aunque la conocieron, no mereció el aprecio de sus estudios, por creer que en poco o nada los aliviaba y socorría de los achaques, morbos, y dolencias a que todos los mortales vivían sujetos.

En fin, ignoraban lo que se necesita para la noticia de aquellas operaciones, que con rara delicadeza celebra el mecanismo; pero sabían comer cuando tenían hambre, picarse las venas con una púa o pedernal cuando se sentían con pletoría o abundancia de sangre, tomar vomitorio para arrojar las porquerías o pesadeces que sentían en el estómago, echarse ayudas o clisteres, ya emulgentes, ya carminantes, según que la necesidad les avisaba, bañarse en los tiempos caniculares, y ocurrir en los sentimientos ardientes, sinocos, o agudos de la naturaleza, a aquellos laudables y recomendados principios de corregir y templar con lo caliente lo frío, y lo frío con lo caliente.

En la arte Militar poseyeron aquellas luces que les ministraba el valor y la experiencia, usando de las cautelas, trazas, ardides, invectivas, y medios con que pudieran felicitarse los triunfos sin ofensa propia, ni daño en el enemigo, observando la situación, poder, y fuerzas. Jamás intentaron guerra, que no la consultaran primero en el Consejo, concurriendo a él los Ancianos, y hombres expertos y de juicio; y calificando la justicia que asistía al soberano para tal rompimiento, se convocaban a los Quauhtliles, que eran las Águilas, o primeros Jefes del ejército, y a los Occlotles, o Leones, que eran los Oficiales de los respectivos cuerpos, para que ordenando las Tropas, estuvieran en disposición y arreglamiento. Las causas principales que movían estas alteraciones, eran el cobro de patrimonios usurpados, robos o perjuicios graves en los tratantes y Mercaderes, y malos tratamientos, desprecio, o muertes causadas en los embajadores. Antes de todo enviaban por tres veces sus legacías con Plenipotenciarios, y Sujetos conocidamente prudentes y sagaces, para que presenciaran la justicia que demandaban, y resolvieran en forma conforme a lo que les agradara; con cuyas diligencias protestaban la fe y seguro del derecho de las gentes, que jamás violaban. Las armas ofensivas y defensivas, eran las macanas, espadas de pedernal, y hondas, arco y flecha. Y porque el contrario estuviera avisado del rompimiento, le mandaban unas rodelas y mantas, insignias que los excusaba de la nota de traidores y cobardes: los Gladiadores iban a la frente, y en su defensa los Honderos en varios tercios volantes, en el centro los Flecheros, y por retaguardia los de las macanas: valíanse para defensa de terraplenes, trincheras, y murallas, y para ofensa, de fosos, trampas encubiertas, minas, y otras operaciones que escribe la arte y la viveza: no presentaban función general, sin que primero no tentaran las fuerzas y la suerte con escaramuzas y desafíos, adquiriendo las noticias de las disposiciones del contrario por medio de las espías y mensajeros encubiertos; los premios se repartían según las calidades de los vencedores. Cuanto vuestra majestad hubiere leído de la vara de Mercurio, cuando por orden de Júpiter requirió a Eneas para que saliese de Cartago, las dos culebras de los egipcios, las lanzas de los cartagineses, el brazo de los sirios los ramos de lactace de los persas, la sogminia de los romanos, y cuantas insignias pudieron fabricar las naciones más cultas, animosas, y bélicas, o bien para asustar con el espanto, o para persuadir con el aparato, tantas inventaron las mías, con la circunstancia de ajustarse en todo a las leyes de la razón, y no de la tiranía, como lo hicieron los Amonitas y Fidenales con los romanos.

En la agricultura, arquitectura, pintura, y otras artes mecánicas, fueron tan excelentes maestros y operarios, que pudieron ser digna emulación por la pintura de Apeles, Zeuxis, y Timantes; en la agricultura de Ceres, y en la arquitectura de Fano; y por fin para no cansar a vuestra majestad le debo decir, que cuantas glorias por sus nuevas invenciones se granjearon las naciones más cultas y sabias, adquirieron las mías, sin otra luz, doctrina, y magisterio, que el de su estudio y aplicación; sacaron fuego de las piedras sin conocer a Pyrodas; manejar el arco y la flecha con destreza y animosidad, sin tener noticia de Citeo; tirar con destreza la honda, sin oír el nombre de fenicio; edificar ciudades y famosas Poblaciones, sin haber aprendido de Caín, Saturno, Cecrope, Sicoples, Trason, y otros; inventar guerras y darse batallas para defender sus intereses o caprichos, sin haberse disciplinado en los ejércitos de Nembroth, Belo, y Nino, primeros maestros en la arte Militar; establecer tributos, imponer gabelas, ordenar derechos, y formar leyes civiles, políticas, y penales, sin haber estudiado en la Escuela de Bolucio Mesiano, que sabía todas las leyes, y todas las quebrantaba, Moisés, Prometeo, Solón, y otros, a quienes ha levantado estatuas la gratitud y la posteridad; distribuían los ejercicios del día con arreglo a sus divisiones y partes, sin deberles por sus invenciones de Reloj cosa alguna, a Aneximenides, Naccica, y Tales, y poseer con un plenísimo conocimiento la natural, racional, y moral filosofía, sin deberles a Sócrates, Platón, Aristóteles, Epicuro, Cómodo Calcedonense, Sexto Ceronense, y otros, la menor luz en los preceptos y máximas de la obediencia, homenaje, y fidelidad con sus príncipes, culto a sus padres, respeto a sus mayores, observancia de las Leyes, y el trato, cortesía, comunicación, sociedad, unión, acatamiento, y reverencia debida entre las gentes, que es la esencia, distintivo, y carácter de la civilidad.

Estaba por decirle a vuestra majestad que si hubiéranlos de poner en las balanzas de la razón a los maestros de mi Antigüedad, con los que en las naciones más cultas extranjeras la enseñaban, desde luego se iría por parte de los míos el peso muy abajo; y no, no tenga vuestra majestad a paradoja lo que tocará con evidencia: ¿Quién más sabio que Sócrates? ¿Quién más ingenioso que Pitágoras? ¿Quién más delicado que Demócrito? ¿Quién más estudioso que Diógenes? Pues la Escuela de Sócrates enseñaba, que todos los miembros de la república debían ser iguales; la de Demócrito, que ni señores, ni Vasallos; y la de Diógenes establecía, que todo, y nada, negando al hombre la sociedad que ama y busca el bruto en su semejante: así pensaban aquellos Filósofos y Sabios que imponían leyes al universo, hasta que Aristóteles en sus Libros políticos, convenció el error de los unos y de los otros, probando la necesidad de haber quien mande, y quien obedezca, con muchas razones que alega. Jamás se verificó en alguna edad de mis antiguos dejar de obedecer, ni tener quien los mandara: ninguno disputó o escribió contra un sistema, que desde la cátedra sublime del desengaño autoriza, persuade, y enseña doctamente la naturaleza en la alma racional, con los cuerpos, y en varias repúblicas, de los brutos. Este tan racional modo de pensar, los condujo a un discernimiento tan claro de las cosas, que nada se les ocultó a sus luces y penetración; y así tan diestramente se manejaban en las materias de estado, civiles, y políticas, como ingeniosamente descubrían cuantos preciosos tesoros esconde la más o menos hidalguía y nobleza de las artes, como ya ha oído vuestra majestad y tocará en lo restante.

Y aunque por la historia que llevo referida, y falta por referir, no pueda venir vuestra majestad en un total conocimiento de esta cultura de ciencias de mis antiguas gentes, por carecer del apoyo de testimonios o ejemplares de sus doctrinas, que son las que justifican la verdad y el asenso a las cosas, no estuvo el defecto de parte de la barbarie de los míos, sino de la ignorancia de los de vuestra majestad porque no entendiendo los caracteres con que se explicaban, enseñaban, y escribían sus libros, de que había innumerable copia; destruyeron, quemaron, y borraron cuantos lienzos y tablas pudieron haber a sus manos; y lo que no, quedó sepultado y escondido por mis antiguos, o ya como dije arriba, por no sufrir la pena de ocultadores, o por ir con la inclinación que tienen a enterrar hasta sus propios sudores, intereses, y comodidades. Si antes de que se hubieran conocido los héroes de Troya, Cartago, y Roma, los hubiera asolado y destruido o la traición, o la envidia, nada hubieran sabido Homero y Virgilio de los Eneas, Héctores, Ulises, Aníbales, Césares, y Augustos. Si las doctrinas que escribieron los Filósofos de Atenas, Sabios, y maestros, hubieran corrido la misma suerte que la de los míos, deberían graduarse por ignorantes, bárbaros, e incultos. Si Cicerón hubiera elegido que se quemaran sus obras, por libertar su vida, en el caso de que Marco deja la elección a su arbitrio, nada supiera el Mundo de su elocuencia. No transcendieron los estudios, y recomendables invenciones a otras tierras, porque con ningunos se comunicaban; y como en la entrada de los españoles quemaron a Cicerón, y a sus obras, ni quedaron las vivas voces para enseñar, ni las difuntas persuasiones de las doctrinas para aprender.

Conociose el uso de la moral filosofía en Tlotzin: la natural y racional en Yxtlil: el uso de la lógica, física, aritmética, geometría, poesía, y jurisprudencia en Netzahualcoyotl: el uso de la retórica, astrología, medicina, música y Venatoria en Netzahualpili. El uso de la pintura, labranza, y arquitectura sirvió de admiración a los Conquistadores, tocando con sus ojos el cultivo de los campos, amenidad y travesuras deleitosas en los Jardines y casas de recreo, en los hermosos edificios de las Poblaciones, habiendo Arquitectos que sobre la anchura de un palmo o pie, fabricaran cuatro o cinco altos de piedra y mezcla, cada una con su respectivo corredor, y sobre éstos dos o tres de madera: siendo lo más admirable, que las mujeres fueran las Maestras y trazadoras de tan suntuosas obras, y la variedad de pinturas en los ropajes que vestían; llegando a tanto la destreza que tenían en esta arte, que en las mantas de algodón o nechen, imprimían y dibujaban con naturaleza cuantos primores pueda ella inventar, de que fueron testigos Cortés y sus Compañeros, viendo en poder de Moctezuma el dibujo o mapa de las embarcaciones en que había arribado a Veracruz, con la disposición, talle, vestuarios, armas, y número de gentes, con tanta propiedad, como pudiera Fidias en el Retrato de Alejandro, y Diogeneto en las doce imágenes de los emperadores romanos.

En la Audiencia general, después de revistarse y decidirse en juicio contradictorio todo género de causas, pasaban dibujadas al trono, donde la majestad las autorizaba y firmaba conforme a derecho, echando un rasgo o figura sobre el que argüía más justicia en lo civil; y en lo criminal, siendo causa de muerte, lo confirmaba echando unos puntos sobre el Reo, con que se entendía su condenación. Eran tan raras sus habilidades, que admiró a Roma la sacerdotal vestidura de Achauhquitlemacani: y los Plateros de Madrid tuvieron por inimitables las piezas de oro que se remitieron al emperador, y eran con las que se armaban en guerra los Jefes y Capitanes.

En la Maquinaria no tuvieron que ceder sus ingenios a los Arquímedes, Diógenes, Epímaco, Callas, fenicio, y otros, dando prueba de sus ingeniosas habilidades en la gran Muralla, que sin beneficio de mezcla o lodo, dividía el poder de los mexicanos con el de los Tlaxcaltecos, justamente admirada por los españoles. Muchas piedras que servían de basa a los Cues y palacios de los príncipes, creyeron los Conquistadores que solo por virtud divina, y no por arte humana, pudieron ser removidas de sus centros, y trasladadas a aquellos lugares, y los Cerros de arena, piedra, y ladrillo, que aún hasta el día existen, y admiran nuestros ojos, mudados de unas a otras partes, acaso con aquella misma industria que Arquímedes a la gran Nave de Hyeron y Diógenes Rodano, metiendo por sobre la altitud de una Muralla una Torre levadiza.

En la Escultura eran tan excelentes, que sin el socorro de las picaderas, escoplos, ni otros instrumentos que auxilian la valentía de esta arte, y solo con la ayuda de unos pedernales, tenamascles, y otras piedras, tallaban y pulían con tanta delicadeza la obstinación de los pórfidos, como si obrara en la cera más blanda y delicada. Hasta el día son fieles pregoneras de esta indisputable verdad, entre muchas, las efigies de dos príncipes mexicanos que se registran grabadas en dos piedras que abortó el fragoso Bosque de Chapultepec, tan variamente entretejidas y adornadas de labores de armas y plumajes, que sin libertad suspenden los ojos de los que las registran. Los canteros labraban las piedras con las piedras; los carpinteros y talladores con instrumentos de cobre; y los Oficiales de piedras preciosas se valían para el corte de un polvillo arenisco, que rendía con más imperio su natural dureza, que el esmeril. Pero sobre todo fueron exquisitamente hábiles y curiosos en la labor del oro y plata: suplían la resistencia del yunque, y constancia del martillo y mazo, con la fortaleza de unas guijas, perfeccionando todo género de vasos, que no querían remitir a las voracidades del fuego: todo lo que por éste fundían y vaciaban, era tan supremamente raro e ingenioso, que parecía trasladaban en la sutileza del arte todo el admirable primor de la naturaleza. Matizaban lo que fundían con tanta variedad y hermosura, que en un pez, pongo por ejemplo, una escama era de plata y otra de oro; los pájaros y toda especie de animales, la mitad salía en la fundición de un metal, y la otra mitad del otro; y no contentándose con darles en las lenguas, pies, picos, alas, y cabezas un cuasi natural movimiento, les ligaban a las manos unos juguetes o trebejuelos, que cuando querían formaban un gustoso, apacible, y divertido baile. Todo este ingenioso embeleso, como le digo a vuestra majestad se debía a aquella altísima disposición de fundir, hasta ahora no imitada de los españoles ni de nación alguna, afirmándolo así muchos de los Conquistadores, y como testigo de vista el Sapientísimo padre Torquemada: quien asimismo escribe el exquisito modo que tenían de fabricar las navajas de barba y lancetas para sangrar.

En la química, como no tuvieron que codiciar para enriquecerse las preciosidades del oro y de la plata, por franquearles la tierra con tanta prodigalidad, como con ruindad nos la niega a los presentes, dejaron de estudiar aquel modo de Alquimia o Quimia sublime, con que vanamente presumen los codiciosos poderse transmutar toda especie de metal en oro; aunque no se les escondió enteramente el cómo, mediante alguna operación de fuego, se podían resolver los mixtos, y extraer algunas quintas esencias, como lo veremos adelante.

La agilidad en los cuerpos, travesuras de pies, y habilidades de manos, aún hasta hoy nos hacen visibles unos u otros, que imitando a sus mayores, las ejecutan. La danza y baile que entre seis u ocho forman sobre la punta de un palo (que llaman Volantín) y a veces puede ser de la altura de dieciséis a dieciocho varas, y el menos nunca baja de catorce delgado, liso, y piramidal, al modo de Vinvalete, es tan horrible y espantoso, que llena de congojas y sustos al que lo mira; desprendiéndose desde la altura con tal precipitación, vueltas, y columpios, que aun librando sus vidas en el débil estambre de una delgada soga o mecate, les alienta su destreza a bajar con la seguridad que pudieran por un camino llano y abierto. El juego del Tzaá, o del Palo, fue invención de mis antiguos: jugábanlo sobre las plantas de los pies con tanta destreza y agilidad, que aun teniendo pendiente de cada extremo un muchacho, lo revolvían, y despachaban para el aire, y recibían, como si fueran unas ligeras plumas. Solían sobre cada extremo pararse un hombre, y sobre los hombros de cada uno otro, y sin otro estribo, que el equilibrio que guardaban las plantas del primero, formaban una danza alegre, de mucho compás, y divertida. Otro juego llamaban de los Matachines, no imitado de nación alguna, aunque los Valencianos han querido arremedarles: entre las muchas piezas ágiles que contenía, era la de poner un hombre la cabeza en el suelo, y los pies para arriba: sobre los pies de éste se ponía otro en la misma figura, y sobre los de éste otro pies con pies; y comenzando a hacer varias suertes, correspondían los de arriba con tanto concierto, como si estuvieran unidos naturalmente. El juego de la Pelota lo divinizaron, juzgando que los lances que el pulso y ejercicio obraban, eran efecto de alguna superior gracia que los dioses habían depositado en las manos de los jugadores. Jugábanla en los Tlachos, cuya fábrica era muy curiosa; siendo los primeros que se divertían, así con ella, como con el juego de Patolli, que arremedaba mucho al del Ajedrez, los príncipes y señores de las Casas Reales. En este pueblo hay más de dos que se comen la lana, sacamecates, trapos, y otras baratijas, y se persuaden los ojos a que los arrojan por las narices; con las pelotillas y cubiletes hacen tantas travesuras, que a no temer el grado de hechiceros, que es la agua con que bautizan toda agilidad en los indios, pudieran entretener la ociosidad y la holgazanería. Presúmese que de estas artes no careciera mi Antigüedad americana, porque a más de las habilidades que tocaron los españoles, graduaban por hechiceros y encantadores, a lo que los griegos llamaban Schenovatica y Prestigiatoria, y los míos didectiday, y dinguiriyee, que en castellano es volatinería y juego de manos. Este ejercicio fue tan practicado de los indios, como de los Europeos Ninfodoro y Cratistenes.

El cocimiento, temple, disposición de hornos, y variedad de moldes con que trabajaban el barro y loza, lo dejaron como por herencia, especialmente en los indios de Guadalajara y Mechoacán, causándoles a todos los que la usan, en cada pieza una nueva admiración; y lo más es, que cada día la mejora el arte con los inventos que estudia, acreditando por este medio sus tratos. Quien careciere y viviere privado de la comunicación con estos indios, y servicios de sus obras, dudará, y acaso no dará asenso a la delicadeza y filigrana con que de varias figuras, monos, y chulerías, adornan unos vasos, desde luego sobresalientes, a los Morrinos que tanto celebra Plinio, por labrarlos de una materia tan grosera y tosca como el lodo.

En el maque que dan a las maderas, tocan las líneas del asombro, y se hacen inimitables; no habiendo podido el estudio aún de los más hábiles españoles, asemejar ni la pieza más basta. En esta clase maravillosamente se exceden los indios Tarascos que pueblan los Peribanes, dándole tanta solidez y consistencia a las colores conque matizan el maque, que regularmente es negro, que igualmente se consumen con la misma madera. Me han asegurado muchos Sujetos de verdad y de carácter, como lo es el reverendo padre fray Cristóbal de la Mata, religioso de N. padre san Francisco, y ex-Definidor de esta provincia, valerse para composiciones de variedad de yerbas, escondidas enteramente al conocimiento de los más ladinos y curiosos.

Las figuras que graban, o ya en el interior, o ya en la superficie de la obra, no tienen que envidiar en la valentía y duración a las más celebradas de la China: el plateado y dorado, que sobreponen y confeccionan con claras y yemas de huevo: es de tanto lustre, fino y permanencia, como si en la realidad bruñeran con verdadero oro y plata.

**Español.** Y puedes añadir para autorizar tu dicho, que admiré y vi unas almohadillas, rodaestrado, y otras piezas maqueadas, presentas a la excelentísima señora virreina esposa del excelentísimo señor don Joaquín de Montserrat, marqués de Cruillas, que después que sirvieron de admiración en esta Nueva España, llenaron la Antigua de ponderaciones; asegurando sus Excelencias muchas veces, que apreciaban en más aquellos maques, que cuantas alhajas de valor poseían, y pudieran adquirir a expensas de gruesas cantidades.

**Indio.** Debemos creer que estas apreciables invenciones de los presentes indios, han venido sucediendo desde nuestros mayores, hallándose en la Conquista muchas piezas símbolas con éstas, así de barro, como de madera, probando unos y otros el ingenio y disposición que para todo género de habilidades gozan y poseen. Cuando los españoles arribaron a estas partes, (hablo de los curiosos) anhelaban a instruirse en el conocimiento de las yerbas y sus virtudes, que de él tenían nuestros antiguos. Eran muchos los Arbolarios, (así se llaman vulgarmente los investigadores de las cualidades de las plantas) los veían curarse la cabeza, el estómago, el pecho, y cualquiera dolor, sin otra diligencia que uno u otro zumo, y el vagazo aplicado a la parte lesa: las heridas, contusiones, y mutilaciones, que o por accidente, o en la guerra contraían, las curaban con tanta prontitud, como pudieran los más célebres Cirujanos de esta Era, debiendo el reparo y perfecta sanidad a la bebida y apósito que el estudio y experiencia les habla dictado y descubierto en los vegetales. De éstas se valieron los Castellanos, y probaron la invención de la arte botánica por los indios, en los felices sucesos que obraban con su naturaleza: aquella pócima o bebida mixturada de muchos caldos y zumos, que administraban los sacerdotes para infundirles valor a los capitanes y guerreros, y que fue tan aplaudida y recomendada de mis antiguos, ¿qué menos crédito pudo granjearse que aquella divina poción, de que dice Plinio usaban los españoles en los mismos lances, compuesta de los jugos de un ciento de yerbas diferentes? Hoy venden muchas, entre las que las más específicas y medicinales son las del Thointzin, Sosa, y Nigoche, experimentándose unos efectos admirables contra las indigestiones, crudezas, blanduras, nauseas, y dolores de piernas. ¿Cuántos beneficios no pregonan agradecidos los pechos de los americanos, deberle a los Magueyes en sus jugos y caldos, así naturales, como requintados? Hablen los médicos y enfermos por la especie racional, y los Albéitares por el irracional, y hablen cuantos poseyeren un espíritu de ingenuidad y sencillez. La justa ponderación de esta planta consiste en la virtud y utilidades con que generosamente nos socorre, franqueándonos el sustento, vestuario, bebida, casa, papel para escribir, agujas para coser, canales para los techos, leña para la cocina, alfileres para prender, y una general botica para nuestro remedio y alivio. Con el Quiote nos alimentamos, con pita nos vestimos, con las duras pencas y los mismos Quiotes, que vuestras majestades llaman Pitones, labramos nuestras casas; con los trozos, astillas, y basuras arden nuestros fogones: de las púas con que pretende resistir el tesoro de estas riquezas, hacemos los alfileres y agujas, y preparamos un bello papel de sus sutiles y delgadas membranas. En los Mezquites ha encontrado el estudio de nuestros indios pocas menos virtudes que en el Maguey: el vino que llaman de Mezquite es eficacísimo para las opilaciones, váguidos, y latidos de estómago, tomado en corta porción, y la mielesilla o zumo que destila el cogollo, es el más especial colirio para los ojos, que llaman vitihi: el aceite de uxitl, que vuestras majestades llaman ajonjolí, tiene tanta virtud como el de almendras: los cocimientos de las yerbas del Oso y Mirto cimarrón para los dolores pleuríticos, y fiebres agudas y podridas; los de la yerba del Ángel o Sierresilla para los dolores cólicos, misereres, e inmoderados flujos del vientre; y los de la Capitaneja para todo género de úlceras, especialmente las que provienen de humores gálicos, con los del Calancapacle o Lechuguilla.

Todos estos proficuos y medicinales hallazgos se debieron a mi Antigüedad, sin otros muchos que el discurso de los tiempos, con daño de la humanidad, ha hecho perecer, y otros que depositaron en sus herederos, los sepultó el temor entre las cortinas del miedo, por no ser juzgados de sospechosos y hechiceros; como acontece con la yerba del Peyot, que siendo muchas las virtudes que le descubrieron, especialmente para los afectos de pulmón y torácicos, apenas usan del nombre, porque no se entienda que las drogas que solicitan para el remedio de sus cuerpos, son confecciones que amasan para ruina de sus almas; dando causa estos recelos y escrúpulos mal fundados, a que se sepultaran los hallazgos maravillosos que debió el siglo pasado al famoso Indio Botánico; siendo tanto el conocimiento que poseyó de las virtudes y cualidades de las yerbas, que llegando a calificarlo en juicio público con asistencia del virrey, reparó, con espanto de todos los circunstantes, con una yerba, la repentina hemorragia que a uno de los incrédulos de su rara habilidad, había causado con otra. Hasta el día se conserva su memoria, especialmente entre aquellos que, desesperados de remedio, juzgan que solo la ciencia del doctor Indio podía consolarlos.

Nada se hará inverosímil creer a vuestra majestad sabiendo el modo con que mis gentes procuraban instruir la Juventud. Apenas cumplían los seis años de su edad, remitían a sus hijos a los colegios que estaban erigidos junto a los templos mayores, en los que aprendían la política, la discreción, modestia, compostura, y honestidad que enseña la escuela religiosa. Los ejercicios de estos niños eran según sus calidades: los plebeyos barrían los templos, conducían la agua, y acarreaban la leña; y los nobles la prendían y daban a la mano a los Sacerdotes para el uso del fuego de los sacrificios, sirviéndoles como de Acólitos. El fin con que el Estado conservaba estos seminarios, era para inclinar los ánimos de los mozos al culto, la adoración, y reverencia a sus dioses, disciplinarlos en las ceremonias, y apartarlos de la distracción y derramamiento de costumbres, con que viven los libres y desahogados. Gozaban de cuantiosas rentas los maestros, y de los fondos se mantenían los Colegiales, esto es, de los réditos de los patrimonios que estaban asignados para tan importantes destinos. La ocupación era incesante, porque jamás se verificaba hora en el día y la noche, que los

Sacerdotes, según su orden, dejaran de orar, ofrecer sacrificios, encender fuego, y exhalar aromas; avisando al pueblo de estas sagradas oblaciones por medio de las campanas, que eran unas tejas sonoras, caracoles y cornetas, que los Músicos tocaban desde la parte más alta de los Cues. Cumplidos los veinte o veintidós años salían para tomar estado, y servir en la guerra, que era el empleo más decoroso a que anhelaban. La misma suerte seguían las niñas en colegios separados: regíanlas unas matronas ancianas, ejercitándolas en lo que las monjas ahora, en formar ramilletes, pintar flores, labrar riquísimas mantas, y tejer finos lienzos para el servicio de los dioses. Llamábanse Cihatlamacazques, o Cichuaquaquiliztles, y con separación de todos, había unas Casas a manera de Conventos.

**Español.** Lo mismo he leído en Lactanio, Lucano, y Pausanias, acostumbraban los griegos, romanos, y otras naciones; pero no con doctrina tan sana y saludable como la que tú pintas en los tuyos; porque los griegos, dentro de las mismas Escuelas tenían los ídolos de deleite, sensualidad, y torpeza, a quienes ofrecían los niños sus cuerpos, convirtiendo las aras de los sacrificios, en inmundos lechos de lascivas deshonestidades.

**Indio.** Pues, señor mío, esta era la práctica de mis antiguos, observada hasta la Conquista, y continuada, aunque ya con distinto objeto, en el Colegio de Santa Cruz, y el de Niñas, que fabricó el gran Cortés, y repetidamente mandado por nuestros católicos monarcas, como consta de la Ley 11. Tit. 23. por el emperador don Carlos, y la 12. del mismo Tit. acogiéndolos bajo de su Real Patronato.

**Español.** Pues yo hasta ahora no he visto que se observen esas Leyes.

**Indio.** Ese es el dolor, Dueño mío, porque de la falta de ese recogimiento y doctrina, tiene principio la rudeza, estupidez, ignorancia y barbaridad, que indubitablemente se toca en los presentes; porque apartados enteramente del comercio, y sociedad de las gentes cultas, castigo, y doctrina de los maestros, viven como suele decirse, como Moro sin señor; porque los jueces, y maestros a cuyo cargo está su enseñanza, hallan y pulsan tantos escollos para sujetarlos, que suelen verse precisados a rendir el imperio de la ley a la fuerza de la razón y de la justicia: pongo por ejemplo: Pedro Indio tiene tres, cuatro, o más criaturas, capaces de aliviarlo en sus fatigas, que regularmente las ejercita en el campo: cuando Pedro va abriendo el surco, el hijo tira el grano: cuando Pedro escarda, el hijo levanta la planta que sepulta la reja o pezuña del Buey: en estas cuasi diarias operaciones se mantiene desde su casa al campo, hasta que el fruto comienza a sazonarse, que de una vez carga con cocina, familia, trastos, y aun con toda la casa, para cuidar el tesoro que Dios, la industria, y el trabajo le ha de dar en cuatro mazorcas, u otras semillas, donde afianza el comer, el vestir de todo el año, y pronta paga de tributos, y arrendamientos de tierra. Los que no siguen el destino de Pedro, lo toman de servir en las Haciendas, donde esclavos de su imponderable trabajo, mueren, dejando cautivos a sus tiernos hijos, y desde éstos, hasta su cuarta y quinta generación, por el cargo que les hacen sus amos. Decir que bien pueden los padres y mayores llevar el yugo de la servidumbre, en tanto que los pequeñuelos se instruyen en los primeros rudimentos de la fe, y cultivan la razón, es hablar a bulto, y sin experiencia: porque o viven en los pueblos, o en Haciendas; si en aquellos, la mujer muele, la hija le ayuda, uno lleva el viático, otro acarrea la leña, y los que no, ayudan al señor: si en éstas, los precisa su necesidad al mismo empleo, a que se agrega pender de ajena voluntad.

Destinarles pupilaje para la educación y crianza, era necesario consignarles otras rentas que no sean las de sus personales sudores y miserias: precisarlos a la sociedad y trato civil, pudiera hacerse, con tal de que los maestros les aseguraran los alimentos, a que tanto derecho tiene la naturaleza: todo es cuasi imposible: luego no hay camino por donde se les pueda obligar a la cultura, ni ellos lo tienen para civilizarse. Debe contentarse el celo de los ministros, que bien por el castigo, bien por la amenaza, o por la afabilidad, sepan las cosas necesarias, para la salvación, y no conseguirán poco. No por esto quiero decir, que todos los indios presentes tengan un mismo carácter de rusticidad; porque muchos que han gozado del comercio culto y racional, poseen unos dotes muy sobresalientes de agilidad, penetración, y exactísimo juicio, como dan prueba constantísima el Tetzcocano Hernando de Rivas a cuyas elegantes traducciones debieron los padres

Molina y Gaona sus eruditos Diálogos y Vocabularios. El Azcaputzalteco don Antonio Valeriano, que por largos treinta años obtuvo la vara de gobernador en la corte mexicana, consumado latino, y fidelísimo Comentador de muchas materias útiles al Estado indiano. De igual o superior ingenio fueron don Juan Verardo el de Huexozingo, Diego Adriano el de Tlatelolco, don Francisco Bautista de Contreras de Cuernavaca, Esteban Bravo de Tetzcoco, Pedro de Gante, y Agustín de la Fuente, ambos de Tlatelolco. Las supremas luces de estos indios las afianzan los Venerables padres Oroz, Sahyun, Bautista, y otros que cita Betancourt en su Parte Cuarta del Teatro mexicano.

Las de los Pimenteles, Alvarados, corteses, Alvas, Ponces, ilustres descendientes de los principales Caciques de estos reinos, y otros sin número de anónimos, hace ver el Crítico Boturini en su Idea de la Nueva Historia etc. Muchos conozco yo en el día constituidos en dignidad sacerdotal, cuyos ingenios pueden servir de admiración a nuestro siglo; y si el concepto mal fundado de algunos no les estorbaran los progresos e inclinaciones a las letras y honores eclesiásticos, de día en día tocaríamos iguales adelantamientos en los de mi especie, que en los de razón: avanzando el error de un juicio, a desposeer de la justicia y derecho, que los papas y los reyes han dispensado en los míos, sin otra prueba que justifique y asegure la conciencia, que la de que a todo Indio le estira el Maguey, y la religión de sus mayores, y que la de Cristo la tienen pegada con mocos; como si a todo español, en estos reinos, no le estirara lo mismo, y en los otros las Cepas y los Sarmientos. En puntos de religión mucho tendría que quejarse san Agustín, y no menos san Pablo, y tantos que de padres Infieles, y religión idólatra y supersticiosa, creyeron, abrazaron, y murieron en defensa de la Católica y Evangélica. Ningún influjo tienen las inclinaciones de los padres en las pasiones y temperamentos de los hijos; a cada cual se las da la naturaleza, según su disposición y textura: de padres ebrios, nacen hijos sobrios y temperados; de padres soberbios, hijos humildes; de padres locos, hijos cuerdos; y de padres nada justos, hijos virtuosos. El asenso a la fe verdadera, y piedad devota de la voluntad hacia lo bueno, se le debe a la gracia, no a la sangre: ésta es un hábito infuso, cualidad sobrenatural, que eleva a la criatura infinitamente mas allá de todo lo que puede influir la naturaleza: el Bautismo es el padre que engendra, infunde, y pega la fe, y religión cristiana y santa, no los hombres; porque estos ningún participio tienen, ni pueden tener en lo sobrenatural y divino. Pueden haber sido cogidos algunos en tibieza de religión; pero del particular no se ha de inferir un universal, ni tampoco asegurar que ese vicio lo heredan de sus antiguos: porque cuando no pesaran lo dicho, bastara el decurso de cuasi tres siglos para borrar toda imagen de sospecha contra la fe, cuando sabe borrar aun el vínculo más apretado del parentesco. Estas sombras que oscurecen la razón, tienen privados a los míos de que se limen, pulan, y cultiven, y constituidos en la fatal condición de bárbaros, ignorantes, y brutos; que no sería así, si su felicidad los condujera al desahogo, y proporción que los españoles aco-modados; porque la misma alma, índole, y potencias gozan unos que otros, y un mismo clima, y unos astros influyen en todos. Déme vuestra majestad en los presentes indios el esmero, cuidado, atención, y respetos que en los pasados: (en los Gentiles digo) póngales Preceptores que los enseñen: consígneles rentas conque se alimenten: sáquelos de la infeliz servidumbre a que su pobreza y desdicha los condena, y verán en ellos resucitadas las difuntas luces, que con tantos aplausos y elogios de los primeros ministros y maestros evangélicos, brillaban y resplandecían en cada uno de los niños que tenían bajo de su cuidado y disciplina. De los grandes y ancianos no se hable, porque como tenían hechas las entrañas, y bañados sus enten-dimientos con las luces de sus Preceptores, los hallaron los españoles Conquistadores expertos y hábiles en todas facultades.

**Español.** Cada razonamiento tuyo fuera un asombro, si como pintas con el adorno de las voces, persuadieras con la hermosura de los testimonios. Lo que se percibe de tu narración es, que sujeta la Juventud indiana a la enseñanza y disciplina de los maestros, cursaban los estudios, y se hacían hábiles en todas facultades; no habiendo hasta ahora quien haya dicho, escrito, ni pensado que hubiera clases generales, u otras oficinas que des-tinan las repúblicas para la instrucción y común utilidad de los que anhelan a las ciencias.

**Indio.** Así juzgan, señor mío, los que han visto y miran nuestras cosas con desprecio, formando ascos de la verdad de nuestras Historias. Cuando la corriente voz, y constante tradición de padres a hijos, no se le dieran la fe que se merecen, bastaría que afirmaran, como lo afirman, los Venerables padres Benavente, Sahun, Olmos, León, y Torquemada, haber Escuelas, y Colegios Seminarios; el caballero Boturini se avanza a decir, que hubo Universidad celebérrima, en cuyas Escuelas lo primero que aprendían era la significación de las figuras y los caracteres, que es el A B C D entre nosotros: después las iban uniendo, que es deletrear: después las iban imitando con los pinceles y las plumas, que era escribir: de ahí, según la inclinación de cada cual, pasaban a la pintura, arquitectura, o artes mayores, como la astrología, música, poesía, retórica, geometría, filosofía, especialmente moral, y aritmética. De esta arte no falta quien diga, que solían usar de los números que nosotros. Los que así escribieron sabían muy bien el modo de guarismar de nuestros Otomites, contando estos en la forma siguiente: nadá uno = yojoó dos = ñu tres = cohjo cuatro = quihctá cinco = nat`o seis = yoctó siete = noctó ocho = quictó nueve = reata diez; de diez cogen las unidades hasta veinte, como v. g. reatá madá diez con más uno = reata mayohjó diez con dos = reata mañú diez con tres, que en el castellano son once, doce, trece, etc. así cuentan hasta el veinte, que dicen roté, y volviendo a tomar las unidades, como roté madá que es veinte y uno, llegan hasta treinta que dicen roté maretá, esto es, veinte y diez: de aquí a cuarenta, que dicen yoté, esto es, dos veces veinte: últimamente hasta ciento, que dicen *quictaté*, esto es, cinco veces veinte: desde este número vuelven a coger las unidades de yo, ñu, etc. y cuentan hasta mil, y si es necesario un cuento de cuentos. Los mexicanos numeraban y numeran del mismo modo, tomando en el uno el ce, *ome*, ey, *nahui, macuili*, dos, tres, cuatro, cinco, hasta *mahtlactli* diez: luego, por el orden de las unidades se entran al veinte, o *cé pohualli*, contando hasta ciento o *macuil pohualli*.

Vuestra majestad desengáñese, que con cuanta luz pudo guiar la naturaleza a la humanidad para hacerla sociable, culta, y científica, con tanta ilustró la de mis antiguos. No hay quien no sepa, que del barro más tosco labra primores el divino Alfarero. Sucede con las ciencias lo que con la Ley, que más se engendra con la razón, que se enseña con la doctrina: por lo que dice san Agustín: *Ipsa lex non scribitur, sed innascitur; neque aliqua præcipitur lectione, sed profluo quodam naturæ fonte in singulis exprimitur;*

*y san Pablo: Quæ legem non habent naturaliter ea quæ legis sunt, faciunt; eiusmodi legem non habentes ipsi sunt lex*: ha sido en muchos la naturaleza una sabia Preceptora, que doctamente los ha enseñado, sin el arrimo de los maestros, y de los libros; siendo de esta clase de Autodidactos san Agustín, san Antonino de Florencia, el Cardenal Juan Dominico, y los Franciscanos Escoto, Lulio, Mayron, y Arístone, según lo escribe Plinio en la Epístola 22. Afirmando, que no habiendo aprendido de ninguno, pudo maravillosamente enseñar a todos: *Nihil est quod discere velis, quod ille docere non possit*. Guió la luz de la razón a mis antiguos, no solo al descubrimiento de todas las ciencias y artes de que se han instruido las naciones más cultas y aplicadas del universo; sino que los condujo al conocimiento de unas leyes y costumbres, que en la dilatada esfera del culto, homenaje, civilidad, y raciocinio, sin término excedieron a cuantas observaron, y laudablemente impusieron las demás gentes; dando prueba de esta verdad el emperador Carlos V y la reina doña Juana, decretando en la Ley 4. Tit. 1. Lib. 2. que podamos guardar las leyes y costumbres que para su gobierno tenía mi Antigüedad, y que este su Real orden se ejecute inviolablemente, sin embargo de apelación. No se puede menos creer, que este tan Sabio, Justo, y Católico monarca tuvo presente por nuestros indianos, lo que asienta san Agustín de los Platónicos, queriendo que acomodemos a la fe todo lo que dijeron, y adoptemos sus doctrinas en lo que no fuere perjudicada: *Philosophi autem qui vocantur, si qua forte vera, et fidei nostræ accommoda dixeruntmaxime Platonici, non solum formidanda non sunt, sed ab eis etiam, tanquam iniustis possessoribus vendicanda*.

**Español.** Mal se compadece lo que dices, cuando yo he leído, que todas las obras de los Infieles son pecados, y vicios las verdades de los Filósofos: *Omnia opera infidelium sunt peccata, et veritates Philosophorum sunt vitia*.

**Indio.** No hay duda que lo leería Vm.; pero también leería, que esa es la proposición 29 de Miguel Bayo, condenada por los papas Pío V. y Gregorio XIII en la Bula que empieza: *Provissionis nostræ*. Y para concluir de una vez, debo decirle a Vm., que cuando mis antiguos hubieran sido tan ignorantes como su imaginación se los pinta, podré sin vanidad asegurarle, que ningunos fueron más sabios en la escuela de morir, que es la ciencia más importante. Supieron vivir hasta la muerte, llenando el ámbito de su mortalidad con el sepulcro: enterraban con las frías cenizas sus memorias, para no hacerse inmortales a los siglos, como lo pretendieron Alejandro, y Antíoco; virtud es esta tan recomendable, como digna del mayor elogio, pues sin los escándalos de la presunción entregaban sus nombres al silencio, y el olvido. Muchos pudieron ignorar los dialectos, y principios de aquellas ciencias, que más hinchan con la vanidad, que ennoblecen con la virtud; y muchos, porque concibieron, que no es la ciencia otra cosa, que un amado ídolo, en cuyo templo se sacrifican las víctimas, sin recompensa, ni utilidad: una idolatría penosa, que con dulce engaño embelesa la alma para su ruina: un enemigo tan casero, que insensiblemente le roba las fuerzas al ánimo, y al espíritu: y un humo tan sutil, que con la ligereza que se hincha, se apaga, aniquila, y desvanece.

Estas singulares luces con que el Cielo les ilustró sus almas, los condujo al conocimiento y práctica de los más exquisitos actos, y rara observancia de virtud y religión, buscando en el temor reverencial de sus dioses, las fuentes y principios de toda sabiduría. Frecuentaban con profunda devoción los templos: tributaban incesantemente cultos a sus ídolos, y observaban inviolablemente sus leyes, ritos, y ceremonias eclesiásticas. Ayunaban según los tiempos que prescribían los Calendarios Rituales; y ajustados a los establecimientos de estos, no omitían aun el más leve ápice de religiosidad: habiendo muchos que para ocuparse con más desahogo en estos actos sagrados, se retiraban a las Casas o Monasterios donde se consagraban con voto de castidad y obediencia, si eran jóvenes, al Dios Teocatlipuca, cuyos religiosos eran llamados Telpochtilixtlis, esto es, mancebos dedicados al Dios Mancebo; si eran niñas, se iban criando en los Calpules regidas por unas Prioras, que llamaban Cihuatlamacazques, de quien ya dije a vuestra majestad ofreciéndolas sus padres a los cuarenta días de nacidas al Templo, donde habían de consagrarlas para religiosas. Esta presentación, era llevarlas en brazos, poniéndoles en las manos un manojillo de yerbas, y un Incensario con un poco de copal, insignias del virginal empleo en que teniendo la edad de diez años habían de ejercitarse: estos actos tan ejemplares continuaban de veinte en veinte días, sin intermisión ni descuido alguno. Las ocupaciones espirituales imitaban a las que el Profeta ejercía, levantándose a la media noche, y madrugada, a poner incienso en los braseros, y darle honor y alabanzas a sus dioses por los beneficios y dones que largamente recibían de sus liberales manos: costumbre, que en el día observamos todos los presentes en nuestros respectivos oratorios o capillas. Estas demostraciones sagradas, las practicaban en actos de comunidad, yendo y viniendo en distintas alas el Coro de los religiosos Sacerdotes, y el de las monjas, sin que jamás se verificara el más leve desorden o incompostura; porque a más del respeto y autoridad de sus prelados, eran condenados a muerte por cualquiera acción inmoderada que se les justificara. Las principales virtudes que ejercitaban, eran las del silencio y la modestia. Otra clase de religiosos y religiosas había, que llamaban Tlamacuzcayotloles, que observaban más austera y penitente que las demás, distinguiéndose hasta en el hábito, que era a manera de cilicio. Consagrábanse al Dios Quetzalcohuatl, por creer que éste en el mundo había sido maestro de la penitencia. Poco antes de la media noche indispensablemente, se llamaban para comenzar los ejercicios de oración, canto, y divinas alabanzas en el Coro, que duraban hasta las dos de la mañana: la conclusión de estos actos era una disciplina de sangre, punzándose sus carnes con las agudas puntas del maguey. A los de mayor espíritu, se les concedía por tiempos, o en vísperas de algunas festividades solemnes, retirarse a la soledad de los bosques, que se situaban dentro de las heredades de los mismos monasterios, a ejercitarse en actos contemplativos, rigidísimas penitencias, y ayunos a pan y agua. Desde la tierna edad de cuatro años eran dedicados por sus padres a esta religión, con una solemne ceremonia de oblación, que practicaba el superior de esta orden ante el Dios Quetzahual, la que concluía con la voz Maimmeuchihua: amen, o así sea.

Los que hubieren leído las historias de la Antigüedad, especialmente las romanas, egipcias, griegas, y hebreas, observarán las superiores ventajas de las mías en punto de culto y religión, no habiendo alguna que más imite y asemeje a la Católica en los ritos y costumbres sagradas. Jactábase Roma en sus Vírgenes Vestales, aun siendo tan solamente veinte en el número, porque cuidaban del fuego, que se mantenía en hoguera pública, en demostración de que jamás podía acabarse el poder de la Diosa Vesta.

Ovidio, Cicerón, y otros muchos, alaban la singular continencia de los Sacerdotes, no siéndoles permitido comer ni beber cosa que pudiera servirles de incentivo al desordenado apetito de la carne: por lo que dice Virgilio, que siempre permanecían en castidad. Plutarco afirma, que los Sacerdotes egipcios no comían la sal, porque su calor no los provocase a actos inmoderados. Lo mismo escribe de los romanos en el uso de la cabra, y de las habas; y así Ovidio en su Arte de amar, solo les permite el de la bebida que componían del jugo de la ruda, por ser esta yerba casta y anti lasciva. Los Herofontes Atenienses se castraban, y a los Sacerdotes hebreos les concedía Dios el uso del matrimonio con virgen, y no viuda ni deshonesta. Lo referido basta para conocerse la superioridad de luces que sobre todas las naciones Gentiles poseían y gozaban las mías, y que ningunas se arrimaron más cerca, ni con más propiedad, los usos, costumbres, ritos, ceremonias, culto, y religión de los católicos.

**Español.** Todo será como lo dices, menos lo que asientas de la pureza virginal de tus Sacerdotes, porque yo me acuerdo haber leído, que todo su estudio era la inmundicia, el asco, y la porquería, dejándose crecer con tal desorden los cabellos, que como si fueran clines de caballos, los esparcían por los hombros y las mejillas: y yo tengo para mí, y aun pienso que lo escribe el doctor Seráfico san Buenaventura, que la limpieza y compostura del cuerpo, es un índice y aviso del aseo y hermosura de la alma; porque de las cosas exteriores, se viene en conocimiento de las interiores.

**Indio.** Señor mío, si el padre Acosta, que fue el que lo aseguró en su Historia moral de las Indias, hubiera con más exactitud investigado las cosas de mis antiguos, no corriera la pluma con tanta injusticia y libertad. Contáronle algunos, no muy adictos a mi nación, que los Sacerdotes indios se untaban los cuerpos de algunas grasosidades, y que los cabellos los traían sueltos, y que jamás se los cortaban; desentendiéndose de un hecho que no se le pudo esconder, o a lo menos que lo informaran, de que a la unción se seguía el baño en las Albercas, que llamaban copán, y a los tales coatlau, no verificándose noche, como ya le dije poco ha, que no se bañaran antes de entrar a los sacrificios. El dejarse crecer los cabellos era costumbre, como lo era entre los Nazarenos; pero señor mío, en mis indios quiso el padre Acosta que fuera asco y fealdad, lo que apoyó la fortaleza en los Sansones, y la hermosura en los Absalones: y cuando quieran dar contra el suelo a esta irrefragable verdad, y constantísima tradición de mis mayores, tendrá lugar la fe con lo que tocan los ojos en los actuales, que aun en medio de las continuas tareas y diarios jornales, a que viven condenados por sus desdichas, jamás se verifica semana, que bien en la agua, o Temazcalli dejen de bañarse, resultando la limpieza generalmente en hombres y mujeres, no verificándose día, que antes de dar principio a su trabajo, no se laven unos y otros cara, brazos, y pies. En el culto no se hable, ¿porque quienes más esmerados en sus Oratorios? ¿Quienes más frecuentes en los templos? ¿Quienes más devotos con los santos? ¿Ni quienes más piadosos con los muertos? Puedo asegurarle a vuestra majestad que de las tres partes que adquirimos al año con el arbitrio y sudores, una tan sola separamos para el sustento, gabelas, y superfluidades, y las dos indefectiblemente consagramos a la Iglesia; naciendo la observancia de estos cultos de aquel ejemplo que de padres a hijos, y de viejos a mozos hemos venido heredando pudiendo cada uno decir con el poeta:

*Hoc votum nostri summa laboris habet.*
*Accipit ara præces, votivaque thura Piorum:*
*Nomen, et ex illo tempore culta manent.*
*Fama refert illic.*

**Español.** Quedo enteramente instruido y satisfecho de las raras habilidades y sublimes ingenios de tus antiguos, hasta ahora sabidas de pocos, e ignoradas de muchos; y pues no se me ofrece reparo alguno, te estimaré me hagas la breve relación de los reyes y señores feudos al Imperio de Tetzcoco.

**Indio.** Con muy buena voluntad referiré a vuestra majestad lo que supiere. Aculhua, yerno de Xolotl, fue el primero rey de Azcaputzalco, ciudad populosa, tratante, y de mucho gentío: diole Vasallos, nombramiento, e investidura su dicho suegro: muerto éste le sucedió Cuecuex su hijo, y según

**122**

la larga vida que le dan a hijo y padre, pudieron llenar una Época de cuasi 200 años de reinado. A Cuecuex sucedió Quauhtzintecutli, y a éste todos los del orden siguiente: *Ilhuicamina, Matlacohual, Tescaputli, Teotlehuac, Tzihuatlatonac, y Tetzotzomoctli*; este último fue aclamado por rey a los cuatro años de su edad, engendró pensamientos más nobles que vulgares, atrajo a su voluntad los ánimos de muchos, con cuya ayuda tiranizó el Imperio, desposeyendo y matando a Ixtlil su dueño legítimo: contó una edad más que decrépita, y por su muerte heredó el Imperio su hijo Maxtla: fue éste más inhumano que su padre, quitó la vida a un hermano suyo, que le venía de derecho el trono, y siendo instrumento de que un rey de México se ahorcara, pagó el débito a los tres años de reinar, que contrajo por inhumano fratricida: matolo Netzahualcoyotl, hijo del infeliz Ixtlil, con lo que fueron sus inmediatos sucesores arrojados del Imperio, y desposeídos del natural señorío de Azcaputzalco, no obstante que después con el pacto de familias, y homenaje hecho al Tetzcocano, entró Aquenituixtli, al que subsiguieron Yohualpao, Tetzozomoc, Tlatecaltzin, y a éste los españoles.

Chiconquahutli hermano de Aculhua, yerno también de Xolotl, fue el primer rey de Satocán, distante como cinco leguas de Azcaputzalco: continuó en sus descendientes el señorío, hasta que a fines del Imperio de Nopaltzin, por unas traiciones maquinadas contra la augusta persona de Nopal, los despojó de sus derechos Zontecomal, hermano de los Aculhuas dichos fue el primer señor de Cohuatitlan; de la provincia de Cohuatepec Acatonal; Ixtamil de Tepeac: éste fue Ayo del emperador Nopaltzin. De la provincia de Macahuacán fueron señores Ixtlaquahutli, y Tecpa: de la de Mamalhuaxco Cohua, y Coxqua: de la de Tula Totepeu, Topilhuemac, que obligó a que le incensaran como a Dios, Nahuyotzinquahutexpe, Aquitomel, Quahutochal, Matzatzin, Quechalchiutona, Quatliztzihutecal, Xihutemotzin, Icoxcotzin, actual reinante en la llegada de Cortés. De la provincia de Tlaxcala fueron los primeros señores los Olmecas y Xicalancas, de quienes era cabeza Coxanatecuhtli: a estas familias siguieron los Teochimecas, gente animosa y osada; el Jefe de éstos se llamaba Chimal: de éste descendió el invencible Culhuacatecutli, que eligiendo la parte alta de la provincia, cedió en su hermano Teyohual la baza, tuvo sucesión dilatadísima, en que se fueron heredando Texcali, Cocotzin, Teixtlacotzin, Umaltzin, y Tlehuctzotzin, último rey de la Gentilidad. Teyohual, su hermano puso su corte en Ocoteloxco o Cerrillo del Pino: por su muerte le sucedió Telpatzin; padre e hijos fueron benignos y amados de sus Vasallos: tras de éstos poseyeron el señorío Colhualteyó y Acatentehua. Fue este príncipe el más temido que conocieron los Tlaxcaltecas, Culhuacanes, Tecpanes, y Ocotelulcos: su valor, animosidad, y favorable fortuna, engendró una mortal envidia en el corazón de Tlacomizhutzin Caudillo de uno de los Barrios de la ciudad, y conjurando muchos traidores, le quitaron alevosamente la vida, cundiendo el cáncer de la crueldad a su mujer, hijos, parientes, y en cuantos manifestaban inclinación a su verdadero dueño. Y muerto el Tirano Tlacomihua, le sucedieron Xipincotli, Atlapaltzin, que lo mató Tlepapacotzin su hermano, y Maxiscatzin, donde feneció el gobierno.

Ixquitl, descendiente de los grandes Chichimecas, fundó la ciudad de Tlapizahuacán, que cae al Norte de Tlaxcala, sucediéndole Timal, Toxcoyahua, Cohualtzin, y Quetzaltzin: este último no dejó heredero: y moviéndose algunas inquietudes entre los principales, de acuerdo eligieron a Cacamacatzin; los herederos de éste fueron Iyatzintehua, y Zitlalpopoca: en éste expiró el reinado.

De muchas familias principales y distinguidas que ocupaban la Mizteca alta y baja, se fundó el señorío de Tizatlan: a su primer Caudillo Sayacamazompane le quitaron la vida temiendo no se alzase con toda la tierra: gozaba de un genio agradable, benigno, y de muchas virtudes, que lo hacían amable para con todos. Los poseedores después de éste fueron Zococ, Astahua, Tlacaxcalit, Zayacama, y Xicotencatl, a quien mandó quitar la vida Cortés. Esta Capital, que hoy tiene el grado de primera, fue la tercera en el orden de sus Pobladores. Dividiose en cuatro provincias la tierra de Tlaxcalan, por ser de las más pingües, fértiles, y dilatadas de todo el continente Tetzcocano, en cuya extensión lograron un numeroso pueble, interesante y útil: no reconocieron feudo a Potencia alguna; eran provincias libres y temidas de todas las naciones: dominábanlas cuatro señores, sin dependencia los unos de los otros, en los asuntos económicos y peculiares; pero para los negocios que pedían resoluciones de peso y de gravedad, se necesitaba el concurso de todos cuatro.

Niquihucan, que hoy se dice san Francisco, fue Capital de la nación Totonaca: gozaba de Serranías muy útiles para el genio de los Pobladores, y llanos muy amenos y espaciosos, hasta confinar con la Veracruz. Vinieron estas gentes de adonde todos los más, de Chicomoztoc, o las siete cuevas; su primer Cacique se llamaba Umeacatl: era de corazón blando, pacífico, y justiciero: sus Sucesores fueron Xantontan, Tenixtitli, Paninnahaalt, Ixtlalzintecutli, Tlalxehuatenitz, Catoxcan, Inahuacal, y Ixcahuil, ambos hermanos iguales en el gobierno; pero al fin formaron entre sí quejas, engendraron rencores, dividieron parcialidades, y vinieron a ser Tributarios del Chichimeca Xihuilpopoca, o Redentor de sus esclavitudes y miserias.

Dicen que nació de Madre sin concurso de varón: a los tres años se hizo hombre perfecto, capaz de empuñar las riendas del gobierno: se transformaba en varias formas, y otras muchas cosas que asombraban a las gentes: ofrecíanle en sacrificio la sangre y corazones de los hombres: pronosticó también la venida de los españoles a estos reinos: fueron sus Sucesores Moctecuhzuma y Quohutlaevana, reinante éste a la llegada de Cortés, que lo recibió en Zempualan: eran feudos al Imperio mexicano, pensionados a contribuir arcos, flechas, ballestas, y canoas. Otros muchos Caciques, reyes, y principales señores omito contar, que llenaron los espacios de estas dilatadísimas tierras.

**Español.** Celebro hayas hecho punto en tu narración, por preguntarte frescamente qué juicio formas tú de ese Xihuilpopoca, que sin obra de varón nació al mundo para ser hombre tan grande? Porque ya sabes que uno de los adorables misterios de nuestra sacrosanta fe, es que el Hijo de Dios, y rey de reyes, solo pudo ser concebido, no por obra de Varón, sino por virtud y gracia del Espíritu santo, sin ministrarse otra materia que la sangre purísima de María señora nuestra, Madre suya: obró aquí el Poder Divino según convenía a los utilísimos destinos para que bajaba del Seno del padre, que eran los de Redentor, Reparador, Libertador, y Salvador de todo el Género humano, que gimiendo bajo del triste cautiverio del Demonio por la ofensa del primer padre, naufragaba entre las deshechas borrascas de la muerte y del pecado. Xihuilpopoca fue muchos años posterior a la venida del Verbo Divino, que fue el que consumó o perfeccionó la obra más importante de la libertad y redención de los hombres: luego no pudo ser Xihuilpopoca el Redentor, porque una fue la caída de la criatura: luego uno el Creador que la había de levantar; una la malicia del pecado: luego una había de ser la inocencia que la borrara. Esta obra pedía una de las tres Divinas personas; porque siendo divino, infinito, e inmenso el agraviado; inmenso, divino, e infinito debía ser el que diera la satisfacción del agravio; y todo esto le falta a Xihuil. Debía concebirse de una Madre virgen: la de Xihuil no fue tan pura que no concibiera de Chalchiutzin su marido otros muchos hijos; sino es que en la madre de Xihuil se verificó lo que dicen suele suceder con las yeguas del Betis, gallinas, pavos, y otros animales hembras de medio vuelo, que aquellas a soplos benignos del Céfiro, y éstas a repetidas friegas con la tierra, conciben, ponen, y paren sin concurso de masculino alguno de su sexo. Xihuil tenía malas señales de Redentor, pues era cruel y tirano, permitiendo que le sacrificaran sangre y corazones humanos: Jesucristo verdadero Salvador fue manso, humilde, pacífico, y hasta borró de la Ley aun los sacrificios de los animales, queriendo él solo ser víctima cruenta en la Cruz, e incruenta para siempre en el Sacramento. Que lo vieran transformado en muchas figuras no es dudable; porque el Demonio que sabe transformarse en Ángel de luz, lo haría invisible, tomar por él las distintas formas de viejo, niño, hombre, y mujer.

**Indio.** Mucha fuerza le ha hecho a vuestra majestad el que Xihuil naciera de madre sin concurso de varón, cuando de Melchisedec hasta ahora no se sabe quienes fueron sus padres, aun con ser el primero y mayor Sacerdote, de cuyo orden lo fue Cristo, y lo son todos los verdaderos Sacerdotes. De Trajano se cuenta que lo engendró Nerva, mas no que lo pariese mujer alguna, debiendo ser este engendro por concepto por concepto o por eructo; y se empeña la candidez en persuadir este error, como puede Livio fatigar su pluma en dilatar las glorias de los romanos, y Plubio las nupcias de los antiguos. Lo que podemos hacer es, si a vuestra majestad parece, darle a Trajano la madre de Xihuil, y a Xihuil el padre de Trajano, como quieren los griegos que se verificara en sus Eurípides y Demóstenes, que este sin padre, y aquel sin madre, vino al fin a resultar casada la madre de Demóstenes con el padre de Eurípides, por más que muriera el uno antes que naciera el otro: y haciendo unos cuantos casamientos de esta naturaleza, quedarán empadrados, y por consiguiente libre de censura la madre de Xihuil, a la que juzgo como a cierta Melchora, que habiendo parido más hijos que Lía, negaba haber conocido varón, por lo que le cantaron esta coplilla.

No sé que tienes de monja
Melchora, según tu arte,
A ningún Varón conoces,
Y todos te llaman Madre.

## Tarde V. Origen, progresos y fin de los aztecas o mexicanos, y explicación de algunos fenómenos

**Indio.** No hay pasión en los mortales más eficaz que la ambición, porque siendo tan poderosa la idolatría de la vida, se antepone al vivir el frenético deseo del mandar: si no dominan, no viven los ambiciosos; porque no se regulan sus vidas por las respiraciones, sino por los empleos y dignidades. En el Cielo se engendró esta infame hija de la soberbia; pariose en el Paraíso, y es madre ya de tantos hijos, que puede con su numerosa prole poblar otros nuevos mundos: pero siguiendo la fatal, aunque bien merecida suerte de su cuna, si no es precipitada desde el Monte del Testamento hasta la inmensa profundidad de las miserias, es condenada a pagar en perpetuidad de suspiros los tristes réditos de continuadas desgracias. Esta cristiana consideración, que es como un lamentable eco de los hijos del engaño y de la ira, resonó en los corazones de los mexicanos con tanta eficacia, que olvidados de la quietud que les felicitaba el dulce estado de su humilde constitución, se arrojaron con despeño a buscar la fortuna en los fingidos brazos de una ambición vana y lisonjera.

Mírase esta verdad persuadida en los varios sucesos que escuchará vuestra majestad de esta infeliz, aunque dichosísima nación. Cuando los Chichimecas, Culhuas, y otras naciones poseían la tierra, y dominaban cuasi todo este mundo americano, salieron los Aztecas de su reino llamado Aztlán, tomando después el nombre de Mexicas por orden de su Ídolo: acaudilláronlos Huitziton y Tecpatzin, grandes idólatras y agoreros: algo más de cincuenta años vaguearon, sin asegurar pie en parte alguna, hasta que guiados de su Dios Huitzilopuchtli, se congregaron para de una vez en la Laguna, que toma el nombre de sus cuasi flotantes Pobladores, y antes se llamaba Tenutitlán, que es lo mismo que piedra y tuna. En este estrecho plan, y pantanoso recinto se avecindaron, dirigidos de Huitzilihuitl, a causa de haber muerto los dos primeros; y libres de las hambres, enfermedades, cautiverios, muertes, contradicciones, y aporreos que los colindantes les inferían, crecieron sus familias, y se multiplicaron sus generaciones hasta el grado de nombrar rey, cuya elección hicieron en Acamapictli, y casó con Ilanqueitl, hija del rey Acolmictli de Cohuctitlan, y por no tener hijos en ésta, volvió a casar con Tezcatlamihuatl, hija del señor de Tetepanco, entrando la primera gustosa en el Simulto.

Acerca de si de este nuevo rey tuvieron origen los demás reyes, o de Totepeuh, Tulteca; si casó con estas dos mujeres, o no; y si recibió hasta veinte en calidad de esposas, opinan variamente; pero lo que llevo arriba dicho parece ser lo más cierto. Veintiún años reinó, no con tanto despotismo que no pagara tributo al Tepaneca rey de Azcapuzalco. Todo su estudio fue el de establecer la paz, como que de ella pendía la seguridad de su nuevo Principado: murió, y le sucedió Huitzizihuitl su hijo, no por derecho hereditario, sino por elección de los Ancianos y principales de la república; porque jamás quisieron los reinantes advocar para sus descendientes esta gloria sino en el que la mereciera. Casó con Ayauhzihuatl, hija del rey de Azcapuzalco Tezozomoc, e imitando las máximas de su padre, recasó con Miahuaxochitl, hija de Texcacahualtzin rey de Quauhnahuac. De este modo lograban emparentarse, y unir fuerzas a fuerzas, haciéndose, como se hicieron, Poderosos, temidos de todas las naciones. En tiempo de este rey se nombró a su Hermano Quatlecohualtzin por Capitán general de los ejércitos: reinó felizmente veintidós años: lloró el tirano homicidio que Maxtla mandó ejecutar contra su tierno hijo, Acolnahucatl: por muerte de éste entró Chimalpopoca, hermano del Antecesor: sufrió este monarca algunos desprecios de su cuñado Maxtla, emperador de Azcapuzalco: forzó éste a una de sus mujeres: mandole en recompensa del feudo o reconocimiento de los mexicanos a este Imperio, un Huipil de Nequen, y unas Naguas mal tejidas, dándole a entender, que más aire tendría su cuerpo vestido a lo mujeril, que empuñando el arco y la flecha.

**Español.** Quería que fuese su memoria como la de Sardanápalo, que hilaba entre las mujeres, y Alcides usando de la Rueca; aunque por menos desprecio leemos en las Historias ejecutarse terribles atrocidades: porque Sofía, mujer del emperador Justiniano, le dijo al invencible Capitán Narzetes, que mejor le estaría acompañarse con sus doncellas para tejer las telas, que con los Soldados que valerosamente ceñían las espadas, le urdió una que le sirvió de trama, la ruina y pérdida de toda la Italia, ganada por los Longobardos.

**Indio.** Pues no fue así con los Mexicas, porque a más de este desprecio, sufrieron el que les hizo el rey de Culhuacan, mandándoles en sacrificio para sus dioses los tres ridículos dones de estiércol, cabellos, y pájaros bobos; estilo, e idioma, con que al gran Darío le respondió el Escita Idantura, enviándole un Pájaro, un Topo, y una Rana; aunque aquí no se manejaron tan bobos como los pájaros, que en las navajas y ramos verdes con que substituyeron la puerca víctima, no vengaran después la injuria hecha a sus dioses y agravio suyo. En fin, siguiendo el hilo de Chimalpopoca, fue preso por Maxtla, en cuya clausura él mismo fue el propricida ahorcándose, antes que por mano de verdugo lo ejecutase el emperador: Dícese, que este rey de México tenía con Tayatzin maquinado el regicidio contra Maxtla, por cuyo motivo pretendió éste compensarle su buen afecto. Por muerte del infeliz Chimal, eligieron a Izcohuatl, hijo del primero rey Acama: era animoso, esforzado, y muy experto en las armas, como que ejercitó el empleo de Capitán general tantos años. Algunos pensaron que era este monarca hijo de esclava, esto es, de prisionera o cautiva, y que no obstante esta mancha, en vista de sus bellas inclinaciones, lo declaró su padre por hijo legítimo. Siguió la opinión de los egipcios, que creyendo ser solo el padre el Autor de la generación, no inferían demérito para las dignidades, aunque los hijos fueran de esclavas. Fue este rey, uno de los más felices y afortunados que se hallan escritos en el Catálogo de la Real sangre mexicana. Asociado con Nezahual, de quien ya hemos hablado, venció a su mortal enemigo Maxtla, muriendo éste dentro de un Temascal, o Baño ignominiosamente: rindió muchas provincias, ganó muchas Batallas; pero pudo menos que la muerte, porque cuando más pensaba coronarse de triunfos, le asaltó por una ventana, dejándolo asqueroso pasto de los gusanos: el que antes era terror de los monarcas, murió, y por su muerte, fue electo, y coronado Moctecuhzuma, actual general de ejército. Era de corazón generoso, y pareciéndole estrecho cauce las provincias de su Dominación, quiso extender su poder aún más allá de lo que registraba su ambición, y grandeza. Venció a Quahutlohua rey de Tlatelulco, a los de Tlalco, Tlalmanalco, Cohuixcas, Olomantlacas, Cuezatlecas, Ichatezipantecas, y Zumpahualanecas, y otras muchas provincias, y naciones. A los Texahualcas Pactepecas, Chilapanecas, y

Quizuthuapanecas sujetó al tributo, y al homenaje del trono de su Antecesor: desde éste fue venerada la corona por Diadema Imperial, reconociéndoles feudos Cihuauhuatlatl, Tutitlan, Quahutitlan, y otras Cabeceras, y señores. Fue especial cultor, y obsecuente con sus dioses: hasta que no les fabricó Templo correspondiente a sus votos, y a su grandeza, no admitió los aplausos y parabienes de la coronación: antes de salir a la guerra, o a algún encuentro religioso, visitaba, y oraba con profundo acatamiento: la misma diligencia practicaba a su regreso, en acción de gracias, debiéndole a este justo reconocimiento con los dioses la prosperidad de su fortuna.

**Español.** Y no, no iba muy descaminado en su juicio, porque aunque se deba condenar como se debe, la sacrílega superstición del culto; pero no la edificación y honestidad del acto. Si Pompeyo no hubiera usado del Templo de Dios por establo, no hubiera sido escarmiento de las iras del César, quien supo triunfar de veintidós reyes. Si el César no hubiera robado en las Galias los templos de los dioses, no hubiera sido su fin tan desastrado. Si Drusio no hubiera quemado el Templo de la Diosa Februa, sus victorias fueran incontables, como les aconteció a los Fabios, Camilos, Aurelios, y otros, que levantando el edificio de sus triunfos sobre las firmes basas de la fe, y de la religión, acabaron la carrera de su vida llenos de despojos, y de inmortales glorias; no debiendo atribuirse estas felicidades al poder de un engaño supersticioso, como lo era el de los dioses americanos, romanos, caldeos, y otros; sino al del verdadero Dios, que permitiendo las falsas apariencias del embuste, y de la mentira, pretendía sacar de entre los errores, créditos de su infalible fe, y eterna verdad, como lo hizo, deprimiendo la soberbia del apóstata Juliano, y ensalzando las virtudes del buen Graciano: confundiendo la obstinación del idólatra Acab, e inmortalizando el nombre del religioso Ezequías: y en fin, trasladando a Constantino de entre las tinieblas del error a la verdadera luz del desengaño. Y para decirlo de una vez, permitía Dios correr la funesta noche de la idolatría, para que de entre los horrores de las sombras, naciera el alegre día de la indeficiente luz de su fe, de su religión, y de su Evangelio.

**Indio.** Lo que en conclusión saco de la doctrina es, que si como mis antiguos no tuvieron conocimiento del verdadero Dios, lo hubieran tenido, hubieran sido tan finos cultores de sus altares, como lo fueron de los falsos Ídolos; ensayándolos primero en aquellas vanas fortunas, que creían desprenderse del poder de sus dioses, para que cuando llegara el sonido del clarín del Evangelio, no tuvieran que vencer en los maravillosos asensos del inefable culto de una sola, infalible, y verdadera Deidad: en sustancia esto es lo que quería decir vuestra majestad y porque no nos hagamos molestos con tan largas digresiones, quedamos en que Moctecuhzuma reinó veintinueve años, después de los cuales murió, habiendo vencido veinte y ocho batallas, siendo feliz en sus empresas, y venturoso en sus determinaciones. Sin embargo de tener hijo legítimo, no quiso que ocupase el trono sino el más digno, y el que hallasen dotado de todas aquellas cualidades que hacen a un príncipe recomendable, y acreedor para el gobierno.

**Español.** Éste sin duda mereció la memoria de Alejandro, que teniendo hijo legítimo en Roxane su esposa, prefirió el valor y méritos de otros Capitanes dignos del Imperio: o por mejor decir, fue como otro Augusto en el pensar, que preguntado por el Senado, que a cual de sus hijos nombraba por sucesor? respondió, que aquel merecería ser en el trono Augusto, que fuese augusto en las virtudes.

**Indio.** Pues a este Augusto o Alejandro Moctecuhzuma sucedió Axayacatl, imitándole en la fortuna y felicidad. Hizo tributarios a los Tlatelulcos, y otros reyes y señores: quedó cojo en la batalla que dio a los Otomíes del reino de Xiquipilco: era el primero en acometer, y el último en retirarse: fue más inclinado a la inhumanidad, que a la clemencia: jamás conoció el semblante al miedo. Entró por muerte suya Tizoc su hermano mayor, y solicitó la paz con todos los que pudieran inquietarlo, más por cobardía de ánimo, que por inclinación a esta virtud.

**Español.** Eso mismo se cuenta de Tiberio III emperador de los romanos.

**Indio.** Murió este infeliz príncipe enhechizado.

**Español.** A la contra de Tiberio, que moría por los hechiceros.

**Indio.** Sucediole Ahuitzotol: el primer paso de su exaltación fue acabar de construir el famoso Templo que su hermano Tizoc había comenzado, en cuya conclusión sacrificó las vidas de 720 cautivos, sirviendo la humana sangre de tanto infeliz, de alfombras y colgaduras en las calles y en las plazas.

**Español.** Mucho se pareció este tirano a Manasés hijo de Ezequías, y padre de Amón, que en obsequio del Ídolo Baal, hubo día que derramaron la sangre de 6.000 inocentes.

**Indio.** Murió este tirano a los dieciocho años de reinar, y fue nombrado Moctecuhzuma, segundo de este nombre: era religioso, y devoto, más dado al trato con los dioses, que con los hombres, sin apartar de su natural modestia la severa indignación de su rostro, porque era más amargo que benigno: hecha la acostumbrada ceremonia de todos los reyes, Interesados, embajadores, y Electores, e incensado con el fuego que salía de los braseros que ardían a sus dioses.

**Español.** En verdad que eso mismo hacían Jeroboan, Manasés, Acab, y otros reyes ímprobos de Israel, zahumar a sus primogénitos con la llama del fuego de los Ídolos.

**Indio.** Diéronle los parabienes como era costumbre, entre los cuales el más sonado, y digno de memoria fue el de Nezahualpili; y según me parece, fue tan elegante, expresivo y facundo, que no tuvo que envidiar a las más elocuentes Oraciones de los Demóstenes, Tulios, y Calixtros.

**Español.** Deseo oírla, porque según la ponderas, más parecen efectos de tu inclinación, que realidades de la verdad.

**Indio.** Pues escúchela vuestra majestad si no con la naturaleza del que lo dijo, a lo menos en sustancia, como yo lo he leído en Torquem. La imponderable ventura que ha merecido esta Monarquía en haberos elegido, Poderosísimo señor, por Suprema Cabeza de toda ella, se deja ver en la dichosa uniformidad de los ánimos, y de los afectos con que gozosos todos sus miembros os aplauden, gritan, y vocean. La vastedad, y dilatación de un Imperio como este, no pedía en el día otra robustez y fortaleza, que la de vuestro magnánimo corazón, ni otra discreción y prudencia, que la de vuestra grande alma, para sostener la gravedad de su peso, y mantenerla sin alteración en equidad y justicia. Debemos persuadirnos, que esta elección ha sido una como admirable providencia del Creador de todas las cosas; porque un príncipe, que ha sabido investigar los más escondidos fenómenos y raras maravillas de esas once láminas celestes, que sirven como de preciosas alfombras a los magníficos estrados de nuestros inmortales y supremos dioses, antes de empuñar el cetro; mucho mejor sabrá inquirir, por el estado visible y económico de sus pueblos, después de subir a la soberana cumbre de la majestad. Heredas, o gloriosísimo príncipe, de tus generosos progenitores el valor, la nobleza, la integridad, y la clemencia, para perpetuar en el más brillante esplendor la grandeza del trono, socorrer los pobres, remediar las viudas, premiar los dignos, castigar los delincuentes. Llegó la dignidad de vuestro Imperio al más elevado fastigio del poder, y de la recomendación: y así para tocar la encumbrada cima de su soberanía, necesitaba de una heroicidad tan gigante como la vuestra. Las heredadas, y naturales virtudes que os hacen amable para los propios y los extranjeros, vuelven envidiables, y dignas de emulación a vuestras repúblicas y vasallos, pues logran tener con teneros, un padre en las ternuras, columna en las flaquezas, Amparo en los desconsuelos, Hermano en las piedades, amigo en las congojas, Abogado en las dudas, Juez en las causas, Defensor en las honras, pastor en los desvelos, y rey en los cuidados. Debéis apartar de vos, invictísimo príncipe, la tristeza que puede atribular vuestro constantísimo corazón, sin arrojar de vuestros augustos hombros la pesada carga del gobierno; que aquellos soberanos dioses que te segregaron de entre los tuyos para sentarte sobre todos los grandes y próceres del mundo, te llenarán de dones, y comunicarán esfuerzos para que resistas tus enemigos, postres el orgullo, y soberbia de los rebeldes, y goces una vida inmortal, como importa al bien de todos tus dominios, y tus hermanos, hijos, y amigos

**134**

podemos desear. Con este elocuente y festivo pláceme dieron sus repetidos vivas las cortes, y fue jurado Moctecuhzuma por universal emperador de todo el Imperio mexicano. Apenas se creyó monarca, apartó todos los empleos, y honores que estaban repartidos entre los Plebeyos, y mezclados con los de la nobleza, así en su palacio, como en los de la inmediata asistencia del trono; confiriéndolos solo en los caballeros, y sujetos de dignidad y esclarecida sangre.

**Español.** No sé en qué pudo fundar Moctecuhzuma esa opinión: porque Roma, de la plebe sacaba censores con que autorizaba el Capitolio. A Tulio Hostilio, del tugurio agreste, lo levantó al altísimo fastigio de la majestad. A Tarquino Prisco natural de Corinto, e hijo de un humilde mercader, lo subió al trono, debiéndole Roma a este plebeyo la ampliación del Senado, y la institución del Orden Ecuestre, y sus dioses el superior culto de nuevos Sacerdotes. A Varrón, de Tabernero lo colocó en el Consulado; y a Marco Porcio-Catón, nacido en Toscana de baja cuna, y a Marco Perpenna, de Domador de bestias, engrandeció con las Púrpuras. De los Menores del reino de Israel fue elegido Saúl para el trono: de entre los Bandoleros y perdidos sacó Lusitania a Viriato para la corona, y la Persia al Tamorlan. Lo cierto es, que el valor, la animosidad, la reverencia, el aseo, amor, fidelidad, y otras virtudes, que hacen visible a un Sujeto, y digno de la privanza, servicio, y familiaridad de un príncipe, no solo se labran y se pulen en los talleres de la nobleza, e hidalguía, porque como son dotes de la naturaleza, los franquea indistintamente a la porción y sustancia racional, ahora sea noble, ahora plebeyo.

**Indio.** Pero no me ha de negar vuestra majestad que suelen ser más bien dispuestas las almas que alientan una ilustre sangre, para imprimir la imagen de las virtudes y de las heroicidades, que aquellas que informan una materia tosca, grosera, y de viles condiciones: y por fin sea bueno o malo Moctecuhzuma, así lo mandó, y así se obedeció; ni aun su Ayo, a quien amaba sobre todos, pudo contradecirle porque luego se dio a temer y respetar en tanto grado, que el plebeyo que le mirase a la cara, tenía pena de la vida. Los embajadores y Negociantes habían de entrar a su presencia descalzos, vistiendo el traje superior de materia grosera y vil; porque a su vista ninguno convenía aparecer grande. Las voces con que le hablaban eran sumisas y taciturnas, glosando a entonamiento la natural fuerza de la articulación: su respuesta, que apenas se entendía, era aquella frase que hasta ahora se usa: Haá, que es decir: bien está. Vestido, y vajilla mudaba todos los días, no volviendo a servirse de lo que una vez usaba; pretextaba retirarse solo a los Jardines, y era disfraz para observar la práctica de las leyes en sus ministros, y tal vez cohechaba para que provocasen a los jueces; y el infeliz que ladeaba la justicia era ajusticiado, fuera extraño, hijo, deudo, o pariente: comerciaba poco con los Jueces, y todo su trato lo tenía consigo propio; siempre estaba en sí para reinar, y nunca con el consejo ajeno para resolver, porque lo que de sí no temía, recelaba en otros, por el cohecho, la pasión, y el interés: solo en los Jardines, florestas, cotos, y casas de retiro, estaba fuera de sí, porque todo se entregaba al desahogo y honesta diversión que le presentaba la variedad y la hermosura.

**Español.** Esas mismas propiedades he leído en Menelao rey de Grecia, y en el primer Tarquino rey de romanos.

**Indio.** Era especialmente nimio en la limpieza: las calles habían de estar y dejarse ver siempre tan aseadas, como sus palacios y los templos: en estos era frecuente: abominaba la ociosidad en tanta manera, que el pobre que no podía ejercitarse en oficio alguno, pagaba con piojos el tributo: para los inválidos y notoriamente impotentes, ya fuesen o no del Real servicio, destinó el pueblo de Cuyuhuacan para alivio y socorro de sus necesidades, con abundancia, porque era liberal y munificentísimo; velaba sobre los servicios, y según la calidad distribuía los premios: mucho imitó a Pirro rey de los Epirotas, y a Aureliano emperador de Roma: daba un especial asenso a lo fatídico, a lo agorero, y a la superstición, por lo que el Cielo, para confundirlo, se explicó en su reinado con algunos raros fenómenos, que llamaban la admiración. Por el espacio de un año apareció en Oriente una columna de fuego, que remataba piramidal, y se escondía en el Poniente, según que el Sol iba reconociendo a su ascendente: ardiéronse los templos de sus dioses Huitzilopuchtli, y el de Xiuthecutli, sin otro agente que la mano de

Dios, para que en las tostadas pavesas de sus abrasados Ídolos, prepararan antorchas a la verdadera religión de Cristo: en la más rigorosa estación del día se desprendió un Cometa, tomando su fugitivo curso desde el Poniente hasta el Oriente, y su figura era de tres cabezas, y cola larga.

La Laguna hirvió y espumó, como si estuviera sobre algún vaso inmediato a algún activo fuego: en el aire aparecieron ejércitos de hombres armados, peleando unos contra otros: otro Cometa apareció el año que entraron los españoles, de especial magnitud y resplandor, y no obstante que era Moctecuhzuma de ánimo varonil y poco medroso, no dejaba de entristecerse y flaquear con tan repetidas señales. En este mismo tiempo se experimentaron, aun en los climas más templados, hielos, nieves, tempestades, hambres, enfermedades, mucha mortandad, y estrago en los vivientes.

En medio de que la fortuna le lisonjeó con toda suerte de felicidad, hasta allí preferente a todos los reyes y monarcas, jamás pudo deprimir el orgullo y altivez de los Tlaxcaltecas; cosa tan sensible para su vanidad, que se imaginaba vasallo de todos con no ser señor de Tlaxcalan. Cuanto poder tuvo Tetzcuco hasta Nezahual en la dilatada carrera de más de ochocientos años, adquirió México en solo ciento, y hubiera Moctecuhzuma extendido otro tanto, si no se le hubieran abreviado sus días. Treinta reyes gemían bajo del yugo de sus órdenes, reconociendo más de cien mil Vasallos cada uno. Pasaban de dos mil y quinientas las mujeres que le asistían y servían de pasto al desordenado apetito de la concupiscencia; verificándose tal vez tener a un mismo tiempo ciento y cincuenta Preñadas, bien que de todas una era la elegida, que se declaraba legítima, para no confundir la sucesión.

**Español.** No sé que diga ya de los Asueros, Baltasares, Salomones, y Muley-Amec, que fue ayer de mañana entre los Marroquines, que llegó a vanagloriarse de ver a un tiempo montados quinientos hijos, y hábiles para la guerra, en vista de Moctecuhzuma.

**Indio.** Pasaban de tres mil señores y grandes los de su asistencia: y si alguno pedía licencia para visitar sus familias y estados, dejaba en prendas hijo o hermano, precaviendo por este medio la conjuración o alzamiento. El tributo del señor era su personal servicio al trono, y concurrir a sus expensas con gente de guerra; el Vasallaje contribuía al Erario con el treinta y tres por ciento.

Y últimamente, para perpetuar su nombre entre las naciones, mandó fabricar la piedra de los sacrificios, obra costosísima y de la más rara invención, competente a que los Sacerdotes pudieran a un tiempo sobre ella abrir los pechos, y sacar los corazones de cincuenta Cautivos: estos cruentos sacrificios eran los más gratos y de más digna aceptación para sus dioses, recompensando el que trajeran por insignia de sus cuellos un rosario o ensarta de humanos corazones ricamente engastados, siendo crueles demostrativos de sus triunfos y victorias: y como las guerras eran continuas, como fomentadas por el odio y la venganza que entre sí tenían, eran también continuas las veneras que se ponían, fabricadas de tan inhumanos despojos.

A los dieciocho años de su reinado llegó Cortés, avisado poco antes, o ya fuese por sueño, o ya por visión de su hermana Papám, mujer del rey de Tlatelulco, que después se llamó doña María, y fue la primera entre todos los Gentiles que recibió la agua del Bautismo.

**Español.** Aunque muchas virtudes se dejan traslucir en los progresos de la vida de este magnífico príncipe, muchos más son los vicios en que infelizmente le hicieron tropezar sus vanas presunciones: no hay duda, que a no haberle atajado Dios los pasos en medio de la carrera de su pompa y soberanía, hubiera escalado la cumbre de una desigual grandeza, dejándole a sus Sucesores un Imperio, cuyo poder se extendería hasta los términos más remotos de esta gran parte del Mundo.

La variedad de predicciones y presagios acaecidos en el tiempo de su reinado, por los que comenzó a desmayar de bríos, extenuarse de fuerzas, y caer en un terrible marasmo, bien pudieron ser unos como anuncios del Supremo Hacedor, avisando de la promulgación de su Ley, y próxima llegada de su Evangelio, como cristianamente han pensado algunos; pero atendiendo a las causas creadas, virtudes y propiedades que se sujetan al dominio de la naturaleza, se pueden descubrir en ella estas monstruosas figuras, y visiones más crecidas, sin ocurrir al independiente y absoluto Poder de Dios.

Cualesquiera de los Sabios de este siglo hubieran conocido, que el continuo movimiento de los cuerpos celestes, que con sus accesos y recesos al Orbe terráqueo (desocupado de sus influjos y virtudes, le sorben los mismos que él contiene en los Elementos de tierra y agua) es la causa de elevar a la región del aire las materias o sucos elementales, deteniéndose, congregándose, y encendiéndose en ella por el calor del Sol, o por la fricación de unos átomos con otros.

La generación de cuantas figuras o meteoros se registran en la esfera, no se disponen de otra materia que de los vapores, humos, y alientos del agua y de la tierra, exaltados por el calor del Sol, y demás cuerpos celestiales a la región suprema del aire; y según las cualidades húmedas, calientes, y secas de aquella esfera, unas veces se deshacen y caen en nieve, otras encarceladas con el sulfuro, betún, carbón, y otras materias rasinosas y unidas en la nube, luchan por salir, ocasionando el estallido que se dice trueno, a la fugitiva llama que despide, relámpago, y a la materia sólida que arroja, rayo. Según la unión o configuración de átomos y temperamento de las materias, aparecen redondas, ovaladas, cuadradas, o piramidales las figuras, y lo mismo sucede con la diversidad de colores, y variedad agradable o espantosa de imágenes: la densidad o raridad de los cuerpos reflexionados, desigualdad de la materia y corporatura, y distancia de los objetos, nos parecen hombres a caballo peleando desaforadamente, toros embistiendo, torres de fuego, y otros hermosos o feroces animales, no siendo más que un confuso y deforme nubarrón, o ráfaga de luz.

Y para decirlo en breve, con la agitación de unos cuerpecillos con otros, vecindad a la esfera del fuego, por éste elevados a ella, y el activo calor del Sol, se refinan y calcinan los átomos, y encendidos se dejan ver a nuestros ojos, como promontorios, cometas, columnas, y otra multitud de fenómenos de distinta posición y estatura. Las epidemias en los reinos vegetable y animal, nacen de que constipada la tierra por el robo o desnudez de sus sucos y untuosidades, agobiado y tullido el aire con los extraños y resecos materiales, faltándole el perfecto cocimiento para digerirlo, los escupe a la atmósfera y superficie, e impregnadas estas dos regiones de estas pestes y epidémicas exhalaciones, engendran los morbos en la humanidad. Esta misma malicia tragan los vegetables y brutos, pues con la aridez, falta de humedad, y carencia de los benignos soplos del aire, se entecan, debilitan, entristecen, enferman, y mueren.

Los hervores y espumación de la Laguna, pudieron ser causados de alguna copia de humos, y exhalaciones sulfúreas y fogosas, arrojadas por algún cercano pirofilacio, y empachado de materiales rasinosos, los vomitó hacia la superficie lamosa que le sirve como de vaso, o firme plan donde se mantiene. Estos vapores, como son de la calidad que ya hablamos en otra conversación, pudieron servir de caldear ese o mayor depósito de agua, hirviendo en unas partes, soltando espumas en otras, aquí tépidas, y allí más calientes, según la parte donde se recargaban los vapores y partículas azufrosas. No por este modo de pensar debemos apartarnos de una católica consideración, creyendo el que aquellas espantosas figuras pudieran ser unas mudas, pero retóricas lenguas con que la Divina majestad anunciaba a los habitadores de estas tierras, la subversión y ruina de su falsa religión e idolatría, como cuentan las Historias de Nínive, Jerusalén, y otros reinos.

**Indio.** Aténgome a esto último, que es lo más seguro, y paremos.

## Tarde VI. Poder tlatelulcano, breve noticia del reino de Michoacán, y otras cosas dignas de leerse

**Español.** La república de que vamos a hablar, tengo entendido que vivió siempre condenada a remar en las galeras de una esperanza vana, sin conocer que cuanto ésta más se arrima al deseo del fausto y la vanidad, tanto más se acerca a la ruina; porque es este enemigo encanto, un cruel martirio que atormenta con lo que desea, y una maligna furia que mata con lo que posee; es una fatiga ingrata que aleja el bien del que lo apetece, y un verdugo inhumano que tiraniza al que lo goza. Anhelaban los de Tlatelulco por adquirir un despotismo y autoridad sobre todas las naciones: engañados de su propia esperanza, sufrieron siempre los recios golpes de un poder dominante, y reconocimiento de un tributo nada ligero; escollos en que tropiezan regularmente los amadores de la soberbia y de la ambición.

**Indio.** Así como lo pinta vuestra majestad sucedió a la nación Tlatelulca, que envidiosa de la feliz bonanza de sus Vecinos los mexicanos, nunca más quedaba burlada su esperanza, que cuando más esfuerzos aplicaba a contrarrestar, e igualarle en sus fortunas; y porque así lo hemos de ver en todos sus progresos, manos a la obra.

Las gentes Tlatelulcanas, que antes se llamaban Aztecas, como los mexicanos, pues todos vinieron juntos, eran deudos y parientes unos con otros: se separaron de los Tenuchcas, guiados de un remolino de aire, a una enjuta plazuela fuera del agua, en la que hallaron un montón de arena, una rodela, una flecha, y una culebra enroscada, y con este hallazgo misterioso, determinaron sobre aquel terreno hacer, como lo hicieron, su establecimiento. Ya esta división procediera de enojos pasados, ya por la incomodidad que sufrían entre los juncos y carrizales; lo cierto es que se segregaron, libres de contradicciones, y gozosos, con una paz inalterable, procrearon y se difundieron en tanta manera, que trataron de elegir rey, a imitación de los de México, dicen unos, y otros que los mexicanos eligieron a semejanza de los Tlatelulcos; aunque lo menos dudoso es, que en un año llevaron preferencia de rey los mexicanos.

Con esta determinación acordaron de pedir a Tezozomoctli rey de Azcaputzalco, un príncipe que los rigiese y gobernase, el cual les dio a Quahuautizahual su hijo, y fue coronado con universal aplauso. La mira de no elegirlo de los suyos, como los de México, fue hacer desde luego robusto su poder, emparentar por este medio con la Real sangre de los Tepanecas, de cuyo enlace podría resultarles la relajación del tributo que reconocían a dicho Tezozomoctli. Reinó treinta y cinco años: ayudó a su padre en la conjuración que levantó contra el Imperio de Tetzcuco, y en otras batallas, en las que no se cuentan particulares hazañas que emprendiese: erigió templos, construyó edificios, extendió la parte de su continente, cegó las aguas, abrió acequias, y plantó jardines, y por su muerte le sucedió Tlacateotl. Dícese que era de la principal Casa de los Aculhuas reyes de Tetzcuco: murió en México dentro de un cuarto destechado a manos de Asesinos, por orden de Moctecuhzuma o Hilhuicamina rey de los mexicanos. Un perro fue su oráculo, avisándole convenir su muerte para la quietud y libertad de su pueblo. Reinó siete años, y fue coronado Quahuitzatahuatzin: dio batalla auxiliado de otros reyezuelos al Tenucha, en cuyo campo quedó muerto, y por los mexicanos la victoria. Sucedió a este Moquihuiz: casó con una hermana de Axayacatl sexto rey de México; por este vínculo con los de Tetzcuco y mexicanos, le agregaron a su señorío el Barrio de Aztacalco, salida para el Bosque de Chapultepec. Edificó un famoso Templo, dándole por nombre Cohuaxotl, en memoria de los antiguos Culhuas y Chichimecas, de que se sintió Axayacatl su cuñado, y volvieron a resucitar las antiguas inquietudes entre las dos repúblicas, creciendo más el sentimiento en Axayacatl por el desamor con que trataba Moquihuiz a su hermana, la que ofendida del desprecio de su marido, se retiró con su hermano y cuatro hijos a México. Maquinó destruir el poder de Axayacatl por sorpresa; los cómplices en esta traición fueron los señores de Xilotepec, Tustitlan, Chalco, Tenahuacan, Huexotzinco, y otros muchos: probaron la felicidad de sus triunfos en la confección de una bebida que componía de unas yerbas el supremo Sacerdote sobre la piedra de los sacrificios, y del zumo que derramaba bebían todos los principales Jefes y Capitanes; y según el efecto de cobardía o valor que les infundía, pronosticaban el éxito próspero o adverso: llamaban a esta pócima itzapactu: hecha esta ceremonia, y sintiéndose con ánimos invencibles, acometían desordenadamente. Duró el sitio algunos días, al cabo de los cuales quedó vencido Moquihuiz, y puesto por Quitzalhua, Capitán esforzado, en las manos de Axayacatl, le sacó éste el corazón por el pecho, sin acudir ninguno de sus confederados al socorro, ni ayudádole todo el tiempo de la guerra; permitiéndolo así la divina Justicia por los sacrílegos desacatos, violando el recato y honestidad de las Vírgenes que asistían al culto de la Diosa Chanticon, y atrevídose con una descarada torpeza a las mujeres de sus mejores Capitanes. Este fue el fin de este infausto y deshonesto príncipe, y en el que también terminó la Monarquía de los Tlatelulcos, quedando en adelante regidos por gobernadores que nombraba el rey de México, de los mismos de la república, tributarios y sujetos a sus Reales padrones y mandamientos. Manifestaban los Tlatelulcos un espíritu altanero, arrojado, brioso, y nada cobarde, y con fuerzas iguales, jamás podría el mexicano disputarles lance alguno: si Moquihuix en esta última batalla, decisiva de la felicidad y del poder, no hubiera llevado sus ideas con tanta solercia o ardimiento, o por mejor decir con tanto desorden o precipitación, el nombre de los mexicanos quedara abolido, y oscurecidas sus glorias para siempre. Considerábase esta nación mejorada en los intereses por el mercado, tianguiz, o feria universal que en la Plaza se celebraba, estableciendo un comercio cuyo giro se extendía a las naciones más distantes, como eran las remotas provincias de Guatemala, Nicaragua, y otras, guardando con tan rigorosa observancia las leyes de los contratos, compra, y venta, que el usurero era condenado irremisiblemente a muerte ignominiosa, y el que era cogido en trampa, fraude, e ilegalidad, por leve que fuera, si era noble se le confiscaban absolutamente los bienes, y quedaba privado en adelante de comerciar; si era plebeyo sujeto a una esclavitud perpetua: eran tan fáciles a dar crédito a los agüeros, hechicerías, y supersticiones, que con solo el ladrido de un perro, o movimiento de una hoja, ya juzgaban ser alguno de los adorables misterios con que les avisaban sus dioses de algún favorable o contrario suceso; siendo dogma infalible para todos, la extravagancia con que uno u otro alucinado interpretaba el acaso o naturaleza.

**Español.** Y ese pernicioso abuso parece que no se ha extirpado del todo en los actuales descendientes.

**Indio.** Y ni aún en muchos católicos, porque ya he visto tener por aciagos los tropezones que dieron al entrar en sus casas, la caída de un bruto, y otras contingencias que nacen de causas ordinarias y nada irregulares. Habrá como siete años, que en la coronación del SSm. papa Clemente XIV. antes fray Francisco Lorenzo Ganganeli, religioso de N. san padre san Francisco, cuyas memorias deben ser inmortales en la gratitud de los hombres, y de toda la Cristiandad, al llegar a caballo, como es costumbre, cuasi a las Puertas de san Juan de Letrán lo arrojó de sí el bruto: glosó la plebe por agüero este repentino accidente, sin considerar que el jinete papa era Discípulo perfecto de san Francisco; que sus incesantes tareas fueron sobre los libros; y que una vida conventual y sedentaria, era regular que lo desviara del conocimiento de la silla y del freno; causas bastantes para que al más leve dengue o sacudimiento de la bestia, diera en tierra con el santísimo, pero mal montado caballero . Cuasi lo mismo aconteció en la coronación del papa Sixto IV con el tumulto de la plebe, en que a pedradas pudo haber muerto este Pontífice. Las Historias cuentan que los monjes del Convento de Yuste, por el ladrido de un perro, y canto de una ave, creyeron predestinado al gran emperador Carlos V de que infiero, que pues una gente tan civilizada e instruida como esta y la Romana, incurre en error de tanto bulto; no debe ser tan notada esta gentil nación de enormemente fatídica y agorera, porque creyeron que su Dios por el norte de un remolino de aire, los guiaba para que poblaran en el terreno que ya dijimos arriba: y sin que vuestra majestad me alumbre las causas que engendraron este, o los muchos que cuasi todos los días estamos mirando, con solo la doctrina que una u otra vez he escuchado de sus labios, conozco que inclinadas o rellenas las cavernas o aereofilacios, por las muchas materias que las hinchen y agobian, haciendo fuerza, como es natural, para salir, se filtran o percolan por aquellos poros o boquillas que hallan más fáciles, o de menos resistencia; y como salen agitadas de un impulso tan violento, levantan de la superficie lo que encuentran, y forman aquella columna que parece que sube hasta las nubes: también suele suceder y es lo más continuo, que encontrados los aires elementales, y resistiéndose los unos a los otros, vaguean de una a otra parte, emporcando la atmósfera, y ocasionando algunos estragos en los edificios, frutos, plantas, etc. hasta que vencido el más débil y flaco, despeja el ámbito el de más fuerza y dominación.

**Español.** Supuesto que ya estamos persuadidos de estos escrupulillos, porque no quede cosa que no hablemos, has de saber, que entre las muchas que me han hecho creer la bárbara fiereza de tus antepasados, es una la de los asesinatos, crueldades, alevosías, y sangrientas muertes, maquinadas contra las soberanas vidas de vuestros príncipes, reyes, y monarcas, violando el derecho de las gentes, sagradas leyes de la naturaleza, estatutos de la inmunidad, respetos y decoros de las personas Reales.

**Indio.** No hay duda que conturba el espíritu y horroriza el ánimo tu pintura, señor mío, y que no solo merecen el nombre de bárbaros y crueles, sino de brutos y fieras; pero yo he leído que los atrevidos puñales de los Brutos y de los Casios, tiñeron las paredes del Capitolio con la sangrienta púrpura del César, quedando de lamentable espectáculo de los ojos, el que poco antes había sido sagrado Protector de los necesitados: Narzetes, Capitán general de las Huestes de Justiniano, regó los campos de Aquileya con la ilustre sangre de Totila rey de los godos; éstos en una cabaña junto a Antioquía, quemaron vivo al emperador Valente; con veneno mataron los romanos al invencible Viriato; treinta y dos reyes fueron sangriento despojo de Josué, Caudillo del pueblo de Dios: y advierta vuestra majestad que ninguno de éstos eran indios.

En nuestros tiempos leemos el inaudito atentado, que contra el fidelísimo rey de Portugal maquinaron algunos de sus infames Vasallos, cundiendo el maligno cáncer del arrojo y de la alevosía a otras Católicas y Cristianísimas Potencias, cuyos augustos nombres deben ser eternos, y trascender gloriosos e inmortales de generación en generación; llegando a tanto la osadía, obstinación, y audacia de los crueles maquinadores, que no pudiendo efectuar las sacrílegas intenciones de su traición con el poder de las armas, tumultos, conspiraciones, y alborotos, pretendieron con las sofisterías y ficciones de las plumas, establecer un sistema de Regicidio sano y segurísimo

**145**

a la conciencia, arrojándose temerariamente a persuadir la necesidad de quitar la vida, que no está sujeta a la potestad de criatura alguna, y solo dice dependencia de la mano de Dios, ya sea el rey justo o inocente, impío o tirano, como se ve en el caso que apareció a Baltasar rey de Babilonia, la sentencia del Profeta contra el ímprobo Manasés rey de Israel, y los Decretos contra Nabuco, y Dionisio tirano de Sicilia, distantes en tiempo, pero muy semejantes en los castigos; manifestando Dios por estos hechos, que no puede ni debe haber en lo lícito y seguro otro cuchillo o instrumento, que quite las soberanas vidas de los monarcas, que el absoluto brazo de su Poder y de su Justicia; y se advierte, que los que así ejecutaron, pensaron, y escribieron contra esta infalible verdad, no fueron indios.

Las muertes inferidas en las personas de nuestros antepasados príncipes, si bien se acuerda vuestra majestad de los sucesos de la Historia, son las mismas que ellos solicitaron inferir en las de otros monarcas; y yo no sé que haya ley que prohíba el repeler la fuerza con la fuerza; y que si un rey quiere matar a otro, el otro no pueda matar a éste; como el hijo que no puede libertad la vida sin ser justo agresor de su padre.

**Español.** Quería que cerráramos aquí nuestra Tarde, a no prevenírseme el desentendimiento que has tenido con uno de los principales señoríos que poseían tus antiguas gentes.

**Indio.** Ya sé que habla vuestra majestad por la provincia de Michoacán, y le aseguro que fue estudio lo que le parece olvido: porque siendo la última de nuestro continente, la separé siempre para cerrar con ella los últimos periodos de mi Gentilismo. Llamose esta provincia así de la voz Mich, que es lugar de Pescado. Diez y nueve monarcas contó desde Hauhuzitzicatzin hasta Calzontzin o Cinzica: fue su primera corte Zinzunzan, y Capital en el día Valladolid, conocida antes por Guayangareo: gozaba una soberanía libre e independiente de los Imperios Tetzcucano y mexicano, porque segregados de la compañía de los Tenucas, con quienes animosamente desde sus tierras habían caminado hasta las cercanías de Tula, se alojaron y poblaron en las orillas de la Laguna, que hoy se llama de Patzquaro: la primera población, asiento, y corte de sus reyes, fue, como ya dije, Zinzunzan ciudad que en el día, ni aun entre los polvos de sus ruinas tiene vestigios para acordar la majestad de la grandeza. Pereció su nombre como el de Babilonia, desemejándose en tanto grado la que es hoy con la que fue en los primeros lustros de mi Gentilidad, que el que cotejare su existencia con los antiguos Mapas de Michoacán, no podrá menos que enternecerse, y conocer el poder de los tiempos sobre las cosas. Se aventajó la felicidad de esta nación a la de sus compañeros, amigos, y parientes los Mexicas, si bien después ellos, dominando el trono de los Chichimecas, quisieron sujetarla al yugo de su poder y magnificencia: pero cuantos lances le presentó el mexicano para rendirla, tantos fueron triunfos de su animosidad y esfuerzo. En un Mapa que conservaba un Indio de los principales de este pueblo, llamádose Francisco Estrada, vi muchas veces pintadas las dos célebres batallas, que en las fronteras de Tajimaroa y Zichú, se dieron entre una y otra nación, manteniendo la Michoacana el Campo con tanta soberbia, denuedo, y altivez, que al cabo de siete años hizo ignominiosamente retirar el poder de los mexicanos, doble en fuerzas, y aún mejorado en situación. Llegó a tanto el orgullo de los Michoacanenses, que necesitado de socorro el de México cuando la entrada del gran Cortés, solicitó su auxilio con cuantos arbitrios le sugirió la urbanidad, derechos de las gentes, sagacidad e industria. Con doscientos mil hombres hubiera hecho frente y rebatido las fuerzas de los españoles, si sus Sacerdotes no le hubieran avisado del trágico fin de sus sucesos; y una hermana suya, muerta en aquella sazón, no le hubiera amonestado por orden divina el que suspendiera las armas, y que favoreciese a los hijos del Sol, que enseñaban la verdadera fe, y seguro camino de la eternidad. Fueron tan concluyentes estas palabras para el generoso pecho del gran Calzontzin, reinante en aquel entonces, que como si fueran de un oráculo infalible, pasó a México, ya no en calidad de auxiliante y poderoso, sino de necesitado y rendido: presenciose con el Venerable padre fray Martín de Valencia, y consiguiendo de la ardiente caridad de este Apostólico Varón la anuencia de tres religiosos (otros quieren que fueran seis) volvió para su corte enarbolando los tafetanes de la fe, quien de ella había salido arrastrando las Banderas de la Idolatría: pero no fue mucho, que entró Cristiano el que salió Gentil; entró Católico el que salió Idólatra; y en fin, entró con el humilde nombre de Francisco, el que salió con la soberbia y temida voz de

Calzontzin. En este Católico monarca, cuya inhumana, infeliz, y lastimosa muerte, mandada ejecutar por el presidente Nuño de Guzmán, ha dado y dará siempre motivo para la compasión, la lástima, y la ternura, feneció el abundante, poderoso, y opulento reino de los Michoacanenses, dejándole abiertas tantas bocas a su grandeza, cuantos son los inagotables tesoros que engendran sus Minas para socorrer los pueblos, abastecer los Erarios, y enriquecer por medio de los comercios aun las más remotas provincias del Orbe.

## Tarde VII. Descripción de la grandeza de las dos cortes, Tetzcuco y México

**Español.** La ninguna simetría, trabazón, y material desorden que observamos en las Estancias y aldeas que habitan los actuales indios, y que han sido del cargo de su erección, con los pocos monumentos y vestigios que tocan nuestros ojos de la majestad y grandeza que de vuestras antiguas Poblaciones nos pintan las Historias, nos hacen desviar del asenso que se merecen, y creer que escribieron con la libertad de que jamás podrían llegar a ser sojuzgados de la razón, o que corrieran sus plumas sin otra crítica que la pasión y antojo de los informantes. Y si no dime: los que leemos que la gran ciudad de Tetzcuco, corte Imperial de los Chichimecas (comenzando a gozar este título desde el príncipe Nopaltzin) era tan populosa que pasaba de ciento cuarenta mil Casas, abrigándose dentro de cada una cuatro y cinco familias; que sus Calles estaban formadas en cuadro corriendo de Oriente a Poniente, y de Norte a Sur; que los palacios Reales eran tan magníficos, que a más de los muchos aposentos, retretes, corredores, y otras piezas de maravillosa arquitectura, se entretejían de piedras diestramente labradas; que se elevaban vistosamente sobre éstas las tres Salas de recibimiento, para el rey de México y el de Tlacupa, y en la que el propio Tetzcucano juntaba Consejo, con longitud cada una de más de doscientos pasos; que trepaban sobre estas Salas otras Oficinas y Miradores que servían de pasadizos a los reyes para la quietud, el recreo, y la diversión; que tenían patios interiores con piedras de desigual grandeza agujeradas por muchas partes, y con tan rara invención, que cada abertura era una aguamanil, con el destino de que llegasen los pájaros y aves a beber, para que en resulta lograran los príncipes la cosecha de la caza, que con cerbatana ejercían muy a menudo; que tenían estanques, fuentes, jardines, y bosques de recreación, tan amenos y divertidos, que en nada envidiaban a los más célebres de la Italia; que de las inimitables fábricas de los templos costeados por los subidos propios, y emolumentos con que muchos pueblos les contribuían, como si fueran pensiones y débitos Reales.

Los que leemos que la majestad, opulencia, y hermosura de la insigne corte de México, llamada así por su Dios Mexitli, o Tenuchtitlan por la piedra y la tuna, se componía de más de ciento veinte mil casas con buques competentes cada una para ocho y diez vecinos, que eran los mismos que los habitaban; que todas eran de adobes o ladrillos españoles, a distinción de las de los nobles y caballeros, que eran de cal y canto, con altos y entre-suelos de especial desahogo y comodidad; que las Calles unas eran de agua y otras de arena muy menuda, comerciando por éstas los de tierra, y por aquellas en canoas, barcos, y chalupas, los rivales de la Laguna, admi-rándose a un tiempo y dentro de una misma ciudad, los dos tratos de mar y tierra; que solo tenía tres Puertas donde reinaban las tres Calzadas hechas a mano, y de un costo imponderable, viniendo la una de la parte del Norte, la otra del Poniente, y la otra del medio día; que sus Plazas muy anchas en cuadro y esparcidas, en cuyo ámbito estaban los palacios Reales, y templos de sus dioses, cuyas construcciones eran de un raro artificio de jaspes, mármoles, laberintos, ébanos, cedros, y otras maderas incorruptibles; que el Palacio Real tenía veinte Puertas que salían a las Plazas y las Calles, tres anchurosos Patios, y en medio del uno la gran Pila donde se recibía la sabrosa y saludable agua, que por atarjea de cal y canto conducían desde Chapultepec; que a más de los cuartos y aposentos, tenía cien Salas en cuadro de veinticinco pies cada una, y en cada una un Baño; que en una Sala separada de ciento y cincuenta pies de longitud, y cincuenta de ancho, tenían los monarcas el Oratorio, cuyas colgaduras eran planchas de oro y plata, salpicadas a trechos de esmeraldas, rubíes, topacios, y otras piedras preciosas; que las paredes de estos suntuosos edificios eran de cal y canto, enlazadas según las reglas del arte, de azabaches, espejillos, mármoles, pórfidos, jaspes, y otras piedras blancas y trasparentes, que hacían un maridaje galán, majestuoso, y apacible a la vista, siendo el entalle y labor de las maderas, correspondiente a la demás grandeza; que tenía variedad de oficinas para todo género de animales, muchos estanques entre los jardines para criaderos de peces, y sustento de aves acuáticas, y un sinnúmero de jaulas donde se recogían cuantas especies de aves y pájaros se crían en esta gran parte del Mundo, ocupando trescientos hombres en el cuidado y limpieza de tan parlante y sonora república; que todo el circuito de la ciudad estaba poblado de alamedas, fresnos, sauces, sabinos, cipreses, y otros copados y verdes árboles. Dime pues, vuelvo a preguntarte, ¿los que leemos en los libros estas y mayores grandezas, pompa, poder, majestad, arte, disposición, y hermosura, poco imitada de los más diestros Artífices del Mundo, y registramos ahora el desaliño, desorden, y rusticidad de los que viven, qué juicio podremos formar? O que vosotros no sois descendientes de aquellos, o que es necesario forzar la razón para que de asenso a sus escritos como si fueran artículos de fe, creyendo en este caso lo contrario de lo que tratan o miran nuestros ojos.

**Indio.** Aunque es recio el aguacero, no es tanto el desamparo que no haya jacal en que alojarme: señor mío, cuando no estuviera en la inteligencia, de que todas las cosas que están escritas, se escribieron para nuestra utilidad, bastaríame conocer, que con estas y otras frívolas razones, que ni aún besan el zoclo de la congruencia, pretenden los señores de razón oscurecer las glorias de mis antiguos, echando a rodar el crédito de las tradiciones, y gravedad de los Autores, que bebieron sus noticias en las cristalinas fuentes de los Varones santos, que desnudos del vil ropaje de la codicia, y revestidos de un espíritu de virtud, santidad, y edificación, no fue otro su instituto y altísimo ministerio, que el de sembrar el grano de la palabra divina, y coger en esta inculta tierra los opimos frutos del Evangelio y de la verdad, siendo éstos unos fidelísimos testigos de lo mismo que aseguraron, vieron, y escribieron; pero supuesto que estamos en un siglo que solo no se duda de lo que está escrito en las Divinas Escrituras, entre la razón persuadiendo, lo que hasta ahora no ha podido la tradición y la autoridad.

El primer motivo de dudar, o por mejor decir, de no creer la grandeza de nuestra Antigüedad, es por no encontrarse en el día monumento, huella o vestigio alguno declaratorio o demostrativo de ella. Permitido, y no concedido que así sea, yo tengo entendido, y creo firmemente, que todo lo que se representa en este Mundo, no es más que una engañosa vanidad, que queriendo hacer alarde de sus mentidas pompas, lo puebla de estragos y de escarmientos, tan tenaz en sus porfías, que ni los mentidos polvos de otras desmoronadas paredes, ni la breve corrupción de las materias y acelerado curso a sus ruinas, la pueden persuadir a que no levante Edificios, labre Casas, edifique Torres, y empeñe todas las fuerzas de una presunción a altiva del fausto y de la majestad, tan a costa de la inconstancia y del peligro;

pero como en vano trabajan los que edifican sobre los débiles cimientos del barro y de la arena, suele suceder que hoy pisamos con nuestros pies destrozados terrones, los que ayer miraban nuestros ojos elevados Pirámides; y los que ayer fabricó el poder soberbios palacios para habitación de monarcas, hoy suele despreciar para sus moradas la humildad de unos pastores.

Y si no, vamos hablando con las Historias en la mano, que éstas sí no podrá vuestra majestad ni ninguno de los que no son indios, negar, porque son de las de por allá. ¿No fue Cartago la más célebre ciudad de los africanos? ¿No fue Tiro la más insigne de los fenicios; de los Germanos Argentina; Atenas o Minerva de los griegos; Tebas de los egipcios; Bizancio de los Tracios; Babilonia de los Asirios, y de los españoles Numancia? Pues dígame vuestra majestad ahora, qué les ha quedado de sus pompas, de sus grandezas, y hermosuras? Quedoles el nombre de lo que fueron, conservando apenas los suelos de unas abatidas cabañas, para cruel tormento de su presunción y de su soberbia. Hubo Cartago, hubo Babilonia en el Mundo, y vuestra majestad cree y creen todos que fueron famosas: pues dónde están los vestigios? No los hay; porque hasta su memoria pereció con estruendo y con sonido. ¿Pues porqué lo cree Vm.? Porque quien lo dice no es de Indias, y quien lo escribe no es indiano. O! y quantum est in rebus inane.

Pasemos adelante: los indios del día en el desorden de habitar, muestran o lo que sus antiguos fueron, o que no son descendientes de aquellos. En el breve espacio de 600 varas, que la generosa piedad de los soberanos nos consigna, aseguramos ochocientas o mil familias, las comodidades de la vida, abriendo tierras, formando haciendas, heredades, patrimonios, y posesiones, para nosotros, para nuestros hijos, y descendientes; de manera, que en aquella corta parte de solar que a cada una nos cabe, respectiva a mil que somos, hacemos estancias para nuestros animales, huertos para las verduras, casas para el abrigo, y oratorios para el culto de Dios: en la fabrica de éstos ponemos todo nuestro esmero, siendo los más unas piezas desahogadas, como ya las ha visto vuestra majestad unas de cal y canto, y otras de adobes, bien ripiadas, enjarradas, techadas con buenas maderas, y pintadas de varios colores, con su torrecilla y campanario, que los hace vistosos y decentes para depositar las Imágenes, hoy Reliquias de nuestro afecto y veneración: el piso más duro, y firme destinamos para nuestras Iglesias y habitación, separando el más suelto y pingüe para nuestros sembrados y otros desahogos; de que resulta, que si la tierra útil para frutos de mi solar, cae a la frente de la tierra firme de mi vecino, en la de éste se ven Casas, Capillas, u Oratorios, y en la mía animales, árboles, plantas, etc. Nuestros antiguos fabricaban con la proporción de la libertad que tenían para extenderse; y nosotros fabricamos con la necesidad que gustosamente sufrimos para alojarnos: aquellos obraron magníficamente, por la felicidad que poseían; y nosotros humildemente, por la estrechez, abatimiento, y pobreza que padecemos.

Digo que estas son las causas de que no obstante la versación de tantos años con los españoles y otras naciones cultas, no observemos los indios de este tiempo el orden, disposición, y simetría en las erecciones de nuestros pueblos, que guardaron los de la Antigüedad y usan vuestras majestades ahora. El modo de vestir nuestros antepasados era de ricas telas de algodón, y en días festivos con especial tejido de plumas, matizado según la naturaleza de los colores: de éstas mismas se valían para hacer Imágenes, y otras figuras hermosas y agradables; los que ahora existimos apenas cubrimos nuestros cuerpos con un grosero cotón de lana burda: luego no descendemos de aquellos. El Idioma fue uno mismo en nosotros, mas con la distinción de que aquellos lo hablaban con dulzura, elegancia, y pomposidad, y nosotros por el adulterio, y mezcla de voces extrañas y mal digeridas, lo hablamos con grosería, bajeza, y desabrimiento: luego no somos descendientes de aquellos. La lengua de los antiguos españoles era muy distinta de la que hoy hablan los modernos, y el vestuario del día primo diverso del de aquellos, afeminándole a éstos sus personas, y haciéndolas imitadora del Cónsul Romano Quinto Ortensio, que se afeitaba el rostro, y componía con un espejo en la mano, como si fuera la más melindrosa mujer, llegando a tanto su chiqueo y delicadeza, que porque un ciudadano casualmente le descompuso uno de los pliegues de la casaca, se querelló contra él criminalmente al Senado. El de los antiguos españoles era grosero y varonil, procurando más con el desabrigo curar el cutis para la resistencia, que asear las balonas para la presunción y el aliño, ajustándose a la máxima del Sículo Dionisio, que porque nadie llegara a su barba, se la quemaba con estopa. ¿Estos son aquellos españoles: luego los de hoy no descienden de aquellos?

**Español.** Bien está, ya sabes que no necesita de prueba lo que consta por la experiencia: los indios de tu Antigüedad debemos creer que serían lo mismo que los que hoy pueblan las Colonias, y otras regiones gentílicas: en éstos no tocamos otra cosa que unos Idólatras incultos, bárbaros en las costumbres, inclinados a la tiranía, sin otra decencia que un taparrabo, sin más abrigo que el que les franquean las peñas y los árboles, y sin más cabeza que los rija, y ubicación que los afije, que aquella que la pasión les dicta, y adonde el viento de la caza, del interés, del robo, y de la atrocidad desordenadamente los conduce: luego este debemos juzgar sería el carácter de tus ascendientes.

**Indio.** Digo que sí, y que éstos, así ahora, como entonces, convenían con los nuestros en lo gentil, pero no en la barbarie y la brutalidad; porque los nuestros vivían sujetos a la autoridad de los príncipes, avecindados en las ciudades, villas, y pueblos, aldeas, y Congregaciones, con temor, obediencia, y reconocimiento a sus dioses y naturales señores, cultivando las tierras, comiendo, y vistiendo de sus frutos: en esta disposición hallaron los Conquistadores que vinieron de la Europa a mis antepasados, y en aquella en que hoy mismo se hallan a los Bárbaros o Mecos.

Estos indios bravos (que así les llamamos) tuvieron su origen de aquellas familias que se pasaron de Xolotl, o primeros Chichimecas, y eligiendo los Cerros y Montañas para sus habitaciones, jamás quisieron congregarse en Comunidades, prefiriendo la libertad al trato, al interés, comodidad, y racional conversación; al modo que los escitas y árabes en la Asia, que no pudiendo la fuerza y el imperio civilizarlos y sujetarlos a una vida honesta, común, y tratable, se quedaron en su fiereza y altanería, sin que de aquí se infiera que los Asiáticos son bárbaros, insociables, y feroces. Lo cierto es, que este modo de inferir no se admite en ninguna filosofía; como si dijéramos, los indios que existen en el día adoran un solo Dios, los antiguos adoraban en muchos: luego los indios de ahora no descienden de aquellos?

**Español.** Celebro te hayas introducido en una materia que con impaciencia esperaba tratásemos, corroborando por ella el carácter de barbaridad, y demás torpezas de tus antiguos. Y si no, hablemos con verdad, ¿qué sentirías tú, desnudándote de la pasión de unos hombres, que solo preocupados de una ciega Ignorancia, podía faltarles el discernimiento o natural instinto concedido a los brutos, para conocer que aquellos engaños y diabólicos errores, eran efecto de unas asquerosas apariencias y sucias fealdades? Cantó un pájaro, y porque juzgaron que articulaba el animalillo esta voz tihui, que quiere decir, allá vamos, desampararon sus tierras, corrieron presurosos para éstas, levantáronle altares, consagráronle aras, y de pájaro se les volvió bruto feroz: gritó una rana, y porque jamás habían oído su grito continuado y enfadoso, le construyeron templos: miraron sobre lo alto de un cerro a un mancebo, cubierta la cabeza de una tira hedionda, llena de materias y podres corrompidas, y lo adoraron Dios por la extraña fetidez que arrojaba. A estas y otras ridículas visiones tributaban tus mayores los inhumanos sacrificios, sirviendo los inciensos, más para templar los indispensables gestos del insufrible hedor y pestilencia que despedían, que de reverentes obsequios a sus Deidades. Si esta especie de fanatismo merecía el grado de barbarie y estolidez, tú lo dirás.

**Indio.** Y como que lo diré: conozco que todas las criaturas racionales están necesitadas, por aquella noticia impresa o lumbre natural con que están selladas, a distinguir y conocer que no puede ni debe haber mas que un solo, único, y verdadero Dios, y que éste solo es el que remunera lo bueno y castiga lo malo; que éste solo es el que da vida, movimiento, y ser a las criaturas, y que sin él todo se volviera nada, pues es causa eficiente, universal de lo que se ve y no se ve; y conozco que el hombre que se desviare de este conocimiento, se asemejará a los brutos que no tienen entendimiento; pero ahora aquí para los dos, y como que nadie nos oye, advirtiendo que mis reflejas no quiero, ni es mi ánimo el que se rocen con aquellas adorables significaciones y misteriosos metáforas, con que repetidamente en las Escrituras se mira a nuestro Dios transformado en piedra, en agua., aceite, sarmiento, flor, león, cordero, etc. porque este es un modo de sensibilizar sus virtudes, para que la criatura, por las cosas materiales, venga en conocimiento de las espirituales e invisibles: ¿qué podremos sentir de los caldeos que daban adoraciones de Dios a un Buey; los Sículos a un Gallo; los hebreos a un Becerro; los Rodos a Cloatina Diosa de los estercoleros, letrinas, y otros lugares inmundos? ¿Qué podremos sentir de los que a solos sus vientres tributaban idólatras inciensos, y de los que a sí mismos se adoraban, porque no conocían otra deidad? ¿Qué podremos sentir de los romanos, a quienes les contó Bruxilo doscientos ochenta mil dioses, siendo más las Deidades que los Vecinos? ¿Qué podremos sentir de las sangrientas batallas que se dieron los Alanos y Armenios en el Monte Olimpo, queriendo cada uno que su Dios fuera el más esforzado y valeroso; reduciendo el teatro sagrado de los votos y de los cultos a terrible campo de odios, venganzas, insultos, muertes, y desafíos? ¿Qué podremos sentir en fin, de que un Senado como el de Roma, que daba ley a la discreción, a la política, a las virtudes, y al raciocinio, escribiera una carta a todas las provincias de su Imperio para que concurrieran con todos sus dioses extranjeros, como si fueran tratantes, a fin de unir las fuerzas con los propios, para deprimir el poder de los Getas, llorándose pobres y desamparados, porque desde el buen Constantino no les había quedado mas que un Dios, que le llamaban de los Cristianos? ¿Qué podremos sentir de que los egipcios adorasen a los perros, gatos, y toda especie de animales? Lo cierto es, señor mío, que todo el pecado y barbaridad de mis antiguos, consistió en que llamaran Dios a Tetzcatlipuca, y no a Júpiter; a Huitzilopuctli por Marte; a Painal por Belona; a Tluloca por Neptuno; por Ceres a Tecuhtli; por Sol a Centehutl; por Apolo a Tonatiuh, a Xiuhtecuhtli por Vulcano; por Mercurio a Iyacatecuhtli; por Baco a Tezcatzoncatl; a Tlacoltehul por Venus; y a Quilaztli por Verecinta Madre de todos los dioses.

**Español.** Y en buena fe, volviendo al hecho de los romanos, te digo, que si no hubiera sido por el Dios de los católicos, no hubiera perdido la vida en esa batalla Randagaísmo con doscientos mil godos, y los romanos hubieran sido destruidos y aniquilados.

**Indio.** Ahora bien, luego con más subido grado de barbarie debemos reputar a los romanos que a los indios, porque teniendo expresa noticia del verdadero Dios, mendigaban Ídolos forasteros y falsos; pudiendo yo aquí aplicar esta coplilla, que ajusta como anillo al dedo.

Por más que a mi casa notas
De que en ella cuecen habas,
En la tuya y las ajenas
Se cuecen a calderadas.

## Tarde VIII. Entierros, sepulcros, casamientos, y coronaciones de los antiguos indios

**Indio.** Muchos labran Sepulcros para enterrarse, y muchos para eternizarse: éstos pretenden con sus cenizas dilatar su fama, y aquellos con el olvido asegurar el desengaño; unos anhelan a anticiparle al barro desaliñadas casas para su depósito, y otros aspiran a fundar sobre las vanidades del polvo palacios a su soberbia. Han de ser los Sepulcros honestos, no costosos; porque en éstos roba la presunción el tiempo a la memoria de la mortalidad, y en aquellos afianza la humildad los continuos avisos del morir. Dos Sepulcros he visto que costea siempre la vanidad, uno en el Panteón, y otro en el Túmulo: es el uno melancólico eco del otro, porque con las desmayadas luces del uno, se miran las fétidas corrupciones del otro. Raros son los siglos en que la vanidad no ha construido Pirámides por Sepulturas; como si la majestad de las Urnas libertara a los Cadáveres del horror, de la lobreguez, y dominio de los gusanos. Ha pretendido la soberbia igualar los tronos con los Sepulcros; porque robándole las púrpuras a los doseles, viste y engalana con ellas los áridos armazones de las tumbas; como si pasada la triste farsa del llanto, funeral, y pompa, no fuera el difunto a sentarse en la horrible sombra de la muerte, y ocupar, como todos, el estrecho aposento de siete pies de tierra.

Ello es, que si los hombres contempláramos lo que fuimos, dejáramos de pensar en lo que hemos de ser: y así, hagamos lo que el Pintor, que cuanto más en proporción atrás se retira para informarse de los colores, tanto con más viveza penetra aquellos hermosos engaños, a esfuerzos del arte animados. Retirémonos atrás, y cuanto más nos retiremos, eso más nos hemos de acercar a lo que hemos de ser: ¿Qué fuimos en el Paraíso? reyes y Labradores; sin que pudiéramos enmendar la grosería del ejercicio con los dulces afanes del trabajo. ¿Qué fuimos en el campo Damasceno? Barro, que porque lo tocó Dios, se alentó, y porque lo inspiró, tuvo alma? ¿Qué éramos en los largos lienzos de la posibilidad? Un ser diminuto, o por mejor decir, aquel ser que el poder de la Causa nos quisiera dar. Con que en sustancia éramos una nada, sin distinguirnos de los imposibles y quimeras, mas que en la no repugnancia a existir: esto somos caminando para atrás; caminemos para adelante. ¿Qué somos los hombres? A tres instantes hemos de estrechar nuestra constitución: si al pasado, no es nuestro; si al por venir, no es seguro; y si al presente, en ese morimos. ¿Y muertos qué somos? Un horror de los vivos, un embarazo de los sepulcros, un polvo que espanta, y una tierra infructífera y despreciada. ¿Pues en qué se distinguen estos fines con nuestros principios? En que en éstos gozábamos una posibilidad a existir, y en aquellos una privación de existencia: el que en éstos pudiéramos salir unos polvos mejorados para gozar una eterna felicidad, y en aquellos unos polvos mal logrados para gemir una inmensidad de amarguras.

**Español.** Has hablado como un santo padre, y lo cierto es, que yo no sé que pudieran decir más los que han escrito, que el hombre es una entretenida farsa de los sucesos, un teatro de su fortuna, donde la humanidad representa los papeles de su flaqueza y de sus miserias; una inconstante imagen de revoluciones, que despojada por el tiempo de sus inocentes alientos, acredita su vasallaje con la corrupción; un Panteón animado, donde habla el túmulo, el sepulcro se mueve, siente el ataúd, abulta la sombra, y vive la muerte. Otros han escrito, discurriendo por la vida, que es una inquietud de la carrera, un movimiento hacia la bóveda, un minuto robado a la eternidad, una alteración de los deseos, un soplo incierto que solo respira mortalidades, humo que se deshace, vapor que se desvanece, viento que suena, flor que se marchita, imagen que se borra, caduco aliento de la palabra, sombra que pasa, pintura con artificio, guerra de sí mismo, mentira de los dormidos, sueño de los despiertos, vanidad del sueño, y fábula del barro: de suerte, que por lo visto, nada es el hombre al concebirse, nada al nacer, nada cuando vive, nada cuando muere, y nada después de muerto.

**Indio.** ¡Y que a esa nada haya quien vanamente loco le levante túmulos, y le erija urnas!

**Español.** En verdad que los más soberbios fueron los de los Gentiles y Bárbaros, queriendo Semiramis y Artemisa, que en la suntuosidad de sus Mausoleos se eternizaran los engaños de la corrupción y de la podredumbre; y si vale decir lo que siento, yo no repruebo enteramente que labre el hombre sepulcros para su depósito, porque cuanto más tiempo dura en construirlos, ese más tendrá presente la memoria amarga de la muerte.

**Indio.** Lo que yo quiero dar a entender es, que sean unos sepulcros honrados y gloriosos, pero no soberbios y presumidos.

**Español.** Así es, que se queden dentro de la esfera de la discreción y de la honestidad, y no toquen la del escándalo y la presunción.

**Indio.** Pues de todas estas clases verá vuestra majestad en los de mis antiguos Progenitores, estrechándose unos según el conocimiento de su condición, y otros alargándose según la altitud y profanidad de su genio y de su inclinación. Los emperadores Chichimecos introdujeron la costumbre, de que el Cadáver estuviera por cinco días sentado en una silla, (contemplándolos bastantes, para que se juntaran los deudos, vasallos, amigos, parientes, e interesados) los que pasados, lo vestían de vestiduras reales, y adornándole su cuello con joyas de oro, y piedras de mucho aprecio y estimación, lo volvían a sentar sobre otro sillón de plumas de varios colores, y ricamente adornadas, entretejido con inciensos, olores, perfumes, bálsamos, y pebetes, al que le prendían fuego hasta consumirse el Cadáver, cuyas cenizas depositaban en un cofre de piedra pequeño y bien labrado, con un cántico a manera de epitafio, en que se leía el nombre, hechos, coronación, edad, y muerte del difunto monarca: esta cajuela se colocaba sobre una elevada tumba que se ponía en medio de una de las principales Salas, en donde la mantenían cuarenta días para la pública veneración, y triste objeto del llanto, del dolor, y de la ternura de sus vasallos y familia. Concluida esta justa ceremonia, encerraban el cofre en una cueva o panteón subterráneo, que para este efecto habían elegido y aderezado. De esta suerte quiso ser enterrado el gran Chichimeca Xolotl, imitándole sus generosos descendientes Nopaltzin, Tlaltecaltzin, Tlotzin, y otros. Estas mismas fúnebres ceremonias vieron los Hircanos en el Sepulcro de David, los Sozomenos en el de Zacarías, los Alejandros en el de Ciro, y los Lasicios en el de los Libonios.

Los príncipes mexicanos establecieron la ley de ser enterrados a imitación de los Chichimecas, salvo en la majestad, pompa, y riqueza, que ésta era muy moderada, y su Sepulcro lo fabricaron dentro del mismo Palacio, en una Bóveda edificada para solo este fin; como si tuvieran a los ojos aquel monte sub hoc lapidum texitur balista sepultus. Así se sepultaron Acamapich, primer rey de México, Huitzilihuitl, y otros, hasta que la soberbia de Ihuilcamina, primer emperador, mandó labrar una caja de oro, tachonada con piedras preciosas, y un magnífico Panteón para depósito de sus helados huesos, no queriendo que se quemaran sus cenizas, determinando que en el día de su entierro se sacrificasen a sus dioses las vidas de muchos Cautivos, creyendo que por este cruelísimo sufragio, iría su alma a descansar a la inmortal gloria de sus dioses. ¡Inhumano ejemplo, que imitaron después sus descendientes!

**Español.** Y luego no quiere que condenen por bárbaros, crueles, y feroces a tus antiguos. Que la difunta memoria de un soberano se guarde con el Real decoro que corresponde a la majestad y justo desahogo de los Vasallos, es deuda que contrae la naturaleza y la fidelidad, con tal (como ya hemos dicho) que no pase el triste aparato del funeral, a ser trofeo del engreimiento y de la pompa. Digno de inmortal nombre fue Augusto, más que por sus heroicidades, por ceñir su grandeza al estrecho Sepulcro del Campo Marcio; Lipcio, y Tarquino, a las despreciadas soledades de un Monte; a las de un Huerto Helio; y a los Páramos más sombríos los Sículos: de modo, que supieron ser príncipes para vivir, y hombres para morir: supieron ostentar el trono con la majestad, y llenar el Sepulcro, de avisos con el desengaño. Pero tus antiguos, que de la sangre de tantos infelices teñían los algodones con que vestían las tumbas, mirándose a un tiempo las lastimosas tragedias de un catástrofe, con los horrores de un túmulo; los llantos de una muerte justamente sentida, y los tristes gemidos de una sangre impíamente derramada: cierto que horroriza lo encontrado de estos crueles espectáculos. Sabemos que los Sepulcros son escuelas donde se aprenden desengaños, no cadalsos donde se ensayan tiranías. ¡Pero que mucho fueran en las urnas pregoneros de la impiedad, si sabían construir de los yertos cadáveres candeleros para alumbrarse; como lo hicieron los de Chalcotan con los dos hijos de Nezahual rey de Tetzcuco!

**Indio.** Y aún extienda vuestra majestad que entonces y ahora los Bárbaros y no Bárbaros, imitan a los Sármatas, que labraban para el uso profano de sus bebidas copas de los cráneos, como los Farmacéuticos más cristianos y compasivos, insignes medicamentos de los humanos untos, para corregir una u otra dolencia de la naturaleza; sin que por esto se infiera el que se profanen las sagradas veneraciones debidas a los cadáveres. Sacudido de este leve reparillo, vamos a los de más bulto y consecuencia: sacrificaban mis antiguos en sus indispensables muertes, las inocentes vidas de muchos infelices. Pues yo sé, Dueño mío, que los fenicios, persas, y cartagineses, siempre que renovaban sus votos a Saturno, enterraban vivos a muchos hombres, mujeres, y niños: Que los de la región Bética acostumbraban lo mismo, y otras sepultaban vivos a sus padres, por no sufrir el golpe que les dejaba la pena de verlos morir. Pocos años hace que los Franceses, aun sin estar exánime el cuerpo del Mariscal de Ancre, se entregaron con tanta furia a él, que los que no podían beber de la caliente sangre de sus venas, satisfacían su inhumano apetito comiendo la carne asada a vista del infeliz paciente. Pirro en el Cautiverio de Troya enterró viva a Polixena hija de Príamo, y Ulises a Astianates primogénito de Héctor; y sé también que aquel versillo:

*Corpora corporibus iungebat mortua vivis:*

no lo cantaría el profano por mis Antepasados, que ni los conoció, ni llegó jamás a sus narices su existencia; fuera de que cuando este que dirigían como culto a sus Deidades, fuera reprehensible e inaudito, no fue tan común en todas las naciones, que en otras, como ya vio vuestra majestad no se unieran a la decencia, honestidad, y moderación de una difunta majestad, que más respiraba ejemplos de Católica, que espectáculos y profanidades de Gentil.

**Español.** Quedo satisfecho, y vamos a ver la costumbre de la coronación y Casamientos, que deseo instruirme en ella, para salir de algunas dudas que siempre se me han ofrecido.

**Indio.** Pues señor mío, las coronaciones de los príncipes, en algunas naciones, como las Chichimecas, eran en los Primogénitos e inmediatos al poseedor del trono, sucediendo los unos por muerte de los otros. En las mexicanas eran por elección; bien que siempre preferían a los de la real sangre. Las gentes Tultecas (como ya dije a Vm.) seguían la naturaleza de coronar que las Chichimecas, con la diferencia, que no reinaban mas que cincuenta y dos años, que era la vida del reinado, por celebrarse en ella su Xiuhtlalpile, que era la liga o unión del siglo que fenecía con el que comenzaba: los mexicanos llamaban Toxiuhmolpia, que es nudo o atamiento de edades.

**Español.** De suerte, que aunque sobrevivieran a otra edad o Xiuhtlalpile otras dos edades, lo privaban de la corona, y quedaba sujeto en calidad de vasallo al reinante.

**Indio.** Así era.

**Español.** Pues a mi fe que entra bien aquel refrancillo, que para dejar de serlo no fuera príncipe yo: porque te aseguro que es tal la condición del hombre, que quisiera no haber sido, por no dejar de ser. Y si con todo se muere por ser, ¿qué muerte no le será dejar de ser? Suele decirse que hay muertes civiles; y no falta quien gradúe a éstas por más crueles, que las naturales y violentas: ningunas considero por más inhumanas que las de los monarcas Tultecas; porque pasar de una constitución vasalla el que gustó del dulce hechizo de la majestad y del poder, tantos verdugos tendrá contra su vida, cuantos alientos cuente para vivir.

**Indio.** señor mío, contra las leyes y la razón no hay fuerza, y si los hombres no se sujetaran a ellas, no se gobernaran las repúblicas; porque sabedores los Jueces y los ministros, que ha de perecer su potestad y su dominio, jamás abrazarían sus empleos, por no dejarlos. Esta ley tenían estatuida los

Tultecas, como los Garamantes de matar a las mujeres luego que cumplían los cuarenta años, y a los hombres los cincuenta de su edad; y no tenían otro motivo de rendir la cerviz al yugo de esta que parece inaudita crueldad, mas que porque las leyes lo mandaban. Coronábanse (como ya dije) éstas por el orden de sus legítimas sucesiones, y así éstas, como todas, se celebraban por todos los reyes, señores, pueblos, y Vasallos de sus Dominios, con la mayor pompa: sesenta días duraba el festejo, en los que probaban sus fuerzas unos con otros los Capitanes y príncipes más esforzados, luchaban con las fieras, y oraban los poetas, tomando por asunto en sus cantares los hechos, proezas, virtudes, y heroicidades de sus gloriosos Progenitores, imitando a los Oradores de Roma en la exaltación de sus emperadores. La ceremonia de jurarlos, era subirlos a un Teatro ricamente adornado, acompañado de muchos príncipes y distinguidos personajes, el más Anciano, o Decano de los Consejos y república: le hacía presente la gravedad del honor, peso de la dignidad, y altísimo decoro de la soberanía, a que por legítimo heredero, o por elección de las cortes era elevado y constituido: a este razonamiento seguía por parte del nombrado o elegido, la protesta de la fidelidad con sus pueblos, defensa de sus leyes, y observancia de sus ritos y ceremonias: luego al instante le ponían sobre la cabeza una corona de oro, guarnecida de piedras preciosas, entretejida de plumas y flores; y dando el viva el Anciano dicho, respondía el eco del numeroso concurso. Después de este acostumbrado acto, subía en unas reales Andas, labradas para este efecto, y conducido en hombros de cuatro reyes, y bajo de Palio, rodeaba las calles principales, hasta entrar al Templo mayor de sus dioses, desde adonde se retiraba todo el bullicio, y él quedaba a ofrecer en las aras la corona que sobre su cabeza habían colocado sus Vasallos.

**Español.** Esa misma demostración religiosa he leído, si no me engaño, comenzó a tener principio entre los romanos desde los Silvios, Murranos, y Numas; y siendo así como lo cuentas, que no pongo duda, no sé que les falta para la admiración a estas ceremonias tan ordenadas, justas, y debidas a la grandeza y a la majestad.

**164**

**Indio.** Bendito sea Dios que llegué a oír una vez elogios de gente tan inculta y bárbara.

**Español.** Es cierto que hasta aquí mucho concepto me debían de tal; pero desde que logro la diversión de estos ratos contigo, voy deponiendo mi dictamen.

**Indio.** Su mala voluntad, dirá vuestra majestad o su capricho, como el de todos, que sin otro conocimiento en esta causa, han decretado, no como deben, sino como quieren; pero ahí está un buen Dios, y vamos adelante. Los casamientos se celebraban con consentimiento de los contrayentes, y anuencia de las partes interesadas; mediaban sus donas, presentes, y otras dádivas; solemnizábanse con la grandeza y pompa que las coronaciones; se casaban con cuantas podían y querían; una era, como ya he dicho en otra parte, la reina, las otras eran como concubinas; poníanles en lugar de eunucos unas viejas por custodias, o celadoras del recato y del retiro. Era condenada a muerte la que caía en la más leve fragilidad o descompostura de la carne, y si se versaba algún cómplice, sufría la misma pena: el ministerio de éstas era el de recrear a sus maridos con bailes, sainetes, y otros entretenimientos dignos del agrado de un príncipe: debían bañarse aun en la más cruda intemperie, porque la limpieza era el más dulce imán del amor y del atractivo. monarca hubo que fabricara cien baños para este fin. Significaban la unión de las voluntades, con coserles la noche que se desposaban las fimbrias de las túnicas, pegando unas con otras, y esta era la señal más solemne y expresiva, porque era la que afirmaba el contrato, y afianzaba para siempre el matrimonio.

**Español.** Lo que de estos matrimonios infiero es, el que aprovechadas del bien de la prole, faltaban enteramente al de la fe, y al del Sacramento. ¡Dura ley para el sexo femenil; porque sujeto a un imperio absoluto, se veía precisado a refrenar los violentos impulsos de su celosa condición! Sola la fidelidad había de estar de parte de la mujer, siendo el hombre libre para correr precipitadamente hacia la parte que lo guiaba su apetito. ¡Injusta ley, vuelvo a decir; pues siguiendo ésta la suerte de la razón, atropellaban con esta, porque quedara en pie la del gusto y la sensualidad! Y si vale decir, yo no sé como me explicara de modo que tú me entendieras.

**Indio.** Lo que vuestra majestad me quiere dar a entender es, que qué razón habría para que los príncipes se pudieran casar con muchas mujeres, y éstas no se pudieran casar con muchos príncipes.

**Español.** Eso es en sustancia.

**Indio.** Pues eso, señor mío, ¿qué culpa le tengo yo a que la cabeza pueda y deba mandar a mis miembros, y mis miembros no puedan mandar a mi cabeza? Si el varón es cabeza de la mujer, ¿qué mucho que la mujer no pueda lo que el varón?

**Español.** Bien, pero mira: Cuando Dios creó al hombre, sola una mujer le dio, no muchas, quedando tan uno con ella, que era hueso de sus huesos, y carne de sus carnes, y desde aquí tuvo principio el matrimonio. Los hijos están obligados a seguir la naturaleza de sus padres, y los que no la siguen, son como los brutos. Todos tus Antepasados fueron hijos de Adán, luego:

**Indio.** No diga vuestra majestad más, que ya lo entiendo: Fueron mis Antepasados como brutos, pues no imitaron a Adán en una sola mujer; ¿no es esto lo que vuestra majestad iba a inferir? Pues óigame, sin huir el cuerpo a la punta, que yo le prometo que aunque pique, no penetrará. ¿Qué razón habrá (y advierta Vm.) que me desentiendo de que Abraham tuviera dos mujeres, Agar, y Sara; Jacob cuatro, Zelfa, Bala, Rachel, y Lia; el padre de Samuel Helcana dos, Ana, y Fenena; Saúl dos, a Chinoen, y Resfa; David muchas, y su hijo Salomón innumerables? Digo que me desentiendo, y vuelvo a la pregunta: ¿qué razón tendrían los Lacedemonios para establecer que una mujer casase con dos maridos? ¿Cual tendrían los Bretones para que una mujer casase con cinco? Injusta ley, que estando la fidelidad por parte del varón, quedaba libre la mujer para correr precipitadamente hacia la parte que guiaba su apetito. Salvo que éstos no fueran hijos de Adán, sino de las corrompidas lamas del Nilo, de donde, según opinión de los egipcios, se engendraron todos los vivientes, siendo la primera que se formó en la humana especie la mujer, quien propagó su sexo como cabeza que mandaba sus miembros, y no como miembro que se regía por su cabeza.

**Español.** Yo sé que ha habido mujer, que no uno ni dos, sino hasta cinco varones llegó a tener juntos en su casa.

**Indio.** Del modo que esa o esas los tendrían, puede haber hoy en nuestras tierras quien tenga cinco mil. Aquí, señor mío, vamos hablando de los contratos matrimoniales. En mis Antepasados americanos los había, como los hay hoy en muchas gentes Africanas, y Asiáticas, y los hubo en los primeros siglos de la segunda edad del Mundo, y según muchos doctores en la primera, dándonos ejemplar con el quinto nieto de Adán, Lamech casado con Sella, y Ada, no faltando quien diga que eran lícitos, por convenir así a la dilatación y conservación de la especie, prohibiendo el uso inmoderado, y desorden, como parece se infiere del Deut. cap. 17. Y aunque estas franquezas concedidas a la humanidad, se limitaron enteramente por el Maestro y Autor de la vida Cristo, con todo no han faltado Valentes, y Enriques, que pretendieran con el poder establecer el error del repudio, o la torpeza del simulto. Mas esto es apartarme del principal objeto: vuestra majestad sabe que Platón fue el más docto de toda la Grecia; pues en los libros de éste divino Griego se lee, que enseñaba a los Atenienses no deber tener el hombre mujer propia, sino todas comunes. Sabe asimismo que Sócrates fue el primer Maestro de la juventud de Atenas, y por el oráculo de Apolo llamado el Sapientísimo; pues este grande Estoico pretendió defender la honestidad del coito de un hombre con otro: y no acreditando la eficacia de su doctrina con la elocuencia del magisterio, se vio precisado a desempeñar las palabras con las obras, diciendo san Agustín que era torpe amador de los muchachos.

**Español.** Pues sin duda alguna debieron de trascender algunas de esas chispas de Sodoma a vuestras tierras, teniendo por lícito casarse los hombres con los hombres.

**Indio.** Eso acontecía en la Florida con los Mariones, hombres corpulentos y membrudos, pero afeminados en sus operaciones; y esté vuestra majestad que de la fealdad de estos Negros hollines participaron mucho los antiguos Franceses, y los cultos romanos, haciendo Adriano adorar un Joven con quien había tratado maridalmente. Y si esto enseñaban unos Sabios tan milagrosamente divinos, ¿qué deja vuestra majestad para unos ignorantes y estúpidos, tan brutalmente irracionales como mis antiguos?

**Español.** Pasemos adelante: creo que para celebrar el matrimonio cosían al hombre con la mujer, como si para unir los cuerpos fuera necesario hilvanar los vestidos. Te aseguro que tenían tus antiguos algunas cosas, que si se les perdona su irrisión, no se les puede dispensar la risa. Esta es una de las que se deben celebrar a carcajadas, como se dice en nuestro castellano; porque debiendo por fuerza del contrato ser no solo honesto, sino libre y desembarazado el acto, les encarcelaban con duras opresiones para que sintieran con más crueldad las encendidas brasas, que desde la altura de su monte podía enviarles la embravecida Venus.

**Indio.** Y por ventura ¿yo le he dicho a vuestra majestad que los amarraban con cadenas, grillos, y esposas? Esta fue una ceremonia entre los nuestros, que si merece risa por ridícula, escuche vuestra majestad otras, que por fatuas merecen celebrarse con desprecio. Entre los Cimbros se cortaban las uñas, y en acabando el hombre de comer las de la mujer, y la mujer las del hombre, se consumaba el matrimonio: entre los Numidos se consumaba al signarse las frentes con el lodo que amasaban con la saliva de entre ambos: los Sicionios trocaban el zapato.

**Español.** Gentiles mujeres debían de ser esas, pues calzaban en las hormas de los hombres.

**Indio.** Pues pregúnteselo vuestra majestad a Florentino, que pues lo escribió en el libro de las Bodas de los antiguos, las vería, o lo sabría de muy cierto.

**Español.** Te diré lo que dijo cierto Escritor de nuestros tiempos, que muchas cosas estaban impresas que no estaban escritas.

**Indio.** Creo en Dios, y vamos adelante. Los Elamitas hasta no chuparse los dedos del corazón, no gozaban del lecho conyugal: los Tracios se herraban las frentes con hierros ardiendo, y los escitas hasta que no se tocaban las coyunturas una a una, no se recibían al tálamo: estas y otras ceremonias usaban estas naciones, y ya ve vuestra majestad que no eran americanas.

**Español.** Supóngolo así, y lo cierto es, que el Mundo siempre ha estado lleno de extravagancias y locuras: no hay siglo tan discreto que no padezca muchos achaques de loco: ninguno presume de juicioso, que no tenga su puntica de demencia, graduándonos a todos con un mismo carácter el Salmista rey: Prævaricantes reputavit omnes peccatores terræ.

**Indio.** Pues por todo lo hablado, ya vendrá vuestra majestad en conocimiento, que cuando mi nación antigua estaba apuntada del achaque de la locura, otras yacían en el miserable estado de una incurable insania. Y porque el tiempo nos abrevia, pongámosle punto a esta materia y escúcheme vuestra majestad una refleja, que si no tuviere lugar entre los Sabios, podrá merecer la atención entre los interesados y domésticos. Supongo el que habrá adquirido un mediano conocimiento por lo que hemos hablado, del índole, genio, carácter, propiedades, vicios, virtudes, circunstancias, hechos, y proezas de los muchos príncipes que llenaron el inmenso ámbito de mi Antigüedad.

**Español.** Es como lo dices.

**Indio.** Pues ahora bien, permítale a mi corazón el desahogo de una justa queja, en que serían delincuentes mis labios si la musitaran, y se harían reas mis fatigas de los propios intereses. ¿Qué delito cometería un Heroísmo tan manifiestamente probado como el de mis antiguos, para que quedaran enterradas sus memorias en la oscura perpetuidad del olvido, no hallándose entre los propios y los extranjeros quien hasta el día haya hecho el más leve acuerdo de sus nombres y heroicidades? Voltean de abajo a arriba los Retóricos, Escritores, y Panegiristas que se precian de amenizar con vastas erudiciones sus conceptos, los antiguos monumentos de los romanos, griegos, egipcios, caldeos, y otras naciones; ¿y que tanta sea la desdicha de mi Antigüedad, que no solo han de servir de desprecio a las ajenas, sino de ultraje y desagrado a los clientes? Caminan infatigablemente tres, y cuatro mil leguas, por traer para la comparación un Arquelao entre los griegos, tronco de muchos monarcas, y cabeza de muchas generaciones, pudiendo echar mano del gran Xolotl, pues lo tienen tan dentro de casa. Se pasan a los persas a buscar poder entre los Daríos, teniéndolo tan cerca en los Nopaltzines: mendigan entre los Lacedemonios un Licurgo, dador de leyes, teniendo tan a la mano a los Netzahualcoyoles: corren las vastas provincias de la África, por encontrar la invencible animosidad de los Aníbales, teniendo tan a la vista el nunca bien ponderado esfuerzo de los Ixcohuales: se entran a la Lidia, por enriquecer sus escritos con los opulentos tesoros de los Cresos, teniendo en los Hihuilcaminas más abundancia entre sus desperdicios, que la vanidad de Creso entre sus codicias: vuelven a la Macedonia, por buscar Conquistadores en los Alejandros, teniendo en tan poca distancia a los Ixtliles: discurren por las largas edades de los romanos, y para una provechosa o galante imitación, empeñan sus estudiosas tareas en naturalizar, y darles nuevo aliento a las vidas de los Pompilios, Tarquinos, Camilos, y Marios, teniendo con menos molestia un igual heroísmo en los Quinatzines, Techotlalatzines, Huitzilohuiles, y Ayahutzihuacales: buscan para pintar torpes adulterios a los Tarquinos, y Rodrigos, con las Lucrecias, y Florencias, no estando tan lejos los Moquihuiz, y Maxtlas, con las Huatzitziles, y Culhuanas: buscan para engrandecer el ejemplo los escondidos Panteones, que depositan las heladas cenizas de los Augustos, para encontrar con su moderación y benignidad; los de los Octavianos para la paz; para la hermosura los de los Titos; para el sufrimiento los de los Vespasianos; los de los Trajanos para la verdad; para la dulzura y religión los de los Aurelianos; los de los Adrianos para la templanza; los de los Píos para la clemencia; los de los Julios para la animosidad; para la sabiduría y virtud los de los Aurelios; y los de los Rómulos para la gloria de fundar Monarquías. Levantan sin horror a las hediondeces los pesados pórfidos que cubren los descarnados huesos de los Ptolomeos en el Egipto; de los Platones, Pitágoras, Epicuros, y Aristóteles en la Grecia; de los Virgilios en Mantua; de los Ovidios, y Cicerones en Roma; de los Lucanos, Quintilianos, y Alfonsos en España, para apoyar sus discursos, y lisonjear sus estudios con la retórica, poesía, filosofía, inventivas, y sabiduría de éstos, como si no se encontraran en el corto espacio que hay desde Tetzcuco a México, con las sagradas bóvedas de un Tlotzin moderado; un Titzoch pacífico; un Moquihuix intrépido; un Azoquentzin animoso; un Axayacatl verdadero; un Ixihuil sufrido; un Ahuitzotl hermoso y galán; un Motecuhzuma cultor y religioso; un Huetzin templado; un Totepehu clemente y benigno; un Acamapichtli fundador de México, semejante a Roma en las grandezas, y sin igual en su hermosura, disposición, y amenidad; un Nezahualcoyotl Retórico, poeta, Astrónomo, y Filósofo; y un Nezahualpili orador, discreto, sabio, elocuente, y adornado de cuantas prendas, estudio, luces, y prerrogativas puedan constituir y elevar a una alma al supremo grado de inmortal y gloriosa. En fin, se fatigan en buscar para la tiranía, la crueldad, la traición, e insultos impíos, y jamás oídos, a Membroth primer tirano del mundo; a Caín primer fratricida; a Anténor entregador de Troya; a Medea matricida; a junio agresor de la vida del César; a Catilina horror de la patria; a Yugurta agresor de las vidas de sus hermanos; a Calígula violador del virginal decoro de sus hermanas; y a Nerón que inhumano rasgó las entrañas de su madre, y cortó en Séneca el cuello por cuya garganta había bebido el dulce magisterio de una doctrina moral y sentenciosa; teniendo para el horror y los escarmientos, tan dentro de nuestras casas las tiranías de los Tezozomoctlis; los estrupos y regicidios de los Maxtlas; las traiciones de los Cacamatzines, y la feridad de los Xuchipapalotzines, y Axotocatles.

No hay virtud, vicio, hazaña, o proezas entre los varones ilustres de otras gentes, por las que han perpetuado su nombre en la larga duración de los siglos, que con igual grado y encarecimiento no se encuentren en los gloriosos héroes, que con justos respetos veneraban mis naciones. Pero siguiendo la infelicidad de una contraria suerte y destino, quedó la memoria de éstas enteramente sofocadas entre las profundas cisternas del olvido, por más que fueron tan unas y semejantes en la idolatría y gentilismo con las otras.

**Español.** No admite duda, que tu reflexión es digna de que la recomienden aun los más estúpidos y protervos corazones; porque la memoria de los padres (que así se deben llamar los príncipes en las repúblicas) se ha de imprimir con tan vivos colores en las láminas de la naturaleza, que ni el tiempo con sus volubilidades e inconstancias la borre, ni la muerte con el horror de sus pálidas sombras la sepulte. Debe ser el nombre de los mayores un patrimonio o mayorazgo que se hereda de una en otra generación, para que con el cebo de la utilidad, jamás dejen los herederos de dilatar los términos, aumentar los intereses, y reparar sus ruinas. Lo que a mí me parece (salvo tu dictamen) es, que los Historiadores de vuestras antigüedades, o escribieron sin aquel sainete que abre las ganas al más delicado y enfermizo gusto del Lector, o que sigilaron de tal modo sus hechos y virtudes, que no dejaron a la posteridad el más leve resquicio y luz de su heroísmo.

**Indio.** Eso estuviera bueno si los Estantes de los aplicados y curiosos no estuvieran llenos de mapas, que los Nahuales nos explican en su lengua; si las pieles, maderas, y papeles, ya de Metl, ya de Castilla, no estuvieran abastecidos de figuras y caracteres, ingenua, aunque eruditísimamente explicados por el infatigable estudio de los dos Fernandos Ixtlil, y Alvarado Tezozomoc, descendientes de los emperadores Chichimecas, demostrándonos ambos en sus relaciones históricas, y Crónica mexicana, los sucesos, verdad, y existencia del heroísmo americano: y las Librerías no estuvieran ahítas de manuscritos, y papeles sueltos, que nos demarcan, dibujan, y prescriben, como en Anales históricos sus nobles facultades, y sabias producciones; y lo que es más, de los impresos, ya por comento, traslado, y propio estudio o inteligencia del Mapa de Jeroglíficos de Gemeli, Ciclografía de Góngora, y antes de éstos el padre Gaona, Pedro de Arenas, fray Antonio de los reyes, fray Martín de León, Antonio Pérez de la Puente, Torquemada, y sobre todos el ilustrado Nahual, y peritísimo mexicano, el religioso Franciscano fray Juan Bautista, en cuyos elogios recoge la pluma el caballero Boturini, por no hallar papel donde escribirlos, sin otros que no menciono por no hacer molesta nuestra conversación: y porque Séneca habla por todos en la Epístola 33. Ahora vea vuestra majestad si son justos los motivos que me asisten para quejarme de los míos, y lamentarme de los ajenos. Bien conozco, que aunque algunos de mis hermanos los indios, pudieran en el día sensibilizarle al Mundo las difuntas memorias de nuestros mayores, los retrae de este desahogo y natural demostración su miseria y abatimiento. Pero aquí de Dios, Amigo mío: aquella parte de españoles y señores de razón, que unidos a mis naciones con el estrecho nudo del matrimonio, hacen un cuerpo de república distinguido, ilustrado, científico, y lleno de dotes, y decoros respetuosos, ¿qué causa puede moverles a que olvidándose de los dulces gorjeos de sus cunas, degeneren aun del ser que les dio naturaleza? No predican? No oran? No escriben? Sí: en todas estas tres clases, nos enseña la experiencia que son ingeniosos, y sobresalientes. ¿Pues qué memoria, qué acuerdo de los nombres, y heroicidades de sus Progenitores, les ha oído vuestra majestad en los Púlpitos, ni ha leído en sus libros?

**Español.** Nada por cierto, y digo, que le sobra la razón; porque injustamente han borrado unas imágenes, tan dignas del culto, como la veneración. Mucho lugar puede tener desde hoy tu refleja para despertar los ánimos dormidos de tus compatricios, y nacionistas, y que con el aviso que les das, puedan animar por la elocuencia persuasiva, y viveza que les es tan natural, los deshechos cadáveres de todos los héroes Gentiles americanos: y créeme, que a no ser tan tarde, esforzaría tus razones con apoyos, ejemplos, y discursos, que no dejarían de agradarte, y convencer aun a la más rebelde obstinación; pero paremos por ahora, y deja correr el tiempo, que es el Maestro, y padre de los desengaños.

## Tarde IX. Conquista del reino: hechos y glorias de Cortés: derecho que fundan a estas tierras los reyes católicos

**Español.** No hay Imperio más dilatado que el de la Riqueza: majestuosamente se señorea sobre las vastas provincias que abraza el corazón del hombre. Todas las cosas le obedecen, sin haber ángulo en los cuasi inmensos claustros del universo, donde no esté colgada la imagen de su grandeza, y no tenga erigidas aras para los cultos. No hay quien no gima bajo del yugo de su poder; y lo más es, que siendo tan pesado, se les hace suave. Ella aprisiona la razón con los dorados grillos de la avaricia, y sujeta al discurso con las brillantes cadenas de la ambición: avasalla al que la posee: entristece al que la desea: no vive el que la goza; y si gozándola muere, se muere más que de morir, por dejarla. No hay quien no concurra devoto con inciensos a su Templo, sin conocer que es una majestad que yace sepultada entre las escondidas breñas, duras y obstinadas guijas de la tierra; sucediendo las más veces, que por cavar el Ídolo, labran sepulcros para su entierro. Todos le notan de tirana, y todos anhelan, aspiran, buscan, y aman sus peligros. Ella es una enemiga de la amistad, inexplicable pena, mal necesario, tentación natural, necesidad apetecida, peligro doméstico, detrimento gozoso, naturaleza de lo malo, y pintada imagen de buen color.

**Indio.** Tá, tá, que ese último retrato yo lo he leído en cabeza de una mujer.

**Español.** ¿Y no sabes que en nada se diferencian la mujer y la riqueza?

**Indio.** Sí, que ambas son hermosas.

**Español.** Pues en obsequio de este bello o mujeril simulacro, navega el hombre los mares, discurre infatigable por las tierras, deja la amable compañía de sus padres, olvida el dulce amor de su patria, no teme escollos, vence imposibles, y allana dificultades.

**Indio.** Desde luego que ignoraban esos, que no se debe poner el corazón donde atesoran las riquezas, porque escrito está, que muchos varones durmieron sus sueños sobre ellas, y ninguna cosa hallaron en sus manos: y créame vuestra majestad que yo no comprendo cómo se le esconde a la altivez del hombre dejar de buscar las riquezas, y trabajar por adquirir la fama de un buen nombre, que es mucho mejor que ellas. Éstas prueban en su inconstancia las caducas ruinas de sus desgracias, y aquel arguye en la duración, la inmortalidad de sus glorias y de sus fortunas. Éste levanta sus estatuas para eternizarse sobre las gloriosas columnas de la virtud, y del heroísmo, y aquellas de entre la vanidad y soberbia, levantan figuras, para dar con ellas en las profundas cisternas del escarmiento y la perdición. Y porque no nos alarguemos mucho del blanco a donde van a dar aquestos tiros, debo decirle a vuestra majestad que en el objeto que hoy ha de ser ejercicio de nuestra conversación, verá verdades que comprueban lo uno, y desengaños que manifiestan lo otro.

**Español.** Pues no malogremos el tiempo, y manos a la obra.

**Indio.** Sea en buena hora. El año de 1519, Viernes santo, desembarcó don Fernando Cortés en las playas que hoy son de la Veracruz, o villa-rica, con 550 hombres, cuarenta caballos, algunos perros, y nueve piezas medianas de artillería guiado por las instrucciones que Francisco Hernández de Córdoba había dado a Juan de Grijalva, primeros Descubridores del Puerto que hoy se llama san Juan de Ulúa. Causó su llegada una general inquietud en toda la Costa, sujeta al emperador de México Moctecuhzuma, por la que se movieron Touthlille y Clatalpitol, principales gobernadores por el Imperio en aquellas partes, a presenciar novedad tan extraña. Manifestaron tanta benignidad en el hospedaje, que a más de labrarles algunas chozas y enramadas para el abrigo, y obsequiarlos con dones de mucho precio y estimación, les proveyeron de hombres y mujeres para su servicio. Aquí se descubrió, que una de las esclavas que traía Cortés, cabida en suerte a Alonso Hernández Portocarrero en el Repartimiento de Tabasco, entendía la lengua mexicana por ser natural de Jalisco de la Nueva Galicia, cuya Cabecera es Guadalajara. Y aunque los españoles carecían de una total inteligencia en las lenguas, no dejaba Jerónimo de Aguilar de poseer una tintura en la que hablaban los de Yucatán, por comunicarse con la prisionera, que después se llamó Marina, y servir de Intérprete para todos los lances, que sucesivamente fueron aconteciendo. Era este Jerónimo de Aguilar natural de Écija, en la Andalucía.

**Español.** Aguarda. Este Jerónimo de Aguilar es sin duda el que acompañando a Valdivia para la Isla española, fracasó cerca de Jamaica en los arrecifes de los Alacranes, arribándolo su desgracia a la provincia de Maya, donde él con otros doce cayeron en manos de un tirano Cacique, que luego sacrificó cinco, y los siete restantes los mandó encerrar en una jaula, como en chiquero de engorda, esperando celebrar un gran día con la prosperidad de una matanza, que serviría de lisonjear su delicado gusto, y engrandecer la solemnidad de un convite para sus amigos; pero logrando facilitar la fuga, se acogieron a la protección de Aquincuz, que mandaba las tierras de Xamacona, en cuyo acogimiento solo él había quedado, y un Gonzalo Guerrero, porque los demás murieron. Estaba ordenado de Evangelio, por lo que jamás dejó de acordarse del carácter con que estaba rubricada su alma, y aun en medio del tropel de tan derramadas tragedias como le sobrevinieron, no olvidó las devociones de Católico, conservó el voto de castidad, aun provocándolo de intento los Bárbaros con los artificios más raros que inventa la malicia; precisose a salir a la guerra, para asegurarse de la inhumanidad del sacrificio, y en nombre del verdadero Dios triunfó de muchos enemigos, no descuidándose por este medio de sensibilizarles a los indios la infalibilidad de su religión, y abominables errores de la de ellos. En el Puerto de Cozumel se hallaba Cortés, cuando desde Yucatán flotó Aguilar una canoilla, que son a manera de artesas, y sin más timón ni gobernalle que la fe en que siempre para con Dios había vivido, llegó a una punta de tierra, y a manos de Andrés de Tapia, que lo presentó ante Cortés vestido al uso **Español.** Supo que no era Miércoles el día de esta felicidad, como él pensaba, sino Domingo.

**Indio.** Pues ese mismo es el que junto con Marina fue la brillante luz que guiaba a Cortés para que no errara los caminos de sus empresas y proyectos; y volviendo al asunto, digo, que dejando fundada la Veracruz, e imposibilitado el socorro de las embarcaciones, por haberlas echado a

**176**

fondo, caminó para Zempoala, con cuyas gentes ya había contestado, y establecido una confederación útil para sus intentos: excusolos a nombre del rey de España del tributo que pagaban al emperador de México, haciéndoles visible en Chiahuiztlan a los Recaudadores Imperiales esta relajación e indulto en favor de aquellos infelices: entró en Xocotla: tenía en esta población Moctecuhzuma cinco mil hombres de guarnición; convínose Olintetl, principal Cacique, con el agrado de Cortés, no obstante de creer que no había en el Mundo rey más poderoso que el suyo, ni hombre que no debiera ser su esclavo. Desde aquí pasó a la tierra de Tlaxcalan, cuya gente era tan alentada, animosa, briosa, altiva, y arrojada, que jamás Imperio alguno pudo deprimirla y sujetarla.

**Español.** Por eso desde aquí debemos conjeturar que comenzó Cortés a pronosticarse las felicidades; porque cuanto doblaba los triunfos, tanto más infundía pánico terror en toda la tierra. Muchos encuentros y batallas le presentó Xicotencatl, Capitán valeroso, y experto en las armas, habiendo ocasión que pasaran de 2000 combatientes los que se contaron apercibidos para la guerra. Pero como la asistencia del Dios de los Cristianos le era tan familiar, como decía la Marina, nunca fue vencido, y siempre tuvo muchos motivos para darle al Cielo honor, gloria, y alabanza, ejecutándolo por medio del santo Sacrificio de la Misa, que ofrecía el religioso fray Bartolomé de Olmedo, y oficiaba el Presbítero Juan Díaz.

Probadas sus suertes los Tlaxcaltecas por cuantos arbitrios inventó la industria, el poder, y la fuerza, capitularon la paz, y firmaron amistad y alianza con los españoles. Hospedose Cortés en Tlaxcalan en principios de septiembre: recibiéronlo con las más expresivas demostraciones Citlelpopocatzin, Tlehuexolotzin, Xicotencatl, y Maxixcatzin, todos cuatro Principales señores de sus respectivas Cabeceras, como ya dije en una de nuestras conversaciones. Aquí ofrecieron trescientas esclavas, que estaban destinadas para el sacrificio, de las que tomaron muchas para el cuidado de Marina Malinche, no descuidándose Pedro de Alvarado de recibir a una hija de Xicotencatl, que después se llamó doña Luisa Techquiluatzin. Con esta bonanza no esperada, salió Cortés para México auxiliado de cien mil hombres, con que los Tlaxcaltecas acaloraban sus intentos, de los que solo seis mil admitió, y despidió los demás. Entró en Cholula, ciudad de cuarenta mil casas, y trescientos sesenta y cinco templos destinados al culto de sus dioses. Aquí tuvieron orden de Moctecuhzuma sus habitadores, para que a traición quitasen la vida a los Extranjeros: Burláronse de sus ardides, y con mucha mortandad, y derramamiento de sangre, hubieron los Cholultecas de rendirse a partido. Ya a esta sazón se le habían libremente confederado Ixtlilxochitl, hermano menor del rey de Tetzcuco, Cacama, los de Huetxozinco, Tepeac, y otros muchos pueblos. Con estas satisfacciones fue recibido en Tetzcuco, antigua corte de los grandes Chichimecas: dista esta ciudad de la de México cinco leguas; y aunque Moctecuhzuma no había omitido diligencia alguna hasta allí para retraer la intención de Cortés:

**Español.** Y como que no omitió, que no hubo camino que no pretendiera atajarle, poniendo su último esfuerzo en los hechiceros y encantadores, para que en caso que no se intimidasen con el poder de sus magias, sacrificasen ante ellos los cautivos, y rociasen el pan y sus vestiduras con la caliente sangre de sus cuerpos; pero como los españoles el pan que siempre habían comido era el del sudor de sus rostros, y no el de la crueldad, no solo despreciaron la inhumana ofrenda, sino que se horrorizaron de tan sangrienta víctima.

**Indio.** Pues por eso le digo a vuestra majestad que no obstante estas y otras muchas tramas que maquinó Moctecuhzuma, no bastaron para impedir la entrada de Cortés en México, que fue a los 8 días del mes de noviembre de 1519. Recibiolo el emperador en una Puente: llevábanlo de las manos su sobrino Cacama, y su hermano Cuitlahuac: el calzado eran unas sandalias de oro salpicadas de piedras preciosas. Ya he dicho en otra ocasión que jamás pisaba la tierra, porque por donde pasaba, se le ponían alfombras, variamente y con hermosura pintadas: hiciéronse los reverentes acatamientos, y aunque Cortés pretendió abrazarlo, no lo consintieron, porque ninguna persona humana llegó jamás a tocar su cuerpo. Hospedáronlo en los palacios de su padre Axayacatl, desde donde, como si fuera señor sobre Moctecuhzuma, le mandó que diese orden de traer a su presencia a Quauhpopoca, señor de Nauhtlán, y a todos los que habían intervenido en la muerte de Juan de Escalante, su Teniente en la Veracruz, Argüello, y otros seiscientos Castellanos. Ejecutose, según lo pedía Cortés, saliendo de las declaraciones condenados éste, su hijo, y otros muchos cómplices, a ser quemados en pública hoguera, cebándose ésta con los palos y varillas de las flechas, que a reserva tenía siempre Moctecuhzuma para la guerra. Practicado este escarmiento, proveyó en Gonzalo de Sandoval la Tenencia de Veracruz, pasando éste a ocuparla en consorcio de Pedro de Ircio, su íntimo confidente. En resultas de este espantoso castigo, puso Cortés preso con un par de grillos al emperador, y mandó dar garrote a Cacama su sobrino, substituyendo su lugar en Cuicuitzcatl: celebrose este espectáculo secretamente: colocó en el Templo mayor de los dioses las Sagradas Imágenes de la Cruz, y de la Madre de Dios, con la Advocación de los Remedios.

Con esta prosperidad y sin contradicción, guiaba Cortés sus negocios, cuando se precisó a salir de México contra Pánfilo de Narváez, comisionado por Diego de Velázquez, Adelantado y gobernador en Cuba. Hubieron de venir a las armas, quedando muertos once por la parte de Pánfilo, y dos por la de Cortés: a Narváez, mal herido, lo trasladaron preso desde Zempoala, que por entonces era el teatro de la guerra, a la Veracruz. Con este atentado de los nuevos españoles, pudo la felicidad de Cortés haberse trastornado de suerte, que hubiera venido a una total ruina; porque valiéndose los mexicanos del fuego que miraban encendido entre los propios hermanos, comenzaron a prender tan ardientes ascuas contra Alvarado, y los pocos que a sus órdenes le dejó el Capitán, que a no partirse éste con la más posible precipitación en su socorro, hubieran sido tristes víctimas de sus furias y crueldades.

Día veinte y cuatro de junio entró segunda vez Cortés en México: no fue esta tan celebrada como la primera, porque conspirados todos los naturales en defensa de su derecho, y aconsejados de sus falsos dioses, habían resuelto borrar de la tierra el nombre de los Castellanos. Pretendió Moctecuhzuma apagar el fuego con dejarse ver a sus Vasallos: infamáronlo de cobarde y de femenil espíritu, hasta que herido en la cabeza con una piedra, se retiró a su dormitorio, donde a los tres días murió, más que por la malicia de la herida, por el violento desacato, y villano ultraje de sus súbditos. Algunos creen que fue bautizado por fray Bartolomé de Olmedo, apadrinándolo Cortés, Pedro de Alvarado, y Cristóbal de Olid; los más asientan lo contrario: lo cierto es, que él convino en el bautismo, y que lo hubiera abrazado gustoso, si como retardaron un negocio tan importante para celebrarlo con el fausto y la pompa, lo hubieran puesto en ejecución para el ejemplo y gozo espiritual. Murió, habiendo hecho mucho antes el juramento de obediencia, vasallaje, fidelidad, y reconocimiento a los reyes de España, y recomendado a sus hijos y familia bajo de su Real protección. No enterraron su cuerpo con la majestad que a sus Predecesores, sino que pasando el insolente arrojo de sus Vasallos aún más allá de las veneraciones del sepulcro, despreciaron sus augustas cenizas, como acostumbraban en las de los facinerosos y traidores.

**Español.** Lo cierto es, que si este desventurado monarca hubiera sabido que la Plebe de Roma levantó piedras contra Tiberio su emperador, y que no contenta con matarlo, lo arrastraron por las calles, despedazando su cuerpo en tan menudos pedazos, que no tuvieron que trabajar para sepultarlo, hubiera templado su pasión, y conformádose con su fortuna; pero despeñándolo su vanidad, murió desesperado, dejándole morir por mirar imposible la venganza: y cuando no, hubiera hecho lo que David, príncipe mucho más noble que Moctecuhzuma, que apedreándolo un Vasallo suyo, granjeó más triunfos con el sufrimiento, que glorias pudo adquirir con la venganza.

**Indio.** Señor mío, si Moctecuhzuma hubiera sabido que contra su persona procedió su Plebe, como la de Roma contra un príncipe tirano, avariento, y lleno de cuantos abominables vicios pudo inventar la malicia, hubiera sido doble su sentimiento, por ver insultada en igual grado la virtud que la impiedad. Fue Moctecuhzuma agradable, moderado, religioso, compasivo, y justiciero, prendas que lo hicieron amar y temer de todas las gentes de este grande Mundo: de todos estos dotes careció Tiberio; y así, no fue mucho que sus corrompidas costumbres le labraran el odio y desprecio de sus Vasallos. No fue Moctecuhzuma tan bueno como David, porque éste mereció que su corazón fuera cortado a medidas del de Dios; pero con toda su laudable paciencia, bondad, y tolerancia, ya que en vida no pudo satisfacerse de tan temeraria osadía, dejó escrito el agravio en cláusula de testamento, para que su hijo Salomón tomara la venganza conforme a su voluntad y sus deseos. Moisés pedía que fueran borrados del Libro de la vida todos los que le habían ofendido su decoro con la murmuración.

**Español.** Yo no sé como serían estas virtudes de Moctecuhzuma, porque en la esfera del hombre yo no he leído otro más soberbio, ni más profano: él decretó que todos entrasen en su Palacio descalzos: que ninguno le mirase a la cara, y nadie fuera osado a tocarle sus ropas; observándose con tanto rigor estas sus supremas determinaciones, que el que a ellas contravenía, era a muerte condenado. Estos cultos, más se dirigían a creerse Dios, que criatura; como si no hubieras tenido tantos avisos de este error, como desengaños, en la pedrada que le dieron: si no es que a su Palacio lo considerase Templo, a su rostro divino, y a su cuerpo Arca del Testamento, que el que la tocaba caía muerto.

**Indio.** No dudo, (y ya lo hemos hablado en otra conversación) que así Moctecuhzuma, como otros príncipes de mi Gentilidad, quisieron darse el tratamiento de dioses; porque como se juzgaban imágenes semejantes, y sus lugares-tenientes de ellos en la tierra, advocaban para sí algunos inciensos que eran debidos a las Deidades, sin que por esta reverencia apartaran ellos de su corazón la que daban incesantemente a sus Ídolos, que veneraban divinos e inmortales, como lo hicieron Alejandro, Nabuco, Antíoco y otros. El Cónsul Sila, porque le tocaron la mano, quitó la vida a tres mil romanos, estableciendo que se le besaran los pies, como está en práctica con los Pontífices, y Sucesores de san Pedro. Los de Epiro, habían de proporcionar de tal suerte sus distancias y movimientos de los cuerpos, que jamás se verificase voltear el rostro a sus soberanos. Los Chinos, una u otra vez al año se dejan ver por vidrieras; solo el presidente de la Audiencia, que se compone de doce Oidores, logra hablarle hincado de rodillas, y los ojos en el suelo; y con la sumisión, y respeto que el presidente trata al rey, lo trata a él toda la Monarquía: y en muchos reinos donde tiene su trono la verdadera virtud, y el Catolicismo, se observa darles adoraciones cuasi de latría a sus monarcas: negando algunos, no solo sus rostros, pero aún las espaldas, al consuelo y natural afecto de sus vasallos; habiendo más de cuatro, que no solo descalzos, pero con abrojos en los pies, entrarían por los Reales Atrios de los príncipes, solo por lograr el imponderable honor de hablarle a su rey: y si vuestra majestad gusta que le diga de una vez lo que en esta materia siento, escúcheme.

Todos los príncipes y soberanos del Mundo, luego que son ungidos, y elevados a la cumbre de la majestad, y del trono, se les imprime un cierto carácter con que se apartan del gremio de los hombres, y forman aparte un coro como de divinos: en esto no ponga vuestra majestad duda; porque vaciándose, como se vaciaron, sus augustas dignidades en la del Caudillo del pueblo de Dios Moisés, se constituyeron desde éste, y por éste supremos dioses de la tierra; y así no se debe extrañar que se les den estos, otros, y muchos cultos, homenajes, y postraciones propias de la Divinidad. Y cogiendo el hilo que llevamos digo que:

Muerto Moctecuhzuma, eligieron por rey a Cuitlahuatzin, menor hermano del difunto. Esta elección no se hizo hasta que los indios no vieron fuera de México a Cortés, el que hallándose sin munición ni bastimento, dándosele una sola tortilla de veinte y cuatro a veinte y cuatro horas a cada uno de los indios amigos, y cincuenta granos de maíz a los Castellanos, ni menos por donde adquirirlos, y cerrados todos los caminos para defensa de sus vidas, determinó salir a la media noche, hora en que los indios jamás peleaban. Fueron sentidos de una India, dio gritos, inquietose la ciudad; y aunque Cortés había construido un puente de madera para pasar las acequias, que eran muy anchas y profundas, por haber derribado los naturales las que tenían, fue tanta la gente que cargó, que no pudiendo usar de ella, peligraron tantos, que de mil Soldados que revistó a la vuelta de sosegar a Narváez, y ochenta caballos, apenas le quedaron de aquellos 400, y de éstos 26. Felicidad les era el morir, por no experimentar la impiedad del sacrificio. Perdió la artillería; más de cuarenta indios auxiliares, el tesoro propio y Real, apuntes, cuentas, papeles, e instrumentos que testificaban su conducta desde que salió de Cuba. Fue herido en una mano, y gravemente en la cabeza, y en medio de tan deshecha tempestad de tribulaciones y mortales congojas, llenose su corazón de júbilo, sabiendo que vivía Martín López, diestro Calafate, Aguilar, Marina, y Pedro de Alvarado, que haciendo puente de su lanza, redimió su vida, salvando de una a otra parte una acequia del ancho de veinte pies, quedándole hasta hoy en memoria por nombre el Salto de Alvarado. Dirigió sus pasos para Tlaxcalan, único puerto de refugio que contemplaba para sí y sus compañeros: combatiéronle más que nunca los mexicanos en el lugar de Tonan, situado a las faldas de Aztaquimecan, términos del Valle de Otumpa; y no obstante de sentirse tan postrados de fuerzas, y mortalmente herido Cortés, de entre los despojos de su propia sangre animó sus ya cuasi desmayados alientos, y cubierto del escudo de la fe, se franqueó paso por entre más de 2.000 combatientes, y acompañado de Juan de Salamanca, quitó la vida a Cihuacatzin, que sobre unas andas enarbolaba la bandera Real, que era donde pendía toda la prosperidad o infortunio del suceso. Retiráronse los enemigos, y con los despojos de esta increíble victoria, entró en Tlaxcalan, repartiéndolos entre los Caciques principales. Supo como a Juan Pérez le ofreció muchas veces Maxixcatzin cien mil hombres, para que con los ochenta Castellanos, que en aquella Cabecera habían quedado a sus órdenes, pasase a socorrer a sus atribulados compañeros. Vistiose Cortés de su acostumbrada prudencia, para no ejecutar contra Pérez un ejemplar digno de su omisión y delincuente descuido, pues con esta ayuda, no hubieran perecido tantos infelices, y los Tafetanes de la Católica fe se hubieran fijado sobre las sacrílegas cabezas de los Ídolos.

Convalecieron los enfermos, y recobrados todos de tanta inmensidad de trabajos, no obstante algunas contradicciones, y muerte de Maxixca, que murió Cristiano, bautizado por el Clérigo Juan Díaz, tomando por nombre Lorenzo, señor de la Cabecera de Ocotelulco, más que Gentil en el brío, más que Cristiano en la caridad, salió Cortés tercera vez para México, dejando a un hijo del difunto, niño de once años, en lugar de su padre: bautizose después, tomando el nombre de Juan: llegó a Tetzcuco, y por haberse revelado Cohuanacotzin, eligió en calidad de gobernador a Ixtlilxochitl, hijo de Nezahuatl, llamádose don Fernando. Cercó la ciudad, y a los ochenta días de combatirla, y presentar sesenta batallas con 900 españoles, ochenta caballos, trece bergantines, diecisiete piezas de artillería, sesenta canoas, y 2.000 indios amigos, martes día de san Hipólito, a los 13 de agosto del año de 21, con pérdida de cien Castellanos, muchos aliados, y algunos caballos, y él mal herido en una pierna, y muertos 1.000 de los contrarios, fue apellidado Carlos V emperador de México, y absoluto señor de toda la Tierra, quedando presos Quauhtemoc, que sucedió a Cuitlahuatzin; muerto en el espacio de la fuga de Cortés Cohuanacotzin, rey de Tetzcuco, y Tetlepanquetzalzin, rey de Tlacupa. Debe vuestra majestad advertir que en todas las glorias de estas Conquistas, no tuvieron la menor parte las señoras Gachupinas Beatriz de palacios, María de Estrada, Juana Martín, Isabel Rodríguez, y otras, que como las más animosas Amazonas, o hacían rostro a los peligros, o infundían con sus palabras valor a los cobardes; y por de una vez dejar asegurada la Conquista, he leído, que pasando Cortés por el mes de febrero del año de 25 a pacificar algunas rebeliones que en Honduras ocasionaba Cristóbal de Olid, mandó ahorcar a los tres reyes prisioneros, pretextando por desterrar sus temores contra estos infelices, una aparente alevosía, e imaginada conjuración. Este es el trágico fin de mis monarcas Gentiles, y principio venturoso de los soberanos, y majestades Católicas.

**Español.** En mi silencio y atención habrás advertido el gusto y complacencia con que te he escuchado, agradeciéndote que un rato tan corto me hayas parlado lo que tan largamente han escrito tantos Autores: porque ya sabes, que suelen los perezosos como yo, despreciar los granos de las noticias, por no apartar las pajas en que por necesidad suelen estar envueltas. Y porque divirtamos el tiempo que nos queda, óyeme lo que muchas veces he contemplado para mí acerca de la historia que me acabas de contar. Paréceme que he leído el que Fernando Cortés nació en un pueblo de la Extremadura llamádose Medellín, hijo de Martín Cortés de Monroy, y Catalina Pizarro Altamirano. Año de 485, a los diecinueve de su edad, pudiendo haber pasado con el gran Capitán a Flandes, se embarcó en Sevilla, y desembarcó en Santo Domingo, puerto de la Isla española: casó con Catalina Juárez, natural de Granada: fue nombrado Escribano de Ayuntamiento, y Oficial de la Tesorería: adquirió con su industria muchos bienes de fortuna, y acaso con ellos el odio y mala voluntad que contra él concibió Diego de Velázquez, ya por entonces gobernador de Cuba. Fue nombrado por éste (disimulando el desafecto que encubría) por general de la Armada que alistó para salir a continuar el descubrimiento que Grijalba había hecho en la Tierra firme: era alcalde este año Cortés. Partió del Puerto con 300 soldados a 18 de noviembre, obtenida la licencia de los gobernadores de la Audiencia; y después de muchos lances que le sucedieron en las Costas, desembarcó en las de Zempoala Viernes santo, como ya dijiste. Dos años poco menos probó en el yunque de su constancia la animosidad, valor, intrepidez, acuerdo, prudencia, desinterés, y todo espíritu de virtudes, que constituyen a un Varón ilustre, y digno de la Posteridad. Cuasi cien batallas presentó, siendo innumerables los enemigos: era el primero en acometer, y el último en retirar: entraba solo en los peligros, porque le siguiesen los que le amaban. Pocos fueron los miembros de su cuerpo, en los que no rubricó el valor y grandeza de su espíritu, viéndose por tres ocasiones cuasi en las gradas de los inhumanos sacrificios. Pudo servir de emulación a los Alejandros, Escipiones, Aníbales, Narsetes, Belisarios, Temístocles, Ciros, Epaminondas, y otros héroes que llenaron los espacios de la Antigüedad de inmortales glorias con sus hechos; pudiendo tomar dechado de su heroísmo los Carlos de Suecia, Alixiovis, Eugenios, Virones, Vandomas, Leutrés, y otros invencibles Adalides que en nuestros tiempos eternizaron sus nombres con las justas aclamaciones de sus proezas.

**Indio.** Y porque no se fatigue vuestra majestad en andar tan lejas tierras, digo que debieron oscurecerse en Cortés las generosas heroicidades de los Nezahuales, Ihualcaminas, Moquihuizes, Xicotencales, Ixtliles, y otros valerosos Capitanes indianos, que no entraron en el guarismo de los nueve de la fama, porque aunque así éstos, como aquellos peleaban con flechas y hondas, aquellas las disparaban manos de hombres sabios y entendidos, y éstas manos de fieras sin orden ni disposición.

**Español.** Ya te entiendo, y de hoy en adelante te prometo, que siempre que la ocasión lo pida, no habrá Sermón sin san Agustín: y prosiguiendo mi intento, digo: ¡que un héroe que sujetó tanta inmensidad de tierras, y muchedumbre de Vasallos a la obediencia de los católicos monarcas, enriqueciendo las naciones con los opulentos tesoros de sus Minas, y llenó los Orbes de admiración con sus hazañas, no haya merecido que en cada una de las casas, a lo menos de las de los americanos, se tenga una Estatua suya, como lo ejecutaron los romanos con Marco Aurelio, y los Atenienses con Falereo, levantándole en la ciudad trescientas sesenta y cinco Estatuas! iQue no haya merecido el que entre tantos Sabios como deben confesar su gratitud y reconocimiento, le formen ni un breve epítome, separado del cuerpo de la Historia, que expresivamente hable una vida que debió ser inmortal su carácter, virtudes y acontecimientos, como lo hizo Cylo Filósofo con Ciro, Plauto con Pirro, Jenofonte con Alciades, Homero con Ulises, Curcio con Alejandro, Livio con Escipión, Lucano y Tranquilo con los Césares, Forvion con Nerva, y Plutarco con Trajano! iQue escribiera Roma en las tablas de sus leyes, la obligación en que le vivía a Camilo porque la libertó del Cerco de los Gallos, y a Curcio, porque como otro Moquihuiz en México, se arrojó a un lago, salvando el honor de su patria en la muerte de su persona, con decreto de fijar sus Retratos en el Capitolio, para eternizar la memoria de estos gloriosos Libertadores; y que un héroe que salvó a tantos millares de gentes de la impiedad de las víctimas, de la crueldad de unos príncipes tan tiranos, y lo que es más, que les dio a conocer el nombre del verdadero Dios, y luz de la Católica fe, de la religión de Cristo, que apenas conserve las escasas reliquias en uno u otro, que lisonjeado con sus intereses, dice: buena tierra ganó Cortés! Te digo que la vez que he llegado a formar una u otra consideración de éstas, me la represento en una pintura, que si mal no me acuerdo, dice así:

Aunque Cortés sin segundo
El Mundo puso a sus pies,
No le valió ser Cortés,
Para que lo pise el Mundo:
Juicio de Dios es profundo.
Y de la muerte victoria;
Subió Cortés a la gloria
Que ningún hombre subió,
De muchas cortes triunfó:
Y ahora qué es de él? Ni memoria.

**Indio.** Cosas del Mundo, que hasta a su Autor supo despreciar al morir, y desconoció al nacer; fuera de que, Dueño mío, si me valiera decirle a vuestra majestad lo que siempre he sentido en esta materia, viera, como es fuerza creer, el que Dios suele abrir caminos para que conozcamos aun los más escondidos Retretes de sus adorables Providencias: una de ellas es la famosísima Conquista de estos reinos hecha por Cortés: y si vuestra majestad me promete guardar aquella fidelidad de secreto que se conforma con la ley de la naturaleza, le comunicaré lo que juzgo, sin huir el rostro a todo lo que quiera, y fuere de su gusto replicarme.

**Español.** En cuanto a reservar en mi pecho lo que me dijeres, protesto que lo haré, como si fuera sigilo sacramental: y por lo que toca a lo demás, te contestaré según pudiere y alcanzare la poca luz de mis talentos.

**Indio.** Pues présteme una poquita de paciencia, y óigame: Como las causas se conocen por los efectos, las intenciones por las obras: ¿quién creyera que un Capitán tan ilustre y lleno de virtudes había de preguntar a los embajadores enviados por Moctecuhzuma a la Veracruz a darle culto, como si fuera su Dios Quetzalcohuatl, si no llevaban más riquezas para recibirlo, dándoles por respuesta, que no le agradaba aquel presente, y que pasando a México, les robaría cuanto tenían, y se haría dueño de todos sus caudales? ¿Quién creyera que un corazón tan desprendido de los terrenos intereses, había de recibir en alhajas de oro y plata el valor de más de cincuenta mil pesos, que le volvió a remitir con Teuhtlile Moctecuhzuma, no dando paso hasta su infeliz muerte este desdichado monarca, que no vendiera al precio de gruesas cantidades, joyas, y piedras preciosas; llegando a tanto grado de riquezas, que la noche que salieron de México fugitivos, y que llamaron la noche triste, se reconocieron tocarle solo al rey de sus Quintos más de setecientos mil ducados? ¿Quién dijera que unos ojos que llevaban solo por blanco la gloria de Dios, habían de mirar las paredes de cal como de plata, creyéndolo así en la entrada de Zempoala, y que a Quauhtemoc, dueño y señor de todo lo que México poseía, le había de dar, como le dio, cruelísimo tormento, quedando muerto con él, otro caballero principal, porque manifestara donde estaban sus propios tesoros y riquezas? ¿Quién creyera que un varón revestido del espíritu de verdadera religión, y conversión de las almas bárbaras, idólatras, y gentiles, había de predicar con la espada, y persuadir con el plomo, inundando los campos con las calientes púrpuras de las humanas vidas, y llenar los pueblos, como los llenaron, de horror, turbaciones, escándalos, muertes, robos, despojos, ruinas, devastaciones, estrupos, odios, crueldades, inobediencias, lamentos, clamores, lágrimas, y suspiros, como si ignoraran que Dios no quiere la muerte del pecador, sino que se convierta y viva; que las armas con que entró el Profeta a convertir a Nínive, fueron las de penitencia, el ejemplo, y la edificación; que así lo enseñó Cristo, lo practicaron los Apóstoles, y san Pablo cuando escribe que las armas de su Milicia no eran carnales, esto es, tétricas, horrísonas, y sangrientas, sino espirituales, esto es, dulces, atractivas, suaves, y llenas de amor y caridad? Y para no cansar a vuestra majestad ¿qué derechos de recuperaciones, de defensa, de venganza, o de castigo justo, asistieron a este Capitán Apostólico, para que entrándose por tierras ajenas, castigara, vengara, defendiera, y recuperara provincias y reinos, que jamás poseyó la Iglesia, ni príncipes Cristianos? Si mis Antiguas gentes tenían sus príncipes, reyes, y señores, en quienes el Cielo había depositado una potestad económica y autoritativa sobre todas ellas, con legítimo y natural dominio, como que a nadie se lo habían usurpado ni defraudado, y adquirido de unas en otras Generaciones, sin hostilizar, invadir, ni inferir daño, escándalo, ni molestia a los patrimonios de la fe, ni a los príncipes que la aman, abrazan, y defienden; ¿qué ley, qué título o razón pudo favorecerle para que violase tan a sangre y fuego los sagrados estatutos de la naturaleza, justicia, y equidad?

**Español.** Supongo que Dios regularmente se vale de instrumentos flacos para engrandecer sus obras, y que no siempre eligió Profetas, Pontífices, o Sacerdotes para destruir la idolatría, extender y dilatar las glorias de su Nombre, como lo vemos en los Macabeos, varones fuertes, y en Moisés, Capitán y Jefe de su pueblo, echando Dios mano de éste y no del Sacerdote Aarón, para confundir la obstinación de los Gitanos; y en Josué para triunfar a sangre y fuego de treinta y dos reyes Bárbaros y Gentiles; y supongo también que no falta quien diga, que si los Bárbaros repugnan el Evangelio, se les puede sensibilizar con las armas. Esto supuesto, digo que eligiendo Dios a Cortés para precioso vaso de sus maravillas, quiso manifestar por él, que la ejecución de la Conquista era obra de su poder, de su agrado, y de su complacencia: y para persuasión de esta verdad; ¿qué podremos juzgar de un hombre que al partir del Puerto para la tierra firme, les dice a sus compañeros, que el ánimo que en todos deseaba, quería fuese el mismo que él se tenía, siendo, no el de ir a atesorar riquezas, pues ya miraban como había él empleado para aquella empresa las que poseía, sino el de dilatar la fe, y poner en conocimiento del nombre de Dios a tantas naciones que infelizmente vivían entregadas al error de la idolatría, y engaños del Demonio? ¿Qué podremos juzgar de un hombre que concluyó su razonamiento diciéndoles, que la honra de Dios iba a buscar y no la propia, protestando poner en su servicio su persona y su vida, en cuya confianza esperaba felicitar sus ideas, creyendo que con la virtud todo le sería favorable? ¿Qué podremos juzgar de un hombre, que aún no había derribado los Ídolos de los templos cuando ya había colocado la Imagen de la santísima Cruz, divisa que fijó no solo en los corazones de todos sus Compañeros, sino en las Banderas de los Navíos con la letra que decía: Amici, sequamur Crucem: si enim fidem habuerimus, in hoc signo vincemus; formando Calvarios aun en los Campos y las playas, como lo practicó en Cozumel, Tabasco, Veracruz, Zempoala, Tlaxcalan, y México, en cuyo Templo mayor, con espanto de Moctecuhzuma, y no menos asombro de los falsos Sacerdotes, sin temor de los riesgos, y venciendo imposibles, fijó sobre sus Aras la Cruz de Cristo, y la Imagen de su preciosísima Madre con la advocación de los Remedios? ¿Qué podremos juzgar de un hombre que jamás acometió o entró en lance, refriega, o peligro alguno, que primero no invocara los dulcísimos nombres de Jesús y María, en cuya fe quería vivir y morir; no emprendiendo negociación alguna, que para el buen éxito y felicidad, no mandara celebrar previamente el santo Sacrificio de la Misa, y concluido, él mismo dar justas debidas gracias a nuestro gran Dios y señor, por los beneficios que sin merecer les impendía?

Jamás quiso recibir mujer, por guardar la fe del matrimonio: y sobre todo; ¿qué podremos juzgar de un hombre, cuyos progresos, fortunas, y felicidades, más corrieron por cuenta de la mano de Dios, que por sus industrias, animosidad, y valor, como nos lo testifican los muchos prodigios, portentos, y milagros que el cielo obró con él?

Y porque no parezca exageración lo que fue conocido efecto de la Omnipotencia, demos una breve vuelta a los misteriosos progresos de la Conquista. Habiendo tomado un purgante, por sentirse gravemente accidentado, le acometieron innumerables enemigos en las cercanías de Tlaxcalan: persuadíanle sus amigos importar su vida por la de todos, y así, que cuidara por su salud, que ellos pondrían los últimos esfuerzos en la defensa: a lo que respondió, que pues era causa de su Divina majestad, que buen cuidado tendría de suspender los efectos del purgante. Así fue, que peleando todo el día, y consiguiendo la victoria, dejándole la noche para el descanso, hasta otro día no obró la purga, con admirables efectos en su salud.

Antonio de villafaña con más de 300 cómplices, intentó quitarle la vida, con ánimo de poner en su lugar a Francisco Verdugo, cuñado de Diego Velázquez; pero como Dios era el Custodio de una vida que tanto importaba a su servicio, ordenó que en el día que se había de ejecutar el asesinato, el mismo Verdugo diese parte a Cortés; y siendo tantos los cómplices de este execrable delito, solo villafaña pagó con la vida, para que sirviera de escarmiento a la malicia de todos.

Mal contentos los mexicanos con los nuevos dioses, que ellos pensaban que había colocado Cortés en sus templos, lo improperaban diciéndole, que desde que había destruido sus Ídolos, y puesto aquellas falsas Imágenes, no se acordaba el Cielo de sus benignidades, negándoles la agua, de que tanto necesitaban sus campos. El lance era estrecho, y con la aflicción, crecía el desprecio de la fe y de la religión; pero Cortés, que siempre entendió que había de ser socorrido de las divinas piedades, acudió a sus compañeros, y haciéndoles presente la gravedad del negocio, dispuso el que por medio de una confesión verdadera, y oír devotamente el santo Sacrificio de la Misa, usaría Dios de una de sus acostumbradas misericordias. Así fue, porque finalizada la Misa, y no descubriéndose la más pequeña nube, fueron tan copiosas las aguas desde aquel instante, que jamás se vio año más abundante de frutos y semillas.

En la noche que llamaban nuestros españoles triste, yendo a pique las esperanzas de sus vidas, y cuasi ahogado el remedio de la libertad, fueron socorridos tan valerosamente por la Imagen de los Remedios, que era la misma que estaba colocada en el Cú, que desempeñando el dulce título con que tiernos la invocaban, les tiró tanta tierra a los idólatras en los ojos, que los nuestros salieron del peligro, y ellos se despeñaban con la ceguedad. Además de asegurarlo así los Castellanos, lo certificó Ceuhtli, un Indio Principal que después se llamó don Juan de Águila, a quien se le apareció nuestra señora en el Cerro de Totoltepec debajo de un maguey, y conociendo ser la misma que defendió a los Cristianos la noche referida, porque él tocó alguna parte de los recios polvos que tiraba, decía, que en lo único que se diferenciaba la Imagen, era, que en la refriega la había visto con semblante airado y encendido, y en el maguey serena, apacible, y agraciada; y dijo más, que a esta Imagen le acompañaba un gallardo Joven, que desde luego sería el Apóstol Santiago. No había herida, por penetrante y mortal que fuera, así en los católicos, como en los que defendían sus causas, que Isabel Rodríguez no sanara, sin otro cauterio ni medicamento, que decirles: en el nombre del padre, del Hijo, del Espíritu Santo, y un solo Dios verdadero, él te cure, y te dé la sanidad: siendo tan eficaces estas palabras, que con solo una vez dichas, bastaban para una repentina y total salud. Hasta los brutos conocían ser la honra de Dios el principal objeto de tantas aflicciones, como aconteció con el caballo de Ojeda, que arrojado éste de la silla por un desaforado golpe que le dieron, continuó el bruto con tanta orden ofendiendo y defendiéndose, como si lo rigieran las riendas del entendimiento y la razón. Y cuando todo esto no persuadiera poderosamente a una vivísima creencia, sobrarían para el asenso los dos maravillosos desengaños con que el Cielo quiso manifestar la soberana complacencia que tuvo en esta Conquista, en las resucitadas Infantas de Patzquaro y México, saliendo de entre los oscuros rincones de las bóvedas, a autorizar y convencer a los poderosos reyes sus hermanos, príncipes, y señores, que convenía al alto servicio del verdadero Dios, el que se entregase la Tierra a la extranjera gente, y que toda se sujetase a la Ley santa que profesaba. Por la de Patzquaro sale fiador el caballero Boturini, y por la de México el Sabio padre Torquemada. Los que saben los grandes créditos que uno y otro se tienen granjeados en la Historia y antigüedades indianas, no pueden dudar de la verdad de estos sucesos. Omito otros muchos con que podría confirmar mi argumento, por no hacer con lo dilatado molesta nuestra conversación.

Esto supuesto, quisiera que tú, y otro cualquiera me dijera ¿qué otra cosa obró el poder y virtud divina con los Apóstoles en testimonio de la verdad, fe, Ley, y nueva religión que predicaban y enseñaban? Faltole a Cortés la ciencia de un Apóstol; pero no el espíritu de un Pablo: suplió el Cielo en la espada de aquel, la virtud que puso en la lengua de éste; no era mucho, que ambos llevaban por fin glorioso de sus fatigas, el culto y adoración del nombre de JESÚS. ¿Quién podrá atreverse a notar de injusta y temeraria una Conquista donde la mano de Dios sensibilizó su divina voluntad por tantos modos visibles y milagrosos? ¿Quién podrá argüirle a Dios acerca de sus juicios, declarados con tantos prodigios y maravillas? Y cuando todo esto faltara, ¿no sabes que Dios sabe transferir un reino a otro, por las injusticias y pecados de las gentes, como lo hizo con su pueblo, adjudicando la Púrpura y Cetro de Judá, ya a los Asirios, y ya a los romanos, gentes extrañas y ajenas, que ni por derecho de recuperación, defensa, venganza, o castigo, les venía este señorío y dominación? Y por fin, para que nos quitemos de razones, te digo, que cuando Dios, que es el Supremo Legislador de todas las cosas, no hubiera ordenado por estos caminos el negocio de la Conquista, me bastaría a mí para creer que hubo ley, razón, equidad, y justicia en Cortés, saber que aceptaron lo ejecutado por éste los Catolicísimos reyes de España, cuyo celo, virtud, y cristiandad ha sido siempre tan notoria, que aunque no estuviera, como está, el peso de la Justicia pendiente de sus augustos tronos, viven tan religiosamente sujetos al parecer de los doctos, sabios, y virtuosos, que jamás resuelven negocio alguno, que no sea primero calificado por ellos, especialmente si se versa en la puridad de sus Reales conciencias. Uno de ellos fue el de nuestro caso; y pues recibieron bajo de su Real Protección los derechos, autoridad, y señorío de estos reinos, esto sería lo más santo, y lo más justo.

A que se agrega, que los Pontífices, que son los Vicarios de Cristo, y sus Vicegerentes en la tierra, les dieron la posesión, potestad, derecho, y propiedad de estos reinos a nuestros católicos monarcas, confirmando por valedero, justo, y lícito lo hecho. El primero fue Alejandro VI, quien por su

Bula expedida el año de 493 les hace de motu proprio donación de todos los señoríos, reinos, provincias, ciudades, Castillos, Lugares, villas, Torres, Jurisdicciones, y pertenencias de todas estas tierras; León X Adriano VI y todos los que hasta la presente han sucedido en la Suprema Cátedra de san Pedro. Y sábete que todo cuanto hacen y ejecutan estos Sumos Sacerdotes acá en la tierra, se da por bien hecho allá en el Cielo; teniendo a bien el que Gregorio VII privara a Enrique IV del Imperio; Alejandro III a Federico I; a Othon Inocencio III; Juan XXII y Clemente VI al bárbaro Luis; Gregorio IX e Inocencio IV a Federico II como que solo en ellos reside la autoridad de interpretar las Leyes, sean Divinas, naturales o Humanas. Y pues así lo determinaron, no nos queda a nosotros otro lugar, que el de adorar sus infalibles determinaciones. Yo no pongo duda, en que muchos de los que acompañaron a Cortés, revestidos del espíritu de la codicia, violaran el sagrado de la virtud, del celo, el ejemplo, y la cristiandad; pero éstos luego hallaron la paga al ojo, tropezando con la plata en sus trágicos escarmientos; sabiendo por la Historia, que únicamente peligraron los que vendían por el oro su vida y su libertad; pudiéndose decir de éstos lo que está escrito: Tu dinero será contigo en la perdición: y por causa de la codicia de estos desventurados, se destruyó aquella Iglesia, que estaba erigida con nombre de los Mártires, privando del debido culto y veneración a otros que por su celo y desinterés se lo habían granjeado. Pero no por esto podremos negar la puridad de las intenciones en los demás, que capitaneados por el glorioso espíritu de Cortés, expusieron sus vidas a la crueldad de los sacrificios, por engrandecer la honra y culto del Altísimo. De que infiero lo que tratamos al principio, que unos vinieron en busca de las riquezas, para lisonjear con el fausto sus vanidades, y otros a adquirir un buen nombre, para eternizar con la fama la inmortalidad de sus memorias. Y porque entre todos, el más digno de ellas, como ya hemos hablado, es el invencible Cortés, ya que a este generoso héroe no le han levantado Estatuas las naciones, como que todas deben reconocerse interesadas en sus hechos; hagámoslo nosotros, que cuando no nos resulte otra gloria que la de la gratitud, sabremos que le pagamos un débito de justicia y de obligación, a un héroe, que haciendo seguridades de los riesgos, aprisionó al mayor monarca que veneraban y tenían todas las gentes de este nuevo Mundo; sujetando con la intrepidez de un arrojo, la invencible fortaleza de un poder cuasi inmenso. Y porque la generosidad de su ánimo probara la felicidad de su suerte y de su fortuna, mandó a vista del orgullo, del esfuerzo, y de la potencia, quitar la vida a Xicotencatl, el Jefe más dichoso, más temido y esforzado que hasta allí habían conocido las armas americanas. De tal suerte deben imprimirse las memorias de los Varones ilustres, que ni las borre el tiempo, ni las consuma el olvido; y así no hay más, que labrar láminas de nuestros corazones, para que sus hechos, su nombre, sus hazañas, glorias, virtudes, y heroicidades, jamás se borren, aparten, y despinten de nuestros pechos. De mí te puedo asegurar, que vive tan animado en mi memoria, como lo fueron los Augustos y Aurelios entre los romanos.

**Indio.** Pues si eso dice vuestra majestad ¿qué diré yo, y todos mis connacionistas, que debiendo a su heroico valor el destierro de la ignorancia, y de la infelicidad, nos enriqueció con los inmensos tesoro de la fe, y del Evangelio? Y porque vuestra majestad vea cuán inseparable de mi alma está la imagen del Conquistador, oiga la inscripción, que desde que tuve uso de razón formé de sus glorias.

¿Que el nombre de Alejandro no se ha muerto?
¿Que viven Marco, Aurelio, y Adriano?
¿Que se mantiene en pie el gran Aureliano?
¿Y que al Cesar miremos tan despierto?
¿Que se juzgue cual Fénix a Roberto?
¿Que animado veamos a Trajano?
¿Y que un héroe español y americano
Ha de ser del horror cadáver yerto?
Eso no; Cortés ha de vivir, viva Cortés,
Sus memorias, sus honras, y blasones
Entre el Rusio, el Bretón, Sueco, y Francés:
Viva inmortal Cortés, y sus Pendones;
Que no debe morir el que fue, y es
Alma, vida, y valor de las naciones.

## Tarde X. Gobierno católico prudente

**Español.** Supuesto que ya tus gentes entraron por la puerta de la verdad y del Evangelio, no me parecía mal, que para continuar el honesto y útil ejercicio con que ocupamos el corto espacio de las Tardes, dividiéramos las edades católicas, acontecimientos, y pasajes históricos de modo que yo no me confunda, y con más claridad pueda instruirme en lo que tanto deseo.

**Indio.** No ha pensado vuestra majestad muy lejos de lo que yo, porque considerando la oscuridad en que suelen quedarse las materias cuando se tratan de montón, había reflejado el que sería muy conforme a la razón establecer un orden, que sin hacer cansadas ni molestas nuestras pláticas, habláramos todo lo que nos pareciera, y fuera de nuestro gusto; y tirando mis líneas, hube de resolverme a que nos arreglemos a un método sensible, claro, histórico, y moral. El objeto principal de nuestras conversaciones, por lo que vuestra majestad me ha dicho, habrá de ser tratar del gobierno de los españoles, sucesión de virreyes, sus hechos y virtudes, y lo que de otros prelados supiere digno de memoria y recomendación, con cuanto precioso y notable hubiere acontecido hasta nuestros tiempos. Y como el verdadero Católico no puede desviarse un palmo de tierra de los divinos senderos de la Prudencia, de la justicia, y de la fe, por aquello que está escrito: Seréis fieles, justos, y prudentes en todas vuestras cosas; no verá vuestra majestad respirar el gobierno de nuestra Católica América otros alientos sagrados, que el de estas heroicas y excelentísimas virtudes, siendo cada una el soberano norte que ha guiado y guía las inocentes intenciones de los maestros al acierto, y las alabanzas. A más de que cuando a los católicos no les fueran consiguientes los tres gloriosos nombres de Fiel, Justo, y Prudente, bastaría para prueba positiva del debido elogio que emprendemos, tocar con nuestros ojos la existencia, dilatación, y perpetuidad americana, no pudiendo de otra suerte verificarse, que con un gobierno Prudente, Justo, y Fiel: porque según dijo un Sabio, la Prudencia funda, la justicia conserva, y la fe dilata, alienta, y vivifica. A estas tres heroicas y hermosísimas virtudes hemos de ceñir nuestra idea, materia, discursos, y Tardes, al modo que el padre san Bernardo a las tres virtudes Teologales las máximas de gobierno que escribió al papa Eugenio, y el monje Guillermo, su espejo monástico, a las cuatro Cardinales. Y siendo la Prudencia el cimiento sobre que se comenzó a levantar el edificio Político y Cristiano de nuestra América Septentrional, debe ser la primera en el orden sucesivo; sacando de lo más íntimo de sus tesoros, exquisitas riquezas, para engrandecer y vestir la total desnudez y miseria de nuestros estudios y fatigas. Y porque la digresión es impertinente y molesta, vamos al caso, y no se pierda el tiempo.

Ya sabe vuestra majestad que con la gloriosa introducción de la Católica fe en estos reinos, se desterraron los escándalos, sediciones, odios, venganzas, guerras, muertes, crueldades, seducciones, víctimas, e inhumanos sacrificios, substituyendo en lugar de estos sacrílegos horrores, y sangrientos espectáculos, el ejemplo, edificación, doctrina, paz, unión, concordia, amor, piedad, misericordia, y todo género de virtudes cristianas, políticas, y morales, que hacen gloriosas y dignas de alabanza eterna a las repúblicas. También sabe vuestra majestad que todas estas inmortales recomendaciones se debieron a la Prudencia, como que es aquella recta razón, virtud, y hábito, que inclina, eleva, y facilita el entendimiento para que abrace lo honesto, y huya de lo torpe. Es aquella docta Maestra, que celestialmente enseña al hombre a consultar, juzgar, y dominar sobre la honestidad de las acciones que se ejercitan por medio de aquellos hábitos de docilidad, solercia, providencia, caución, circunspección, y otros heroicos dotes. Es aquella Sabia Moderadora, que dicta, ilustra, instruye, y prescribe las reglas económicas para gobernar con rectitud las familias; señala las militares, para ordenar los éxitos y felicidades conforme a la naturaleza de los sucesos; nota las reales, para dirigir las Supremas Cabezas de los reinos y provincias al régimen de sus vasallos; y alecciona en las políticas, para inclinar a los súbditos a abrazar gustosamente las sanciones, Leyes, y Decretos soberanos de los príncipes, que se ordenan al común establecimiento del reino, y bien de la república.

Hecha esta salva, señor mío, a tan famosísima virtud, por los medios más expresivos y lacónicos que ha podido alcanzar la rudeza de mi entendimiento, correré de una vez las cortinas a la variedad de sucesos que nos prometen la Historia y la materia.

Enarbolados, como ya vimos, los gloriosos Tafetanes de la fe sobre las almenas de la Imperial México, y sujetos todos los habitadores de la Tierra a la católica dominación de los invictos monarcas de España, continuó en el inmortal Cortés el gobierno de este nuevo Mundo, que le confirieron por general aclamación la Justicia y Ayuntamiento de la villa-Rica o Vera-Cruz, renunciando el nombramiento que tenía por Diego de Velázquez. Cinco años corrían del gobierno de Cortés, tres anteriores a la Conquista, y dos posteriores, en calidad de Justicia mayor y Capitán general, cuando por algunas inquietudes que causaba Cristóbal de Olid en Honduras, o las Hihueras, se precisó a salir en persona a pacificarlo, y contenerlo dentro de la esfera de la justicia, y de la razón. Substituyó en su lugar a Alonso de Estrada, Alonso de Suazo y Albornoz, que era Contador de Rentas. A pocos días de su ausencia nombró a Gonzalo de Salazar, y a Peralmindes, para que en consorcio de los tres gobernaran con la discreción debida a hombres de ejemplo y cristiandad. A más de estos empleos, les cometió facultad para que en caso de no conciliarse Estrada. y Albornoz, los depusiesen de su autoridad, y con Suazo determinasen lo conveniente y justo al gobierno.

No penetró Cortés la malicia de estos ambiciosos codiciadores de ajenas glorias, y perturbadores de la paz. Eran inquietos, bulliciosos, ímprobos, y no de muy buenas intenciones; tal, que por derribar la inmortal gloria de Cortés, pudieron dar en tierra con la felicidad de la nueva Conquista. Entraron en México, autorizados con el decoro que les había conferido Cortés, y manifestando los Rescriptos en que este penaba a los desavenidos Estrada y Albornoz, encubrieron maliciosamente lo que les favorecía, en caso de avenirse, y obrar cristianamente. Tres meses gobernaron los cinco con aspecto de gobernadores, hasta que influyendo Salazar en la prisión del alguacil mayor de la ciudad Rodrigo de la Paz, primo de Cortés, y hombre acaudalado, de reputación, y amado de muchos, logró desacordar los ánimos de todos, haciéndole creer al fácil Rodrigo, que el escándalo y deshonor inferido contra su persona, había sido causado por los otros cuatro gobernadores, que eran sus mayores amigos y confidentes. Con este embozo lleno de malicia, engendró un espíritu de venganza en todos sus interesados; y como eran partes poderosas, valiéndose los dos, Salazar y Penalmindes, de la ocasión, echaron un bando, para que ninguno prestase obediencia sino es a ellos, declarando a los demás Conjueces por infieles y traidores a la corona de Castilla. Desde este instante comenzó este monstruo de siete cabezas a vomitar por cada boca abrasadoras llamas de odios, discordias, atrevimientos, insultos, y una general inquietud entre todos los pobladores y naturales de la Tierra, de modo, que triunfando la fuerza, apenas a los vencidos les quedaba el asilo de la inmunidad de la Iglesia para libertar sus vidas; no había otro Templo que el de san Francisco, a donde remitían para el Cielo los inocentes sus justos clamores.

No contento Salazar con tan tirana dominación, apartó de sí a Rodrigo de Paz, secuestrándole todos los bienes; y por no venir a manos de la crueldad, se refugió este infeliz en un pueblo de su Encomienda: mas al fin le quitaron la vida en una horca, después de haber sufrido inhumanos tormentos. Soltó Salazar la voz de que Cortés era muerto, pretendiendo con esta astucia borrar de los corazones las dulces memorias del Jefe, y poder, como lo hizo, tratar con más desprecio todas las cosas de Cortés. Le saqueó los más escondidos rincones de su casa, y añadiendo mal a mal, afianzó de tal suerte la muerte de Cortés, y de todos los que le acompañaron, que abrió la puerta para que muchas mujeres se volvieran a casar, creyéndose viudas.

Mandó desarbolar todas las embarcaciones que estaban en el Puerto de Medellín, estorbando por este medio la comunicación a España. Revocó todos los poderes que se tenía por Fernando Cortés, y obligó al pueblo a que lo apellidasen legítimo gobernador, y que en caso de que Cortés volviera, sería tratado en calidad de reo, y condenado por sus execrables delitos a irremisible muerte. ¡Premio condigno a sus gloriosas fatigas! Llegaron a tanto grado los arrojos de los subdelegados, que sin respeto a las sagradas leyes de la humanidad, fe, y religión, insultaban el culto de los altares, y violaban el carácter, decoro, y dignidad de sus ejemplares y celosos ministros, estrechándolos a que desamparasen las paredes del santuario. En este melancólico estado de conturbación y desórdenes se hallaba el nuevo Jardín de la Iglesia americana, cuando llegaron cartas de su amante Jardinero el ínclito Cortés: y con noticias tan alegres, se animaron los muertos, se alentaron los flacos, y las plantas que habían marchitado los furiosos vientos de la crueldad y de la tiranía, se recobraron de sus desmayos y aridez. Publicáronlas por toda la ciudad, y ciertos de la vida y próxima llegada de su glorioso Libertador, dieron contra el tirano Salazar y sus secuaces, que se hallaban distantes de México una legua, festejándose entre las deliciosas frondosidades de unas Huertas, capitaneados por Andrés de Tapia, Álvaro de Saavedra, Zeron, y George de Alvarado, Conquistadores con Cortés, y firmes cultores de su nombre y de sus memorias. Aseguráronlo en una jaula, después de haberlo traído por las calles acostumbradas con una cadena de hierro a la garganta, pregonera de su infame conducta y atrocidades: en la misma moneda pagó su íntimo compañero Peralmindes, mirándose uno a otro desde sus jaulas: justo escarmiento de sus impiedades, y objeto contentible de la locura. En esta deshecha borrasca de infortunios y desgracias, llegó Cortés cuasi a los dos años de haberse ausentado de México, y con él la noticia del desembarque de don Luis Ponce de León, nombrado gobernador por el rey, y Juez Comisionado para la Residencia de Cortés: a pocos días murió, dejando en su lugar a Marcos de Aguilar: falleció éste a los dos meses de la muerte de su compañero (otros dicen que cuatro) substituyendo el empleo en Alonso de Estrada. Confederose con Salazar y Peralmindes; se volvieron a encender de nuevo los apagados carbones de las inquietudes y escándalos pasados; sacó la cara el atrevimiento, la injusticia, el desacato, y la insolencia, llegando a tanto grado los insultos, que sin acusación de parte, e interponiendo apelación por una niñería o cuestión de poca monta que se trabó entre Diego de Figueroa, y Cristóbal cortejo, a éste le cortaron la mano por ser criado de Cortés, y a Cortés notificado de destierro, con término perentorio, para que en la afrenta de su persona, se le doblara el castigo al inocente reo. A Siervo y Amo se les mandó cumpliesen lo prevenido, con pena de muerte: pudo transformarse México en otra Troya; pero enfrenando Cortés la justa venganza de sus amigos, salió desterrado de la ciudad el que tantas veces había entrado en ella triunfante y victorioso.

Estudiaba este héroe sin semejante, en dar a conocer la Potencia de su rey en la imagen de sus ministros: y así, no replicó la injusta pena, por imprimir las leyes de obediencia a unos Vasallos bisoños, fáciles, y comuneros. Sucedió con éste lo que con Quinto Marcio, que después de ser muchas veces Cónsul, señor, Dictador, padre, y Conquistador de la destrozada fama de los romanos, fue ignominiosamente desterrado por los mismos a quienes había amparado y engrandecido. Debiose al Apostólico celo de don fray Julián Garcés, primer obispo de Tlaxcalan, de fray Tomás Ortiz, y fray Domingo de Betanzos, todos religiosos del esclarecido Orden de Santo Domingo, la apetecida unión y conformidad entre estas dos cabezas, lográndose ésta por medio del parentesco espiritual que contrajeron, sacando Cortés de Pila a un hijo de Estrada. Y porque las continuas deposiciones contra la conducta de Cortés en la corte perturbaban la autoridad del ministerio, acordó de crear una Audiencia con su presidente, que lo fue Nuño de Guzmán, y Oidores Martín Ortiz de Matienzo, Alonso de Parada, Diego Delgadillo, y Francisco Maldonado. En este tiempo pasó el marqués del Valle a España; y desde ahora le deberemos llamar así, porque fue el Título con que el rey remuneró sus gloriosas fatigas. No cesaron con la nueva Audiencia los rebeliones en los ánimos; porque entregados a la codicia de las riquezas, juzgaban más por razón del peso, que por el peso de la razón: de suerte, que ni las exhortaciones, virtud, santidad, y ejemplo de los Apostólicos religiosos del Orden de san Francisco, ni el celo y autoridad del ilustrísimo señor don fray Juan de Zumárraga, electo obispo de México, fueron bastantes a contener estos nuevos ministros dentro de la esfera de la moderación, y cristiandad: y noticioso el Consejo de los exabruptos, disturbios, y perniciosos movimientos que causaba la nueva Audiencia, con asistencia de la reina Madre, y gobernadora por ausencia del emperador, crearon segundo Tribunal, dándole el nombramiento de presidente al obispo de Santo Domingo don Sebastián Ramírez de Fuenleal, y de Oidores a los Licenciados Vasco de Quiroga (que después fue primer obispo de Michoacán) don Alonso de Maldonado, don Francisco de Jaimes, y don Juan de Salmerón, hombres de conocida integridad, virtud, y desinterés.

**Español.** No pases adelante, que quiero me aclares algunas dudas, antes que continúes tu narración. Asientas en el principio, que los habitadores de este reino, desnudados ya del hombre viejo, esto es, de aquellos errores que los conducía a una eterna infelicidad, se vistieron de nuevo con los preciosos hábitos de las virtudes, y en especial, con la inestimable gala de la prudencia, primera basa sobre la que se levantó el espiritual y político edificio americano. No es así?

**Indio.** Es verdad.

**Español.** Pues de tu plática, lo que se colige es, o que las paredes se levantaban sin cimiento, o que reprobaron por inútil para los cimientos aquesa basa; porque hasta ahora no he escuchado otra cosa que temeridades, inconsideraciones, inconstancias, negligencias, astucias, dolos, engaños, y nimia solicitud a las cosas temporales. Todo lo cual, tan ajeno está de llamarse virtud, que antes por lo que he oído, son abominables defectos, y desenfrenados vicios, opuestos a la hermosura de la Prudencia; si no es que tu entiendas por Prudencia aquella que dice san Pablo: la prudencia como la sabiduría de la carne, es enemiga de Dios; la prudencia de la carne, es muerte del alma: y lo que más fuerza me hace es, que habiendo, como tú dices, religiosos tan santos, y Varones tan apostólicos, permitieran que se corriera tras del vicio, y se despreciara la virtud; porque no ignoras, que más se suele persuadir con el buen ejemplo y la edificación, que con las palabras y la doctrina.

**Indio.** Esto tiene lugar cuando los hombres no son obstinados; porque entonces, ni las persuasiones de un Moisés, ni las penitentes austeridades de un Bautista, son bastantes a rendir Herodes, ni ablandar Faraones. Dominaban en los más habitadores inmediatos a la Conquista, con el poder, y una licenciosa autoridad, las pasiones, el desahogo, la desenvoltura, y el ningún temor de Dios: y así, cerraban necios, no solo las puertas, a las voces de los ministros, sino también a las leyes de la razón y de la justicia.

No hay duda, señor mío, que los primeros aspectos de la nueva fábrica, fueron trágicos y lamentables, y que según la celeridad con que se movía la ambición, pudiera haber dado, no solo con la prudencia, sino con todas las virtudes en tierra, permitiendo Dios el breve paréntesis de la malicia, para que a vista de su falsedad resplandeciera más la inocencia. No hay duda que pretendieron los artífices de la codicia, levantar sobre los sólidos cimientos de la Prudencia, las soberbias pilastras de los vicios; pero acudiendo Dios con el remedio, dispuso que la piedra que pretendían reprobar, esto es, la

Prudencia, viniese a ser cabeza del ángulo americano, como lo verá vuestra majestad en el espacio de nuestra conversación.

Posterior a la Audiencia segunda llegó su presidente don Sebastián Ramírez de Fuenleal, obispo de Santo Domingo, y en cumplimiento de su obligación, impuso graves penas a los que maltratasen a los indios; arregló el Arancel de los Escribanos y Relatores; mandó que se otorgaran las apelaciones interpuestas por muertes o mutilación de miembros, de los gobernadores para la Audiencia; formó cuadernos de Ordenanzas para las Minas, y justas tasaciones en las Encomiendas de los españoles; metió la agua en México, repartiéndola por las Calles y Monasterios; continuó la fábrica de la Catedral; dividió los obispados; extirpó la costumbre de esclavizar a los indios; fundó muchos templos de Clérigos y religiosos; dio principio a la Obra del Colegio de Santa Cruz, con destino de que se enseñara en él la doctrina a los naturales; procuró se cultivase la tierra, mandando que se sembrase en ella cáñamo, lino, trigo, y otros frutos españoles; fue prelado celoso, afable, caritativo, y adornado de unas virtudes que lo hacían amable para con todos. Remunerole Dios sus gloriosas fatigas, con que en el tiempo de su gobierno apareciese al Indio Juan Diego la verdadera Madre de Dios, para amparo y gloria de todo este nuevo Mundo; de cuyo raro portento, algún día hablaremos más despacio. Fue promovido este santo príncipe a la Iglesia de Cuenca en España, y tomó posesión en calidad de primer virrey, el año de 34, don Antonio de Mendoza: apadrinó las Navegaciones de la Especería, Californias, y otros descubrimientos, que no llegaron al éxito, que deseaba, y solo lo tuvo el del Callado de Lima por el Mar del Sur, hecho a costa de Diego de Ocampo, uno de los Conquistadores: apaciguó la rebelión de los Negros, que pudo inferir una general ruina en toda la tierra; mandó por ganados merinos para afinar la bastardía de las lanas, con cuya mezcla logró acreditar las fábricas de los Obrajes, que se dispusieron por su orden; manifestaron en su tiempo sus escondidas riquezas las Minas de Tlalco, Sultepec, Zumpango, y Temascaltepec; erigió la contratación, por cuyo medio cesaron los fraudes del contrato, que se ejecutaban con las barras, tejuelos, y oro en polvo; concluyó la piadosa obra del Colegio de santa Cruz de los naturales, aplicándole cuantiosas rentas para su conservación, y recabando del emperador doscientos ducados anuales para el mismo fin: concurrió a la fábrica del Templo de nuestra gran reina y señora la Conquistadora, con el título de los Remedios, en cuyo tiempo se le apareció al Indio Águila dentro de un maguey: fue Protector de los pobres, y en especial de los infelices indios, anhelando sacudirles el yugo insufrible de los tributos con que reconocían a sus Encomenderos, para lo que, y otros asuntos hijos de su piedad, dispuso que pasaran a verse con el emperador los provinciales de Santo Domingo, san Francisco, y san Agustín: recibiolos éste invicto monarca en Ratisbona, y concluyeron conforme a la calidad de sus deseos. A los diez años que gobernaba, vino por visitador don Francisco Tello de Sandoval, y por su arrenquín el licenciado don Antonio de Benavides el Tapado, que a voz de Pregonero, y con cuatrocientos azotes pagó el ridículo engaño de su fingido empleo: y últimamente, después de sentir este noble caballero en su compasivo pecho el recio golpe de un general contagio en los naturales, con más fuerza que el que acometió en tiempo del señor Fuenleal, llegó por su Sucesor don Luis de Velasco, a los diecisiete años de su Virreinato, y treinta de la Conquista: el año de 551 entró en México: luego dio muestras de las raras virtudes con que el Cielo le había dotado la generosidad de su ánimo. Lo primero que practicó, fue poner en libertad a los indios, cuyas leyes estaban ahogadas por los intereses de los Encomenderos. A más de ciento y cincuenta mil, sin niños y mujeres, libertó de las tiranas cárceles de la esclavitud, anteponiendo los nimios escrúpulos de su conciencia a las abundancias que por este medio lograban las Minas, el rey, Interesados, y tratantes: privó la injusta, aunque tolerada costumbre, de cargar sobre los hombros de los indios, lo que pudiera la robustez del más fuerte animal, sustituyendo estos infelices el servicio en que condena a los brutos la naturaleza: personalmente visitó todo el vasto continente de esta gobernación, asegurando con su presencia la felicidad, gozo, y deseada quietud por todos sus habitantes: pobláronse, y se descubrieron en su tiempo las provincias de la nueva Vizcaya, y Guadiana, villa de Santa Bárbara, y otros pueblos, las Minas de Sombrerete, Chalchiguite, Mazapli, y tierras de Indehe: reparó la ciudad de México con un fuerte dique, de los continuos perjuicios que experimentaba en las copias y avenidas de aguas.

El año de 62 llegó con su mujer don Martín Cortés, hijo del gran Capitán, que murió por el año de 47 en Sevilla: debiose a la cristiandad y celo de este virrey, la Conquista de la Florida, y la de las Islas Filipinas, aunque probando en la contradicción algunos contratiempos: lloró con ejemplar ternura el recrece de los tributos, y nueva imposición que el visitador Valderrama derramó entre los indios, que hasta allí justamente se lisonjeaban exentos de todo pecho y gabela. No podía remediar este piadoso virrey los sentimientos y clamores de los adoloridos, por tener hasta entonces los virreyes ligadas las manos del poder con la autoridad que se tenían los Oidores, agregándose la despótica facultad con que obraba el afligidor de los indios, que así llamaban a Valderrama. En fin, murió este prudente héroe, siendo conducido su difunto cuerpo en hombros de cuatro obispos, que se hallaban congregados a la celebración de un Concilio provincial, y fue sepultado en la Iglesia de santo Domingo.

Por su fallecimiento entró la Audiencia gobernando; descubrió ésta una conjuración, que parece se tramaba y dirigía contra la corona. Díjose que pretendían apellidar por rey al marqués del Valle; fueron degollados los dos hermanos, Alonso, y Gil de Ávila, presos el marqués don Martín, y don Luis Cortés, el Deán don Juan Chico de Molina, don Luis de Castilla, y otros muchos caballero s. En este proceloso mar de revoluciones y disturbios entró don Gastón de Peralta marqués de Falces, tercero virrey, consolando a las afligidas gentes; y aun no bien se limpiaba el sudor de las largas jornadas del camino, tuvo orden del rey para restituirse a la corte, entregándole por el mismo el gobierno al licenciado Muñoz, que vino en calidad de pesquisidor a averiguar la cierta, o imaginada conjuración arriba dicha. Lo que este gobernador nuevo hizo en ostentación de su autoridad, fue llenar los calabozos de inocentes, ahorcar a Gonzalo Núñez, y a Juan de Victoria, y sentenciar a crueles tormentos a don Martín Cortés, hermano del marqués del Valle, y caballero del Hábito de Santiago. Aun no bien comenzaba este injusto juez a dar pruebas de la Impiedad de su malicia, se aparecieron los Oidores villafaña, y Vasco de Puga, con orden que dentro de tres horas a la notificación, partiese para España. Ejecutolo así, y quedó la Audiencia por gobernadora, hasta que dentro del mismo año de 68 llegó don Martín Enríquez por virrey. Luego dio a conocer este heroico príncipe en la bondad de su corazón, la prudencia con que había de manejarse en su gobierno. La primera obra de su generosidad, fue edificar Presidios desde

Zacatecas para Tierra adentro, en socorro de los caminantes, y defensa contra los indios Chichimecas, que salteaban las vidas y los caudales. Apagó las cenizas, que aún estaban calientes, de los disturbios y lances pasados. Reconcilió los ánimos, amistó los ofendidos, y firmó una paz tan general en los corazones de todos, que igualmente se dejó respetar por Juez, y amar por padre. Dio prueba de estas dos brillantes cualidades, en el contagio que padecieron los habitadores de este nuevo Mundo por el año de 76, debiendo a sus cristianas resoluciones, ardiente celo y caridad, el remedio contra tan terrible desolación de las humanas vidas, excediendo a la pasada de 45 en más de un millón de muertos. Fue promovido al Perú, y consultado para este Virreinato el excelentísimo señor don Lorenzo Suárez de Mendoza: tomó posesión el año de 580 y por su muerte; que fue a los tres años de su llegada, gobernó la Audiencia un año, proveyendo el rey el empleo en el arzobispo don Pedro Moya de Contreras, actual visitador de estos reinos. Este año desembarcó el excelentísimo señor don Álvaro Manrique de Zúñiga, marqués de villa-Manrique: fue trágico su gobierno; y aunque se esforzó a templar con su prudencia las amarguras y acedias que le hicieron beber los ministros de la Audiencia de Guadalajara, y el atrevido Inglés Francisco Draque, inhumano Corsario de los intereses y las vidas, no pudo vencer la malicia de muchos, que informando contra su conducta al soberano, fue depuesto, y le sucedió el señor don Luis de Velasco, hijo del segundo virrey de esta Nueva España. Tomó posesión el año de 90: en su discreción, juicio, y madurez libró este reino la más feliz dilatación de sus fortunas. Pobló de gentes las Fronteras de los Zacatecas, sangrientamente hostilizadas por los Chichimecos y Quachichiles, indios bárbaros y feroces, debiéndose a su celo la conversión, mansedumbre, y civilidad de estas fieras. Habilitó a don Juan de Oñate para el descubrimiento del Nuevo México: resucitó la cristiana resolución de su glorioso padre, sobre que los indios fueran oídos en cosas civiles, sin demandarles costas ni gastos, ordenando para esto la brevedad de las averiguaciones, informaciones, y procesos. Pero aunque así se estableció, y en el día está mandado por los Sabios ministros del Acuerdo en repetidos Autos, y por las Leyes 33. Tit. 15. y 28. Tit. 22. de Felipe II, 15. Tit. 24. de Carlos V; el interés, o la poca piedad hacia los miserables indios, tiene puesta una larga muralla entre el decretar y el obedecer. En la actualidad litigan unos parientes míos tres pedazos de tierras o solarillos, que apenas llegará su importe a diez o doce pesos, y después de un grueso volumen que va escrito, y algo más de sesenta pesos gastados entre las partes, aún no está el negocio recibido a prueba, porque hasta ahora todo ha sido guisar y preparar, y en llegando a probarlo, señor mío, me temo dure el guiso más que el de Baltasar, que si una mano desinteresada no hubiera firmado la sentencia, hasta ahora estuviera probando de los hurtos hechos al sacro Templo de Dios.

Y volviendo a nuestro intento, digo, que este buen príncipe reparó la Obrajería, en cuyas oficinas utilizan estos reinos uno de los intereses más cómodos a su comercio. Con estas y otras determinaciones, hijas de un católico pecho, pasó al Perú, y llegó el señor don Gaspar de Zúñiga y Acevedo, conde de Monterrey por el año de 95. Manejó las riendas del gobierno con agrado, benignidad, y economía hacia el Real haber, y alivio de los pobres. Meditaba en las resoluciones, por no errar en los despachos. Fue liberal sin prodigalidad, debiendo a esta virtud los felices progresos del Norte, descubrimiento de la California hecha por Sebastián Vizcaíno, y otras cosas dignas de su buen nombre. Fue amado de todos, especialmente de los indios, sin embargo de las muchas vejaciones que sufrieron por haberlos removido de sus Estancias y Rancherías, congregándolos en pueblos, con perjuicio de sus comodidades, frutos, y salud; y siendo provisto para el Perú, le sucedió el señor don Juan de Mendoza y Luna, marqués de Montes Claros. Debió México levantarle Estatuas a este héroe: reparó las Calzadas de Guadalupe, san Cristóbal, Chapultepec, y otras de menos monta, a costa de crecidos intereses, desvelos, y solicitud, en que no tuvieron poca parte los religiosos de san Francisco.

Vino en su tiempo a visitar estos reinos el licencia Landeras de Velasco: era este nuevo ministro recto y desinteresado, no gobernándose por otro arancel que el de la justicia, el mérito, y la verdad. Puso un cepo a la entrada de su habitación, donde el que quería, sin ser visto, depositaba sus memoriales. Mandolo retirar el rey al mismo tiempo que fue removido para el Perú el señor marqués de Montes Claros, tomando por segunda vez posesión el señor don Luis de Velasco, con la merced de marqués de Salinas. Arrastró los caminos de todos, así por las prendas con que le dotó la naturaleza, como por el dulce trato con que lo habían manejado desde niño, por haberlo traído su padre en su delicada infancia a estos reinos. Lleno de años, méritos, y honores, ascendió a la presidencia del Supremo Consejo de Indias, quedando en su lugar el Rmo. e Ilmo señor don fray García Guerra, religioso Dominico. Murió a los siete meses, y entró la Real Audiencia, gobernando solo ocho meses, por llegar luego el señor don Diego Fernández de Córdoba, marqués de Guadalcázar, caballero Cordobés, ilustre en sangre, y mucho más en virtudes. Descubriéronse en su tiempo las ricas Minas que tomaron el nombre de su título, hoy sofocadas entre deshechas ruinas por la codicia de los hombres. gobernó hasta el año de 621, segundo siglo ya de la Conquista, y fue provisto para el Perú, en cuyo tiempo:

**Español.** Basta, que ya viene la noche, y hay otras cosas a que atender.

## Tarde XI. Relación de los primeros ministros evangélicos, y apología hecha a favor del V. P. fray Juan de San Miguel, primer fundador de la hospitalidad michoacana

**Español.** Toda la discreción, madurez, blandura, desvelo, y religiosas prendas que constituyen a los Sujetos virtuosos y prudentes, necesitaba esta nueva república cristiana para fundarse, crecer, y dilatar sus fuerzas, cuyo conducto me has dado a conocer en los generosos héroes de tu narración, no obstante de haber echado uno u otro paréntesis, en que pudieran haberse desquiciado los ejes sobre que estribaba la máquina del acierto y la seguridad. Ya veo que semejantes acontecimientos se hacen inexcusables en una Comunidad, al modo que el cuerpo humano, por sano que esté, no deja de padecer uno u otro achaque en la cabeza, o en los miembros.

No obstante el desorden que pretendió introducir Candanles, cuarto rey de los Lidos entre los miembros del Estado, prevaleció por muchos siglos la prudencia con que fundaron esta república sus Ardifios, Aliafes, y Melcos; porque aunque suele permitir la naturaleza que se entronice el vulgo de los malos humores, próvida deprime o arroja su malicia, poniendo en debido tono, concierto, y equilibrio la salud del hombre. Por todo lo dicho pienso, que mucha parte de esta felicidad americana se debería no solo a los Caudillos, Jefes y ministros temporales y políticos, sino también al celo, virtud, y santidad de los prelados eclesiásticos y espirituales; porque en unos y otros debemos considerar, que uno sería el consentimiento, por ser una la conspiración. Y así, querría que me instruyeses en esta materia, sin confundir los tiempos y estados de las personas eclesiásticas, haciéndome una breve relación de su carácter y destinos.

**Indio.** Ya entiendo a vuestra majestad y le protesto, que deponiendo toda pasión, hablaré con el peso de la justicia y de la verdad en las manos, sin que decline el fiel hacia la parte de los afectos.

Los primeros ministros fueron el Presbítero Juan Díaz, el religioso Mercedario fray Bartolomé de Olmedo, y según el padre Betancourt, el padre Franciscano Melgarejo. Los dos primeros se sabe sin controversia, que presenciaron la Conquista: el religioso se pasó a España, y el Clérigo murió a manos de los indios bárbaros, con otros Soldados, y se sepultó su cuerpo en Quecholac, pueblo de los Popolacas: fue el primer Párroco indiano. Un año poco más posterior a la Conquista, llegaron cinco religiosos del Orden de san Francisco: llamábanse fray Juan Tecto, Flamenco de nación, y Confesor del emperador Carlos V: murió de hambre arrimado a un tronco, camino de las Higueras, acompañando a Cortés: fray Juan de Aora, que murió en Tetzcuco: fray Pedro de Gante, Lego, primer Maestro de la Escuela indiana, y de las Artes mecánicas según la práctica española: renunció el arzobispado de México por muerte del señor Zumárraga, con que le brindaba el emperador: está enterrado en el Convento de san Francisco de México. Los otros dos parece que fueron los que en las provincias de Nicaragua y León, acompañando a Cristóbal de Olid, murieron a manos de los enemigos.

A trece de mayo de quinientos veinte y cuatro llegaron otros doce del mismo Orden, y se llamaban fray Martín de Valencia, que está enterrado en Tlalmanalco; franqueó Dios a la devota curiosidad por treinta años sucesivos a su muerte su dichoso cadáver, y no se ha podido encontrar después. Vino por prelado de todos los demás.

**Español.** Al cuerpo de este V. Varón le sucedió lo que al de su santo patriarca, que habiéndolo Dios manifestado a muchos Pontífices, Cardenales, príncipes, y prelados de la tierra, se lo negó a la vista del santo papa Pío V. y a todos los que después con religiosas ansias han solicitado el descubrimiento de tan rico tesoro.

**Indio.** Fray Francisco de Soto, que habiendo vuelto a España por los años de 546, y vista por el emperador la renuncia que hizo del arzobispado fray Pedro de Gante, lo proveyó en éste, hallando la misma repulsa: volviose a México, donde murió. Fray Martín de la Coruña, o de Jesús, que con otros cinco religiosos pasó con el rey Calzolzin a esta provincia de Michoacán: llamábanse fray Ángel de Saucedo, fray Jerónimo Alcolacato, fray Juan Badillo, fray Miguel de Polonia, y fray Juan Padilla.

**Español.** Según lo que dices, vinieron a Michoacán seis religiosos; y el Escritor que más se alarga es a dos o tres, como puedes verlo en el erudito padre Torquemada, cap. 12. lib. 19.

**Indio.** Yo me fundo, señor mío, para decir que son seis, no solo en que lo he leído en el Sabio Historiador Betancurt, sino en el Memorial recopilado del ilustrísimo señor Gonzaga, general de la religión Franciscana. Estribando en unas autoridades tan recomendables como estas, dije que pasaron seis, sobre lo que vuestra majestad creerá lo que le parezca. Lo que no admite duda es el que el padre fray Martín de Jesús fue el primer Apóstol Michoacánense, debiendo a su celestial doctrina toda la prosperidad y gloria con que dichosamente hoy se lisonjea. Mucho debe la América al ardiente celo de los hijos de san Francisco; pero yo soy de dictamen, que ningunos pueblos se constituyen más deudores a sus gloriosas fatigas, que los de Michoacán. El primero que plantó la fe en ellos fue Franciscano, y el primero que fundó la importante y utilísima obra de la Hospitalidad.

**Español.** ¿Y quién fue ese religioso?

**Indio.** Ninguno duda que fue el padre fray Juan de san Miguel, religioso tan ejemplar, que:

**Español.** Aguarda, que tú estás equívoco, porque yo he leído en un Autor, que por el año pasado de 66 escribió la Vida del V. obispo de Michoacán don Vasco de Quiroga, que la fundación de Hospitales se debió enteramente al celo de SS. Illma.

**Indio.** ¿Y ese Autor es anónimo, o no conviene que sepamos su nombre?

**Español.** Es tan conocido por su juicio y literatura, que se queda corta toda expresión en su alabanza. Es un Sujeto, cuyas notorias prendas, erudición, y estudio lo aclaman en este nuevo Orbe por uno de los Varones cabalmente instruido en todo género de ciencias; por lo que con el acatamiento debido, silenciaré su nombre, venerando como debo el alto concepto que se merece su bien fundada pluma.

**Indio.** No he leído esa obra, y así estimaré el que vuestra majestad me haga capaz de lo que produce tan gran talento, contra una verdad que hasta aquí la he tenido por irrefragable, y nada dudosa.

**Español.** Pues oye: en el Capítulo 12. Donde habla de la fundación de Hospitales, dice así: No adoptamos el sentir del reverendo padre Torquemada, quien afirma, que esta fundación se debe al V. P. F. Juan de san Miguel::: de Torquemada, Autor que padece la excepción de no ser de esta provincia, tomó, como lo suele hacer en otras muchas cosas, esta noticia, el Rmo. fray Alonso de Larrea, Cronista de esta provincia.... Cuantos han escrito este punto, excepto los citados, todos atribuyen esta obra de los Hospitales al señor Quiroga.... El primero es el V. P. Basalenque, quien se avanzó a esta proposición: A su señoría, dicen todos, se ha de atribuir esta obra de los Hospitales.... del Hospital de santa Marta de Patzquaro, que es ciertamente obra suya, tuvieron principio todos los Hospitales de esta provincia.

El segundo es el padre Mro. fray Juan de Grijalva, cuyas palabras son las siguientes: Lo que ayudó mucho a estas fundaciones, y el principal Motor y Patrón de tan santa obra fue aquel santo prelado, y singular Varón don Vasco de Quiroga. Prosigue: Con este ejemplo, y por exhortaciones suyas, se fueron fundando en todos los pueblos Hospitales del mismo título, y con las mismas Ordenanzas. Estos son los textos, y robustísimas columnas sobre que el Sabio Autor levanta el gigante argumento contra lo escrito acerca del padre san Miguel.

**Indio.** Pues Dueño mío, si no alega otras razones a su favor, hasta ahora el derecho está por parte del padre san Miguel: lo primero, porque ni yo adopto el sentir del padre Grijalva, por ser Autor que padece la excepción de no ser de esta provincia, de quien tomó, como lo suele hacer (y lo confiesa con su acostumbrada humildad) en otras muchas cosas, esta noticia el V. P. Basalenque, Cronista de esta provincia del glorioso padre san Agustín; ni menos me convengo en que porque el padre Torquemada no es hijo de esta provincia, no tenga valor su dicho, ni autoridad; porque entonces menos lo tendrán en las cosas de Michoacán Gomara, Herrera, Solís, González, Boturini, y otros, que como éstos, se alejaban de esta provincia algo más de dos mil leguas; y por la misma razón, no deberíamos adoptar el dictamen de cuantos Extranjeros han escrito de las cosas de nuestra América, porque no son hijos de ella.

Lo segundo, merezcan los padre Torquemada y Larrea los mismos créditos que esa docta Pluma les da a los padre Grijalva y Basalenque: a aquel, por escribir en México como éste, y a éste, por escribir en Michoacán como aquel. Pero pues el Sabio Autor no se ha de allanar con nuestro gusto, habrá desde luego de convenir con la razón: y el modo de sensibilizarla ha de ser volviendo al texto: Del Hospital de santa Marta de Patzquaro, dice el padre Basalenque, que es ciertamente obra suya, tuvieron Principio todos los Hospitales de esta provincia. Si como el ciertamente recae sobre el Hospital de santa Marta, recayera sobre el tuvieron principio todos los Hospitales, pecho por tierra depondría mi error, si acaso lo es; pero no recayendo, como consta de las palabras expresadas, debo abundar en mi sentido. El V. P. Basalenque no sabía ciertamente más, que el Hospital de santa Marta era obra del señor Quiroga; de los demás no lo asegura, y por eso asienta lo dicen todos: que es como decir: todos dicen, que al señor Quiroga se debe atribuir esta obra de los Hospitales; pero lo que yo digo es, que el Hospital de santa Marta de Patzquaro es ciertamente obra suya.

Lo que ayudó mucho, dice el padre Mro. Grijalva, a estas fundaciones, y el principal Motor y Patrón de tan santa obra, fue aquel santo prelado etc. y más abajo, hablando del Hospital de santa Marta, dice: Con este ejemplo, y por exhortaciones suyas, se fueron fundando en todos los pueblos Hospitales del mismo título, lo que ayudó mucho a estas fundaciones. ¿Y cuáles eran? Las de los Hospitales de santa fe de México, de Michoacán, y santa Marta de Patzquaro, de quienes de positivo, sin contradicción, y por testimonios auténticos, consta ser el principal Motor y Patrón del de santa Marta, en memoria de haberse hospedado en casa de esta Heroína el soberano y peregrino Hijo de Dios; titulándole igualmente de la Asunción, por la especial ternura con que adoraba este Misterio: y a los de Santa fe, por el celo que tenía en intimarla, dilatarla, y promoverla en los idólatras corazones de los míseros habitadores de estos reinos. Estas son en sustancia las voces del V. señor. ¿Y las del Mro. Grijalva cuáles son? Con este ejemplo, y por exhortaciones suyas, se fueron formando en todos los pueblos Hospitales del mismo título. Note vuestra majestad lo primero, que aquí habla del Hospital de Santa Marta. Note lo segundo: y con este ejemplo, y por exhortaciones suyas. El que manda no ruega. Con el ejemplo del Hospital que fundaba de Santa Marta, exhortaba y persuadía a que otros fundaran; al modo que con la limosna que reparte entre los pobres mi vecino, me persuade con su ejemplo a que haga yo otro tanto: por lo que sabiamente el Mro. Grijalva, no escribe que fundó el señor Quiroga; sino que se fueron fundando. Note lo tercero: se fueron fundando en todos los pueblos Hospitales del mismo título, esto es, de Santa Marta. ¿Y vuestra majestad cree, que en todos los pueblos de la provincia ha habido algún Hospital con este título, excepto el de Patzquaro? No, señor mío, no lo crea, porque todos tuvieron y tienen el título de Concepción, y en el día es de Concepción el que era de Santa Marta. Y en esto no ponga duda, porque a más de la tradición constantísima, tenemos a nuestro favor toda la autoridad del V. P. Basalenque, quien en el cap. 20. en la palabra Patzquaro, dice así: Hizo luego un Hospital de Santa Marta dedicado a la Concepción de nuestra señora.

**Español.** Muy equívoco debía de estar el V. P. Basalenque, porque el citado Autor en la primera Nota del Cap. 11. de su Obra, asienta contra el padre Sarmiento ser el principal Misterio de la Imagen, título de la Iglesia y Hospital, la Asunción de María señora nuestra, cuyo título les dio su Fundador; y el que hoy tiene de la Concepción, es por haberle dedicado la Iglesia que subsiste en el día.

**Indio.** Pues de ahí conocerá vuestra majestad las varias opiniones con que se trata la fundación de Hospitales: por el señor Quiroga. El Mro. Grijalva afirma, que con el título de Santa Marta se fueron fundando todos los Hospitales; el V. P. Basalenque, que del título de Concepción lo tuvieron todos; y el citado Autor quiere que ni de uno ni de otro, sino del de

Asunción: y si yo hubiera de seguir algún partido, sería el suyo, porque por lo visto, ninguno más que él estaba dentro de la mente del Fundador.

**Español.** Ya penetro tu intención; pero has de advertir, que el sabio escritor les da a todos, como tú, el título de Concepción, asegurando, que hallándose en Madrid el V. señor, impetró del Legado a Latere de su santidad las Indulgencias de que hoy gozan, y a todos por titular la Concepción de nuestra señora.

**Indio.** ¿Y en qué tiempo se hallaba en Madrid el V. obispo?

**Español.** Por los años de 1554, escribe el citado Autor de su Vida.

**Indio.** Y desde el año de 36 o 37. en que tomó posesión de este obispado, al de 54, ¿qué títulos les da a los Hospitales? Hasta ahora están confundidas la razón y la justicia con las autoridades alegadas; pero pues el ánimo es purificar esta materia, escuche vuestra majestad lo bastante para que deba asentir a mi dictamen. Por el año de 527. cuatro antes que viniera por Oidor de estos reinos el señor Quiroga, y diez de que mitrara en esta Iglesia, ya se había fundado la Hospitalidad con título de la Concepción de nuestra señora en la provincia de Guatemala. Autoriza esta verdad el testimonio auténtico del gobernador George de Alvarado, cuyas palabras son las siguientes: Otro si que se señale un sitio para Hospital con título de la Concepción; a donde los Pobres y peregrinos sean acorridos y curados. Esta cláusula exprime y declara todo el carácter e instituto de la Hospitalidad Michoacánense, cuyo origen tuvo en mi Gentilidad desde el gran Nezahualcoyotl, como consta en la Historia, y consta también su institución del Conc. Masticon. II. exhortando en el Can. II. a la Hospitalidad; y en el Can. 13. manda, que de no haber Hospitales para los Pobres, deben serlo las Casas de los obispos; y antes que todos dio las trazas el gran padre de las gentes Abraham. Ahora bien, por lo dicho ya verá vuestra majestad como muchos años antes que viniera a estas partes el señor Quiroga, estaba ya tan extendida la fundación de Hospitales con el título de Concepción, que aún transcendía a sus términos más remotos y distantes. Y si estas razones las considerare débiles, ocurra al fol. 114. del Libro de Partidas del V. obispo don fray Juan de Zumárraga, que cita don Carlos de Sigüenza en la Obra que intitula: Piedad heroica de don Fernando Cortés, y verá como el año de 530, tiempo en que aún no desembarcaba el señor Quiroga, contribuía su religioso celo con crecidas limosnas al Hospital de nuestra señora de la Concepción, que hoy se llama de Jesús. Las palabras de la Partida son las de abajo; y en la Bula que a diligencia de Juan de Rada expidió el papa Clemente VII. a favor del gran Cortés, se manifiesta bien claro, que por el año de 29 estaba ya erigida la Hospitalidad con el título de la Concepción. La cláusula de la Bula es la de la Nota. No puedo negar, que el señor Quiroga fuera Fundador de los Hospitales de Santa fe, y Santa Marta; pero tampoco me podrá vuestra majestad negar hacerse más creíble, que el señor Quiroga fundara a imitación y ejemplo de los fundados, que no éstos a ejemplo e imitación de los que fundaba. Por el año de 27 no teníamos en el reino otros ministros, que los religiosos de san Francisco y de santo Domingo, y en esta provincia solo los de san Francisco; y corriendo como corría por ese entonces, hasta los últimos confines de nuestras tierras, la fundación de Hospitales con el título de Concepción, debemos inferir, que no serían otros los principales Motores y Patronos, que los religiosos de san Francisco en esta provincia, y en los demás los de san Francisco, y santo Domingo, por más que diga esa docta Pluma, que este es un establecimiento que se halla en todo el obispado de Michoacán, y en solo él. Note vuestra majestad el en solo él, con lo arriba dicho de Guatemala.

**Español.** Ya lo noto, y también noto, que la ultima razón que mueve a creer ser esta fundación de tan ilustre príncipe, es que esta es obra de persona que podía disponer en todo el obispado, y no lo es de quien tal vez pudo ejercitarse fuera de él; y que una fundación de esta naturaleza tan universal por todo un obispado, parece que se reserva a un obispo, que en todo él puede mandar.

**Indio.** ¿Ahí señor, puede mandar? Pues si mandaba y disponía en todo el obispado, ¿cómo exhorta a que con su ejemplo se fueran fundando Hospitales etc.?

**Español.** Todo eso está compuesto con lo que dejó mandado en su Testamento en la cláusula 12. Donde dice: Item declaro, y es mi voluntad, que se vean las Reglas y Ordenanzas que yo tengo hechas en el Hospital de Santa fe, así en el de México, como en el de Michoacán.

**Indio.** ¿Y de los de Concepción no habla nada?

**Español.** Sí, ya responde el citado Autor por él V. señor: No quiso, dice, obligasen a los demás Hospitales, aunque también eran obra suya; porque a estos solos miraba con particularidad, como que él mismo había fundado el Hospital y la Iglesia.

**Indio.** Calle vuestra majestad ¿así lo dice?

**Español.** Jamás he mentido, y si lo dudas, ocurre al Prólogo del Autor de la Vida en la línea 32.

**Indio.** Pues dándole crédito a vuestra majestad como se lo debo dar, me es fuerza inferir, que de las demás Iglesias no sería Fundador; y la razón es, porque aquella Iglesia y Hospital miraba solamente con particularidad que él mismo había fundado. Y si avanzamos a creer que fuera tan Fundador de los demás, como de los que declara en su Testamento, ya se haría preciso el rescindirlo o anularlo porque yo no sé qué Ley pudiera tener para dejar todo su caudal a tres hijos, y desheredar a ciento, siendo todos legítimos, y ninguno comprendido en aquellas Leyes que favorecen a los padres para desheredar a los hijos. El tierno y amoroso título de padre de todos los Hospitales, se lo adjudica el Maestro Grijalva, cuando dice que el principal Patrón de tan santa obra fue el señor don Vasco de Quiroga, y en el Derecho la voz Patrón, importa lo mismo que oficio y carga de padre: Patronus quasi Patris onus: luego o no fue padre de todos, o de serlo, debemos juzgar que por enriquecer a unos, agravió y se olvidó de los otros; que no es creíble en la equidad de un prelado tan santo y singular Varón, como lo fue el señor don Vasco. Y aunque pretenda persuadirme a que bien pudo ser Patrón de todos, con tal, que a unos construyera, a otros asignara dotes, y en los que ni construyera ni dotara, diera fundos, que es una de las tres cosas, por las que se adquiere el título de Patrón, según aquella regla:

*Patronum faciunt dos ædificat o fundus;*

ni a la ciencia del Autor, ni al padre Grijalva, ni a cuantos así pudieran pensar, les he de conceder semejante cosa; porque si el señor Quiroga hubiera concurrido en todas las fundaciones con algunas o todas de las que prescribe el Derecho, buen cuidado tuviera de expresarlo en su testamentaria, como repetidamente lo hace con el de Santa Fe de México, y de Michoacán, llamándolos Hospitales suyos, por haberlos él mismo fundado; no debiendo contemplar, que renunciara la gloria que le cabía por todos estos, cuando con tanto anhelo solicita y arroga para sí la que le cabía por solos los otros: fuera de que hasta ahora no hay quien diga ni escriba, que el señor Quiroga, dotó, construyó, y dio fundos a los que fueron de Santa Fe, y de Santa Marta, que es por dónde, como queda dicho, pudiera adquirir el derecho de principal Patrón, y Fundador de todos los Hospitales.

**Español.** Todo está muy bueno, pero hasta aquí solo pruebas, que no fue el Venerable señor don Vasco el Fundador de toda la Hospitalidad; pero no que lo fuese el padre fray Juan de san Miguel, de quien asegura el citado Autor, que substituyendo el lugar del Venerable fray Martín de Jesús, da a entender (esto es el Cronista Larrea, de quien toma estas palabras) que no vino a esta provincia hasta el año de 1557. en que sin disputa ya estaban fundados los Hospitales.

**Indio.** Una vez probado que el señor Quiroga no fue el Fundador de todos los Hospitales, está evidentemente probado que lo fuera el reverendo fray Juan de san Miguel, por ser los dos solos únicos héroes en quienes se disputa esta gloria; y así, aquí la negación del uno, es afirmación del otro. Y porque esta razón puede no serle a vuestra majestad de mucho peso, podrá serlo la siguiente.

El Cronista Franciscano Larrea asegura que el padre fray Juan de san Miguel vino a estas tierras inmediatamente a los doce primeros religiosos: no escribe en qué año, es verdad; fue olvido de su pluma, no defecto en su estudio, porque no todo lo han de tener presente los Historiadores. Sabía muy bien que por los años de 27. había arribado a estas partes, en compañía de otros veinte que condujo en Misión el V. P. fray Antonio de ciudad Rodrigo, y creyendo que todos, por el tiempo que escribía, supieran el año, se contentó con decir, que fue de los primeros (después de los doce) que pasaron a la conversión de los indios; con que está suplido aquel defecto, casi general, que el padre Larrea comete en su obra. El que diga que el padre san Miguel sustituyó el lugar del V. P. fray Martín de Jesús por su muerte, que fue en el año de 557 no es asegurar que este año llegase a esta provincia, antes prueba lo contrario; porque a un religioso recién llegado, no hablan los prelados de conferirle los empleos en que se ocupaba el V. P. fray Martín, posponiendo el mérito de tantos, que iguales en virtud, le sobreexcedían con mucho en los trabajos y fatigas de la conversión de los indios, y otros ministerios propios del estado religioso; méritos que siempre atienden los Superiores para conferir las dignidades. ¿Qué práctica, qué experiencia me dará vuestra majestad en un Sujeto que acababa de venir de los reinos de España, para manejar los varios asuntos que consigo trae una nueva fundación de Catolicismo y Cristiandad? Los negocios se habilitan con el conocimiento, versación, y trato de las cosas; y el que aún no tocaba el fondo de éstas, mal podía dar fácil expediente a aquellos.

**Español.** Bien pensado está; pero el citado Historiador parece se conforma, con que el padre san Miguel pudo estar detenido en la provincia de México, hasta que por la muerte del V. P. fray Martín fue destinado a ésta.

**Indio.** La prueba más positiva que contra esto hallo es, que siendo el padre Torquemada tan amartelado Panegirista de su provincia de México, que no omite escribir aun la más leve menudencia que conduzca a la dilatación de su gloria y de su decoro, no hace mención, ni coloca entre sus Alumnos al padre san Miguel, que por lo menos habría de haber morado treinta años en ella, que son los que corresponden del 27 a 57 que salió para ésta, como lo

**218**

hace con el V. P. fray Jacobo Daciano, que después de presentárnoslo con diversos ejercicios en su provincia de México, nos lo traslada a ésta donde murió, y descansa en la paz del señor: y advierta vuestra majestad que aquí se le debe dar al padre Torquemada todo crédito, porque no padece la excepción de no ser hijo de aquella provincia; si no es que queramos decir que el padre Torquemada no estuvo tan despierto cuando recogió las reliquias de un héroe tan grande; cosa muy difícil de creer, porque jamás con la viveza de su ingenio, desvelo, y prolijidad, se le ha aplicado el aliquando bonus, dormitat Homerus.

**Español.** De arrimarme yo a alguna opinión, sería a la de que el padre san Miguel no pudo venir el año de 57 a esta provincia, porque en este año y muchos antes, dice el Sabio Autor, que sin disputa ya estaban fundados los Hospitales: y dice más, que es verosímil, que como el obispo no podía estar Presente en todas partes, un religioso tan Apostólico como el padre san Miguel, se dedicase a llevar al cabo designios tan piadosos. Y cooperando a las fundaciones de los Hospitales, debe suponerse en esta provincia mucho antes del año de 57.

**Indio.** En eso conocerá vuestra majestad el peso de la razón, que arrastraba a la erudita pluma, para que conociera la justicia y derecho que le asistía al padre san Miguel, pues sin violencia confiesa, que ejecutó algunas fundaciones de Hospitales; creyendo en fin, que estas algunas fueran todas aquellas que hasta hoy gozan el título de Concepción, dejando al docto Escritor de la Vida del señor Quiroga en la buena fe, de que a SS. Illma. se le debieron las de los Hospitales de Santa Fe de México, Santa Fe de Michoacán, y Santa Marta de Patzquaro.

Esto es, señor mío, lo que a mí me parece, salvo el mejor juicio de los Doctos, debiendo vuestra majestad estar en la inteligencia, de que en esta Apología hecha a favor de la inmortal memoria del padre san Miguel, no me ha llevado otro interés que el de sentirlo yo así, y favorecer mi dicho. Bien conozco que muchos dirán, que qué le va a un Indio en que el señor Quiroga, o el padre san Miguel, fueran los Fundadores, o no, de la Hospitalidad de Michoacán; pero a eso responderé, que los indios somos gentes, cuyo carácter es mantener y sustentar lo que dicen, y más si el dicho lo apoyan y fundan con razones y testimonios como los que yo he alegado; a que se agrega, que los estudios del Autor, tiraron a esconder enteramente la gloria de un individuo de una religión a quien yo he debido todo el ser, educación, y crianza, cuyo justo amor y gratitud, me inclina a estimarla y defenderla en todo estrecho, lance, y ocasión.

**Español.** Está bien todo eso; pero no me dirás ¿porqué una provincia, que la debo suponer docta y sentida, de doce años a esta parte, que son los que ha que esta Pluma sepultó entre las ruinas del olvido la gloria, memoria, fama, y nombre de un hijo suyo, tan grande como el padre san Miguel, ha vivido tan entregada al silencio, que ni aun la más leve queja se le ha escuchado respirar?

**Indio.** Que sea docta no lo dude vuestra majestad porque a mas de que esto es notorio en uno y otro Mundo, nos consta de vista, pública voz, y fama, los muchos Sujetos que ahora y siempre han poseído un supremo magisterio en las ciencias y literatura. Y porque no atribuya vuestra majestad en mí pasión lo que es justicia, infórmese y pregunte quién fue el reverendo padre fray José Picazo, Cura que fue de Querétaro, y provincial de esta provincia; y quien hubiere leído el Símbolo y Prefacio de la fe, manuscrito, que a imitación de san Atanasio hizo, lo graduará por otro tal en su siglo. Infórmese y pregunte vuestra majestad quién fue el reverendo padre fray José Ledesma, que después de admirar a Roma en los Púlpitos, ciego en el último tercio de su edad, cuantos centenares de Libros componían los Estantes de la Librería del Real y Pontificio Colegio de Celaya, tantos señalaba por su orden, y de los más daba una breve razón de lo que contenía cada cual. Pregunte vuestra majestad quiénes fueron los padre fray Pedro, y fray Juan de Guevara, hermanos en la carne y en el espíritu, y le dirán a vuestra majestad que el uno fue Ángel en la Cátedra, y el otro Apóstol en el Púlpito. Pregunte vuestra majestad quién fue el padre fray Juan Crisóstomo López de Aguado; y cuando la obra que imprimió en Cádiz, su título: Hojas, flores, y frutos del árbol de la vida, no le perpetuara su nombre entre las más remotas naciones, bastarían los muchos papeles, ya impresos, y ya en borradores, que dejó a nuestra Posteridad, para venerarlo como a otro san Juan Crisóstomo. Pregunte vuestra majestad quienes fueron los reverendos padre Estrada, y Jaramillo; y sin leer sus muchos Sermones, impresos y predicados en varias festividades, sus mismos nombres le han de decir que son el mejor elogio. Pregunte vuestra majestad quién fue el reverendo padre fray Fernando Alonso González; y cuando la elevada cumbre del provincialato de esta provincia, y Comisiatura general de todas las de esta nueva España, Islas adyacentes, y Filipinas, lo remonten lejos de nuestra vista; cuando las piedras, que en muchas Iglesias y Conventos, Ornamentos sagrados, y Vasos de mucho valor y preciosidad, no sean lenguas que en mudas voces griten su santa memoria, muchos le dirán que por su profundo juicio, viveza, y penetración, mereció que el excelentísimo señor virrey Casafuerte arreglara su conducta y resoluciones al prudente consejo de tan gran religioso. Pregunte quiénes fueron los padres Valcárcel, Prado, Sanz, Montero, Santos, y grande, y de aquellos le dirán, que en cada uno se animaron las sutilezas y grande Alma de Escoto, y de estos últimos si hubiera de arreglar con mi obligación los labios, se haría necesario que separáramos las Tardes de un siglo para desahogar en parte mi gratitud y reconocimiento. No descollaron en las ciencias, porque los empleos los apartaron mucho trecho de los umbrales de sus Aulas y Bibliotecas; pero quien logró en el trato y comunicación sus cariños, no podría negar la grandeza de las almas, y claridad de potencias con que Dios los había enriquecido. Pregunte quién fue el reverendo padre fray Andrés Picazo, muerto hace seis años, que sin desperdiciar instante alguno de los días ni las noches, atesoraba las más preciosas, útiles, y peregrinas noticias de todas las artes, aun en medio del tropel de negocios y consultas con que la mayor parte del reino le embarazaba sus estudios y aplicación. No hubo Teatro en este Nuevo Mundo, donde no diera a conocer el superior dominio que tenía en todas ellas. Arrebatolo precipitadamente la muerte, cuando se lisonjeaba su religión con un Sujeto, que con sus escritos, y doctrina la hubiera engrandecido sobre manera: murió no por los achaques, y cuasi mortales accidentes que suelen contraer los Pelados, que exacta y debidamente anhelan a desempeñar el carácter de celosos, ni por las reliquias que pudieron quedarle (a juicio de algunos médicos) del inaudito atentado que contra su sagrada persona cometió la sacrílega mano de un impío asesino: no tuvo, según he percibido de algunos contemplativos, otro verdugo que le quitase la vida en una edad tan floreciente, que aquel sordo fuego que de hora en hora le engendró, y fue alimentando el invariable tesón y embriaguez, con que sin intervalo de tiempo, vivió entregado al estudio de los libros, abrasándole las sustancias y partes jugosas, hasta consumirle y devorarle el húmido radical, como lo pregonaron los últimos síntomas de sus accidentes.

Pregunte quiénes son los reverendo padre fray Santiago Cisneros, y fray Antonio Fernández, el primero actual provincial de esta provincia, y el segundo padre más antiguo en ella; y le dirán que habiendo dedicado sus superiores talentos al estudio de aquellas ciencias que constituyen un perfecto religioso, que son las teologías moral y Expositiva, en las que se distinguen y sobresalen a los demás Sabios, no dejan, siempre que la ocasión lo pide, de manifestar la amenidad y riqueza que poseen en todas las demás. Por el reverendo padre provincial le podrán informar a vuestra majestad los que por el largo espacio de veinte años admiraron su predicación y celestial magisterio, con que enseñaba, y dulcemente atraía desde los Púlpitos los ánimos de los oyentes: y por el Reverendísimo Fernández las atenciones y respetos que se granjeó de los príncipes de las Iglesias americanas, en el próximo Concilio Cuarto mexicano, celebrado por el año pasado de 70 debiendo a su religiosidad y concepto, el alivio de algunas pensiones con que los padres de tan respetable Junta intentaban agravar los Claustros Monásticos. Pregunte quiénes son los ejemplares religiosos fray Domingo Villaseñor, y fray José Plancarte, y le dirán que aquella alta posesión de teologías natural, Positiva, Escolástica, moral, Ortodoxa, Canónica, Simbólica, Mística, y Demostrativa, que en otros sería laudable y digna de un elogio eterno, en ellos parece que nada deben a la naturaleza, sino al don infuso de la gracia; pudiendo decir de cada uno, lo que la Iglesia del santo fray Diego de Alcalá: In schola orationis divinitus eruditus. Pregunte por el padre fray Juan Romero y Bernal, y si el informe se lo dan pesado en las balanzas de la justicia, hallará en este religioso un complejo de prendas, noticias, y erudición, bastantes a formarlo incomparablemente Sabio y Literato. Ya le vi yo por el año de 67 presidir en Querétaro unas Conclusiones Dogmáticas, en el Capítulo que celebraba su provincia, con tanto lucimiento y delicadeza de ingenio, como lo pregonaron los aplausos y justas alabanzas. Dijéronme que intentaba dar a luz un acto, en que defendía toda la obra de san Buenaventura, doctor Sutil, y Concilios celebrados hasta el de Trento: no sé qué efecto habrá tenido; lo que sí podré decirle a vuestra majestad es, que si no lo ha llegado a poner en ejecución, no habrá sido por ineptitud de sus potencias, sino por lo muy castigada que tiene su salud; siguiendo en esta parte la misma suerte que el reverendo padre Picazo, de quien ya dije. Pregunte quiénes son los padres fray Manuel Abella, y fray Fernando Ribera, y cuando los célebres actos literarios que éste ha sustentado por los años de 70 en el Capítulo que celebró su provincia, en el de 77 dedicado al ilustrísimo señor obispo de Michoacán, y el del mes de mayo a su reverendo padre más antiguo fray Antonio Fernández, y aquel funciones de la misma naturaleza, no fueran otros tantos panegiristas de sus fructuosas aplicaciones, decoro, lustre, y magisterio, serían predicadores de sus fecundísimas potencias los brillantes lucimientos que han adquirido en los Púlpitos más graves y circunspectos de esta nueva España. Pregunte:

**Español.** En verdad que en este dicho año que citas, dedicado al Rmo. Fernández, me hallé yo, y te aseguro, que entre las supremas habilidades de los Sujetos que arguyeron, indisputablemente se distinguió el reverendo padre fray Francisco morales, celoso Pastor y Cura de las almas, así por la agudeza, prontitud y aire en promover la fuerza y nervio de la dificultad, como en la galante y erudita arenga con que peroró el sublime mérito del Rmo. Mecenas.

**Indio.** Pregunte:

**Español.** Aún no prosigas, que hago refleja de que entre tantos Sujetos, así muertos, como vivos, de quienes has ponderado sus estudios, talentos, y letras, no has colocado el mérito y notoria aclamación con que corren por toda la América los nombres de los padre fray Vicente y fray José Arias, hermanos en los cuerpos, y las almas.

**Indio.** Si vuestra majestad me arrebata las palabras, ¿porqué me acusa de delincuente? Me haría reo de la equidad y la justicia, si sepultara en el silencio la fama de unos religiosos, que se ha hecho pública no solo en este Mundo, sino en el antiguo. Uno y otro han dado a conocer en los Púlpitos y las Cátedras la facundia, fertilidad, prontitud, y agudeza de sus ingenios, tan bañados e instruidos en todo género de ciencias y mecanismo, y en lo que hoy se gradúa por bellas letras, que los que los manejan, y escuchan sus admirables producciones, elocuencia, y erudición, los juzgan por más que humanos; acompañando a sus estudiosas fatigas aquel dulce atractivo de la humildad, agrado, modestia, y circunspección, virtudes que los hacen supremamente recomendables para con todos. Oí decir a uno de los Eclesiásticos más docto y agudo que en su fecundo vientre engendró la noble y populosa ciudad de Querétaro, que por justicia se le debía obligar al padre de estos Sabios religiosos, casar segunda vez, por haber enviudado de la primera mujer. Alude este dicho, a que siendo cuatro los varones y tres las hembras, se disputa entre los ingenios y las habilidades.

El reverendo padre fray Manuel Arias, actual provincial de la religiosísima provincia de Agustinos de Michoacán, hermano de los dichos, es de tan vasta literatura, que no formó paralelo con los Franciscanos, por no agraviar el concepto que entre los doctos tienen de igualdad. El Secular los excede en lo elevado del numen, y las mujeres a éste en las luces infusas y naturales: de modo, que pudo ver el padre de esta Generación Areopaga en sus días, lo que el cónsul Flavio con sus tres hijos y dos hijas en Roma, leer todos cinco, con admiración de los filósofos, la cátedra de retórica. Dije a vuestra majestad que esta verdad era notoria a uno y otro Mundo, porque pasando el Franciscano fray Vicente por el año de 72 con el grado de Custodio, a votar en el Capítulo general que su Orden entendía celebrar en Roma, el que prolongado, le fue preciso detenerse en Madrid algo más de dos años, en éstos mereció el honor de que sus Rmos. generales, y cuantos doctos componían la mayor Casa del Orden Seráfico, oyeran sus conceptos y conversaciones con alta admiración, especialmente si se hablaba en lengua Francesa, por serle tan natural como la Castellana. Lo cierto es, que debemos esperar, así de estos religiosos, a todas luces grandes, como de todos los demás que llevo referidos, y de otros que por no alargarme dejo entre las Cortinas del silencio, que de las ricas minas de sus estudios enriquezcan la América, y el Orbe todo con los preciosos metales de sus doctrinas: debiendo decir por solos estos héroes lo que Gerson:

*Prædicat, atque studet, scriptor largitur, et orat*
*Afligitur, sal dat, fontem, lucemque futuris,*
*Ecclesiam ditat, amat, custodit, honorat.*

Esta es, señor mío, la provincia de san Pedro y san Pablo de Michoacán de padres Franciscanos, considerada en este siglo, y en una corta porción de individuos, de los que (hablando de los muertos) excepto uno u otro, aún yacen calientes sus cenizas entre las bóvedas; que si hubiéramos de considerarla en los siglos XVI y XVII, nos faltaría tiempo para alistar solo los nombres de aquellos Sujetos, que con su literatura y sabiduría los llenaron de admiración. Pero no siendo de mi cargo patentar al Mundo aquellas noticias, que con más bien cortadas plumas pueden escribirlas, y sacarlas de entre los polvos y ruina tantos Sabios gigantes, me contento solo con hacerle presente a vuestra majestad los muchos que pudieran haber defendido aquella inmortal, y no disputada gloria del padre san Miguel, hasta que el Sabio escondido Autor tomó las armas, y sin otros auxilios y socorros que los del valor de su ingenio y sutileza, pretendió, como lo hizo, trasladar el derecho de posesión y buena fe, que esta provincia gozaba de inmemorial tiempo hasta esta parte en uno de sus hijos, y adjudicarlo enteramente a la gloriosa memoria del V. señor don Vasco de Quiroga; como si la grandeza de este príncipe, sus hechos, y heroicidades, necesitaran mendigar migajas de los remendados sayales de la Franciscana Pobreza. Y aunque vuestra majestad me podrá redargüir con el hecho, esto es, de no haberse defendido, debo decirle, que nunca lo harían; porque creyendo, que las armas de su milicia no son carnales, o vestidas de afectos y pasiones terrenas, se contentan con el mérito del silencio, dejando a la fuerza de la razón y de la justicia que haga toda la costa.

**Español.** Estoy bastantemente convencido con tus razones, porque en las cosas que no son de fe, estoy pronto a sujetarme a dictamen y opinión ajena; y así te estimaré que vuelvas a coger el hilo de adonde lo dejaste pendiente, que si mal no me acuerdo, fue en el V. P. fray Martín de Jesús.

**Indio.** Pues eso será, señor mío, en la Tarde que sigue.

## Tarde XII. Erección de iglesias y provincias regulares, con una breve noticia de sus primeros prelados

**Indio.** Entre los doce primeros religiosos Franciscanos que pasaron a estas partes, el cuarto fue el padre fray Antonio de ciudad Rodrigo, que pasando a España, y hecha la renuncia del obispado de Jalisco, se restituyó a México, donde murió. Fray Toribio de Benavente, llamádose Motolinía por ser el primer vocablo que entendió de la lengua mexicana, que importa lo mismo que Pobre, fue el quinto de los primeros. Catequizó y convirtió a la fe más de cuatrocientas mil almas, y después de escribir muchos Tratados útiles y doctrinales, murió en México. El padre fray García de Cisneros, que ayudado con la protección del excelentísimo señor virrey don Antonio de Mendoza, e ilustrísimo señor Zumárraga, erigió el primer Colegio de toda esta Nueva España en Tlatelulco, colocando por maestros de las facultades mayores a los Sapientísimos padre fray Andrés de Olmos, fray Juan de Gaona, y fray Bernardino de Sahun. Fundó con el padre Motolinía la ciudad de los Ángeles, que hoy es obispado de los más pingües de la Nueva España: murió en México. El padre fray Luis de Fuen-salida, fue el primero que aprendió y predicó la lengua mexicana, y primer obispo electo de Michoacán por Cédula del emperador. Renunció la altura de esta dignidad, temiendo no despeñarse entre los peligros de los honores. Pasó a España con el glorioso fin de predicar, y padecer martirio entre el Bárbaro Sarraceno. Estorbóselo san Pedro de Alcántara, por considerar en la gigantez de su espíritu mayores logros en sus designios. Desempeñó el concepto que de su virtud se había formado este penitente Varón, y restituido a estas tierras, murió en la Isla de san Germán.

El padre fray Juan de Rivas, celosísimo de la santa Pobreza, escribió muchas materias útiles en la lengua mexicana: murió en Tetzcuco. El padre fray Francisco Jiménez, gran Letrado y Canonista, renunció el obispado de Guatemala, trabajó el primer Arte y Vocabulario del idioma mexicano, murió en México. fray Andrés de Córdoba, y fray Juan de Palos, religiosos Legos: éste murió de hambre acompañando a Pánfilo de Narváez a la Florida, y el otro en Yxtlan en la Nueva Galicia, y aún permanece su cuerpo incorrupto. Al año de estar en estas partes este ejemplarísimo Apostolado americano, llegaron fray Antonio Maldonado, fray Antonio Ortiz, fray Alonso de Herrera, y fray Diego de Almaste, sin otros operarios que sucesivamente fueron viniendo en busca de la nueva labranza, todos del Orden de san Francisco; distinguiéndose entre tantos los padre fray Juan de san Francisco, y fray Jerónimo de Mendiola, por haberles Dios infundido el don de Lenguas. A los cinco años de la Conquista, llegaron a la ciudad de México once religiosos de la Esclarecida religión de santo Domingo: llamábanse fray Tomás Ortiz, murió obispo de Santa Marta, fray Vicente de santa Ana, fray Diego de Soto mayor, fray Pedro de santa María, fray Justo de santo Domingo, fray Pedro Sambrano, fray Gonzalo Lucero, fray Domingo de Betanzos, fray Diego Ramírez, fray Vicente de las Casas, Novicio, y fray Bartolomé de Calzadilla, Lego. De éstos, cinco murieron luego, tres se volvieron a España con el padre fray Tomás Ortiz, con que solo quedaron tres, que fueron fray Domingo de Betanzos, fray Gonzalo Lucero, y fray Vicente de las Casas. Hospedáronse con los padres de san Francisco, de ahí donde está hoy la Inquisición, hasta que fundaron en la que viven a la presente. A los dos años después de éstos, llegó fray Vicente de santa María con veinticuatro religiosos de la misma Orden. Repartiéronse por varias provincias, fijando el pie para la conversión en las de Chiapa y Guatemala. La piedra sobre que se levantó el edificio Dominicano en estas partes, fue el padre fray Domingo Betanzos, Varón apostólico, penitente, extático, y ejemplar. Pasó a España, Italia, y Roma: confiriole el papa muchas gracias, privilegios, y autoridad: se restituyó a México, donde después de haber renunciado el obispado de Guatemala, murió. Trajo consigo a fray Pedro de la Peña, obispo de Quito, fray Pedro de feria, obispo de Chiapa, fray Bernardo de Alburquerque, Lego, y después obispo de Oaxaca. A los once años de la Conquista llegaron los padre fray Francisco de la Cruz, fray Agustín de la Coruña, fray Jerónimo Jiménez, fray Juan de san Román, fray Juan de Ozeguera, fray George de Ávila, y fray Antonio de Soria, religiosos del gran padre de la Iglesia san Agustín. A éstos sucedieron otros seis de la misma Orden, y después once, todos de ejemplar virtud, y celosísimos de la fe y la religión. Hospedáronse con los padre Dominicos en México, hasta que fundaron la Casa en donde hoy viven. El primer Maestro en facultades mayores de dichos padres, fue el V. P. fray Alonso de la Veracruz, que en el siglo se llamaba Alonso Gutiérrez.

La primera Casa donde leyó, fue en Tiripitío, y renunció el obispado de Nicaragua. Los más famosos en santidad fueron fray Juan Bautista, que está enterrado en Valladolid; V. P. Basalenque que habrá veintitrés años, que su cuerpo fue trasladado desde Charo a la misma ciudad; padre fray Juan de Medina Rincón, que murió obispo de Michoacán; padre fray Pedro Juárez, obispo de Guadalajara; fray Juan Adriano, y otros. Y aunque estas tres religiones fueron las columnas sobre que se levantó la Casa de Dios en estos reinos, no tuvieron la menor parte los ejemplarísimos Sacerdotes, y apostólicos Presbíteros, el padre Juan González, que renunciando la Prebenda Canonical, por darle más ensancha a la caridad, murió, y está enterrado en la Catedral de México; los padre Juan de Mesa, Luis Gómez, y Urbano Aragonés, tan vigilantes en la salvación de las almas, y despreciadores de las cosas terrenas, que fueron el pasmo de la santidad, y admiración de los virtuosos. Todos éstos, sin otros muchos, fueron los primeros ministros o Apóstoles de quienes tomó exordio, y tuvo principio la iglesia mexicana; y si vuestra majestad quiere instruirse con más extensión en esta materia, lea los Autores y Cronistas de las respectivas religiones sobredichas, con las que se llenará de amenidad, y desahogará sus buenos deseos.

**Español.** Con lo dicho me basta para adquirir la mediana luz que pretendo.

**Indio.** Siendo así, pasaré por no dilatarme a referir los prelados que con su prudencia, ejemplo, y edificación dilataron la prosperidad en la espiritual Grey que se les había cometido. El primer prelado Ordinario lo fue el V. P. fray Martín de Valencia, y el primer Pastor de nuestro Rebaño apostólico y evangélico fue el padre fray Juan de Zumárraga, religioso Franciscano, Vizcaíno de nación, que siendo Guardián en el Convento de la religiosísima provincia de la Concepción en Castilla la Vieja, lo eligió el emperador Carlos V por obispo de México. Desembarcó en estas tierras el año de 527: gobernó su Iglesia en calidad de gobernador dieciocho años, después de los cuales fue consagrado. Murió, siendo promovido arzobispo de ella, a los 548, y ochenta de su edad, con que fue el primer obispo y arzobispo de México. Hacía las Visitas de su Diócesis a pie y descalzo, sirviéndose tal vez de un jumentillo para reparar las fatigas que le ocasionaban los trabajos de su celo, y cansada edad. Premiole Dios la gloria de sus apostólicos afanes, con hacerlo primer cultor, y fiel testigo del sin semejante Simulacro de la Madre de Dios, aparecida al Neófito Juan Diego. A este santo Varón sucedió el ilustrísimo señor don fray Alonso de Montufar, Dominicano: tomó posesión el año de 51 murió el de 69. Animáronse en las heroicas virtudes de este religioso príncipe las difuntas memorias de su inmortal Antecesor: murió, y a los cuatro años de su fallecimiento le sucedió el ilustrísimo señor don Pedro Moya de Contreras, formando así este V. prelado, como los antecesores, con su integridad y ejemplo, arancel de perfección y santidad para todos sus Sucesores hasta el señor don Alonso Núñez de Haro y Peralta, que hoy gloriosamente ocupa la Silla Arzobispal, cuyas prendas, sabiduría, y virtudes son notorias a ambos Mundos. En esta vacante se instituyó por el rey Felipe II el Tribunal de la Inquisición en estos reinos, habiéndose antes gobernado por particulares Comisiones. El primer Comisario Inquisidor fue el padre Franciscano fray Martín de Valencia; el segundo, el Dominicano fray Tomás Ortiz; de ahí, fray Domingo Betanzos, fray Vicente de santa María, y otros de la misma Orden de santo Domingo, hasta el año de 77, que fue electo en calidad de Inquisidor el licenciado don Juan de Cervantes; y porque murió antes de embarcarse, substituyó el Cardenal de Toledo en el doctor don Pedro Moya de Contreras el empleo. A este siguieron don Alonso Fernández de Bonilla, licenciado Granero de Ávalos etc. continuando hasta los señores doctor don Manuel Ruiz de Vallejo, licenciado don Nicolás Galante y Saavedra, y doctor don Juan de Mier, que hoy autorizan la majestad y decoro de sus respetuosos empleos.

El año de 27 se erigió el obispado de Tlaxcalan: fue su primer obispo don fray Julián Garcés, Dominicano: llamábanle por su elocuente Latinidad el segundo Nebrija, y redivivo Cicerón: sazonó todos los manjares de las virtudes con la sal de la prudencia, dechado que dejó a todos sus Sucesores hasta el ilustrísimo señor don Victoriano López González, que actualmente en paz y discreción lo gobierna. El de 36 se erigió el de Michoacán: fue electo en primer obispo el religioso Franciscano fray Luis de Fuen-salida: renunció, y se consagró el V. señor don Vasco de Quiroga, de cuyas heroicas virtudes largamente habla en la Vida que de san su ilustrísima escribió eruditísimamente el licenciado don Juan José Moreno. Hoy lo rige con edificación de todos los pueblos, sabia y ejemplarmente, el ilustrísimo señor doctor y Mro. don Juan Ignacio de la Rocha.

De Jalisco fue electo, en primero el santo religioso Franciscano fray Antonio de ciudad Rodrigo, y por su renuncia, fue consagrado el señor don Pedro Malaber, tan ejemplar, penitente, y caritativo, que animó con estas excelentes virtudes las de los Sales y Villanuevas, llamándole el Celoso y Limosnero de la Divina Providencia. En este Taller se han ido formando tantos santos obispos en Guadalajara, como publica la fama y tradición constante del continuado prodigio de los Sombreros, movidos por Mano superior, no solo a la primera entrada de los obispos, sino al tiempo de elevar el Sacerdote el Sacratísimo cuerpo y sangre de Cristo, tocando este admirable portento con sus ojos, cuantos devotamente concurren a los Divinos Sacrificios en días solemnes. Así lo deponen los felices habitadores del país, y en las justas Exequias que del señor Garavito celebraron, lo gritan y vocean los moldes. ¡Caso a la verdad, que no se le halla símil más que en Alcalá con el cuerpo de san Diego! Con estos avisos celestiales han ido dejando de unos en otros el buen olor de la santidad, que alienta y respira el ilustrísimo señor don fray Antonio alcalde, religioso Dominico, su actual obispo. De la de Oaxaca fue su primer prelado el ilustrísimo señor don Juan de Zárate, que probó en el yunque de la paciencia y del sufrimiento las inquietudes e insultos que contra su persona sagrada maquinó el desorden y la malicia. En el Espejo de su humildad se han mirado todos sus Sucesores hasta el ilustrísimo señor don José de Ortigoza.

De la provincia de Yucatán fue el primero el ilustrísimo señor don fray Juan de la Puerta, religioso Franciscano: unió a su Instituto las divinas máximas, y reglas que prescribe san Pablo: fue irreprehensible en su vida, y eternizó en la muerte el dulce acuerdo, que de sus virtudes han hecho cuantos le han ido sucediendo, y han alentado su espíritu para conciliarse los cultos y veneraciones de los pueblos; teniendo hoy por objeto de sus alegres, religiosos, y obsecuentes votos al ilustrísimo señor don Antonio caballero, a quien le viene ajustado el:

*Conveniunt rebus nomina sæpe suis.*

El obispado de Guadiana fue instituido el año de 621, siendo su primer Pastor el señor don fray Gonzalo de Hermosillo, religioso Agustino, tan ajustado a las máximas de su santo doctor y Maestro, que las que escribió en Hipona para todos los obispos de África, quiso el señor Hermosillo aprendieran sus Sucesores, como lo han practicado hasta el señor don Antonio Macarulla.

No tuvieron poca parte los prelados de las sacratísimas religiones, en la disposición y hermosura de esta admirable obra americana. Ya dije a vuestra majestad arriba de los muchos ministros, que con apostólico celo y ejemplar vida, idearon el plan, y cavaron los cimientos de nuestra Iglesia, sujetando sus operaciones y dictámenes a las respectivas cabezas por quien se regían y gobernaban. De la esclarecida religión de santo Domingo, que se llamó a provincia el año de 535 fue primer provincial el santo religioso fray Francisco de san Miguel, nombre con que regularmente lo trataba el V. P. fray Domingo de Betanzos. En la Cátedra de sus altísimas virtudes han ido aprendiendo todos los provinciales que le han sucedido, hasta el Reverendísimo padre fray Jerónimo Cams.

Los religiosos de san Francisco dieron obediencia el año de 531 al padre fray Alonso de Rosas, primer Comisario de todos los Súbditos que habitaban esta Nueva España, e Islas adyacentes. Clausuló este Oficio el reverendo padre fray Manuel de Nájera por el año pasado de 69. El primer provincial que dichos padres aclamaron en estas partes fue el V. P. fray García de Cisneros, de cuya santidad ya dije: fue electo el año de 531 por ser erigida en provincia la que hasta hoy se llama del santo Evangelio. Dejó este santo prelado Franciscano una perfecta imagen de su buen ejemplo en todos los que después de él han ocupado el provincialato, hasta el reverendo padre fray Juan Bautista Dosal, que al presente desempeña el ministerio, con la madurez y religiosidad que a todos es notoria.

Por los años de 665 se apartaron los padres, que moraban en estas partes de Michoacán, de la unión de los mexicanos, y formaron por sí provincia, tomando por nombre san Pedro y san Pablo: crearon en primer provincial al V. P. fray Ángel de Valencia, bebiendo en la humildad y pobreza de este verdadero hijo de san Francisco, como en caudalosa fuente, todos los que le han sucedido en el celo y la imitación; siendo argumento de esta verdad, las virtudes y sobresalientes prendas, que como heredadas de sus gloriosos Predecesores, hacen dulcemente amable al reverendo actual provincial fray Santiago Cisneros, de quien ya también arriba dije a vuestra majestad De estas dos provincias, que fueron el fecundo vientre donde se engendraron y nacieron las demás, tuvieron principio la de san Francisco de los Zacatecas por el año de 604 y la de Santiago de Jalisco por el de 607. De éstas fue su primer provincial el V. P. fray Juan de la Peña, hoy el M. reverendo padre fray N. y de aquella primero el Pobre (así le llamaban) fray Alonso Caro, hoy el Docto religioso fray Pablo Díez Tamayo.

La provincia de Descalzos o Dieguinos fue erigida el año de 599 por Bula del papa Clemente VIII fue su primer ministro Apostólico el V. P. fray Pedro de Alfaro, por cuyo espíritu han arreglado el suyo los demás Observantes prelados, hasta el reverendo padre fray Pedro Oronzoro, que actualmente la rige y gobierna.

La doctísima y nunca bien elogiada religión Agustiniana se gobernó en los principios por Vicarios provinciales, siendo el primero el V. P. fray Francisco de la Cruz: abrazaba su gobierno a los religiosos de Michoacán, hasta que por el año de 602 tomó ésta el nombre de provincia y por su titular san Nicolás Tolentino: eligió por su primer prelado al V. P. fray Pedro de Vera. Puso Dios a este santo Varón en el candelero de la Prelacía, para que en la bondad de sus obras, glorificara y engrandeciera cada uno de sus Sucesores, al grande padre Agustino, que vive y reina en los Cielos, como lo acredita el reverendo padre fray Manuel Arias, que en el día gloriosamente desempeña el concepto de sus mayores con la afabilidad, discreción, y sabiduría que a todos es notoria.

Después de estas Sacratísimas religiones, que con justicia se deben llamar Timón de la pequeñuela Nave americana de san Pedro, fueron llegando como Operarias y Coadjutoras la de san Ignacio de Loyola por el año de 572 otros dicen que por el de 70 siendo su primer provincial el padre doctor Pedro Sánchez, y último padre Salvador Gándara.

La religión del gran padre san Elías, o de nuestra señora del Carmen, arribó a estas partes por el año de 586 no falta quien diga que el de 85 erigieron provincia con título de san Alberto: el de 588 fue su primer provincial el V. P. fray Eliseo de los Mártires, que desembarcó en estos reinos por los años de 594 en cuyo tiempo mandó la provincia, en calidad de Vicario provincial, el V. P. fray Pedro de los Apóstoles: hoy la rige el reverendo padre fray José de san Gabriel.

El Real y Militar Orden de la Merced, después de habitar las provincias de Guatemala, pasó a esta Nueva España el año de 582 y se llamaron a provincia con título de la Visitación de nuestra señora el de 616: fue su primer provincial el V. P. fray N. hoy con celo discretísimo maneja las riendas del provincialato el reverendo padre Mro. fray Vicente Garrido.

La religión Hospitalaria de san Juan de Dios desembarcó en estas partes, el año de 602: fue su primer prelado el V. P. fray Jerónimo de Sequera: hoy lo es en calidad de visitador provincial el reverendo padre fray Pedro caballero Rendon.

La religión de san Benito fundó por el año de 590 una Casa con la advocación de nuestra señora de Montserrat; permanece hasta el día bajo de la dirección de don fray Ramiro González.

La religión Belemítica, cuyo Fundador fue el V. Pedro de san José Betancurt, fundó su primera Casa en la ciudad de México por el año de 667 el de 87 fue aprobada en religión por la Silla Apostólica, y confirmada en tal por el papa Inocencio XI. Fue su primer Prefecto general el V. H. fray Rodrigo de la Cruz: hoy lo es el H. fray Francisco Javier de santa Teresa.

El Instituto es Hospitalario, como lo es el de la religión de san Hipólito, de quien fue Fundador el V. Bernardino Álvarez: dio principio a la fundación en el año de 566 y vino a aprobarse, erigirse, y confirmarse en religión por la santidad de Inocencio XII. el año de 700. Fue su Hermano mayor y general el V. Hernando Carrasco: hoy lo es el reverendo padre fray José de la Peña, quien con la madurez, discreción, prudencia, y sublimidad de espíritu de que el Cielo pródigamente lo ha dotado, animó el cuasi helado Cadáver de un cuerpo, que míseramente yacía en los umbrales de su última desolación y ruina, comunicándole alientos tan superiores, que hoy es el dulce embeleso del ejemplo y recreación espiritual cada una de las Casas de su ordenación; admirándose en todas tan floreciente el Instituto de Hospitalidad, y socorro de pobres dementes, como en el glorioso tiempo de su Fundador. Note vuestra majestad que estas dos ejemplares y últimas religiones son engendradas, nacidas, y propagadas en este fecundo vientre americano, pudiéndosele aplicar aquel merces filii fructus ventris.

La religión del gran padre san Camilo de Lelis, esclarecido Fundador de padres Clérigos Regulares, ministros de los enfermos agonizantes, entró en este reino por el mes de noviembre de 1755. Ha regido hasta la presente en calidad de viceprovincial el reverendo padre Lector Jubilado Diego Marín de Moya; promete unas gloriosas esperanzas esta nueva fundación, así por el desvelo de sus celosos ministros, como por el amor y caridad con que todos los Nacionales la miran y distinguen: al fin heredada devoción del ilustre caballero Criollo don Felipe Cayetano de Medina, dispensando en consorcio de su carísima hermana doña María Teresa de Medina munificentísimamente las gruesas cantidades, ésta de treinta mil pesos, y aquel de cincuenta mil, sin los excesivos gastos y costos que erogaron en la conducción de sus primeros cinco religiosos; sacrificando no solo los intereses, sino la vida de su amado hijo don Juan María de Medina, por felicitar sus progresos: no tuvo poca parte la Criolla Heroína doña María Castaneda, esposa del teniente general don Rodrigo de Torres, en las robustas paredes de este nuevo místico Muro de Sión: pues presenciándose al excelentísimo señor Bailío don fray Julián de Arriaga, eficazmente le persuadió del fruto, utilidad, y sobrados fundos que los antedichos tenían consignados a su fundación, moviendo con tan vivas expresiones el cristiano y generoso pecho de su majestad, para conseguir el feliz éxito de la fundación, que en efecto se consiguió.

El año de 628 entró la religión del gran padre san Antonio Abad: fue su primer Fundador el padre don fray Juan González Gil, y en el día el padre don fray José Dosal.

Mucho de lo referido hallará vuestra majestad impreso, y de buena letra en los Autores indianos, como que desde el año de 537 ya se lisonjeaban estos reinos con el privilegio y gracia de Imprenta, habiendo tenido la primera Juan Pablo Lombardo. Hoy entre las varias que hay en el reino florece por la abundancia de moldes, hermosura y limpieza de caracteres, la de don Felipe de Zúñiga y Ontiveros, quien después de haber erogado unos crecidos costos, y algunos años de espera, ha conseguido utilizar al Público con una de las Oficinas más necesarias a las repúblicas.

Éstas son las cosas más notables que en el siglo posterior a la Conquista acontecieron. Éstos son los Sacerdotes, ministros, prelados, y Jefes sobre cuyos hombros se sustentó el espiritual y temporal edificio americano, dilatado en tantos ángulos cuantos no puede tocar la vista, y apenas llega a verlos la admiración. Estos fueron el Taller donde se perfeccionaron las virtudes. Éstos fueron el Yunque, que a continuados golpes del sufrimiento, pobreza, paciencia, y humildad, granjearon inmortales premios para sí, y gloriosos méritos para nosotros. Éstos fueron aquellos primeros Labradores, que con las azadas de la caridad, celo, trabajos, fatigas, edificación, ejemplo, doctrina, penitencias, y austeridades, cultivaron la aridez de esta inculta tierra, contribuyendo con sus sudores, lágrimas, y sangre al riego de las nuevas plantas, para que dieran, como han dado, dan, y darán, los óptimos frutos de la gracia, y de la santidad. Y en fin, éstos fueron el ejemplar, dechado, arancel, pauta, y primera oficina de la prudencia, donde se ensayaron y pulieron las seguridades, máximas, y aciertos del gobierno Político, Civil, Militar, y Eclesiástico de este vasto Orbe americano.

**Español.** Quedo sobradamente instruido con las abundantes luces que me has comunicado; infiriendo de tu plática, que aquella palabra divina que dio estabilidad a la Tierra, y tiene aprisionado el furor de los Mares con el débil reparo de unas arenas, y que es la basa sobre quien se apoya la inmensa máquina de los Cielos, debiendo a su poderosa respiración toda la seguridad, y firmeza; mantuvo y mantendrá constante aun en medio de tantos peligros y tribulaciones como las que me has pintado, a esta su nueva Esposa americana. Manifiéstase esta verdad, en que aunque desde sus primeros gorjeos y tiernas niñeces pretendieron las bastardas sombras de la malicia oscurecer el brillante esplendor de su hermosura, sobresalió triunfante la valentía de sus luces, y descolló firme su grandeza sobre todas las hostilidades de los Tiranos. Agregose a esta adorable providencia del Altísimo, el que jamás parece se apartó su Sabiduría de la recta y cristiana intención de sus ministros; porque de no ser así, no podrían conformarse con la razón las reglas de un gobierno tan implicado en lo temporal y espiritual.

**Indio.** Tiene vuestra majestad razón, pues con ese auxilio tan superior, imprime la Prudencia sus leyes, y dirige las operaciones, para hacerlas felices, perpetuas, e inmortales. Conocían estos diestros Artífices de la nueva obra, que para dilatar y conservar lo construido y fundado, necesitaban ajustarse a los sagrados estatutos de aquella virtud que como reina, extiende su dulce monarquía aun entre las más bárbaras naciones. Conocieron que aun estando con todo el ornato de las virtudes con que debe vestirse un perfecto Maestro, si les faltaba el arte de la Prudencia, sería como tirar piedras al edificio sin observar el orden y simetría con que se traban. Persuadían con la edificación, predicaban con el ejemplo, atraían con las palabras, confundían con las penitencias, exhortaban con la rigidez, y asombraban con los prodigios, maravillas, y milagros: y con mirarse en cada uno un animado ejemplar de los Anacoretas, Vírgenes, Confesores, Mártires, Apóstoles, doctores, y Profetas, se hubiera quedado en bosquejo la máquina, si a la heroicidad de estas virtudes no hubieran enlazado las discretas máximas de la Prudencia. Conoció Dios en cada uno el espíritu de Pablo para plantar, el de Apolo para regar; y por eso le dio incremento y fecundidad, que no dio ni dará a otra prole ni generación.

**Español.** A no venir la noche, no dejara de proponerte algunos reparos de peso y consideración; pero lo haré con el favor divino en la Tarde siguiente.

## Tarde XIII. Virtudes y fama póstuma de muchos varones indianos, que florecieron en santidad

**Español.** En la Tarde pasada me resolví a proponerte las muchas dificultades que de tu contestación se me han ofrecido. Tenga primer lugar la siguiente: ¿Qué fundamento tienes para darles nombres de Venerables y santos, a unos Sujetos de quienes la Iglesia no hace mención, y cuyas memorias quedaron sepultadas con sus muertes en el silencio del olvido; sin reflejar que esos epítetos, y otros equivalentes están repetidamente prohibidos por los Sumos Pontífices y Concilios, mandando que a ninguno le sea lícito tributar honor o culto a persona cuya virtud y santidad no esté declarada por la Silla Apostólica, a cuya suprema autoridad pertenece la concesión de estos, o semejantes distintivos? Porque yo hasta ahora estoy entendido, de que aquellos deben llamarse santos, a quienes los Vicarios de Cristo, después de una madura consideración, y recibida prueba irrefragable de haber ejercitado en grado heroico, altísimo, y excelente todas las virtudes, y conciencia cierta de que Dios, intuitu de los méritos de su Siervo, obró por su intercesión a lo menos dos milagros en vida, y otros dos en su muerte, lo publica, declara, define, y escribe solemnemente en el Católogo de los Gloriosos y Bienaventurados, ahora sea por modo pronunciativo o declaratorio, como acontece a los Canonizados, ahora sea por modo indultivo o concesorio, como con los Beatos.

**Indio.** No se canse vuestra majestad que ya estoy al cabo de lo que me quiere decir: y si me escucha con paciencia, creo que ha de quedar satisfecho, y borrada en un todo la imagen de sus dudas. Y para que así sea, debo suponer como infalible, que las criaturas, para llegar al feliz estado de la santidad y culto que vuestra majestad dice, han de resplandecer, primeramente, en las virtudes Teologales: con la fe, creyendo firmemente todo aquello que Dios revela a su Iglesia, y ésta nos propone; asintiendo a que ni puede engañar, ni ser engañado, por ser suma verdad, y quien lo manifiesta columna y firmamento de ella. Con la Esperanza, confiando en la divina Misericordia, que le ha de dar por galardón y premio la Bienaventuranza, con todos los bienes sobrenaturales y temporales, en cuanto éstos conducen a la vida eterna. Con la Caridad, amando a Dios sobre todo lo que se ama y puede amarse, y en Dios al Prójimo por ser imagen suya.

Deben asimismo resplandecer en estas santas criaturas las virtudes morales y Cardinales, con todas las que a éstas se allegan, imperadas, formadas, y referidas a Dios por actos de Caridad; porque de no ser así, no serán merecedoras de condigno. Han de sobresalir en todas éstas en grado excelente, para constituirse ilustres, y dignos de honor, gloria, y alabanza, dando indicios de su heroicidad, por el sacrificio que hacen de su voluntad a ajeno imperio, sujeción a la Romana Iglesia, frecuencia de Sacramentos, oración continua, castigo de la carne, con el que se enfrena la concupiscencia, y desordenados apetitos de la sensualidad, se reprimen las pasiones de la ira, y se apagan los incendios de la vanidad; sufrimiento en las persecuciones y adversidades, y anhelo a adornarse de todos los dones del Espíritu santo.

Últimamente para crédito de todas las virtudes, y testimonio de la pública fama de la santidad de sus vidas, han de obrar algunos milagros, que a lo que entiendo, son de tres maneras: o en cuanto a la sustancia del hecho, como convertir la agua en vino, el pan en flores etc. o en cuanto al Sujeto, como resucitar muertos, y dar vista a los ciegos: o en cuanto al modo, como la repentina sanidad de un enfermo que adolece de accidente grave y peligroso, con tal de que todo se juzgue ser sobre las fuerzas de la naturaleza creada, y que solo pudo obrar la divina virtud.

Supongo también el que Dios en el Taller de su Omnipotencia, ha formado unos santos para la admiración, y otros para el ejemplo; unos en quienes los años antecedieron a los méritos, y otros en quienes los méritos se antepusieron a los años: unos en quienes sus cunas fueron los teatros de la admiración y del asombro, y otros en quienes los sepulcros fueron los sagrados altares de la reverencia y de la adoración. Por aquellos hablan los Jeremías, Bautistas, Franciscos, Domingos, Rosas, y Luises de Tolosa, y por éstos los Antonios, Onofres, Hilariones, Macarios, y muchos, cuya santidad se labró según la perfección, bondad, y excelencia de las obras; de suerte, que en unos obró el mérito y la justicia, y en otros la dignación y la liberalidad: y para decirlo a vuestra majestad con más elegancia, oiga lo que escribe el Crisóstomo hablando del Bautista: Lo que en Juan obró el privilegio de la gracia, en otros la gracia esforzando la naturaleza: Nam aliud, est opus gratiæ, aliud opus naturæ.

Esto supuesto, vamos a lo más precioso. Si vuestra majestad oyera, que un hombre poseía todos los dotes, gracias, prerrogativas, y virtudes en aquel grado de heroicidad que los hace distinguir de las ordinarias y comunes, y que de éstas daba testimonio el Cielo por medio de sus extraordinarios prodigios, como son, resucitar un infante que murió sin recibir la agua del Bautismo, debiéndole a su virtud el reparo de ambas vidas; que hallándose unos Caseros preocupados de un compasivo encogimiento por no poder socorrer su necesidad, y que instado de la fe del Varón santo, abren la caja, y la encuentran llena de pan, cuando hasta allí jamás depositó ni aun migajas; que las Sementeras cubrían los campos de tristeza, por la sequedad y escasez de las lluvias, y que a sus ruegos inclinaba Dios sus piedades, fertilizando repentinamente las plantas, hasta dar en abundancia los frutos; que muerto, después de revelarle Dios el día y modo de morir, con solo tocar su Cadáver restituye a uno el sentido del olfato, que enteramente lo tenía perdido, y una mujer desahuciada de los médicos, en el instante que lo invoca, queda sana y libre de los accidentes; ¿qué sentiría vuestra majestad de él? ¿Podría con razón llamarle santo?

**Español.** Sí, habiendo dos o tres testigos fieles y de verdad que me lo aseguraran; porque el dicho de uno ya sabes que es como el de ninguno.

**Indio.** Allá voy, señor mío. Este Hombre, este Varón, este Siervo del Altísimo, fue el padre fray Martín de Valencia, de quien ya dije que era religioso Franciscano, natural de la villa de don Juan en Castilla la Vieja; y no uno ni dos, sino miles de testigos, declaran y deponen los milagros que vuestra majestad ha oído; y si quiere satisfacerse de mi verdad, vaya a Tlalmanalco, donde verá por sus ojos el del infante, y el del olfato. Vaya a Tlaxcalan, y verá el del frumento, y el de la enferma; y por fin vaya al obispado de Coria, y en la villa de Santa Cruz, le referirán el de los panes. Y porque no tome el molesto cansancio de tan lejas tierras, vaya a Puebla, y allí encontrará la gigante virtud del V. P. fray Sebastián Aparicio, constando del Proceso remitido al Vaticano, los milagros siguientes: Resurrecciones de muertos 10, uno en vida, y nueve después de muerto: franqueza de las aguas caudalosas de un arroyo, dividiéndose para darle tránsito seguro y seco, 35 ocasiones: milagrosamente socorrido con vino 7: sobrenaturalmente alimentado con viandas 5: milagros hechos en el féretro 21: de dolores, quebraduras, y un ciego a nativitate 51: de calenturas, heridas, males de corazón, apostemas, llagas incurables y tullidos 173: de curaciones de animales, tempestades, y sanidad repentina de todo género de morbos 275: aparecido intelectual y visiblemente 21.

Si vuestra majestad oyera, que un hombre, atropellando los fueros de la naturaleza con los impulsos de la gracia, despreciaba las dignidades y estimaciones, de que hace tan crecido aprecio la vanidad de los mundanos, eligiendo el abatimiento, que tanto aborrece el amor propio: que despojándose de los bienes de fortuna, los renunciaba en los pobres, consagrando a la mendicidad tantos cultos, como le da baldones la avaricia: que formando escalas de todas las virtudes, subía de una en otra al grado más heroico de perfección; y que con el vencimiento de sí mismo, hacía violencia al Cielo, donde quería descansar victorioso en la visión de paz: que entre todas las virtudes que lo hacían grande en los ojos de Dios, la más sobresaliente era la caridad, de quien decía, que era la alma que a todas las demás vivificaba y daba aliento, y que como a Emperatriz que las regía y gobernaba, debían todas contribuirle obsequios y homenajes, girando su corazón en continuo movimiento, de Dios al Prójimo, y del Prójimo a Dios, como que solo tiraba las líneas de su circunferencia hacia el centro y punto fijo, que era el perfecto amor; juzgando por alquimia el de los mundanos, que en el crisol del interés, descubre sus falacias, y hace ver que no tiene más preciosidad que la apariencia; y que a consecuencia de estos dotes, en vida y muerte, depositó Dios en él aquella basa en que se apoya el juicio de la prudente credulidad, para hacer más constante la fe de la santidad y del heroísmo, esto es, la virtud y poder para obrar milagros, como los obró. ¿Qué diría Vm?

**Español.** Diría que ese fidelísimo Siervo, después de navegar en el peligroso golfo de esta mortal vida, y vencer las deshechas tempestades de los vicios, en tan larga y prolija navegación, cogería en usuras de gloria el premio de sus trabajos, y llegaría, sin duda, con felicidad al descanso del

Puerto, donde lo conducirían sus merecimientos para gozarse en la eterna región de la inmortalidad.

**Indio.** Ha bien, señor mío, pues este fiel Siervo fue el santo Varón fray Domingo de Betanzos, de quien ya también dije a vuestra majestad siendo testigos de sus heroicas virtudes Italia, Francia, España, Guatemala, y México.

Si vuestra majestad oyera que un hombre ajustado a las sagradas leyes de su Instituto, conservó siempre intacta la virtud de la castidad, con enterezas de Virgen; y que, acrisolando el oro de esta virtud en el fuego de las tentaciones, debía al vencimiento sus mayores créditos y ventajas: que para conservar la preciosidad de este tesoro, doblaba las mortificaciones, austeridades, y penitencias para debilitar los orgullos de la carne, creyendo que ésta era el fuerte adalid del enemigo común, que como áspid encubierto, engaña y mata con el halago y la dulzura: que empañado el cristal de su pureza con el más leve soplo de la imperfección, jamás dejó de hacer buenas obras, por no dejar de ser casto; y que a esta delicada virtud enlazaba la de la humildad, con la que poseía la alta dignidad de tesorero de la divina Sabiduría, conociendo en la grandeza de Dios, la miseria de su nada, porque a esta inaccesible cumbre decía se ha de subir bajando. Despreciábase a sí mismo, y estimaba lo ajeno; miraba en todos lo bueno, juzgaba en sí lo malo; se cautelaba de sí, porque a sí solo se temía, y en su propio desprecio hallaba atajos de adquirir estimación y honores, que por muchos rodeos no encuentra la altivez y la soberbia; no bastando el testimonio de su buena conciencia a callar los gritos de su mismo conocimiento, confesándose delincuente sin acusación y sin testigos, aun en las precisas pensiones de la naturaleza, viviendo siempre inquieto y temeroso de su propia fragilidad; y que aligerado su cuerpo, y abstraído de lo terreno, volaba en continuos éxtasis hasta el abismo de la Divinidad, en cuya cristalina fuente hidrópico bebía aquellos sobrenaturales dones que conducen la alma a un profundo conocimiento de las perfecciones y ser divino, y a una rara penetración de lo más secreto de los humanos corazones; adquiriendo más grados de ciencia con los continuos fervores de la oración, que los más aplicados y estudiosos con las penosas tareas de los libros. En fin, si vuestra majestad oyera que a tan pública fama de santidad y virtud, apoyada con aquellos sellos de la Omnipotencia, y voces grandes que da Dios para autorizar sus verdades en favor de sus amigos y Siervos (los milagros, dice san Agustín) se le seguía aquella parte principal de accidentales glorias, o fama póstuma, acreditada en su muerte con las continuas voces de los prodigios; ¿qué diría Vm?

**Español.** Diría que siendo para los mundanos el horror de la bóveda una profunda cisterna, donde en sombras de olvido se ocultan sus memorias, es para los Justos una elocuente lengua, que con el idioma de los portentos, grita y vocea sus hechos maravillosos; y diría que tal vez, movido de superior influjo el Oráculo del Vaticano, podría definirle su culto, para común utilidad y consuelo de la Iglesia; y los Fieles, mirando aprobadas con infalible auto-ridad virtudes tan excelentes, tuvieran dechado a que ajustar sus acciones, para caminar libres por las sendas de la mortificación, hasta llegar al templo de la inmortalidad; pero no me atrevería a llamarle santo ni Bienaventurado.

**Indio.** Ya iremos allá, señor mío: este Justo amado de Dios y de los hombres, fue el docto y V. P. fray Juan Bautista, religioso Agustiniano, de cuya virtud y santidad, puede vuestra majestad informarse en sus niñeces en Jaén, en su juventud en Salamanca, y en su robusta y madura edad en México, Coyoacan, Zempoala, Cuesta de Acatén, en Tierra caliente, y Valladolid, tea-tro donde el Cielo, por los méritos e intercesión de su Siervo, ha hecho tan-tas maravillas, prodigios, y milagros, como lo confiesan Antonio de Elejalde, y doña María Ana de Cabrera, que con solo el contacto del Sombrero que en vida había servido al V. Bautista, restituyó instantáneamente la salud de un chicuelo, nieto de los dos, desahuciado de los médicos, y en lo humano sin esperanza de alivio; sin otros muchos que vuestra majestad puede ver en la vida que de este humilde y penitente religioso escribieron el ilustrísimo señor don fray Juan de Medina Rincón, y V. Basalenque.

Y para no molestar la atención de vuestra majestad pregunte, lea, y consulte a las Historias, quiénes fueron los santos religiosos fray Juan de san Francisco, Motolinía, Ringel, Sahun, Escalona, Daciano, Garrovillas, Veteta, Gilberti, Aparicio, Margil, todos Franciscanos, sin otros: san Román,

Veracruz, Morante, Rodríguez, López, Águila, Basalenque, todos Agustinos, sin otros: González, Mesa, Gómez, Loza, Urbano, Díaz, san Cayetano (de éste escribió, hace pocos años, su vida el Docto Misionero Vilaplana) todos Presbíteros Seculares, sin otros: Marina, Oliva, y sin ofender la heroica virtud, y santidad gigante de todos los referidos, Gregorio López, primer Anacoreta de estos reinos. Y no obstante de que sus venerables memorias viven justamente quejosas de la ingratitud del olvido, admirará en unos aquella humildad y pobreza con que se desarma la malicia de la envidia, y se apaga la ardiente sed de la avaricia; porque en su mismo abatimiento añanzaban los patrimonios de la felicidad: y como vivían exentos de negocios y temporales intereses, no les inquietaban sospechas, ni asustaban ladrones, ni ofendían criados, ni engañaban amigos, deprimiendo animosos el orgullo de la soberbia, que es la que enturbia el aire del amor propio con el pestilente contagio del lujo y mundanas vanidades. En otros admiraría, no solo aquella dulce obediencia, que con doradas cadenas aprisiona la voluntad propia, adquiriendo en la misma sujeción un libre dominio sobre las pasiones, apetitos, y deleites sensuales; sino también aquella noble ciencia que alienta el espíritu, para emplearlo todo en las estudiosas fatigas que se refieren a las alabanzas de Dios, y reducen su especulación a la práctica de buenas obras, para el ejemplo y edificación de los prójimos. Y aunque esta ciencia se debe llamar temor santo de Dios, porque ninguno sería verdadero Sabio si no conociera que todos los frutos de la Sabiduría no tienen otro principio que las influencias de la gracia y de la humildad; muchos desviándose gran trecho de esta brillante luz, compran sus aplausos, honras, dignidades, y estimaciones al precio de la sabiduría, no aspirando a ilustrar el ánimo de inocentes noticias, sino a adelantar su fortuna con caducos intereses.

En unos admirará vuestra majestad aquella discreta circunspección que pesa las palabras para darlas en tiempo sazonado, pasándolas primero por el común registro de la discreción, honestidad, y dulzura; en otros admirará la piedad, la conmiseración, y la prudencia, debiendo a la dirección de esta última virtud, no declinar a los extremos, para no viciar la hermosura y perfección de las demás. Y en fin, en todos admirará, que siendo tan estrecho y apretado el nudo de la amistad que entre sí tienen, a porfía se juntaban

**244**

las fuerzas en cada uno para sacar enteramente formado un Varón perfecto y justo, en quien con el rendimiento de las pasiones, triunfaba el poder de la gracia. Y cuando la heroicidad de estas sobresalientes virtudes, apoyadas con la voz pública, autoridad de los Sabios, testimonio de los milagros, y constante tradición de padres a hijos, no fuera bastante a constituirlos amigos de Dios, justos y dignos de los cultos públicos, votos, y veneración, óigame con un poquito de más cuidado que hasta aquí.

Vuestra majestad sabe, que el martirio es una obra externa, por la cual el paciente es testigo de la fe y de la verdad: sabe que el Martirio se ha de ofrecer intrépido, alegre, libre, y voluntario a los tormentos, no teniendo otro objeto y fin que la confesión de la fe Católica, imperado este heroico acto por una caridad perfectísima, que es la causa intrínseca y meritoria. Sabe que a más de que la muerte ha de ser inferida por el rigor de las penas, habiendo libertad en el paciente para elegirla, se ha de verificar voluntad e intención de padecer, para que no quede indeterminada la pasión, y se ordene al fin sobrenatural. Y sabe finalmente, que con estas causas, y vista de algunos testigos, sin más prueba de santidad y virtud, se forma un Mártir Glorioso, y digno de los cultos y las veneraciones. ¿No es así, señor mío?

**Español.** No hay duda en ello, porque según san Agustín en la Epíst. 194. ad Sixtum, por la fe toma principio toda Justificación; y el Trident. en la Ses. 6. Cap. 8. la fe a la verdad es raíz y fundamento de toda Justificación.

**Indio.** Ahora bien, supuesto que la fe con la Caridad y buenas obras, es la que justifica, y que con todo lo dicho se conforma vuestra majestad me ha de hacer favor de que demos una miradica a las Historias de nuestra América, las que nos aseguran la muerte de un niño de doce a trece años, llamádose Cristóbal, hijo de Acxotecatl, señor de muchos Vasallos Tlaxcaltecos.

**Español.** Sí, ya lo he leído; y si mal no me acuerdo, su mismo padre, como otro Urbano con su hija Cristina, y Dióscoro con Bárbara, fue el inhumano verdugo de sus inocentes alientos, quitándole la vida a golpes, palos, y estocadas.

**Indio.** No tiene duda, y quien sabe eso, también sabrá que le dio muerte porque afeaba la sacrílega adoración de sus Ídolos, escondiéndolos y despedazándolos, para borrar la imagen de las supersticiones y del engaño; predicándole contra el desorden y los vicios, que obstinadamente lo apartaban de la verdadera fe de Cristo, y lo arrastraban por el despeñadero de su falsa religión e idolatría. Sabía también, que aun avisado del furor y enojo de su padre, y que por éste podría venir a ser cruenta víctima de sus venganzas, insistió constante en la intrepidez de su celo hasta arrojarse libre, voluntario, y con un ánimo igual al de los Pablos a la acerbidad de los tormentos y del martirio; decorándolo Dios con la manifestación de su difunto cadáver, que la impiedad de su padre tenía escondido a los ojos de los extraños y domésticos por más de un año, apareciendo incorrupto y sin otras señales, que las que le imprimieron las contusiones, el fuego, y las heridas, lenguas elocuentes por donde el Cielo persuadía, que ni el horror de los gusanos tuvo dominio en sus delicadas carnes, ni los mudos silencios del sepulcro jurisdicción para borrar los gloriosos despojos de sus triunfos.

**Español.** Lo mismo sucedió a un nietecito de Xicotencatl, y a un pajecito suyo, el primero llamado Antonio, y el segundo Juan, en la provincia de Tepeaca en el pueblo de Guauhtinchan, quitándoles las vidas los tiranos Idólatras en el instante que ellos se las quitaban a sus falsos Oráculos. Y lo que más me admira, si te he de decir verdad, es aquel valor y animosidad del Antonio, que olvidado de las pompas con que le brindaba el Mundo, por ser heredero de uno de los más poderosos señoríos de estos reinos, pretendía y disputaba valerosamente cargar sobre sí los crueles castigos de su fidelísimo compañero, por tener más que ofrecer a Dios en las sangrientas aras del martirio.

**Indio.** Ha bien, pues si vuestra majestad conoce esto, también conocerá, el que no con otros méritos están escritos en el Catálogo de los Mártires tantos como venera la fe en los altares.

**Español.** Yo así lo creyera si las Historias no nos los pintaran tan niños, en quienes suele tener primer lugar la travesura que la caridad y la edificación.

**Indio.** Pues señor mío, también sabemos lo que Cristo dice en su Evangelio, hablando de los niños, y por el Profeta tenía ya dicho antes, que de sus bocas se perfeccionó la alabanza, gloria, y magnificencia del Altísimo. Y cuando no supiéramos esto, sabemos que no murieron viejos los Víctores, Celsos, Priscas, Agapitos, Vitos, y otros muchos, que sin otros labios que los de la inocencia, merecieron con solo morir, lo que otros con la predicación. Si como vuestra majestad dice que por niños, me dijera que por indios, yo lo creyera, porque asintiendo como asentían muchos, no ser capaces de recibir la agua del Bautismo, juzgándolos por brutos, como si no estuviera escrito salvarás a los hombres y los jumentos; y a no ser por la santidad de Paulo III. aún carecieran de los bienes que comunican los Sacramentos de la Penitencia y Comunión, no sería mucho juzgarlos por incapaces de aquellos bienes con que se enriquece el alma, muriendo por la confesión y defensa de la fe. Pero ya que esta fatal consideración aparte a los de mi especie de tanta gloria, culto, y veneración, suplico a vuestra majestad demos otra miradica a las Historias: y pues las ha leído como yo, estimaré me diga lo que siente acerca del religioso Franciscano fray Juan Calero, martirizado por los Chichimecas Caxcanes en las Sierras de Tequila, con tanta crueldad, que no satisfecha su fiereza con asaetearlo, como a san Sebastián, demolerle los dientes, como a santa Apolonia, dividirle la cabeza, como al Cantuariense, y apedrearlo, como a san Esteban; y lo más es, que aun dejando los Bárbaros el Cadáver para Pasto de las fieras, al fin de muchos días lo encontraron los católicos incorrupto, fragrante, flexible, y tan caliente el sangre, como si estuviera vitalizado, al paso que hediondos y comidos de las aves los cuerpos de los muchos que murieron con él: y aunque la incorruptibilidad y fragancia pueden provenir de causas naturales, con todo, constando de la santidad, virtud, y excelencia de vida del Sujeto, las juzga la Iglesia por uno de los prodigios con que el Cielo inmortaliza y escribe sus memorias. Estos y semejantes asombros habrá leído vuestra majestad en los Venerables Padillas, Cosines, Tapias, Lorenzos, Herreras, Acevedos, donceles, Burgos, y otros, cuya prolijidad en referirlos se haría molesta. Esto supuesto, quiero que me diga ¿qué les falta a estos gloriosos defensores de la fe para que no se les tributen adoraciones que da la Iglesia a tantos como venera en los altares?

**Español.** No se les dan, porque aún no están vindicados, concediéndote cuando mucho, por lo que dices, que unos sean de la clase de los designados, y otros de la de los consumados o coronados; porque has de saber que los vindicados, son aquellos que por juicio público, y solemnidad bastante, declara Mártires la Iglesia, y como tales son dignos de los cultos y veneración, y éstos son los que se deben llamar santos, y lo contrario es tropezar en un sacrílego error contra lo determinado por los supremos Oráculos del Vaticano.

**Indio.** Ha señor mío, que si vuestra majestad hubiera leído al padre Avendaño en el tomo 6. de su Tesoro indiano, ya se persuadiría que no se previene el juicio de la Iglesia con llamarles santos y Venerables a los Varones de que hemos hablado; fuera de que, yo no digo que se les deba dar este título, ni menos el que tengan culto declarado por la Iglesia, lo que digo es, que no solo debe lamentarse nuestra América Septentrional de carecer de aquella gloria de que se jacta la India Meridional en sus Solanos, y Rosas, siendo así, que tiene y ha tenido Varones que les imitan en el heroísmo y santidad; sino carecer de la declaración de unas virtudes, que animarían a los tibios, ablandarían los protervos, edificarían a los buenos, y confundirían a los malos. Pero venero los profundos juicios de Dios, y soberanas determinaciones de nuestra Madre la Iglesia, ante cuyas sagradas plantas rindo, postro, y sujeto todo cuanto he dicho y dijere a Vm.

**Español.** Tú, por lo que yo veo, te quejas sin sustancia, porque para las Rosas de Lima, tienes el Felipe de México.

**Indio.** Hay señor mío, que llega a tanto nuestra desgracia, que por aquel fertur que escribe la Iglesia en su Oficio, quieren robarle a México la gloria y derecho de un hijo, por quien está la fe, tradición, y testimonios hasta ahora; no faltando quien crea y asegure, entre la privación de las paredes, que nació y fue bautizado en la Parroquia de san Miguel de Sevilla, y trasladado desde muy niño a estas partes. Yo lo he oído más de dos veces, y aunque me han sobrado razones para defender mi justicia, me han hecho enmudecer la lengua mis bajezas, por no experimentar con el desprecio algún sonrojo, consolándome el que jamás podrán oscurecernos esta gloria los mal querientes, por más que entre las desmoronadas paredes de la malicia, pretenda esconderla la emulación: *Te parietes tui tegent non abscondent.*

## Tarde XIV. Gobierno católico justo. Establecimiento de alcabalas, y otros sucesos recomendables

**Indio.** Aunque las virtudes tan maravillosamente se traban entre sí, que de los eslabones de las unas, se forma la dorada cadena de las otras; las que más estrechamente se hermanan son la Prudencia y la Justicia, porque no puede sostenerse la hermosura de aquella, sin el valeroso arrimo, y constante perseverancia de ésta. Echó los cimientos, y levantó las paredes del grande ángulo americano la Prudencia; pues no pudiera argüir la duración y firmeza que gloriosamente tocamos todos sus habitadores, si no la afianzaran los robustos puntales, y fuertes pilastras de la Justicia.

En cuatro partes se divide esta virtud: en Legal, porque ordena las partes al todo, mirando por el bien público y común. En Distributiva, porque ordena con rectitud el todo a las partes con proporción geométrica, distribuyendo los honores, empleos, y dignidades. En Conmutativa, y es cuando se gradúa la parte con la parte, observando igualdad, o proporción aritmética entre lo dado y lo recibido. Y en Vindicativa, porque es la que aplica la pena según la naturaleza del delito, castigando todo lo que es digno de corrección.

De que puedo inferir, que es la Justicia aquella Deidad, a quien levantan estatuas los mortales cultos, el altar donde se sacrifican reverentes los méritos, y temerosos se depositan los delitos; porque es aquella virtud que pesa y mide las negociaciones, coloca en el trono a las majestades, haciéndolas árbitras de las corona s; da firmeza a las Monarquías, y dominación a los Imperios; da Jueces a las causas, resolución a las dudas, fe y constancia a los reos, verdad a los inocentes, premio a los buenos, y castigo a los malos. A la Justicia deben los Cetros, los Doceles, las Púrpuras, las Togas, las Bengalas, Dignidades, y Prelacías, la estabilidad, permanencia, y duración de sus provincias, cortes, pueblos, gentes, y Comunidades, réditos, tributos, donativos, homenaje y obediencia.

**Español.** Con menos parola, y más elegancia la explica la divina Sabiduría cuando dice: Abominables son, para el rey los que tratan impíamente, porque la justicia firma el Solio, y el que la sigue es amado por el príncipe, como que en su abundancia resplandece en grado heroico toda virtud.

**Indio.** señor mío, vuestra majestad habló en poco lo que yo dije en mucho; pero ambos vamos a un fin: porque siendo la justicia la que afianza el Solio, el Poder, la majestad, y la dominación, no le cabrá duda en la firmeza y duración del trono americano, si como hasta aquí han seguido sus príncipes, Jueces, Tribunales, y ministros las preciosas máximas de la equidad y rectitud, las conservan y perpetúan en la Posteridad. Y aunque la estabilidad presente nos hace formar un concepto nada apartado del que debemos tener de aquellos que hasta nuestros tiempos han manejado las riendas y dulces ideas de esta admirable virtud; con todo, para cumplir con lo prometido, y distinguir los tiempos, volveré a coger el hilo en donde lo dejamos, que fue el año de 621 y ciento después de la Conquista: en el que, por haber pasado el excelentísimo señor marqués de Guadalcázar al Perú, quedando la Audiencia con el ínterin, entró gobernando el excelentísimo señor don Diego Carrillo, Mendoza, y Pimentel, marqués de Gelvez, y por su muerte, que fue a los tres años, gobernó la Audiencia diez meses, llegando en 3 de noviembre de 624. el excelentísimo señor don Rodrigo Pacheco y Osorio, marqués de Cerralvo. Debió este cristiano caballero igual concepto a la soberanía que al vasallaje: universalmente fue amado, y generalmente temido: se concilió respetos con la Justicia, y ternuras con la Prudencia; y con todas las recomendaciones de formar un héroe cabal, no dejó de alterar los ánimos con algunas pensiones mal recibidas por los logreros en sus intereses.

**Español.** Esas fueron sin duda las Alcabalas impuestas desde el año de 565 en el siglo XVI ordenadas de nuevo por dicho señor virrey, tomando motivo para esta resolución de los muchos que en público y en secreto defendían ser injustas semejantes gabelas en estos reinos, por gozar los fueros de la excepción y libertinaje, persuadiendo que era lícito, y no desarreglado a la moral cristiana ocultarle, esconderle, y aun negarle enteramente al rey tales cargas, pechos, y tributos.

Y lo cierto es, que siempre he tenido para mí, que no incurre en culpa alguna el defraudador de Reales intereses con que los príncipes gravan las repúblicas; y me fundo, en que cuantos libros he leído, y hombres Sabios he comunicado, ninguno condena a culpa grave al retenedor de los tales derechos, probando con que la Ley penal, aunque se mezcle con la preceptiva, no obliga más que en el fuero externo, dándole mayor fuerza en el caso de que el que defraude no dé escándalo, ni obre con desprecio de los órdenes de la majestad, y mucha más regulan tenerla si hay costumbre introducida o no se hace escrúpulo de conciencia en la fracción de estas Leyes; y la razón es, el que las Leyes civiles penales, aunque sean mixtas de las morales, absuelven de la culpa por el odio que en sí embebe la pena: a que se agrega, el que los príncipes nunca intentan gravar las conciencias de sus súbditos, contentándose solo el que paguen con el castigo el torpe crimen de su inobediencia.

**Indio.** Vuestra majestad señor mío, parece ser de aquellos que el vulgo llama de la hoja, pues tanto se esfuerza a persuadirme con eficacia de razones, lo contrario que todo el mundo cree con infalibilidad de autoridades. En el capítulo 22 de san Mateo se lee, que debemos dar al César lo que es del César, siendo intérpretes de estas palabras las de san Pablo cuando escribe a los romanos, que se contribuya el tributo y vectigal a quien debe pagársele, y las del Espíritu santo en el Libro 2. de los Reyes, cap. 8. confirmándolo asimismo el cap. 47. del Génesis. Sabemos también, que ordenándose dichos tributos y gabelas a mirar a un fin tan necesario como es el del bien de las repúblicas y Comunidades, y para alimentos y congruos subsidios de los príncipes y naturales señores, debe obligar su contribución, no solo a pena, sino a culpa; y así, por lo visto, el que defrauda, es tirano trasgresor de las Leyes Divina y natural. A que se junta, que la Ley civil mezclada de la moral y penal, contiene en sí precepto: luego el que lo quebranta, pecará en el fuero de la conciencia. Esto se conforma con lo que dice san Agustín, que toda pena si es justa, es pena de pecado, y se llama suplicio; la pena que se impone a los inobedientes y defraudadores es justísima por las razones dichas: luego es pena de pecado.

**Español.** Eso lo que prueba es, que la tal pena solo infiere culpa civil o política, pero no moral o teológica; porque estas penas solo pueden imponerlas los prelados eclesiásticos, como que reciben inmediatamente por Cristo la potestad, esto es, los papas, y éstos la confieren a los demás; y las de los príncipes seculares solo es legislativa, en cuanto es dada por el pueblo, y en este sentido has de entender a san Agustín.

**Indio.** Señor mío, yo entiendo al santo doctor, como lo entienden los más doctos y sabios católicos; y entiendo asimismo, que los príncipes legos pueden imponer Leyes mixtas de moral y penal, y el que las quebranta peca, como el trasgresor de las que impone el papa; y la prueba es, que la obligación de obedecer al papa en la Ley que impone, es por dirigirse al fin de ordenar las costumbres, y apartarnos de lo malo, que es lo que debemos entender por moral. Las Leyes impuestas por los príncipes seculares en el caso que vamos hablando, se dirigen a lo mismo, porque ningunas costumbres pueden ser más loables, ni vestirse de mejor bondad, que aquellas que toman su principio de las Leyes natural y Divina; la Ley de que se pague el tributo, alcabala, u otra justa pensión, es conforme a una y otra: luego debemos creer que se establece en orden a las costumbres, y lo bueno, y por consiguiente el que la quebranta peca gravemente. Confirma todo lo dicho el Concilio Constanciense en la Ses. 8. en la que manda, que así las Leyes eclesiásticas, como civiles, que se ordenaren a este fin, obliguen bajo de culpa grave y mortal.

En cuanto a que los reyes y soberanos reciban por el pueblo la potestad, solo podré decirle a vuestra majestad que Moisés inmediatamente la recibió de Dios, tan independiente del pueblo, que lo hizo participante de su Deidad, constituyéndolo Dios de Faraón; induciéndonos este ejemplar a un claro conocimiento de que las soberanías de la tierra cuanto gozan es de Dios, y por lo mismo su poder solo puede sujetarse a la tiranía o violencia de un pueblo insolente y atrevido. No eligió el ingrato pueblo de Israel a su primer rey Saúl, el Cielo le dio la investidura: no tuvo otra acción el pueblo, que instar sobre un príncipe que lo dirigiera; y Dios que siempre había dado autoridad a los Jueces y Capitanes, dio inmediatamente potestad y dominación a los reyes. Y porque en esta materia tan sublime más fuerza tiene la autoridad que la razón, oiga vuestra majestad a san Pablo en el cap. 13. de los romanos: Toda alma debe estar sujeta a las sublimes Potestades, príncipes y señores de la tierra, porque a la verdad no hay potestad que no sea dada por Dios; y así el que resiste a la potestad de los príncipes, resiste a lo que Dios ordena.

A lo que vuestra majestad dice, que nunca es la intención de los príncipes gravar la conciencia de sus súbditos, digo, que será en otras cosas, pero no en las que vamos hablando; porque a más de que en sus Reales órdenes no se leen otras palabras que las de prohibirnos, mandamos bajo de pena de confiscación, destierro, secuestro, y otros equivalentes, sabemos que se indignan y dan por ofendidos contra los que quebrantan y contravienen a sus soberanas determinaciones. De esto tenemos en el día el novísimo testimonio de las repetidas insinuaciones del ministerio a todos los prelados eclesiásticos, para que amonesten a sus súbditos de la obligación que les incumbe en instruir por los Confesionarios y Púlpitos a los Fieles sobre la moral de este punto, en que se agradará a Dios, y el rey quedará justamente servido.

Yo señor mío, protesto a vuestra majestad que cuantos de mi esfera, esto es, indios, me han consultado en la materia, no les digo otra cosa de la que aquí siento, por más que me aleguen los privilegios, gracias, y mercedes que por repetidas Cédulas de su majestad gozan, respecto a que éstas se entienden a favor de los frutos y bienes que por sí crían y trabajan, siéndoles lícito contratarlas entre sí, consumirlas, y venderlas a otros que no sean ellos, con tal de que se verifique ser tributarios. Pero si compran, venden, o comercian en géneros extranjeros, o cosa semejante, no solo los condeno a pecado mortal; sino que los persuado a la restitución de aquella cantidad que defraudan: y le aseguro a vuestra majestad que a ser Confesor, cuantos llegaran a mis pies con ánimo de no restituir, los levantara sin absolución.

**Español.** No digas eso, porque hay doctores que afirmen lo contrario, y bastaría tener opinión probable, para que tú, y cualquier Confesor, los debiera absolver.

**Indio.** Así sería, si la tal opinión no fuera laxa y peligrosísima; y vuestra majestad sabe, que en el caso de que la Ley se ofenda, hemos de favorecer la Ley, y no al antojo ni capricho. Vamos a lo seguro, y dejémonos de probabilidades, y probabilioridades.

**Español.** Bien se conoce que tú hablas con la libertad de aquel que no sufre el pesado yugo de tan insufribles pensiones, lisonjeándote así tú, como tu nación de aquella benigna condescendencia con que los monarcas inclinan hacia vosotros sus tiernas y soberanas piedades. No hay Ley que se desprenda del trono, que no os indulte y favorezca. Registra las Leyes 23, 27, 29, 19. 8, 12, y 9 de los Tit. 7, 4, y 2. por los señores Carlos V. y Felipes II. y III. Registra las Leyes 15, y 34 de los señores Felipes II. y IV. en el Tit. 15. Lib. 2. y verás cómo a los virreyes y presidentes de sus Audiencias, mandan que os desagravien, y a los Fiscales, que tengan obligación particular de acudir a vuestra libertad, defendiendo y alegando por vosotros. Esto mismo verás en las Leyes 37, y 12. Tít. 18 de don Carlos, y don Felipe II y por éste en la Ley 13 mandar, que los visitadores vean si las estancias situadas, están en perjuicio vuestro. En la Ley 18 Tit. 23 hablando del Sello cuarto, dice el señor don Felipe, que su intención y voluntad ha sido aliviaros de cualesquiera cargas y gravámenes. Y en fin, el señor don Carlos III. por Cédula del año de 66 os presenta hábiles a todos sin excepción, como no tengáis mezcla que os manche, para toda dignidad y empleo, bien sea lego, bien sea eclesiástico.

**Indio.** Hay señor, que van leyes donde quieren virreyes; todo estuviera bien, si todo se cumpliera: vuestra majestad es testigo, hablando por las estancias, de las muchas incomodidades y vejaciones que sufrimos, pues con el motivo de fijar los dueños de Haciendas sus mojoneras hasta cuasi los patiecillos de nuestras casas, como lo está mirando en este pueblo, apenas nos dejan un palmo de tierra para breve desahogo de la humanidad, cercándolos de tal suerte los pasos y caminos, que ni un palo nos es permitido bajar de los Cerros y los Collados, con todo de estar las Leyes de franquía tan expresivas hacia nuestro favor.

**Español.** Será porque no representáis vuestro derecho, porque lo que yo he visto, y no con poca admiración, en los más majestuosos Estrados de estos reinos, es preferir vuestras quejas y memoriales a los negocios de más peso y gravedad, en que manifiestan los ministros el celo y observancia de las Leyes, y la caridad y compasión con que os tratan y toleran; esto nadie me lo ha contado, porque yo lo he visto. Y he leído en el Concilio Tercero mexicano, la reserva de las fiestas que no sean Domingos etc. y el ayuno exceptos los Viernes de Cuaresma, Sábado santo, y Vigilia de Navidad.

**Indio.** Y aún éstos debían dispensársenos si se atendieran nuestras continuas necesidades, trabajos, y miserias.

**Español.** El papa Paulo III os concede el uso de todos manjares, como si tuvierais Bula de Cruzada, no obstante lo mandado por el Conc. Constans. Can. 56.

**Indio.** Señor, esos indultos nos favorecen en el posse, pero no en el acto, porque por lo común somos pobres de solemnidad; somos como aquellos enfermos, que por su suma inapetencia, les franquea el médico la libertad de las frutas y viandas prohibidas: si no tenemos modo ni arbitrio de usar de los lacticinios, ni otras comidas sensuales, necesidad nos indulta de lo que la Iglesia nos dispensa.

**Español.** La habilitación para la celebración y uso del matrimonio, dentro de tercero y cuarto grado de consanguinidad y afinidad, por el señor Paulo III. y hoy excepto el primer grado, por concesión hecha a instancias del reverendo Metropolitano de México; bien es que para esto último se necesita facultad, y para lo primero no: ¿no es privilegio de aquellos que no siempre franquea de sus tesoros la Iglesia? ¿El mismo papa no os concede que podáis ser absueltos de los casos reservados a la Silla Apostólica y Bula de la Cena, con tal que el Confesor tenga facilidad por el Ordinario? ¿Por el tercero Concilio de Lima en la Acc. 2 no podéis ser absueltos de censuras y casos reservados a los señores obispos; extendiendo el papa Gregorio XIII el privilegio hasta los casos de herejía, no obstante la declaración de la Cruzada, con tal que se obtenga la facultad de los arzobispos? ¿El papa Pío IV no os concede el privilegio de que podáis ganar las Indulgencias y Jubileos con solo el ayuno y la contrición, no habiendo copia de Confesores, abriéndoos las puertas de las Iglesias para que oigáis Misa, aun en tiempo de entredicho?

**Indio.** No se canse vuestra majestad que nada ignoro de cuanto favorece a mi nación; y crease que todos esos privilegios, inmunidades, gracias, y mercedes, con que los Vicarios de Jesucristo enriquecen nuestras almas, y las Leyes y Decretos con que los soberanos favorecen nuestras infelices desdichas y pobrezas, no nos apartan un instante del justo reconocimiento de un tributo que comenzó por cuatro, subió a ocho en tiempo del excelentísimo señor don Luis de Velasco, y una gallina, que importaba tres reales; hoy ha quedado en el pie de nueve reales el soltero, y diez y siete y medio los casados, con la gallina.

**Español.** Hasta en eso resalta la benignidad de los católicos monarcas para con vosotros; pues contribuyendo antes, como consta de las Historias, al treinta y tres por ciento a vuestros príncipes, ahora apenas pagáis en el ciento uno a nuestros soberanos.

**Indio.** Y ese uno que ha crecido hasta nueve por cabeza, con los trabajos, desvelos, afanes, sudares, y molestas fatigas de nuestros diarios jornales, contribuyéramos liberalmente alegres en beneficio de la corona, si sus Reales clemencias no pesaran en el fiel de su magnanimidad el infeliz abatimiento de nuestra mísera condición. Y porque concluyamos de una vez esta materia, quiero que vuestra majestad me responda; ¿qué nación, o bien culta, o bien bárbara, habrá habido en el universo, que no haya reconocido homenaje, y contribuido al trono las justas pensiones de las gabelas y tributos?

**Español.** Muchas, y sea la primera los Getas, manteniendo, sin embargo la reputación del Estado con más esplendor que ninguna: vuestros antiguos mexicanos, y ningunos más soberbios y opulentos: los Chinos (y nadie mantiene con más poder la autoridad y la dominación), en solos dos reales están pensionados cada año; y los Loytias, que componen una gran parte del reino, están libres de este corto obsequio.

**Indio.** Es muy cierto que los Getas, y cuantas naciones pueblan la mayor parte de la Escitia están exentas del tributo; porque siendo, como lo son, todos los bienes comunes, todos son pecheros de sí mismos. Mis antiguos mexicanos estaban obligados a todas las operaciones de una ciudad tan populosa y dilatada como México, de adonde les venía la relajación del tributo, continuando este indulto, aún en tiempo del famoso Cortés, por constarle en las molestias que sufrían, la justicia y razón que demandaban; bien es que en el día viven sujetos como todos a la leve exacción del tributo.

Los Chinos mantienen la majestad del trono, sin semejanza en la riqueza, porque en las quince provincias que sujeta a su dominación, son 36 millones de cabezas las que concurren con dos reales al socorro de la soberanía; a que se agrega entrar cada un año en el Erario o Casa Real 18 millones en oro, y 3 en plata, con más 1532 19 taes, componiendo cada uno 10 reales y 24 maravedís castellanos: de derechos de Minas y perlas 2 millones seiscientos y treinta mil taes, de pedrerías de todos precios un millón cuatrocientos mil y setenta, en las tierras que se dicen del Real Patrimonio, repartidas entre los Vasallos con el corto reconocimiento de algunos esquilmos, se reconoce cada un año el ingreso siguiente:

De anegas de arroz limpio 70.171.832: de cebada 29.391.982: de sal 23.3410.00: de mijo 24 millones: de panizo 14.200.000: de otras semillas aborda a 50 millones: piezas de seda de catorce varas cada una 255.900: en mazo 540.000 libras: de algodón en capullo 300.000 libras: de mantas labradas de varios colores un millón: de chimantas de seda cruda del peso de media arroba 368.000: mantas de algodón 678.870 de catorce varas cada una: de chimantas de la propia especie cerca de 400.000, sin otros muchos percances que cuentan las Historias, y refieren cuantos vienen de estas partes, sin variar. Ésta es, señor mío, la corta pensión que vuestra majestad pinta para patrocinar su causa. Ello es, que todas las naciones pagan el debido feudo a sus príncipes, sin solicitar opiniones que las relajen y absuelvan. Dos pesos pagaban los señores de razón en los tiempos, inmediatos a la Conquista, como consta de le Ley 14. Lib. 8. Tít. 13. y en el Aranc. de Cob. cap. 2. por el señor Felipe II. Esta leve pensión tuvo principio desde el año de 1558 educida del antiguo y justificado derecho de los reyes de Castilla, en consideración a la debilidad de los intereses y tratos de aquella Eva; pero engruesándose el comercio, enriquecidos los tratantes, y recrecidas las urgencias del Real Haber con la Armada marítima y cuerpos militares, que en defensa de los nuevos reinos unidos a la corona se habían levantado y construido, se precisaron los soberanos por el año de 592 a reparar la desnudez de este miembro de rentas con el crece del seis por ciento, dejándoles libres a los Mercaderes y Comerciantes la conciencia para que lucren 25, y si fuere de badana 250.

Vuestra majestad esté entendido, que cuanto poseemos es del rey: lo que es el Sol en la esfera, y el corazón en el cuerpo, es el rey en su reino y Monarquía, dijo un Sabio. ¿Pues qué mucho haremos en sacrificarle un breve aliento de nuestros sudores, al que incesantemente vivifica, anima, conserva, y defiende nuestras vidas, caudales, comodidades, e intereses? Tribútele al rey honor, respeto, culto, y reverencia: ámelo como a padre: adórolo como a imagen de Dios, pues es en la tierra su retrato: págele lo que es suyo, que el Cielo le multiplicará en bienes de fortuna, mucho más de lo que piensa defraudarle.

**Español.** Quedo enteramente satisfecho, y lo haré como me lo dices; y ojalá todos tomaran tu doctrina, que así vivieran libres de los temores, inquietudes, y sobresaltos que traen consigo el contrabando, el fraude, y la codicia. Y por cuanto no se me ofrece otro reparo en la materia, puedes continuar la que llevabas.

**Indio.** Serenados los ánimos de los que anhelaban logros, y habiendo hecho un manifiesto de la puridad de sus intenciones el virrey don Rodrigo, a los once años de gobernar, llegó el excelentísimo señor don López Díaz Armendáriz, marqués de Cadereyta: hizo su entrada en 16 de septiembre de 635. Se fundó en su tiempo la villa de Cadereyta, tomando el nombre de su Título, pueblos de Toliman, Tolimanejo, Presidio de Peña-Miñera, y otras algunas Estancias importantes al resguardo de la provincia, hostilizada frecuentemente de los Mecos, o indios bárbaros que se abrigaban, y aun en el día aparecen algunos en la Media-Luna, Platanar, Río de los Panales, y Sierra-gorda, gobernó hasta el año de 40, que le sucedió el señor don Diego López Pacheco, Cabrera y Bobadilla, Duque de Escalona, y marqués de Villena. Tomó posesión el 28 de agosto; y cuando comenzaba a gustar de las dulces ambrosías del Docel, por algunas sospechas, justamente fundadas en el católico pecho del gran Felipe IV fue mandado llamar, ocupando el ínterin cinco meses el ilustrísimo señor don Juan de Palafox y Mendoza, obispo de Puebla, en cuyo tiempo llegó el señor don García Sarmiento Sotomayor, conde de Salvatierra.

No dejó el generoso espíritu de este príncipe de atribularse, aun gozando de una tranquilidad inimitable, por hallar mucha parte del Estado eclesiástico trabado con algunas sangrientas alteraciones, nacidas entre la Mitra de Puebla, y los padres de la Compañía, que fue de Jesús, cundiendo el sordo fuego de estas inquietudes a tal grado que no dejó de prender algunas chispas a las demás religiones, y éstas por no quemarse, se prepararon a la defensa, bien es que sin faltar al decoro de la dignidad Pontificia. Justificaron sus derechos; pero aquellos irritados con la venganza, maquinaron desprecios contra el reverente sagrado de la Mitra. Pocas plumas de los miembros del cuerpo jesuítico estuvieron ociosas, porque empeñadas en escribir la fuerza y valor de su justicia, imprimieron papeles y libelos tan vulnerantes y denigrativos, que oscurecieron y mancharon todo su candor y pureza. Pocos o ningunos tiempos se verán en la América tan ruidosos como estos. Cuando México y Puebla tajaban las plumas para escribir dicterios, Roma disponía Congresos, Juntas, y Asambleas para conformar sus ánimos. Muy pocas veces se cuenta que la Metrópoli del Mundo forme un Tribunal nuevo, y separado de los precisos, como lo practicó por entonces, llamándolo el Angelopolitano. Todo fue menester, porque como las partes, esto es los Jesuitas, peleaban con el poder, fuerza, favor, y autoridad que en Roma, América, y todo el Orbe se tenían, a poca costa levantaban tronos de jaspe de las ruinas de los polvos.

En fin, sin poder apagar las reliquias que dejaron tan encendidas brasas, este animoso héroe pasó a España, entregando el gobierno al ilustrísimo señor don Marcos de Rueda, obispo de Yucatán, que en calidad de gobernador mantuvo el concepto de ministro celoso, desde trece de mayo de 48, hasta 22 de abril de 49 que murió, y quedó la Audiencia por gobernadora, en tanto que llegó el excelentísimo señor don Luis Enríquez de Guzmán, conde de Alvadeleste. Entró en México en 3 de Julio de 650 y a los tres años fue promovido al Perú, sucediéndole el excelentísimo señor don Francisco Fernández de la Cueva, Duque de Alburquerque, gobernó desde 15 de agosto de 53 hasta el de 60 que llegó el excelentísimo señor don Juan de Leiva y de la Cerda, marqués de Leiva y de la Drada, conde de Baños. La integridad, celo, ardor, y ajustados procederes de estos tres príncipes, pusieron freno a algunos desórdenes, rebeliones, y escándalos, que algunos comuneros habían sembrado en los corazones de la inocencia y fidelidad. A los cuatro años pasó el conde de Baños a España, y quedó ocupando el ínterin el ilustrísimo señor don Diego Osorio de Escobar y Llamas, obispo de Puebla, y electo arzobispo de México, desde el 29 de junio, hasta 15 de octubre que llegó el señor don Sebastián de Toledo, marqués de Mancera. Pudo servir este religioso príncipe de idea de perfección: unió el valor con la cordura, la circunspección con el agrado, la rectitud con la clemencia, y lo honesto con lo festivo. Cuantas prendas caben en un héroe para hacerse recomendable a los ojos de los hombres, poseyó en grado eminente: era compasivo con los pobres, amargo con los soberbios, dulce con los encogidos, expresivo con los religiosos, atento con los Clérigos, con el Soldado amigo, con el Político sociable, y con los prelados reverente: fue tan sin violencia bueno, que le eran naturaleza lo político, lo militar, lo eclesiástico, y lo cristiano.

Cuando estos reinos se lisonjeaban con tan gran príncipe, ascendió a la corte y le substituyó el excelentísimo señor don Pedro Nuño Colón de Portugal y Castro, Duque de Ver-aguas. En su arrebatada muerte dio a conocer cuán efímera es la Diadema, y cuán caduca la mundana felicidad. Entró arrastrando damascos el día 8 de diciembre de 73 y el 13 del mismo mes salió de su palacio entre las pompas, pisando funerales bayetas para el sepulcro. En cinco días llenó la carrera de sus triunfos, dejándole al ilustrísimo señor don fray Payo de Ribera y Enríquez, arzobispo de México, un despertador contra las vanas presunciones, y engreimientos de la altura, y de la dignidad. Habíalo ya tenido este venerable Mitrado en los penitentes Claustros Agustinianos, y así le sirvió el aviso para esperarlo, no para aprenderlo: siete años manejó el Báculo y el Cetro, hasta que llegó el excelentísimo señor don Tomás Antonio Manríquez de la Cerda, marqués de la Laguna, y conde de Paredes, gobernó seis años, y le sucedió el excelentísimo señor don Melchor Portocarrero, Laso de la Vega, conde de Monclova, que por ser promovido a los dos años al Perú, vino el excelentísimo señor don Gaspar de la Cerda, Sandoval, Silva, y Mendoza, conde de Gálvez. Ocho años ocupó el Solio americano, manteniendo en equidad el Estado y sus miembros: ocupó su vacante por diez meses el ilustrísimo señor don Juan de Ortega Montañez, obispo de Michoacán. Ensayose en este corto tiempo para volver después del excelentísimo señor don José Sarmiento Valladarez, conde de Moctezuma y Tula, por el año de 701 a empuñar el Bastón, desde el 4 de noviembre hasta el mismo mes de 702 que llegó el excelentísimo señor don Francisco Fernández de la Cueva Enríquez, Duque de Alburquerque, y marqués de Cuellar. En los nueve años que gobernó este príncipe, pesó en el fiel de su conocimiento, penetración, y juicio exactísimo de que Dios le había dotado, las inconsecuencias, alteraciones, e inquietudes que ocasionarían en los pacíficos ánimos de los habitadores de estos reinos las Tropas que el inmortal Felipe V intentaba mandar, como de auxiliantes y protectoras a ellos.

Yo he visto un Manifiesto manuscrito dirigido a este fin, en que hace san Exc. presente al rey los crecidos gastos del Erario, y la poca o ninguna necesidad del militar auxilio; pues dictando la experiencia la fidelidad y reverente sumisión de los vasallos en estas partes, sería recrecer los empeños del trono, y engendrar alguna altanería en los mansos y obedientes; haciendo presente, que regulando la humillación con el poder, bastaban las cuatro Compañías arregladas que los soberanos asignaban para mantener en pie el decoro y autoridad de sus virreyes, sirviendo a uno u otro motinsillo que pudiera mover la plebe, o vulgo desbocado; y en fin, sobre otras muchas razones expone a la augusta consideración de la majestad, el escudo y defensa que en cada uno de los individuos de la provincia tenía para rebatir y hacer frente a cualesquiera insultos, arrojos, y hostilidades de los enemigos. Éstas y otras muchas causales desviaron al gran Felipe, cuyas memorias gloriosas adorarán para siempre los siglos, de la ejecución del proyecto, quedando libre por entonces el país del que concebía yugo no muy liviano ni ligero, debiéndose esta libertad al desvelo y solicitud del sobredicho virrey; al que, cumplidos nueve años de Virreinato, le sucedió el excelentísimo señor don Fernando de Alencastre, Noroña y Silva, Duque de Linares, que gobernó con gran tranquilidad desde 711. hasta 716. Pronosticole su muerte cinco días antes un simple de quien su generoso corazón hacía un grande aprecio. Fue magnánimo y munificentísimo, grabando su nombre en la memoria de la Posteridad con aquel célebre Parnaso, que ideado por la sublimidad de su ingenio, dio que admirar al Mundo su suntuosidad y hermosura, y a los pobres un bosque de riquezas para que saciaran sus hambres y necesidades. Sucediole el excelentísimo señor don Baltasar de Zúñiga, Guzmán, Sotomayor y Mendoza, marqués de Valero: gobernó hasta el año de 722. En estos tiempos informaron a su majestad contra las costumbres, conducta, y porte de los hijos y naturales de estos reinos, impresionando los mal querientes su Real ánimo de tal modo, que llegó a librar Decreto en que inhabilitaba para los honores, ascensos, y dignidades a toda la nación española americana. Quiso Dios que en esta sazón se hallara un Apoderado del Comercio y Minería de la ciudad de Zacatecas en la corte, el que peroró con tanta eficacia, solidez, y nervio en un Manifiesto que a favor de su nación hizo, que conociendo el rey la justicia, depuso el concepto, y revocó el orden. Me aseguran que no a mucho tiempo se volvió a suscitar con nuestro actual soberano la misma especie, bien que no con tanto demérito de parte de los nuestros como la pasada, porque aunque me dicen que pretendían inhabilitarlos para los empleos de la patria, los presentaban y tienen por idóneos para los del Perú, que corren la misma suerte que los de este reino, pero según los efectos, debemos creer que ha sido un sueño, o si hubo Decreto, puramente fue intentivo. Lo que no tiene duda es, el que por el mes de febrero del año pasado de 76 se dignó su majestad expedir Cédula franqueándoles las puertas de las Dignidades en la antigua España, y en la nueva un tercio solo de los empleos. Reclamó por sus derechos el claustro de la universidad con un doctísimo Manifiesto a la suprema benignidad del soberano, y en atención al mérito que produce, explica la Piadosa generosidad del monarca la recta puridad de sus augustas intenciones. He leído el Manifiesto, y a mi fe que deben mis compatriotas conservarlo como una de aquellas preciosidades que por su inestimable valor carecen de precio, y tocan la inmortal esfera del asombro, del culto, y la veneración.

**Español.** Pues sin que te sirva de enojo, a mi mal entender, no podrían resolver los soberanos cosa más arreglada al bien de la corona, e intereses del Estado; porque dejando aparte los temores y sobresaltos que se deben inferir de unas gentes a quienes tan de lejos bañan los brillantes esplendores del trono, y que desviados por lo mismo del amor reverencial, pueden agavillarse con los naturales o indios, con quienes por tener poca o mucha relación de parentesco, se juzgan señores de la tierra, y únicos acreedores a sus empleos y comodidades, carecen enteramente de aquellas instrucciones que imprimen para el acierto y la seguridad, la ciencia del gobierno, práctica y disciplina de la arte militar. Y porque veas que yo no hablo al aire, ejemplar tienes en Roma, cuando por la muerte de Viriato, sujetó la España a su dominación; y muy cerca de nosotros a los Bostonenses, desmembrados en el día del cuerpo Británico, y apellidada república la provincia, con total separación de obediencia, feudo, y vasallaje. Por semejantes sucesos se gobernó Roma, como más discreta, para temer en la impericia y grosería de los ánimos españoles la ninguna fidelidad y homenaje al Consistorio, de adonde tomó ocasión para prohibir por universal Edicto, que ninguno de los romanos casara con española, y que cuando así fuera, se le borrara el mérito, para que jamás fuera presentado a honor y empleo alguno. Y en buena fe, que con este sagaz y prudente acuerdo, nunca lloró Roma lo que Cartago, Tiro, y otras muchas provincias, y llora en el día Londres en la más útil porción de su monarquía.

**Indio.** Para responder a un cargo tan formidable y espantoso como el que vuestra majestad hace a mi nación, ya considerada como española, ya como India, necesito que separemos una Tarde, que será la de mañana.

## Tarde XV. Índole, genio, y talentos de los españoles americanos, y noticia de varios acontecimientos

**Indio.** Tres son los muelles que mueven la máquina y rueda de los gobiernos Político, Eclesiástico, y Militar. Tres las fuertes columnas sobre las que el mérito levanta al Sujeto, haciéndolo digno de los honores, y de los empleos: virtud, ciencia, y armas, según el Ángel Maestro santo Tomás, san Bernardo, y otros. La virtud, para arreglar dentro de la esfera de la bondad de lo lícito y de lo honesto las acciones, obras, y costumbres: la ciencia, para conocer como se ha de obrar, y dirigir los medios a unos fines prudentes, justos, y ecuánimes; y las armas, para asegurar, conservar, y poner en armonía y rectitud lo que la virtud ennoblece con sus máximas, dilata, inventa y establece con sus fatigas, estudios, y desvelos la ciencia. Estos dones, que pródigo reparte el Cielo entre la variedad de criaturas racionales, jamás ha negado a las que habitan nuestro Septentrión en calidad de españoles indianos, o que el vulgo llama Criollos. Comenzaré por la virtud, de que no hace mucho que hablamos; y cuando los Varones perfectos que entretejí con los indianos Europeos no dieran bastante prueba de una sublime perfección, la haría visible con los Venerables Pilas, Santanas, Ponces, Chavarrías, Aguados, Hurtados, Mejías, Burgos, Parejas, Mazorras, Tobares, Losas, Monterreyes, Bárcenas, Bautistas, Sánchez, Quiñones, López, Perdomos, Flores, Zamoras, Gutiérrez, Pérez, Manzanos, Riberas, Dávilas, Bustos, Escalonas, Pulidos, Murgas, Sirias, Llamas, Matías, Ramírez, Santa María, Altamirano, Granizos, Laureles, Ursuas, Lázaros, Villanuevas, Domínguez, Lazcanos, Bravos, Fuentes, Cepedas, Seguras, Ibarras, López, Herreras; Luisas de santa Catarina, Josefas de san Agustín, Anas de san Bernardo, Marías de la SSma. Trinidad, Marías Magdalenas, Jerónimas de san Bartolomé, Isabelas de san Diego, Melchoras de Jesús, Agustinas Josefas, y en nuestros días la V. religiosa sor Sebastiana Josefa de la santísima Trinidad, cuya vida fue un asombro de la penitencia, y ejemplar dechado de la misma virtud: hermosas plantas que brotaron los Valles de Atrisco, Toluca, Querétaro, Valladolid, Guichapan, México, etc. sin los muchos que citan los padres santa María, Torquemada, Betancurt, y Granada, cuya santidad no podrán esconder los mármoles, ni sepultar en la oscuridad de su silencio las bóvedas.

No ignoro, señor mío, aquellas insolentes notas de novelería, adulación, flexibilidad, fugacidad, o poca permanencia, ociosidad, facilidad, e inconstancia con que muchos manchan y vulneran el elevado carácter de nuestro Criollismo, queriendo medir con la vara de la pasión, del antojo, y la libertad, las nobles o viles operaciones de cada uno. Fiose el trono de los vicios en nuestro país, y desterrose la bondad; como si la malicia no fuera un contagio que se le pegó al hombre desde el Paraíso, dejando corrompida la masa y con universal sentimiento toda la naturaleza. Si los ojos que fiscalizan las acciones de mis Compatriotas, las juzgaran con equidad y justicia, ya verían, señor mío, desordenadas las unas, y moderadas las otras. Verían en unos el deleite, y en otros la mortificación, aquí el escándalo, y allí el ejemplo: aquí el ocio, y allí el trabajo: aquí el embuste, y allí la verdad. Verían en los Claustros penitencias, ayunos, y austeridades, y en los tugurios desenvolturas, ociosidades, y desahogos. Verían en las Iglesias compostura, reverencia, y devoción, y en las calles bullicios y griterías. Verían en las casas el recato de las vírgenes, la honestidad de las viudas, la paz de los casados, y en todos la conformidad con la suerte próspera o adversa, y en los telonios oficinas, y granjerías, el engaño, doblez, ocasión, y peligro. Y para decirlo de una vez, verían lo que en todas partes tocan los ojos, bueno y malo, justos y pecadores, virtud y vicio; y porque nuestra vista no puede enmendar a la de la Sabiduría, verían lo que vio en todo el Mundo, vanidad de vanidades y todo vanidad.

Y porque de este don (como dije) largamente hemos hablado, pasemos al segundo, que es la Ciencia. Ocioso me parece pintarle a vuestra majestad una imagen que cuasi se halla retratada con los más lúcidos y realzados colores en las almas de todas las gentes de mi país: solo quien las maneja y trata podrá ingenuamente testificar esta verdad, conociendo que gozan de unos vasos capaces de recibir cuanta nobleza encierra toda clase de facultades; debiendo a Dios, a las bellas influencias de los astros, benignidad y templanza de los climas, la rara penetración, natural viveza, potencias claras, y genial prontitud con que naturaleza los adorna.

**Español.** En cuantas ocasiones (que fueron muchas) oí tratar esta materia entre mis sabios Paisanos, jamás percibí elogio que los decorara, y diera alguna majestad en las ciencias, fundándose en que no hay nación en el Mundo, excepto la Criolla, que por sus obras no de a conocer la sublimidad de sus ingenios, y brillante fecundidad y hermosura de sus potencias. El que mas avanzó, dicen, a distinguirlos, y darles algún lugar en el dilatado reino de las letras, fue el Crítico Benedictino Feijoo, y a lo que más se extiende es a ponderar la viveza, universalidad, extensión, elocuencia de estilo, exacta crítica, profundo juicio, y superioridad de talentos de los señores Peralta y Barbueno, Ordóñez, y Pardo de Figueroa, contentándose, o por mejor decir, clausulando con estos tres Criollos Peruanos toda su alabanza, porque ni en el Perú, ni la Nueva España halló más tela para cortar el vestido que pretendía hacerles de sus glorias y aplausos.

**Indio.** No hay duda en lo que vuestra majestad dice y asienta con sus Paisanos; pero sus Paisanos y vuestra majestad pudieran retener en la memoria aquellas palabras del mismo Benedictino: Cosa vergonzosa es para nuestra nación, que no sean conocidos en ella aquellos hijos suyos, esto es los Criollos, que por sus esclarecidas prendas son celebrados en éstas. Y porque en lo venidero España no se avergüence, y vuestra majestad borre la fe que le imprimió la autoridad, y dicho de sus Paisanos, yo le haré visibles treinta Criollos de esta Nueva España, por los tres que el padre Feijoo solo pudo dar a luz del Perú.

Quien leyere los elegantes Tratados, y Coloquios de la Pasión de Cristo, que en lengua mexicana compuso el Franciscano fray Juan de Gaona, hallará en cada letra un desengaño, en cada cláusula una sentencia, y en cada concepto un dulce impulso que llevará su alma sin violencia a la profunda meditación de la muerte del Redentor; calificando la sublimidad de su espíritu, por la devota ternura, y mística contemplación del Cartujano. Quien leyere la Cartilla mexicana y Castellana, Maestro Genuino del elegante Idioma Nahuatl, y Gramática en dicha lengua, de don José Pérez de la Fuente, no solo admirará que es esta lengua más elegante y expresiva que la Latina, y dulce que la Toscana; sino que se verá precisado a darle a los estudios de su Autor los mismos elogios que justamente se han granjeado los Nebrijas, y Euforniones. El que no leyere las eruditas Advertencias, miseria, y brevedad de la vida, luz, y guía de ministros, y Sermonario mexicano del Franciscano fray Juan Bautista, no hallará la amenidad, elocuencia, y erudición, que en Calixtro, Demóstenes, Cicerón, y Quintiliano. Lean el Teatro, y Menologio del Franciscano fray Agustín de Betancurt, y les faltarán voces para elogiar la entereza, exactitud, y prolijidad de una pluma que participó al Orbe americano muchas glorias que el tiempo injustamente le tenía robadas. Lean la Monarquía indiana que en tres Tomos de a folio imprimió el Franciscano fray Juan de Torquemada, y a más de aquella claridad y magisterio con que trata, y da a conocer todas las cosas de la Antigüedad, encontrará un adorno, y veta de erudición tan vasta, exquisita, y abundante, que con cualquiera de sus Capítulos puede despertar aún la más dormida ignorancia: al fin trabajos de un elevado ingenio en la larga carrera de veintidós años. Lean las Lecciones que del Derecho Canónico dejó escritas el doctor don Juan de Salcedo, Sujeto tan recomendado por su suprema extensión, destreza, juicio, y literatura en este Mundo, que el Concilio Tercero mexicano fió a la superioridad de sus talentos el orden y disposición de sus Decretos, y sanciones.

Lean el Mexicus interior de don Francisco Cervantes Salazar, primer catedrático de retórica de la Universidad de México; y en los personajes Alfaro, y Zuaso, con quienes forma sus elegantes Diálogos, encontrará un tesoro de Latinidad, y una constante noticia Topográfica de México, y sus rivales.

Lean al Predicador de las gentes del Prebendado don Juan Rodríguez de León, y en cada Máxima tropezarán con una luz que los eleve e instruya en la doctrina más sana del Evangelio: el Camino del Cielo del Dominico fray Martín de León, y en cada Discurso descubrirán varias sendas para arribar a la eterna felicidad, sin la arduidad, laderas, escollos, y fragosidades que pintan muchos Contemplativos. Lean las noticias de las antiguas idolatrías, Manual de ministros de indios del doctor Serna, y cuanto bueno pueda desear para fundarse, hallará en aquellas, y una pronta discreción para bien administrar en éste. Con el mismo método escribió el Franciscano Serra, y erudito Osorio.

Lean: pero sin leer ¿quién no sabe, quién no conoce a la Madre Sor Juana de la Cruz, por la delicadeza y prontitud de sus poesías, y otros Discursos en varias materias? ¿A quién se le esconde aquel generoso depósito que la liberal mano del Altísimo hizo en la señora doña Ana María del Costado de Cristo, Tercera Franciscana, escribiendo tantos Papeles en letra gótica, que según la deposición de varios testigos del mayor juicio y circunspección, pudieron formarse más de veinticinco tomos de folio? ¿Quién no conoce al Licenciado Busto por la viveza de sus versos, en el Mercurio Encomiástico que compuso en lengua mexicana; la naturaleza, y dulzura del célebre don Agustín de Salazar en sus poesías Cómicas; la elegancia y suavidad de metro con que el Prebendado reina versificó la Vida de san Juan Nepomuceno, impresa en Madrid con el título de la Elocuencia del Silencio? ¿Quién no conoce al Franciscano Aguado, por la vasta comprensión y magisterio con que después de otras obras trabajó e imprimió las hojas, flores, y frutos del árbol de la vida, no habiendo rasgo, línea o período que no sea una perfecta imitación del río de la elocuencia Griega san Juan Crisóstomo? El elevado ingenio del Franciscano fray Martín del Castillo, conocido por todos los doctos por el copioso índice, y docta explicación de la letra del gran padre san Pedro Crisologo, manifestando en ella la profunda inteligencia que tenía de las Sagradas Escrituras. El superior dominio que adquirió en los dilatados países de la Historia, y Cronología el célebre villa señor, aplaudido en todo el Orbe por su Teatro americano?

¿Quién no conoce al insigne Teólogo, y grande en todas ciencias, el muy ilustre señor don Juan José de Eguiara, y Eguren, estampando la superioridad de sus talentos en cuarenta y dos Tomos ya en folio, ya en cuarto, y en octavo, bastando la memoria de su nombre para que los más sabios y presumidos le rindan los justos obsequios y homenajes de universal Maestro.

*Nam satis Auctoris dicere nomen erat.*

¿A quién no es notoria la elegancia, y estilo del Franciscano Espinosa, que eligiendo en sus Crónicas de Propaganda, y Vida del Venerable padre Margil, la mediocridad, que es la locución airosa, dulce, y apacible, con que más se enamora el gusto del Lector, abrazó entre los tres modos que pide el Ángel Maestro, el medio, que es con el que se persuade: *Secundus persuadenti*; y se guarda la debida proporción, y consonancia: *Debita proportio, et consonantia*? ¿Quién no admira y siente espiritualmente aquella Luz de

Verdades Católicas, que imprimió más que en los libros en los corazones el padre Parra; imitando a este gran espíritu, aunque con distinto método, el erudito y ejemplar padre doctor don Antonio Guillén de Castro, en los doce Tomos que escribió, de los que dos andan impresos con el título de Despertador Catequístico? ¿Quién no celebra la elevación de los discursos, claridad, prontitud, y naturaleza en el decir, gracia en persuadir, y eficacia en convencer del Dominicano villa en sus Obras Panegíricas, aclamado justísimamente por el segundo Vieira?

¿A quién no admira aquel raro artificio y dulzura de verso, con que atrae y embelesa el pueril distraimiento de los niños, y torpeza de los rústicos, en sus Siestas Dogmáticas, el Cura padre Juan González, instruyéndoles en la doctrina Cristiana, y principales Misterios de la fe? ¿Qué corazón no se mueve a piedad, devoción, y ternura leyendo la Aljáva, Místico Mes Mariano, y Año Josefino de los Franciscanos Ortega, y Torres; no debiendo tener menos lugar entre los Doctos, Sabios, y Escritores el reverendo padre fray Baltasar de Medina? ¿A quién no admirará la importante aplicación, curiosidad y molesto trabajo del señor Gamboa en sus Comentarios a las Ordenanzas de Minas, en los que da una constante prueba de la utilidad de sus estudios, no solo en los difíciles Problemas matemáticos que con inimitable claridad resuelve; sino en el acopio y colocación que, según los tiempos, hace de los Autos, Provisiones, Ordenanzas, y Decretos de la Audiencia y Real Acuerdo de estos reinos, Ordenanzas y Leyes de los soberanos; gozando en una nueva Recopilación, guía y luz que nos instruye sin el menor afán, de todos los Derechos de estos reinos? ¿A quién se le esconde aquella claridad de ingenio, y superioridad de numen del padre doctor Gamarra, en nada desigual a los talentos de la Europa, conocido por las brillantes producciones, exquisitas noticias, lucidos y preciosos sistemas, profunda y sana doctrina que imprimió por el año pasado de 74 en su Curso Filosófico, y Academias que sustentó, y puso en los moldes, para provecho y utilidad de la Juventud; debiéndose lisonjear de ser el primero que en este grande Mundo las puso en práctica, y sacó a luz, y que nada dejó que envidiar a los Filósofos: *Eo iam auctore factum est ut non Philosophis invideamus.* Éstos son los Sujetos que entre miles pongo a la vista de vuestra majestad y de todos sus Paisanos para comprobación de lo que prometí;

entendido, que si hubiera con exactitud y estudio aparte, de historiar los muchos que en todos tiempos han sido digno asunto de la admiración por sus raras habilidades, sería necesario un grande volumen para colocar sus nombres. Para tres que el Rmo. Feijoo saca al teatro del Mundo, de las largas provincias del Perú, en su Discurso de los españoles americanos, ya le doy a vuestra majestad treinta en esta Nueva España; y le daré trescientos del modo que el padre Benedictino da los tres. Nos dice, que los señores Peralta, Ordóñez, y Figueroa dieron al Mundo universales aclamaciones: el primero, por sus superiores talentos, y erudición, y porque supo a la perfección las matemáticas, la filosofía, química, botánica, anatomía, y medicina, y hablaba bellamente ocho lenguas: el segundo, por el asombro que causó al Claustro de Salamanca la oposición que en el término de una hora dijo de la facultad Civil, o Canónica: el tercero, por que el padre Jacobo Vaniere lo celebra de gran ingenio, y el padre Feijoo, en la correspondencia epistolar que contrajo con él, conoce que se acorta en los aplausos el padre Vaniere. Advierta vuestra majestad que este personaje era primo del marqués de Figueroa, y sobrino del excelentísimo señor marqués de Casafuerte, que con este vínculo de grandeza, es corta toda alabanza.

Ésta es la pintura de los tres Peruanos de quienes sobre su palabra manifiesta el padre Feijoo sus supremas habilidades. Y sobre la verdad, fe, experiencia, y notoriedad, le daré yo a vuestra majestad no tres, sino trescientos, como le dije. Hoy es Canónigo de la santa Iglesia de Valencia el señor doctor y M. don Antonio López Portillo, que por tres días, conviene a saber, 28 de mayo, 6 y 11 de junio del año de 54 defendió públicamente toda la filosofía de Losada, teología del padre Marín, y Eucarística Disertación del padre Rábago, con todos los sistemas, doctrinas, pruebas, y soluciones. Las Decretales de Gregorio IV, conforme a las Notas y Comentarios del doctor González, manteniendo problemáticamente todo lo que no pudiera conciliarse con la pluma de este célebre Comentador; haciendo lo mismo con todas las Obras de Arnoldo Vinio, y Antonio Fabro, aparejándose a responder de memoria cuanto se le preguntara de la Instituta, y explicar cualquier párrafo de ella, admitiendo por réplicas cuantas personas quisieran hacer tentativa de su maravillosa comprensión. Ninguna ciencia de las que poseyó el señor Peralta, se le esconde a la suprema viveza de este Monstruo americano

Guadalajareño, a quien: Honorent eum quai príncipe suscribientes ingenuo angustias humano fastigio. El Dominico don Fray Francisco Naranjo, que después que en la oposición a la Cátedra de Prima de teología, habló de repente con admirable erudición por el espacio de dos horas sobre el Art. 5 de la Quæst. 71 de la 1 ma. 2 dæ. de la Suma Teológica de santo Tomás, refiriéndolo de memoria, comentándolo palabra por palabra, y excitando sobre él ocho cuestiones. Después que en la de Vísperas de teología sobre el punto que le salió, lo comentó con catorce consideraciones, deduciendo once conclusiones, que confirmó con veintidós pruebas, satisfizo con cien conclusiones, y propuso contra ellas cincuenta argumentos; en la Clase mayor de la Universidad dictó a cuatro Amanuenses a un tiempo diversas materias intrincadas que repentinamente le dieron los sabios Circunstantes, para admirar en público lo que muchas veces practicaba en los silencios de su Celda, gritando todos en su elogio aquel *nunquam sic locutus est homo*.

Debe separarse por singular entre tantos asombros americanos a don Pedro de Paz Vasconcelos. Siendo ciego a nativitate, fue un perfecto Gramático, sabio Retórico, eminente Filósofo, profundo Teólogo, consumado Jurisprudente, y tan satisfecho de su tan rara y nunca vista habilidad, que de edad de diecinueve años leyó en oposición a la Cátedra de Vísperas de filosofía con tanta elegancia, aire, libertad, y magisterio, que ganó 75 votos personales. No fue menos el maravilloso ingenio del doctor don Pedro de la Barreda, que haciendo oposición a la Cátedra de Instituta, se obligó a decir de memoria cualquier Texto que se le preguntara de todos los Derechos Canónico y Civil, dar razones de decidir y dudar sobre los textos propuestos, y argüir de repente contra cualesquiera conclusiones. En los de esta clase coloca don Carlos de Sigüenza al Br. Alonso de Carvajal, de quien dice que fue excelente filósofo natural, y muy experto en la química.

En nada tienen que ceder a esta sublime comprensión la de los señores doctores don José Velasco de la Vara, catedrático de Vísperas de Cánones, y don Andrés Llanos Valdés, don Ignacio de Mimiaga, don José Cárdenas, don Agustín Tamayo, don José Peredo, don Juan Cienfuegos, don Manuel Regalado, don Manuel Campillo, Provisor y Vicario general del obispado de Puebla. Éste defendió sobre las Decretales los cinco Tomos de González, y el sutilísimo, fecundo, y sobreexcelente ingenio del señor don Joaquín

Velázquez, cuya maravillosa extensión en todo género de letras, le han granjeado en nuestros tiempos el justo y alto concepto que en los pasados tuvieron don Fernando de Córdoba, y don Ginés de Rocamora. No menos créditos se tienen granjeados los altos y vivísimos talentos del doctor don José Ignacio Bartolache, dando a conocer unos fondos de claridad e inteligencia tan desahogados y nobles, que a más de haberse consumado en la filosofía, teología, jurisprudencia, Historia, y otras facultades, ha hecho estudio aparte de las matemáticas y medicina, con tan maravilloso aprovechamiento, que ya llegó por tres tardes continuas a conferenciar sobre las Pastillas Gibelinas o Marciales, fuera de los dos Experimentos sobre la sangría hechos por la Universidad de París, y las ocho casillas de especiales teoremas, con todas las conclusiones que le habían dictado sus catedráticos en tan diversas materias como exponen de estas facultades cinco Cátedras. Estos dos raros Ingenios dieron prueba irrefragable de sus superiores, y cuasi inimitables y raras habilidades, en la Observación que hicieron del Paso de la Estrella Venus por el disco del Sol, el señor don Joaquín en la California, que fue donde le cogió, y el señor Bartolache en México; debiéndose lisonjear nuestra América con que el poeta pinte con más elegancia el elevado carácter de cada uno:

*Mens tua sublimis raras dotata per artes,*
*Et decor et linguæ gratia magna tuæ.*

En el claro y profundo conocimiento de las teologías fueron digno asunto de la admiración el doctor don Juan Molina de Muñoz, defendiendo maravillosamente esta conclusión: Quidquid Scotus aserit, verum est in Scholastica Theologia, leyendo por más de hora subitáneamente del punto que le ofreció la suerte; y el doctor don Juan de Dios Lozano de Valderas, que para graduarse de Bachiller en teología, pidió se le asignasen los puntos arbitrarios sobre los cuatro Libros del Maestro de las Sentencias, leyendo de repente por media hora de cada uno, y defendiendo en forma las conclusiones que dedujese.

El doctor don José Joaquín Peredo Gallegos, doctor don Ignacio Sandoval, y don Manuel Dorantes, defendiendo el primero los dos Tomos de teología Escolástica del padre Marín, los cuatro de Ramírez, y los cuatro de Gutiérrez de la Sal, con obligación de concordar todo lo que se opusiera a la letra de estos célebres Teólogos: el segundo los dos Tomos Escolásticos de Marín, y los dos del americano Segura; y el tercero doce casillas de conclusiones selectas, con todas las contenidas en el Tomo Escolástico del señor Eguiara.

Otros muchos, como los señores doctores y hermanos don Cayetano y don Luis de Torres, doctor don Gregorio Omaña, todos tres Dignidades de la santa Iglesia de México; doctor y Mro. don José Serruto, su Canónigo Magistral, y doctor don José Uribe, Cura del Sagrario de la misma, forman un coro tan supremo y separado de los humanos Ingenios, que necesita la pluma encoger sus rasgos, porque no caben en la admiración sus elogios. El doctor y catedrático de Escoto fray Félix de Castro, religioso Franciscano, pudo ser uno de aquellos Sujetos, que sin agravio de tantos héroes milagrosos, llenará de inmortales glorias la patria por su mucha ciencia, y ejemplares virtudes.

El doctor don Vicente Antonio de los Ríos y Herrera, hoy Canónigo doctoral en la santa Iglesia Catedral de Valladolid, tan sin semejante en la sublime inteligencia de los Derechos, como sin igual en la hermosura y dulce adorno del decir, defendió con general aplauso de la corte de México el mismo acto que ya dije a vuestra majestad sustentó el señor Portillo:

*Vidi ego: nec dignus tanta ad præconia testis.*

En las matemáticas tenga, sin agravio de tantos, primer lugar el Cosmógrafo de su majestad y catedrático Jubilado por la Real Universidad, el nunca bien ponderado Ingenio mexicano don Carlos de Sigüenza y Góngora, quien después de dar a luz la famosa Ciclografía, que nos ha robado de los ojos la desidia o desgracia, e imprimir la Libra Astronómica y Filosófica, con que deprimió el orgullo del Alemán Eusebio Francisco Kino, y otros muchos Papeles sueltos, empleó toda la gloria de sus estudios en utilizar al Público con las obras siguientes: Imperio Chichimeco fundado en la América Septentrional por su primer Poblador Teochichimecatl.= Fénix del Occidente Sto. Tomás Apóstol hallado con el nombre de Quetzalcoatl.=

Año mexicano.= Teatro de las grandezas de México.= Triunfo Parténico.= Piedad heroica de Cortés.= Trofeo de la Justicia española.= Mercurio Volante, con la noticia de la recuperación de las provincias del Nuevo México y otras Poblaciones.

Don Juan Ruiz, que imprimió los dos célebres Discursos acerca del Cometa que se vio desde el mes de diciembre de 652. y el arco tenebroso que se formó en el Cielo desde las cuatro y media de la tarde del día 18 de noviembre del mismo año y siglo: ocupaba desde el Oriente a Poniente de la ciudad de México. De estos mismos meteoros, y otros aparecidos por los años de 653, 80, y 81 escribieron el reverendo padre fray Diego Rodríguez, Mercedario, don Gabriel López Bonilla, don José de Escobar, Salmerón y Castro, y don Gaspar Evelino. Posteriores a estos han escrito don Antonio Aguilar Cantu, don Juan Martel de Villavicencio, Oaxaqueño, don José de Escobar y morales, don Miguel Musientes y Aragón, don Luis Gómez Solano, el Contador de Azogues don José de Villaseñor y Sánchez, nacido en Valladolid, provincia de Michoacán, que a más de los doctos Opúsculos que desde el año de 735 hasta el de 770 franqueó al Público, dio a los moldes por orden de su majestad los dos Tomos del Teatro americano. El doctor don Pedro Alarcón, que a más de construir las Tablas Astronómicas de los movimientos de los siete Planetas, erigió por ellas unas Efemérides de todos los lugares y movimientos diurnos de los Planetas para el periodo de los años de 713 hasta el de 723. Enviolas a la Sorbona, y en premio de sus gloriosos afanes, le contó entre uno de los individuos de su celebérrimo claustro. Y en fin el actual filomatemático y agrimensor don Felipe de Zúñiga y Ontiveros, que a más de haber publicado 27 Efemérides, dando en cada una un auténtico testimonio del acierto de sus estudios, y continua aplicación, y manifestar en ellas muchas y raras observaciones astronómicas, avisándonos un año antes de los acaecimientos celestes, como se deja ver en el Tránsito de la estrella Venus por el disco del Sol (cuya observación hizo el día 3 de junio de 69, dando razón con su estampa en el año siguiente de 70) Eclipses magnos, entre los que nos hace visible el cuasi total del 24 de junio del pasado año de 778 con toda la razón de variedad de fases que el centro de la sombra lunar corrió por el globo de la tierra, individualizando los reinos, provincias, ciudades, y pueblos del Mundo donde se esconderían más o menos sus luces. A más, digo, de estas fatigas tan meritorias, ha dedicado la más brillante porción de sus afanes en utilizar al público con la noticia de varios instrumentos y máquinas para la agricultura, e hidráulica, y en comunicar sus estudios a su hijo don Mariano José, quien tiene calculados en un cuaderno todos los eclipses de Sol y Luna hasta el año de 800, y construidas ya dos Efemérides para los años de 81 y 82.

Don José Brizuela, que por mañana y tarde sustentó un acto de veinte y cuatro materias, haciendo de seis de ellas demostración Geométrica. Don José Peredo otro de muchas y exquisitas conclusiones matemáticas y médicas, ofreciendo lo mismo; don Juan José Guerra dos: uno de teoremas lógicos, demostrando geométricamente la existencia de Dios, e inmortalidad de la alma, y otro de doce materias físico-matemáticas.

Don José Alzate posee una extensión tan vasta y profunda en todo género de ciencias, que cuando los teatros de la Imperial corte de México no gritaran esta verdad, la publicaría a pesar de la incredulidad, el elegante, útil, y curioso Diario que su estudio nos franqueó en las prensas, dejándonos paladeado el gusto, como el señor Bartolache con sus Mercurios Volantes.

No dejan muchos de poseer el don de lenguas, como una de aquellas riquezas que Dios del inmenso tesoro de su infinita Sabiduría generosamente reparte a sus criaturas. De la Hebrea y Griega ya hubo quien formara Artes, que se imprimieron en México: de la Francesa, Italiana, y Portuguesa juegan muchos con tanta facilidad, como de la Latina y Castellana; agregando a la luz de éstas la que tienen de los idiomas nacionales, incomparablemente más difíciles de aprender que los forasteros. Ya hubo, como lo fue don Antonio Adar de Mosquera, quien a un tiempo predicara en las cuatro lenguas, mexicana, Condomeca, Angolana, y española. El que con más claridad y a fondo pretendiere instruirse de los héroes americanos, que como Oráculos deben venerarse, lea el doctísimo y erudito Prólogo que la Real y Pontificia Universidad hace en la Última edición de sus Estatutos.

En esta provincia de padres Franciscos de san Pedro y san Pablo de Michoacán, dije a vuestra majestad del reverendo padre Lector Jubilado fray Vicente Arias, religioso tan gloriosamente ilustrado en todas facultades, que a más de ser singular Filósofo, insigne Teólogo, diestro Canonista, hablar con la nativa seis lenguas, y tener una universal comprensión y conocimiento de la medicina y física, considerada en todas sus partes, es tan consumado matemático, que mereció en la corte de Madrid un alto concepto. Hoy apenas cuenta cuarenta y tres años, y la misma extensión que en esta edad goza, poseía en la de veinticinco a treinta; debiéndosele acomodar el Quotidie maior admirabilior, et melior, de Plinio. Estos son los Sujetos, sin otros muchos de iguales luces, que contrapesan a los tres que en su Teatro publica el padre Feijoo.

Vuestra majestad esté cierto, y todos sus Paisanos pueden estarlo, que no hay facultad, ciencia, o arte donde no se hayan distinguido con especial aclamación de todo el Orbe los hijos de los españoles de esta América Septentrional, depositando en sus vastos entendimientos una enciclopedia o conjunto maravilloso de lo más exquisito de todas las ciencias.

Éntrese vuestra majestad por el vasto continente, y largas provincias de la Literatura indiana; y fuera de 225 doctores, que como otros tantos Astros iluminan con su doctrina el gran ángulo de la Iglesia, registrará con admiración Expositores de la Escritura Sagrada, con un cabal conocimiento de las lenguas originales, estilos, y costumbres de la Antigüedad; sublimes Oradores, enriquecidos de las más altas teologías y Escrituras; insignes Teólogos, maravillosamente versados en las Historias sagradas y profanas, y en las divinas letras; grandes Canonistas, ilustrados en la antigua disciplina, Decretos, Concilios, e Historia de toda la Iglesia; Civiles jurisconsultos, adornados de las Historias de su nación, y de todas las que dicen un noble maridaje con las extranjeras, Leyes y establecimientos de los pueblos; peritísimos Filósofos, con un completo señorío en todas las matemáticas, así abstractas y puras, como mixtas: y por no molestar a vuestra majestad con la más ligera excursión sobre este punto, le digo, que han sido y son innumerables los poseedores de los ricos tesoros de la Oratoria, teología, jurisprudencia, medicina, filosofía, Crítica, Lenguas, Historia, poesía, y Elocuencia, que es todo el carácter de las facultades mayores, y bellas letras. El mismo gozan en toda clase de mecanismo.

En la pintura fueron tan excelentes los dos hermanos Juárez, que las sombras que solían al descuido vaciar en un lienzo, dieron motivo a empeñar los delicados pinceles de los romanos, con quienes por retrato se conocían, y frecuentemente se comunicaban. Entre las muchas obras que dejaron como por inmortal monumento de sus raras habilidades, son los veinticinco Lienzos de marca que ocupan los cuatro ángulos del Claustro bajo de Observantes Franciscanos de Querétaro. Cuantos facultativos fijan los ojos en la Vida que explican del Serafín Llagado, suspenden la consideración entre los asombros, del pintado, y de la pintura. No tuvo que ceder la mano de Ibarra a la destreza de los Juárez: sin ir hasta la Imperial México, tiene vuestra majestad el desengaño en la Imagen de la Purísima, que en un Lienzo grande se deja ver en la entrada del Claustro del Colegio de Celaya de padres Franciscos; es tan hermosa, y atractiva la Copia, que solo puede excederle en perfección el Original. No fue menos la valentía de los pinceles de los maestros Cabrera, Villalpando, Henríquez, y Páez del Castillo.

En la Escultura, y arquitectura no ha mucho vimos gloriosamente emularse en solo la ciudad de Querétaro los tres maravillosos ingenios de Bartolico, Gudiño, y Casas; dejonos el primero una incorruptible memoria de la destreza que poseía en la Sagrada Imagen de bulto, que con el título de las tres Caídas se venera en la Iglesia de padres Franciscos de dicha ciudad. El rostro es divino, el cuerpo proporcionado, el impulso y ademán de caer y levantar con la Cruz, es con tanta naturaleza, debida a la ingeniosa, y valiente disposición de los muelles, que cada año se lisonjean los Queretanos ver representado este paso con la propiedad que lo miró ejecutado el ingrato pueblo en el Supremo Autor de la vida.

En la medicina han adquirido tanta libertad, conocimiento, y señorío, que ya llegamos a ver en nuestros días la letra de Hipócrates, y Aforismos de Galeno por el incomparable ingenio del erudito maestro y doctor, presidente, proto-médico, primero y sin segundo médico, vulgo Gonzalitos. Cuantas alabanzas puedan mis labios dirigir hacia este héroe americano, creo las recibirán gustosos los facultativos que las escucharen: conociose. en estos reinos por el segundo Hipócrates, su ingenio por uno de aquellos de quien el poeta canta:

*Ingenium, natura dedit, linguamque, capaxque*
*Ingenium, voluoremque animum.*

En la jurisprudencia fue tan sobresaliente el sublime espíritu del señor Riva de Neira, que haciendo transitables los escollos y sirtes que se encuentran entre los Derechos Regio y Pontificio, con su Concordato supo con delicadeza, sin torcer las Leyes, acordar las dos Supremas Autoridades: no dio menos a conocer la vasta erudición que poseía en todas facultades, travesura, viveza, y amenidad, en el Pasatiempo que imprimió, por quien puede cantarse el Tu decus omne tuis, del poeta.

Estos son los ingenios y habilidades de mis Compatriotas los señores españoles americanos: esta es la ciencia ignorada del Mundo, porque faltó mano (déjemelo vuestra majestad decir así) faltó mano que formara un breve catálogo, un reducido epítome de sus escritos y gloriosas fatigas, medio con que todas las naciones ponderan la fama, y dan a conocer por toda la redondez del Orbe los nombres de sus Clientes. Oscurécense lastimosamente, dice Jacobo Boisardo, los esclarecidos hechos de los generosos Capitanes; sepúltase entre las bóvedas del silencio el sublime carácter de la ciencia, y arte Militar; en tanto que no lo grita la Historia con las voces de la verdad, y sus escritos no vuelan en alas de la fama por toda la tierra:

*Egregiis frustra virtus se bellica gestis*
*Inflat, et ad laudes nititur ire suas.*
*Ni scriptis vulgata eius sit fama per orbem,*
*Et fiat, radiis clarior Historiæ.*

Nadie hasta ahora ni de los domésticos ni extraños ha recomendado a la Posteridad la dignidad de vuestro carácter, ni el alto esplendor de vuestras glorias, o nobilísimos Comilitones! Solo yo, lisonjeando mi gusto, y robándole al papel sus derechos, las escribiré en mis manos: In manibus meis descripsit te. ¿Pero qué pueden mis manos escribir de vosotros, que vosotros con más elegancia no tengáis escrito en tanta multitud de libros que no caben en el guarismo? Y no le parezca a vuestra majestad hipérbole esta ingenua expresión de la verdad, que hallará contestada en la Biblioteca de Pinelo, en la de Nicolao Antonio, la de don Antonio de León, la del señor Eguiara, y en el Teatro del padre Betancurt; asegurando que de más de mil Escritores que han dedicado las fatigas de sus estudios en pintar las glorias americanas, los más son dulce engendro de nuestro fecundo vientre Septentrional: habiendo Escritor, como ya vimos, que franqueara en cuarenta y dos Tomos los penosos afanes de sus sudores. Y de éstos parece que habló el poeta cuando dijo:

*Quid referam libros illos, quibus utitur orbis.*
*Mille locis plenos nominis esse sui!*
*Litera qæcumque est hoc me non fingere dicet:*
*Namque incorrupti pondera testis habet.*

Servirán mis manos para que los que no creyeren esta verdad, vengan y la miren esculpida en ellas: *Non credebam narrantibus mihi, donec, ipsa veni, et vidi oculis meis.* 2. Reg. 10. ••. 7. Y cuando la voz, la fama, la Historia, y los Escritos, no convencieran a vuestra majestad de la ciencia y habilidades de mis españoles indianos; creo se persuadirá al verlos ocupar las Cátedras con dulce magisterio, los Púlpitos con elocuente facundia, los Confesionarios con celestial prudencia, y las Sillas de los Tribunales con el elevado y distinguido carácter de Letrados y Jurisconsultos. Nada tienen que envidiar los Criollos a las demás naciones: y cuando tuvieran, será en las facultades, pero no en las ciencias. No hacen felices a los hombres (hablo en lo caduco) las grandezas de las almas; sino el acaso, el destino, o la contingencia. Más utilidades y decoros se deben a la suerte, que al mérito; y más dichas a la fortuna, que a la aplicación: sirva aquí la Sátira de Juvenal, como por sentencia de una madre, que interesaba todos sus alivios en los honores de su hijo.

Aunque tu ciencia no es corta,
ningún bien en ti colijo:
fortuna, te dé Dios, hijo,
que el saber poco te importa.

Con esta Coplilla, que canoniza el vulgo por evangelio, hagamos punto a las Ciencias, y pasemos a las Armas: voz que le confieso a vuestra majestad ser tan peregrina, como extranjera en nuestros americanos territorios.

Aún ignoramos si sea tétrico el eco de las Cajas, y horrísona la voz de los Clarines; mas con todo, si consultamos los tiempos, ya veremos empeñada la nación en aquellos lances que la ocasión, la urgencia, o la necesidad lo han demandado. ¿Qué gentes auxiliares, qué Tropas disciplinadas, o bisoñas ha mendigado de ajenos países, para defender los propios de la osadía y atrevimiento de los Draques, Ubernones, Lorencillos, y Avelmontes? ¿Qué Presidios, Plazas, Poblaciones o Fronteras de nuestros confines ha desalojado por cobardes; o en qué tiempo ha mostrado el más leve indicio de pánico terror, susto, desmayo, fuga, o desaliento contra la violenta flecha, y penetrante dardo, que a millares con animosidad disparan los bárbaros Gentiles de nuestras inmediatas y distantes Colonias? ¿No han sacrificado, siempre que se ha ofrecido, gustosos y sin violencia sus vidas y caudales, presentándose libres bajo del comando y órdenes de uno u otro Jefe veterano, a la defensa de la patria, del rey, y de la fe?

Faltoles (es muy cierto) el arte Militar; pero les sobran impertérritos alientos para respirar amor, fidelidad, y cultos en favor de la fe, del rey, y de la patria. Fáltales disciplina; pero les sobra ingenio, viveza, y disposición, para suplir con la habilidad las varias operaciones de la Milicia: de manera, que en lo mismo que notan a mis Compatriotas, encuentro yo la justicia y recomendación de sus méritos. Aquellos Patricios a cuyo cargo está la defensa de los pueblos de sus provincias, gozan las inmunidades, fueros, prerrogativas, honor, y distinciones, que aquellos que entre los enemigos se ofrecen sangrientas víctimas a la pólvora, al plomo, y al cuchillo.

Fuera de que, para desempeñar las arduidades, escollos, empresas, y dificultades que trae consigo el gobierno, conservar y dilatar sus glorias, potencia, y prosperidad, no sé yo que esté escrito ser condición necesaria la disciplina e instrucción en la arte Militar.

**Español.** Tan escrito está, que los Perinenses, y griegos tenían Ley de no gozar privilegio, ni obtener empleo, si primero no ejercitaban las armas diez años; los antiguos romanos doce; los Húngaros seis; los Británicos, ocho: y aún en el día no pueden tomar estado, si no prueban en el rigor de la guerra el valor y el sufrimiento.

**Indio.** Y cuando vuestra majestad halló escrita esa noticia, ¿no halló también escrito que el que dio a los del Periene la Ley, fue el filósofo Bias, a quien por su ciencia y habilidad le dieron el gobierno de sus repúblicas? ¿No halló escrito, que entre los romanos, los oradores autorizaban como Oráculos el Senado; y que sus Césares y Augustos más trofeos debieron a las plumas, que victorias a sus armas? Escribe el César las guerras Púnicas, escribe Augusto las conquistas de Cantabria; uno y otro conquistan con el valor, cuanto imprime la mano con el papel: no estamparan triunfos, si no estudiaran máximas. A la sabiduría de los Fetonios, Taleses, Pitacos, y Periandros, debieron los Mitilenos, y Corintos, la suprema felicidad de sus gobiernos.

No ignora vuestra majestad que la mayor corona que venera el mundo (la de España) en el día descarga todo el peso de sus intereses, confianzas, aciertos, y resoluciones, sobre cuatro de seis que son los ministros al parecer forasteros en las campañas de Marte, y muy domésticos, en los gimnasios de Minerva; pero tan diestros en una y otra escuela, que en la admirable fragua de sus divinos ingenios, o bien labran los aceros para escribir elevados conceptos en el papel, o tajan las plumas para inspirar alientos en la guerra. ¿Qué Monarquía no debió felicidad de sus progresos más al consejo de los Sabios, que al furor, intrepidez, y arrojo de los Guerreros? ¿Cuando más feliz y triunfante Roma, que cuando sus Jueces se gobernaban por la doctrina de sus Sabios maestros, y sus príncipes por el consejo de sus Sixtos, Sénecas, Plautos, Plinios, Pacatos, y Claudios? ¿Cuando más ventajosas las fuerzas de los Macedonios, que cuando sus monarcas abrazaban los prudentes dictámenes de sus Diógenes, Aristóteles etc.? ¿Cuando más temida la Persia, que cuando Plotinio regía el ánimo de sus soberanos? ¿De qué estorbo le fue al grande Alfonso de Castilla la pluma, para no deprimir con la espada el orgullo del Mahometano, y la atrevida insolencia de algunos españoles, que desde la muerte del santo rey Fernando III se había sembrado y propagado con lamentable ruina de toda la nación? ¿Quién más Sabio en España que Alfonso? ¿Quién en Inglaterra que Enrico? ¿Quién en Francia que Carlos? ¿Carlos dije? Sí, que de aquel Carlos, de aquel Enrico, y de aquel Alfonso, fabricó la divina Providencia el Corazón y sublime Espíritu del actual invicto TERCERO CARLOS de nuestra

España. Nada tiene que envidiarles en la nobleza, la generosidad, la dicha, y el poder; porque cuando no fuera florido vástago de más augustos y excelsos Troncos, sus ilustres prendas, y excelentes virtudes, lo mejorarían sobre todos. Solo anhela la grandeza de su alma a imitarlos en las ciencias; por eso cuando Niño, preguntado que de qué epíteto se agradaba más de cuantos la fama daba a sus gloriosos Ascendientes? respondió: querría merecer que me llamasen Carlos el Sabio. Pues ya, ya llegaron, señor mío, a la más exquisita perfección aquellos altísimos deseos de saber. ¿Qué arte o ciencia se le esconde a su dilatada comprensión? Nada ignora de la Historia de Francia y España: nada de la Eclesiástica: nada del viejo y nuevo Testamento: nada de la Geografía, Cronología, aritmética, y música; hablando en cada una, a más de la lengua nativa, en la Italiana, Francesa, y Latina; poseyendo aquella Joya de incomparable precio, y a quien ningún valor le iguala la Sabiduría; dándole lugar en su generoso Corazón sobre todos los reinos, provincias, y tesoros del Mundo. Carlos el Sabio le llama el Orbe, cuya incorruptible existencia graba la famosa Academia de Derecho Patrio en las láminas de la inmortalidad con esta dulce inscripción: CARLOS III. padre de la patria, y Protector de las Ciencias. No ha escrito lo que el César y Augusto, ni ha impreso lo que Alfonso y Enrico; pero tiene más que aprender el Mundo en sola una sentencia que dicte, que en cuanta doctrina se lee en los vastos volúmenes de aquellos. Quien leyere la docta Colección de Cédulas, que en el tiempo de su felicísimo reinado ha expedido para arreglar sus repúblicas, interesar sus pueblos, beneficiar sus Vasallos, y engrandecer su Monarquía, tocará las sublimes máximas de un Salomón, que inspiraban solo la prudencia, la paz, y la religión; la clemencia, el agrado, y la benignidad. Carlos el Sabio le nombra el universo desde su tierna edad: ¡y qué dorados grillos le puso este glorioso renombre, para que en la Guaxtala, Nápoles, y las dos Sicilias, no triunfara con la espada, de los Imperiales, colocando sobre los Borbónicos tafetanes a un tiempo los trofeos de su valor y de su sabiduría! Sí, señor, así debía ser, porque solo el Sabio sabe dominar sobre los astros: Sapiens dominabitur astris.

Privó Roma (que es donde quedó pendiente el hilo) de honor y empleo al Romano que casara con española, o a la contra: así lo leyó vuestra majestad en los Edictos romanos. ¿Y cuando lo leyó no advirtió también que el gran

Marco Aurelio era nieto de española, y los mayores príncipes que veneró Roma, Trajano, Aureliano, y Teodosio, eran españoles? Y pues ¿qué diremos de Roma? Que a los que priva para las Togas, los ciñe con las Bengalas, y a los que inhabilita para las dignidades, les fija las Diademas. ¿Diremos que Roma era indiscreta, inconstante, necia, y poco cuerda? No por cierto, señor mío, que nunca con más juicio acordó sus resoluciones. Temió la flexibilidad de una nación vencida y sujeta a extraño dueño: temió la infidelidad e inconstancia de una plebe, que emparentada con la Romana, podría insultar la sagrada y suprema autoridad del alto Capitolio. Hasta aquí temió Roma justamente; pero como el tiempo es aquel elocuente predicador que con las voces del desengaño persuade las verdades, miró en España Roma trasladada a Roma: miró en la fe y lealtad de los españoles que vulneraba, la Justicia; y borra discreta los Edictos que tenía fulminados contra España, escribiéndola en las doradas láminas de los honores y las dignidades. No lloró Roma con los españoles lo que la Gran Bretaña llora en el día con los Bostonenses, porque el amor y fidelidad de éstos, son hijos legítimos de sus intereses. No así el de los míos, que son la obediencia, y temor santo de Dios que profesan. No quiero el que vuestra majestad se me avergüence, si hago una poquilla de crítica sobre las operaciones de esta ingrata y sublevada nación. Basta decirle, que si los hijos de Londres, que bebieron de los raudales del trono las dulces aguas del rendimiento, homenaje, amor, y fidelidad, no hubieran sido los autores y jefes de la conspiración, jamás se hubieran turbado los obsecuentes ánimos de los Colonienses. Basta, dije, porque parece nos hemos alargado algo más de lo necesario en este discurso.

**Español.** No hay duda, pero lo ha pedido así la materia; y por lo que tengo presente, volviendo al intento, quedaste en el marqués de Valero.

**Indio.** Es mucha verdad, que en los fines de su gobierno pensaron los mal querientes lograr el tiro de su malicia. Hasta octubre de 721 tuvo las riendas del gobierno este ilustre príncipe, sucediéndole el excelentísimo señor don Juan de Acuña, marqués de Casa-fuerte. Murió el año de 34 habiendo desempeñado las confianzas que de su prudente conducta esperaban, y quedó con el ínterin el ilustrísimo señor don Juan Antonio de Bizarron y Eguiarreta, arzobispo de México. Nunca más bien se vieron hermanados Moisés y Aarón, la Tiara y el Cetro, la Vara y el Báculo: era Pontífice en los Estrados, virrey en los palacios, arzobispo en lo público, virrey en lo secreto, arzobispo para corregir, virrey para castigar: con el Báculo regía, y con la Vara consolaba: Virga tua, et Baculus tuus, ipsa me consolata sunt. En fin rigió esta Nueva España hasta el año de 40 no en Vara de hierro, de severidad, y engreimiento; sino en Vara de Virtud, que le envió desde el trono de la soberanía, desde la nueva Sión, el señor de las Potestades, y rey de reyes, el inmortal y glorioso Felipe V. Sucediole el excelentísimo señor don Pedro de Castro, Figueroa y Salazar, Duque de la Conquista, y marqués de Gracia Real: fue arrebatada su muerte, dejando en un año que gobernó, a los habitantes de este reino, con la marchita esperanza de un héroe que tantas dichas prometía. Substituyó la Real Audiencia su lugar, hasta que en el año de 42 tomó posesión el excelentísimo señor don Pedro Cebrián y Augustín, conde de Fuenclara. A este caballero, por todos títulos grande, sucedió en 9 de julio de 46 el excelentísimo señor don Juan Francisco de Guemes y Horcasitas, conde de Revilla Gigedo. Tuvo la gloria de que en su tiempo se poblara la Colonia de Santander con más de treinta poblaciones, por el Noble Hidalgo don José de Escandón, caballero del Orden de Santiago, y coronel de las Milicias Urbanas de la ciudad de Querétaro. Fue esta Conquista cómoda y útil al país, por las repetidas hostilidades y vejaciones que los bárbaros Xanambres y otras naciones, abrigadas en el Zihui, inferían a la provincia de san Luis, Monterrey, y otros rivales.

Puso en ejecución el orden del rey sobre el despojo de doctrinas administradas por los Regulares, en los principios no con aquella mensura que se debía a unos ministros tan recomendados por su carácter, decoro, y religiosidad, pues constándole de la obediencia y sumisión con que siempre habían venerado aun las más leves insinuaciones de los soberanos, aplicaba todo el temido poder de las armas, para arrojar de sus nidos a unas Tortolillas inocentes, que no presentaban otra defensa que el manto, báculo, y breviario, alas con que indispensablemente vuelan hasta el Cielo de la virtud y la perfección; bien es que así que tocó la realidad con la experiencia, bajó de concepto, templó su furor, y mandó se practicaran los despojos sin desprecio, rigor, ni violencia. Este crudo golpe (si se le debe dar este nombre) que recibieron las religiones en nuestros tiempos, tuvo sus amagos de muy atrás.

A los 33 años de la Conquista se empeñaron los señores obispos en sujetar a sus Mitras la independencia que gozaban en causas matrimoniales los religiosos, no obstante la concesión del papa León X en su Bula dada el año de 1551 y la omnímoda autoridad que para este fin les confería el papa Alejandro VI Intentaron igualmente suprimirles la facultad que tenían de fabricar Iglesias, Capillas, y Oratorios en desahogo de los Fieles. Hicieron su ocurso los Regulares a la Católica majestad de Felipe II y condescendiendo a sus súplicas, expidió Cédula fecha en Valladolid el año de 57 a su favor, cuya resulta acabó de desabrir los ánimos de los obispos, y acordaron de quitarles algunas doctrinas, y reclamar, como lo hicieron, al general Concilio que por entonces celebraba la Iglesia en Trento. Consiguieron su intención, aprobada por el papa Paulo IV pero tan caduca y limitada, que a poco el santo Pontífice Pío V en Bula expedida el año de 67 recogió lo mandado por el Concilio, y puso en posesión de sus privilegios a los religiosos. Mandola pasar el soberano por su Consejo, y que en toda la América se promulgase con la mayor solemnidad.

Todos estos triunfos eran nuevos estímulos para que las Mitras empeñaran todo el poder de su autoridad contra los religiosos, en especial la de Puebla, u obispo de Tlaxcalan, que lo era por entonces, esto es por el año de 583 el ilustrísimo señor don Diego Romano, persona grave, docta, y de respeto por sus circunstancias en la corte. Con este Patrón, y firmas de algunos otros Mitrados, recabaron Cédula para que el Clero colase y fuese preferido a los Regulares en el concurso de doctrinas y Curatos. Fundaron su reclamo sobre el dictamen de administrar los religiosos por caridad, y los Clérigos, de quienes creían haber ya copia bastante para el ministerio, por obligación. Algunos Curatos colaron en la Puebla; pero no tuvo el proyecto el éxito que deseaban los interesados, por estar a favor de los religiosos los virreyes, Audiencia, y el arzobispo visitador don Pedro Moya de Contreras, con cuyo auxilio, sacaron contra Cédula a lo mandado, aunque con la pensión de ser examinados en lengua y suficiencia, y visitados personalmente por los obispos, o de no, por algún religioso del respectivo Orden, no obstante los indultos que hasta allí gozaban de los papas Pío V y Gregorio XIV.

Sobre el obedecimiento de estos puntos, disputaron largamente las religiones, y llenas de tribulación y congojas, cuando se resolvieron a hacer una general renuncia de todas las doctrinas, se serenaron las discordias con los informes que a boca hicieron a su favor los señores Villena, Cadereyta, y Serralvo, poniendo perpetuo silencio en la materia, y que los Curatos proveídos hasta allí en Clérigos, continuaran en Clérigos, y los de religiosos en religiosos. Estos amagos, como dije a vuestra majestad fueron hasta el año de 640; y no obstante que con la perpetuidad del silencio impuesto, se sufocaron todo el resto del siglo XVII; los deseos de los pretendientes en principios de éste alentaron de nuevo sus clamores, y apercibieron los oídos del Sexto Fernando, cuanto los había tenido sordos su Cristianísimo padre el gran Felipe V. Firmó un Real Decreto para que fuesen despojados los religiosos de las doctrinas, estuvieran vacantes u ocupadas. Restringió la severidad de este Orden con que el despojo solo se verificara en los que fueran vacando por muerte. Y para que no se consumiera con el tiempo la memoria de unos ministros que con su sangre habían rubricado cuasi todos los escarpados peñascos de la América, y a continuados afanes y fatigas sembrado los primeros granos del Evangelio en ella, colasen dos Curatos, a elección de cada provincia. Esta Cédula, expedida el año de 55, confirmó el invictísimo Carlos, cuya vida felicite y dilate Dios en largas prosperidades. Esto es, señor mío, cuanto sé sobre esta materia, y prosigamos nuestra conversación.

El año de 55 llegó el excelentísimo señor don Agustín de Ahumada y Villalón, marqués de las Amarillas, por haber ascendido el mismo año el conde de Revilla Gigedo al Supremo de Guerra con grado de Capitán general del ejército. gobernó hasta el año de 60, que murió, habiendo recibido antes el amargo trago de la temprana muerte del único heredero de sus honores, fortunas, e intereses. Ocuparon el ínterin por un año la Real Audiencia, y el excelentísimo señor don Francisco Cajigal de la Vega, caballero del Orden de Santiago, entregando éste el bastón al excelentísimo señor don Joaquín de Montserrat, marqués de Cruillas. Hubiera sido éste uno de los gobiernos más tranquilos que jamás gozáramos los hijos del país, sí en sus fines no lo hubieran alterado las huestes Británicas, apoderadas y hechas señoras de La Habana; y considerándolas tan cerca de los umbrales de nuestras casas, fue preciso para la defensa reclutar gentes, que unidas a un cuerpo sostuvieran el Puerto de san Juan o Veracruz, y playas que por indefensas, pudieran ser las combatidas, y franquearse por ellas con ruina nuestra la entrada el enemigo. Veintitrés mil hombres en Xalapa, Orizava, y otros pueblos se congregaron, y a haber sido necesaria más gente, se hubieran alistado hasta cincuenta mil; argumento concluyente y persuasivo de la fe, amor, y lealtad de mi nación, a la patria, al rey, y a la religión. A poco cesaron estas inquietudes, porque capituladas las cortes, se retiró cada uno a su destino.

Estas no prevenidas alteraciones, y temerarios arrojos de un enemigo tan astuto como feliz, por entonces, en las empresas, dieron ocasión para que se pensara en la corte sobre el surtimiento de algunas Tropas veteranas, y arreglamientos de Milicias en las provincias de nuestro continente, asegurándonos por este medio de las deshechas ruinas que sufrió La Habana, y no menos lamentables estragos Manila. Librósele Comisión para este fin al excelentísimo señor don Juan de Villalba, el que pasó a estos reinos en calidad de Comandante general, acompañado de muchos Mariscales de Campo, y Oficialidad de todas clases. Encomendada ésta de la instrucción, arreglo, ejercicio, y disciplina de los Paisanos, acompañó a la eficacia de los Jefes la disposición de los bisoños, y lograron en breve ver cultivado un número capaz y hábil de celebrar cualquiera función y maniobra de las muchas que prescribe el arte y ciencia Militar. No han sido tan ardientes los progresos como prometieron sus principios, porque desmayados los ánimos, han buscado en sus antiguas quietudes los dulces alientos de la paz y sosiego con que se lisonjeaban; y a mi ver, puede ser este pronóstico una de las raras providencias con que el Cielo quiere hacer notorio al Mundo, que sin otros gastos del Erario, como ya he dicho, sin otras novedades en el país, y turbaciones en los ánimos, se ha defendido y defenderá de la astucia, felicidad, poder, y presunción de cuantas naciones desprecian las Banderas de la Católica fe, y no se alistan bajo de los gloriosos Tafetanes de nuestros católicos monarcas. Cumplió, como iba diciendo:

**Español.** No, no digas más, que mañana proseguiremos.

## Tarde XVI. Gobierno católico fiel. Alteración de algunos pueblos, su pacificación, digno elogio, y conclusión del gobierno americano

**Indio.** Al excelentísimo señor marqués de Cruillas, sin intermisión, sucedió el excelentísimo señor don Carlos Francisco de Croix, marqués de Croix: entró en México el año de 66. A pocos pasos de su gobierno se levantó una llama, que estaba escondida entre las tibias cenizas de algunos fanáticos, necios, y alucinados. Fabricó la astucia el telar donde había de tejer las telas de la inhumanidad y crueldades; pero como los hilos de la trama eran desiguales, inconstantes, y débiles, malogró la malicia su trabajo, dejando descubierta la hilaza de la traición y alevosía. Labró las oficinas, para obrar en Apatzingan, Uruapan, Patzquaro, y pueblos de la Sierra, en Cuanaxuato, Venado, Minas de san Pedro, Potosí, san Luis de la Paz, san Felipe, y otros Lugares; pero como en el corazón de los operarios se introdujo la codicia, quiso cada uno, aun antes de comenzar la obra, ser el primero en vender sus géneros, por lograr las estimaciones del precio y la reputación, dando causa estos irregulares movimientos para que despertaran los compradores y tratantes del pesado sueño en que los tenía la confianza, la inocencia, y la sencillez, poniéndose a la vista de sus resultas. Los primeros que comenzaron a vender sus tiranos efectos, fueron los de Apatzingan, los de Uruapan, Patzquaro etc.

**Español.** Querría que no me hablases con tanta oscuridad, porque aunque no deje de entender el lenguaje, sábete, que semejantes acontecimientos se han de referir en un estilo, que hagan los pasajes claros y perceptibles.

**Indio.** vuestra majestad pide razón, y aunque tenía ánimo de continuar en esa especie de metáfora hasta el fin, por no rozarme con alguna palabra ofensiva, o que parezca mal sonante; me esforzaré a tratarla con el decoro que demanda el caso, desviándome, de todo lo que pueda lastimar la Justicia, y estrechándome a referir lo que oí, vi, y discurrí, que todos estos tres puntos vaciaré en un Tomo.

Mal avenidos los indios de la Sierra de Michoacán con la libertad que gozaban, piedad, y conmiseración con que los miraba el rey, y han tratado siempre sus ministros, creyeron que con quitar las vidas a los españoles y gente de razón, se sacudirían el yugo de la obediencia, que lo imaginaban insufrible. Apadrinaban esta cruel maquinación los gobernadores de Patzquaro, Uruapan, Tantzitaro, Charapan, y otros Pobladores de las Serranías. Convencidos los ánimos por una secreta comunicación, y alentados los Caudillos, primeros papeles de tan sangrienta farsa, emplazaron el día, en que al sordo acento de una voz, fueran todos cruentas víctimas del rigor y de la impiedad. No debieron de tramar negocio de tanto peso tan dentro de las leyes del sigilo y el silencio, que no cundiera a los oídos de los Guanajuateños, Luisianos, y otras gentes, que amigas de la libertad y el libertinaje, se confederaron entre sí, y firmaron una alianza general entre todos, capaz, según a ellos parecía, de derribar las Pirámides de Egipto, y fuertes Muros de Babilonia. Con el valor que les infundió el poder de tantas fuerzas unidas, comenzaron los desórdenes, e insolencia a sacar la cara.

Los de Apatzingan, atreviéndose a profanar la inmunidad de las Reales Casas, saquear los Intereses, y pretender apresar la persona del Justicia mayor, para dar con ella en el suplicio: los de Uruapan, no permitiendo Alojamiento a los Militares que se destinaban para el arreglo de las Milicias, y porque perseveraron en su intento, sin respetar el sagrado de lo que representaba, condenaron a uno de los Oficiales a la pena de azotes, y hubieran todos pagado con la vida, si no intervinieran los oficios, empeño, y eficacia de los padres de san Francisco, que por entonces administraban la doctrina y Curato, exponiendo, por libertar aquellas, las suyas a gravísimo peligro. En Patzquaro, san Luis, Guanajuato, y demás partes, suspendiendo la ejecución de la Real Pragmática sanción de nuestro soberano, sobre la expatriación de los Jesuitas, promulgada en este tiempo. Y como iban corriendo de uno en otro abismo, no intentaba cosa la malicia, que no ejecutara el furor. Las calles se poblaban de corrillos, las casas de maquinadores, y los campos de escándalos: en unas partes se escuchaban llantos, en otros risas, y en todas el terrible sonido de mueran, mueran. Esta melancólica voz, que lastimosamente sonaba en las orejas de los atribulados e inocentes, hacía que unos se aprestaran a la defensa, otros a la fuga, pocos a los templos, y muchos atrincherándose en una u otra casa, labraban muros de las paredes para repararse del furor, y defenderse hasta morir.

De adonde resultaba, que con este inexcusable desamparo de intereses y familias, saqueaban los almacenes, destrozaban las tiendas, violaban las casadas, estupraban las vírgenes, y hasta las Imágenes soberanas de la majestad, grabadas en los Lienzos, llegaron a borrar, con el desacato más inaudito, inmundo, y horroroso. Estas violencias y desafueros, fueron el despertador (así lo dispuso el Cielo) de la emplazada crueldad, traición, y tiranía; porque avisado el excelentísimo señor virrey marqués de Croix de tan repetidos atentados, y declarado por algunos de los Comuneros los tiranos fines a que miraban, mandó al ilustrísimo señor don José de Gálvez, que desde el año de 65 se hallaba en México entendiendo en la general Visita que de estos reinos le había confiado el rey, con todas las facultades, y plenitud de autoridad que en su Excelencia residía, para que juzgara negocio de tanto peso y gravedad. Obedeció gustoso; y haciéndose cargo del empeño, partió para esta provincia con la presteza que demandaba el caso: *Descendam, et videbo utrum clamorem, qui venit ad me opere compleverint, an non ita est.* Abrió su primer Juicio en Valladolid, Potosí, y Guanajuato, comisionando a las demás partes Sujetos desinteresados, de integridad y justicia, por no poder por sí acudir a todas en tan urgente necesidad. Las sumarias, autos, y procesos que del cuerpo de los delitos formaron, no puedo referírselos, porque no los vi; pero por los efectos debemos inferirlos: lo que sabemos de cierto es, que todas las cabecillas, unas fueron condenadas a la pena ordinaria, otras a acabar la vida en los tormentos, y las de menos consecuencia, a destierro. Con casi noventa cuerpos de los impíos y traidores se llenaron las horcas de miedos, las escarpias de sustos, y los caminos, calles, y plazas de los pueblos de horrores y de espantos, dejando tan destrozados espectáculos avisos a los presentes, y escarmientos a la Posteridad. Esto es lo más notable de este escandaloso acontecimiento.

**Español.** Pues a más de eso, he oído contar a Sujetos dignos de toda fe, que intentaban descargar el golpe, primero en los Gachupines, sacándoles el corazón por las espaldas, y después, como enflaquecidas las fuerzas, y debilitado el poder, tocar a degüello generalmente, no solo con todos los españoles indianos, sino aun con aquellos hijos del país, nada castizos en sus obras, y muy mestizos en la sangre con los tuyos, cómplices, y acaso inhumanos actores de tan detestables homicidios, los que llamamos en estos reinos, Lobos, Coyotes, Mulatos, etc. apoyando sus razones con los muchos que se hallaron encartados, ya como cabezas, ya como miembros en la conjuración, formándose de entre éstos aquel reyezuelo Patricio, que con el nombre de gran Potente, arrastraba entre los tuyos tantas pompas y honores, como los Pompeyos, y Honorios entre los romanos.

Y lo más chistoso que me cuentan es, que eligiendo una de las desamparadas Minas del Real de san Pedro, para corte y habitación de su Real persona, había colocado en uno de sus oscuros calabozos, y lóbregos puebles, como otro Plutón, el magnífico trono, desde donde con corona en la cabeza, y dorado Cetro en las manos repartía honores, creaba grandes, confería dignidades, firmaba decretos, y libraba órdenes, que con pronta ligereza conducía el Barquero Aqueronte a todos los miembros del Estado. Me han dicho asimismo, que en el Escudo de Armas y Nobleza, que ya soñaba fijar a las puertas, y sobre las almenas de su Real Palacio, tenía escrita esta Letra: Nuevo rey, y nueva Ley, sin otras ridículas y despreciables locuras, hijas de la bastardía de unas gentes bárbaras, incultas, y desordenadas.

Y reflejando juiciosamente sobre el caso, he llegado a entender, que si el juicio se ha cometido a otro que no hubiera sido el ilustre caballero Gálvez, tantos hubieran sido los suplicios en las provincias, cuantos innumerables los maquinadores de la tiranía. Libró este Católico ministro en la caridad, ternura, y compasión de sus benignísimas entrañas, toda la fuerza con que las Leyes, y la Justicia explican en semejantes casos el rigor: vestía su generoso ánimo de un dulce carácter, que sin violencia lo inclinaba más al agrado que a la severidad; y condoliéndose de la miseria, retiraba cuanto podía la mano para el castigo: más redujo al conocimiento de la verdad con la eficacia de sus palabras y consejos, que castigó en justicia por la enormidad de sus delitos. Cuantos arbitrios inventó la misericordia para el indulto y la remisión, tantos les permitía a los reos para su amparo y defensa.

No firmó sentencia que no la rubricara más con lágrimas que con letras. Bien manifestó la nobleza de su alma, y candidez de sus cristianas intenciones, cuando en la Plaza de san Luis, desde el balcón de su morada, arrebatado de un espíritu apostólico, y cubierto su valeroso ánimo de un dolor vehementísimo, a vista del innumerable concurso, y de los calientes cadáveres que aún pendían de los patíbulos y las horcas, oró con tanta elocuencia, y persuadió con tanta abundancia de textos, razones, leyes, y autoridades, el justo castigo ejecutado en aquellos infelices, y el culto, obediencia, amor, y lealtad que debemos tener al rey nuestro señor, y a la verdadera fe que profesamos, que todos compungidos, y apoderados de un impulso superior, se abrazaban tiernamente, se perdonaban contritos, y alababan a Dios en un héroe que tanta gracia había derramado en sus labios para persuadirlos y ablandarlos en la obstinación y rebeldía: *Nam dolori sublimitatem, et magnificentiam, ingenio vim et amaritudinem dolor addidit.* Varios pareceres he oído sobre esta Plática doctrinal, y Sermón que al día siguiente dijo el Rmo. padre Escobar, provincial por entonces de la provincia de san Francisco de los Zacatecas, religioso que debía a todos el alto concepto de docto y erudito. Yo siempre he suspendido, el juicio, creyendo que cada uno aplicaría su sublime habilidad conforme lo pedía el asunto, el teatro, y la ocasión; no pudiendo menos que admirar que un Sujeto que siempre había dedicado la superioridad de sus talentos al estudio de otras facultades distintas y muy distantes de la Oratoria, la manejara con tanta erudición, naturalidad, y elocuencia, como si no hubiera sido otro el empleo de sus gloriosas fatigas. Ninguna ciencia es forastera a un lumbre claro, vivo, y perspicaz. Conocíase, y aún se veneraba en toda la Europa con indecibles aplausos, la vasta literatura, y dilatada extensión del ilustrísimo Gálvez. Tenía impresa hasta allí la América, en sola la voz, la fama de un héroe tan grande: oyó con sus oídos los magníficos conceptos que de la abundancia de su corazón articulaban y proferían sus labios, y juzgó ángel al que todo el mundo tenía por Oráculo; confesando la América, de su prodigioso ingenio, lo que Lipsio del supremo poeta Stacio:

*Sublimis, et celsus, magnus, et summus poeta.*

**Indio.** De otro modo he visto que América escribe sus elogios:

*Maximus ille quidem doctæ dulcedine linguæ:*

*Ingenio certe maximus ille fuit.*
*Heu referam mores cælesti pectore dignos,*
*Ingenium nullum maius habere puto.*

Y concluye tocando el lance de san Luis, y otros muchos con Horacio:

*Omne tulit punctum; qui miscuit utile dulci.*

Mas no obstante este sobresaliente todo de virtudes que gloriosamente adornan la venturosa alma de tan gran ministro, no ha faltado quien temerariamente lo note de cruel, fácil, y poco cuerdo en la resolución de unos asuntos que había engendrado y parido la ignorancia de una gente rústica, simple, y novelera, abultando la malicia de los delitos por ganar reputación, y afianzar sus honores, créditos, ascensos, y estimaciones con el soberano.

**Español.** Esa es una blasfemia manifiestamente conocida. ¿Qué ministro puede ser más cristiano y justo, que aquel que puede quebrantar las Leyes, y no las quebranta; hacer cosas malas, y no las hace? No dudo que con esas bajezas y borrones, algunos enemigos de lo bueno, hayan procurado con la impureza de sus hollines tiznar su honra, nobleza, y conducta. Pero como el oro en el fuego se purifica, en el fuego de las contradicciones se acrisolan las obras de los Varones excelentes. Esos y otros dicterios habrán sido bastardas producciones de aquellos, o que se alegraban de ver al reino convertido en lamentables y derramadas tragedias, o acaso serían cómplices en la infame maquinación y alevosía. No niego que castigó a muchos; pero a muchos más perdonó, aplicando la gracia hasta donde no perjudicaba la Justicia, condenó infelices. Es falso. Ellos se condenaron por convictos y confesos de sus execrables crímenes y pecados. Obró justicia, porque se lo mandó Dios, y se lo intimó la majestad en la persona de su virrey; y de no obrarla, hubiera sido de la clase de aquellos Jueces que obran lo injusto por amor a la iniquidad. Bastábale ser Juez, para conciliarse enemigos, y hacer justicia, para que con semejante atrevimiento insultaran su sagrada persona. El que por caminos ajenos de pechos nobles, anhelara a engrandecerse, y se arrimara a las exaltaciones, es una cavilosidad manifiesta, y partos monstruosos de hombres, de poco o ningún seso. Cuando pasó a estas partes, ya el rey había premiado sus literarios afanes, trabajos y sudores con los distinguidos empleos de la Toga, Fiscalía, y plaza de Consejero; honores dignos de sus gigantes méritos, e indispensables pasos que violentamente lo arrimaban a la suprema dignidad de Camarista, cuyas Letras y Real Rescripto recibió en la Congregación de Irapuato.

Esto supuesto, ¿cómo podíamos creer, que atropellando los fueros sagrados de la conciencia, corriera tras de la impiedad, injusticia, y villanía un Sujeto que en su carrera no tenía más que desear y apetecer? Con esta mordacidad y desenvoltura han querido vulnerar y ofender las relevantes prendas de un héroe, a quien tus naciones deben levantar Estatuas, y eternizar su nombre. No ignoro que tales maledicencias, suelen tener su origen de aquellos, que ignorando su obligación, y escondiéndoseles el obsecuente rendimiento con que se deben venerar los Jueces, y tratar los supremos juicios de la soberanía, imaginan que cualquiera alteración o novedad en sus comodidades, vidas, intereses, o personas, no son emanadas inmediatamente de la alta cumbre del Dosel, sino nacidas del arbitrio y voluntad de los ministros, sin considerar que éstos no son más que unos meros ejecutores de las soberanas determinaciones que se desprenden del trono: de adonde resulta, que si las providencias son gravosas y penales a las repúblicas, descargan todo el furor de sus injustos agravios contra los promulgadores. Pongo por ejemplo: gozábamos en estas partes el trato y libre comercio de los tabacos; manda el rey que se estanquen, según los establecimientos de los reinos de Castilla, y arreglándose a la Ley 23. Tit. 4 y lo mandado por el señor Felipe III ley trece Tit. 23 Tom. 3 comisiona para este efecto al ilustrísimo señor don José de Gálvez: obedece al rey, porque le es buen Vasallo, y los clamores que habían de dirigir a la majestad, los convierten en temerarias imposturas contra su decoro. ¡Qué bien dijo aquel Sabio, que a los Canes que muerden debemos temer, no a los que ladran, porque con el estruendo avisan, y nos disponen a la defensa! No sé porqué dije esto.

**Indio.** Está bien claro, señor, y no muy fuera de camino de lo que va persuadiendo.

**Español.** Ahora bien, pues si se entiende, proseguiré adelante. El año de 68 pasó este celoso ministro a la California, no en solicitud de propia gloria, sino de la de Dios, del rey, y de estos reinos, procurando dilatar sus tierras, su felicidad, y su fortuna. Probó con la constancia, discreción, y sufrimiento, la infidelidad y villanía de algunos, que afectándole amor, obsequio, y gratitud, se hicieron reos de la malicia en cuanto lo consideraron apartado del poder y del valimiento;

*donec eris felix multos numerabis amicos:*
*Tempora si fuerint nubila, solus eris.*

Restituyose a la provincia de la Sonora el año de 69 y de ahí a México para partir a España, corriendo la misma suerte en sus afanes, el de 72 flotando consigo los gloriosos desperdicios de los trabajos y desvelos, que en servicio de ambas majestades por el tiempo de siete años había generosamente expendido en los largos y anchurosos senos del país, dejando a la veneración de la indiana Posteridad, no la corrompida fama de los visitadores Sandoval y Valderrama, sino las preciosas virtudes con que inmortalizan sus nombres los señores Moya de Contreras, Landeras de Velasco, y V. don Juan de Palafox.

**Indio.** No ha faltado quien asegure que embarcó consigo más plata, que tesoros flotaban las famosas Naos del Ofir.

**Español.** Sí, la de sus méritos. ¿Qué Minas le presentaron? ¿Qué negocio manejó, donde pudiera cebarse la codicia, que recibiera ni aun por leve obsequio la escasa dádiva de una Gallina? Bien pública fue a toda la populosa ciudad de Guanajuato la generosa dádiva de un doblón de a 16 pesos, con que regració la humilde ofrenda de unas aves con que una infeliz India pretendía mover su genial compasión, y persuadir su miseria, con las incultas, aunque reverentes voces que siguen: Mira, señor, to probe maridos con tantos criatorita, y to probe mogeres que lloran muncho, no tienes los probecitos hombres culpa, son malos volonta de los gente, toma por vida toya esos Gallinita para que los coma. Bien te consta a ti y a todos los tuyos, que así lo practicó cuando vino a pacificar las amotinadas gentes de esta provincia. ¿Qué agasajos para sí, ni qué cohechos para sus familiares y dependientes se supo que admitiera y disimulara? Sirviéndoles a los criados de arancel la cortesana repulsa que de semejantes dones hacía. Ya hubo pretendiente que quisiera hacer venal la autoridad del ministerio; pero sin darse por ofendida su integridad y justicia, devolvió el regalo, valiéndose de la dulce entereza de sus palabras para dejar contento al interesado, y seguro de la confusión vergonzosa que podría causarle una demostración tan áspera y severa. Contentose con el pre que el rey le consignó para alimentos y congrua decencia, anhelando solo a justificar con sus obras el servicio, y no atesorar vanidades con la riqueza. No sé yo de qué otro ministro hablara el Profeta con más propiedad cuando dijo: *Qui ambulat in iustitiis, et loquitur veritatem, qui proiicit avaritiam, ex calumnia, et excutit manus suas ab omni munere.* Y no era mucho que con tan cristiano desinterés se manejara quien jamás apartó de su idea aquellos justos desprendimientos de riquezas que manda Justiniano tengan y observen los jueces. Ello es que cuando la flaqueza de mi pluma debilite la gigante robustez de la inmensidad de su mérito, las voces de los desapasionados, y los continuos gritos de las Gacetas autorizan la verdad de sus elogios por todo el universo. Píntannos con unas raras persuasivas su inimitable viveza y penetración, y nos retratan con colores muy supremos en grado heroico su ingenuidad y puridad de conciencia, poniéndonos a los ojos el lance en que condescendiendo su majestad con sus repetidas instancias, acordó segregar del de Indias el universal despacho de Marina, por considerar este gran ministro, que sin tropiezo de la sanidad de sus intenciones, tal vez no podría resolver la complicación de negocios que se concatenaban y referían entre una y otra vastísima oficina; y evacuando tan oficiosa maniobra en el corto plazo de quince días, sin dejar fragmento de dependencia, admiró toda la corte la gallarda generosidad de su ánimo, mandando entregar al fuego algunos tiznados papeles, que contra el terso cristal de su conducta y honor había concebido la malicia; y apartando de su noble corazón la justa venganza, no solo mejoró de plazas a sus mal querientes, sino que acalló las sordas quejas de sus amigos con el dicho agraciado: Yo siempre soy vuestro; aquellos quiero que sean míos.

La notoriedad de estos hermosos atributos, han impreso en el Real pecho del soberano copia tan cabal de sus galantes operaciones, que ya ha habido ocasión que sensibilice la dignación de su supremo agrado, con las dulces expresiones de que despacha más en una hora con Gálvez, que muchos días con Arriaga; que son muchos los servicios de Gálvez a la corona etc. Esta augusta insinuación de la piedad del mayor y más justificado Oráculo del Mundo, canoniza y vuelve inmortal su Nombre. Muchos son los héroes que han manejado las sagradas riendas del gobierno americano, dejando en la bondad de sus obras a la Posteridad un continuo despertador de su fama; pero pocos han hecho tan interesantes sus conductas al Estado y a los pueblos. Sin tocar las discretas y adorables providencias del Gabinete, que al paso que se nos esconden, son más respetadas, miran gloriosamente nuestros ojos la exorbitante y pública utilidad, que debe la monarquía a sus admirables disposiciones.

Bien conocieron todos los clientes de esta América este conjunto de relevantes prendas: cuando aún no bien pisaba las desiertas playas de la Veracruz, ya unos felicitaban a su imperial metrópoli las dichas, asegurándola de los antiguos blasones, que hasta allí le tenían trágicamente desfigurados los insufribles y recios golpes de continuadas desgracias y ruinas, tomando por tema de sus afectuosas alabanzas el canto del poeta:

*Talibus, atque aliis, omnes timuere ruinam.*
*Ni procul abscedat, surge, age, surge mater etc.*

Y otros animando el helado cadáver de sus difuntas esperanzas, despertaban del pesado sueño del olvido sus quejosos méritos y derechos, ante la manifiesta piedad de un padre, que amoroso los recibiría y llenaría de dones, gracias, y consuelos, valiéndose para significar sus festivos sentimientos, de aquellas expresiones del profano:

*Nunc amor, et pietas tua sit manifesta præcanti,*
*Sparge præcor donis pectora nostra tuis.*

Y considerando pondría términos a su mísera y triste constitución, prose-
guían:

> *Sed tua vivificans tunc nostra corpora lingua*
> *Lætificabit nos, mæstaque corda pia.*

De mí te puedo asegurar, que luego que supe el que su excelencia había
alegrado con su vista nuestros indianos horizontes, hice que formara el
regocijo tinta de las lágrimas, para escribir sus dignas alabanzas en el cán-
dido papel de un amor tierno y reverencial, para lo que me propuse aquellas
palabras de Ovidio hablando con su príncipe:

> *Numquid, et tibi placet meritos me fundere laudes,*
> *Et faciam lachrimis, victima digna meis?*
> *Ille ego sum, qui nunc manus, et brachia tendo,*
> *Numen ad Augustum, qui præcor esse tuus.*

Y retratando en mi idea el heroísmo de sus envidiables virtudes, reverente
consagraba a su agraciada Imagen obsecuentes cultos, y sencillos votos.
Entre las muchas, aunque mudas expresiones, con que mentalmente le sig-
nificaba mi adoración, era una, que si mal no me acuerdo, decía así:

> Mudos afectos son de un fiel Paisano,
> Que en el estéril Campo nada ameno
> Del olvido, y desprecio lloro y peno
> No adorar tu grandeza más a mano:
>
> Pero vivo glorioso, vivo ufano
> Con saber que te gritan por tan bueno,
> Que de asombros al Orbe tienes lleno,
> Y de pasmos al suelo americano.
>
> Festivo y placentero en mi destino,

> Músico de Capilla entono tono,
> Que hace por su cadencia acento trino;
>
> Y tanto a su compás, señor, me entono,
> Que suele mi placer y desatino,
> Ponerme en disonancia y desentono.

Estos y más gloriosos ecos sonaban en los remotos oídos de los americanos desde el feliz instante en que arribó su excelencia a estas partes: y si a la inmortalidad del nombre que adquirió (y que jamás borrará el poder de la envidia) le ha puesto algún entredicho la malicia de algunos fanáticos, pretendiendo desordenadamente improbar su justificada conducta, celo, y cristiandad, anhelando con las manchas de las calumnias oscurecer sus méritos y prerrogativas; diles que suban los ojos hasta los sacros Pabellones del mayor monarca que veneran los siglos, y sentado sobre la majestuosa pompa de los Doseles lo verán católica y animosamente resucitar la generosidad de Julio César en perdonar a sus enemigos, la liberalidad de Alejandro en hacer mercedes a todos, la afabilidad y clemencia de Tito en ser padre de huérfanos, y la nobleza de Cátulo Régulo en el sufrimiento y discreción.

**Indio.** Mucho se ha empeñado vuestra majestad en ponderar la grandeza de un héroe, de que no hay quien no conozca la hidalguía y particular carácter de su espíritu.

**Español.** Cuando el amor de la patria no fuera tan dulce, que hasta el morir por ella es gloria, y el amoroso vínculo del parentesco, que para humilde confusión de mi nada y abatimiento, nos enlaza, pudiendo lisonjearme con el poeta:

> *Utere iam dudum generoso sanguine mecum,*
> *Unum de numero me memor esse tuo.*

No fueran bastantes a mover la justicia para su vindicación; bastarían la ley, la razón, y la equidad que arguyó, y sensibiliza en sus irrefragables operaciones, para que aun los mayores enemigos sean perpetuos panegiristas de sus inmortales hechos y virtudes. Y pues yo mismo me condeno al melancólico silencio de no poder continuar sin término los gloriosos aplausos debidos al grande mérito de su excelencia me contentaré con que mi corazón dentro de la modestia, dulcemente se jacte, y no omita instante en referir y leer el cuasi inmenso catálogo de sus Proezas y heroísmo, dejándole a la ternura de los ojos todo el superior cargo con que se expresan los labios:

*Interdum lachrimæ pondera vocis habent.*

**Indio.** Mientras que vuestra majestad enjuga las lágrimas que le han hecho brotar a sus mejillas el regocijo y la ternura de un héroe, que oscureciendo las glorias de Cayo Greco, animó con su doctrina y observancia, no solo la L. I. Cod. ad Leg. Jul. Repetumd. sino todas cuantas ha escrito la mano de la justicia, y de la integridad; y su patria va disponiendo láminas para esculpir y grabar la Imagen de un Hijo, que con su ingenio y sabiduría tanta gloria le da.

*Quique fuit sæcli decus admirabile nostri,*
*Et qua natus erat, gloria summa tui:*
*Gloria summa Patriæ latiæ facundia linguæ,*
*Doctrinæ lumen, præsidiumque fori.*
*O decus, o Patriæ per te florentis imago,*
*Gloria confectæ Matris.*

Mientras que vuestra majestad y su patria, digo, tejen guirnaldas para coronar las sienes de un héroe, que le sobreexcede la fama al rumor que de sus virtudes grita el Mundo: *Maior est sapientia, et opera tua, quam rumor, quem audivi*, volveré al excelentísimo señor.

**Español.** Aguarda, que queda mucho que notar: Asientas la conspiración y tumulto que contra las vidas de tantos inocentes habían maquinado los tuyos, asegurando, que verificádose el universal degüello, habrían de abrazar nueva Ley, y nuevo rey, ¿no es así?

**Indio.** Así es.

**Español.** Pues también han de quedar asentados por traidores, impíos, crueles, y alevosos; y en este caso, ¿donde está aquella fidelidad, amor, y culto al rey y a la religión? Muy llenas están tus historias de semejantes alteraciones y alborotos. Siendo presidente de la Audiencia el ilustrísimo señor don Sebastián Ramírez de Fuenleal, apaciguó un motín el invencible Cortés, nacido entre los tuyos. En tiempo que gobernaba el excelentísimo señor don Antonio de Mendoza, amenazaron dos sublevaciones, una por los indios solos, y otra por éstos mezclados con los Negros, y Esclavos que servían a los españoles: fue esta conjuración muy parecida a la que acabas de referir: llamábanse las cabecillas de la traición Juan Román, y Juan Vanegas; descubriéronla Sebastián Laso de la Vega, y Gaspar de Tapia. A éstas se siguió la del hijo del marqués del Valle, queriéndose o queriéndolo levantar por rey. Y últimamente, aquella en que pudo generalmente todo el reino perecer, pues intentando envenenar todas las aguas, aun los mismos cómplices hubieran para escarmiento de su temeridad bebido la muerte. Fraguaron esta inaudita crueldad por los años de 627. Éstas, y otras muchas conjuraciones prueban eficazmente, como te dije, la fidelidad, obediencia, y reverente sumisión que han tenido, y tienen los tuyos a la corona Católica y española.

**Indio.** Quiero condescender en que la plebe ha sido siempre tan plebe, que jamás haya dado muestras de lealtad, por más que me acuerden las Historias que la plebe española libertó a su rey Juan II, preso por la Nobleza; que a su hijo don Enrique le afianzó la corona; y que después de unas sangrientas disputas, arrojó al rey de Portugal, tiranamente introducido por los grandes con manifiesto abandono de los Derechos del legítimo **Español.** Quiero asimismo creer el que el vulgo, y la plebe suele por la malicia del uno, correr tras su perdición y despeño; mas no porque una u otra vez haya querido prevalecer el desorden, me ha de probar vuestra majestad que sean perpetuamente infieles, alevosos, e inobedientes; al modo que porque el español conde Julián entregó la España en manos de los enemigos de nuestra fe, habremos de inferir, que siempre son traidores los españoles: porque Fernando de Ávalos, Juan Padilla, don Pedro Girón, el doctor Zúñiga y otros, apellidaran la libertad, negándose a la obediencia del gloriosísimo Carlos V llegando a tanto grado su temeraria osadía, que no satisfechos con la cruel muerte que dieron a Tordecillas, Regidor de la ciudad de Segovia, por seguir el Partido de su soberano, y robar caudales, violar mujeres, abrasar edificios, despreciar el ministerio, y en él la sacratísima persona del Cardenal Adriano obispo de Tortosa, y a poco papa VI del mismo nombre: usurpar el Real Sello, con el que advocaron a sí toda la autoridad del gobierno, y de la justicia: sembrar de tal manera la impiedad, que los obispos eran tiranos agresores de unos, y otros de los obispos, como aconteció con don Santiago de Acuña, obispo de Zamora, que quitó la vida inhumanamente al alcaide de la Fortaleza de Simancas, y después a él don Rodrigo Ronquillo no con menos crueldad, y desacato. ¿Por semejantes insultos y desafueros, habremos de inferir que siempre los Castellanos sean comuneros, fáciles, y traidores a la corona, y a la majestad? Muy a la vista tenemos aún las naciones más remotas, aquellos negros humos, que levantó Madrid por los años de 64 a 65 de entre los encendidos hornos de la crueldad, contra un gobierno sabio, justo, y lleno de piedad, y religión, cundiendo la voracidad del fuego hasta el magnífico Templo de los votos, hasta el supremo altar de los cultos, hasta las majestuosas aras de la adoración: cundió hasta la elevación del trono, la inmunidad del Gabinete, el refugio del Solio, y soberana cumbre del Dosel, pretendiendo con los abrasados etnas del furor, devorar y consumir inhumanamente la reverente imagen de nuestro amparo y protección. No intentaron los agrigentinos contra su tirano rey Phalaris, y los romanos contra sus emperadores Calígulas, Nerones, y un gran número de ímprobos, tantos desacatos, insultos, y temeridades como maquinó Madrid contra un rey piadoso, benigno, compasivo, accesible, humano, y amante de sus Vasallos. ¿Y por esto inferiremos que siempre Madrid será inhumana y rebelde a su natural señor? De semejantes acontecimientos y alteraciones villanas están llenas las Historias, y en repúblicas más cultas y civilizadas que las mías.

¿Qué cristiandad, sabiduría, disciplina, y religión no alienta Roma en cada uno de sus miembros? Pues con toda su excelencia y rendimiento, el

Cardenal Senense Alonso Petrucio, a puñaladas intentó sacrílego quitar la vida muchas veces al papa León X. y dificultándosele el nunca oído asesinato, se valió de Vercelio, diestro Quirúrgico, para que le emponzoñara una fístula que amenazaba estrago en la salud del Pontífice. No surtió el éxito que su depravada malicia deseaba, y ocurrió a la devoción de muchos, que amigos de la novedad y del escándalo, libran todo el esfuerzo de su insolencia al deshecho vaivén de los estragos y las ruinas, queriendo ejecutar con el atrevimiento y la fuerza, lo que no pudo con la cautela y la industria. ¿Qué fidelidad y obediencia no se ha conocido siempre en los Franceses para con sus príncipes? Pues con todo el amor y carácter con que se distinguen de las demás naciones, tuvo el villano puño de un Lego osadía para descargar sobre la sagrada Púrpura del Cristianísimo rey Francisco cuatro estocadas, que a no haber sido regidas por un impulso trémulo y cobarde, hubiera sido Francia el teatro de las sediciones y tragedias, que era el fin a que anhelaban los encubiertos tumultuarios y conspiradores. Recorra vuestra majestad las antiguas Historias, y leerá no con poca admiración aun de la fiereza, que los Bizancios o romanos nuevos, violentamente despojaron de la diadema a Zenón Isaurico, quitando éste la vida con veneno a León II y a él enterrándolo vivo su esposa la Emperatriz Ariadna. Que Phocas fue despedazado por Heraclio, después que amotinando las gentes, se apellidó emperador, haciendo que primero rindieran el filo de la cuchilla sus tiernas gargantas los cuatro hijos de Mauricio Tiberio. Que el Senado cortó la nariz a Heracleonas, y la lengua a su madre Martina, por la cruel muerte que dieron a Constantino II. Que a Constante en Siracusa impíamente lo ahogaron dentro de un baño. Que el general Leonsio cortó las narices a Justiniano, desterrándolo al Chersoneso, y Philipico lo degolló sacándole a éste después los ojos sus mayores confidentes. Que Irene mandó sacar los ojos a su hijo el V Constantino, desterrándola a ella Nicéforo, cuyo cadáver fue cubierto de afrentas por sus Vasallos, fabricando Crunno vaso de su cráneo para el uso de sus bebidas. Que al Armenio León V impíamente lo asesinaron en el Templo de Santa Sofía. Que Romano mató a su padre Constantino VI y deshonró a su madre y hermanas. Que a Juan I le dan veneno, a Miguel V. le sacan los ojos, haciendo lo mismo Juan Ducas con Romano III Diógenes, Alejo Angelo con su hermano Isaac II,. y con Juan VI Paleólogo, su propio hijo. Que los polacos Ladislao II, III, y IV y Mecislao II fueron destronados, y Boleslao II, matádose a sí mismo por no probar las iras de un vulgo desordenado. Recorra, vuelvo a decir a vuestra majestad estas y semejantes atrocidades acontecidas en la larga época de mil años en el Oriente, Norte, y otros remotos países, y después que haga una madura consideración sobre tanta inhumanidad, me dirá si siempre deben ser juzgados los Orientales, Norteños y demás por tumultuarios, propricidas, regicidas, matricidas, patricidas, y sediciosos. Y para que no nos cansemos, ni retiremos a siglos tan decrépitos, ¿de cuántos horrores y atrevimientos vimos no ha muchos años cubierta cuasi la mayor parte de la Europa, queriendo la deslealtad y desenvoltura lisonjear al Rústico con el Cetro, y deprimir la majestad con el Cayado, en desprecio de las Leyes divinas, naturales, y canónicas? ¿Y de aquí podremos inferir, que siempre los Europeos han de ser desleales, desconocidos, y seductores? No, señor mío, no se debe inferir, porque suele permitir Dios semejantes ejemplares, para probar la virtud, nobleza, y magnanimidad de los augustos pechos de los soberanos, y dejar correr en los obstinados y protervos la iniquidad y la malicia, para argüirles después con la severidad del castigo la justa pena que merecen por sus abominables delitos. Y en fin concluyo por los míos, confesando la culpa, implorando la venia, y ejercitando la piedad de nuestro soberano:

> Est mea culpa gravis, quæ vulnera pectore fecit:
> In scelus ipse pudet: dum loquor, horror habet.
> Sed, nisi peccassem, pietas ignota maneret:
> Materiam veniæ sors tibi nostra dedit.

Y volviendo adonde quedamos, digo, que después de serenar con el exactísimo juicio, prudencia, y discreción de que supremamente fue dotado el excelentísimo señor marqués de Coix, las inquietudes y disturbios que de los lances pasados quedaron escondidos entre las calientes cenizas de la queja y de la pasión, y después de construir el Presidio de san Carlos en el pueblo de Perote, distante como cincuenta leguas de México, para justo castigo de delincuentes, pasó a España en calidad de Capitán general de ejército, y le sucedió el excelentísimo señor don Antonio María Bucareli y Ursúa por el año pasado de 72.

**Español.** Mucho bueno he oído hablar en España y La Habana de este Cristiano príncipe; y si el glorioso nombre que por sus amables circunstancias adquirió en aquellas partes, lo conserva en éstas, no tendrá que desear más felices fortunas, ni anhelar a mejores felicidades esta Nueva España. Dejó grabadas sus memorias en cada uno de los corazones de aquellas gentes, dando con tan dulces y animados acuerdos, testimonio de sus virtudes y bondad.

**Indio.** No dudo que así sucederá con las nuestras, pues empeñando la amabilidad de su trato la gratitud y reverencial amor al obsequio y homenaje, será cada una un inmortal padrón, que sin corrupción eternice sus glorias, proezas, hechos, y heroicidades. Nunca más se vieron los ánimos de los hijos del país rodeados de tan terribles tribulaciones, por las repetidas novedades que cada día experimentaban, que aquellos primeros instantes en que san excelencia nos hizo felices con su dulcísima presencia, gobierno, y protección: borró aquellas funestas imágenes que medrosamente los encogían e intimidaban, volviendo la América a la antigua quietud, gozo y alegría que venturosa poseía.

Estoy cierto, que mayores encarecimientos son corta esfera para un héroe tan grande. Todos afirman la eminencia de sus virtudes, y no hay quien no se admire de aquel maravilloso modo de unir y hermanar una vida contemplativa y espiritual con las indispensables distracciones y bullicios que trae consigo la vastedad de un gobierno Político y Militar como este. En su Oratorio y los templos edifica religiosamente con su ejemplo: en el Dosel reparte sin pasión: en el Gabinete se humana sin melindre, y en la campaña se enoja y enfurece sin odio ni rencor. Pretende con el estudio de la modestia y el recato encubrir o desmentir la liberalidad de su generoso ánimo; y cuanto más se empeña su humildad en granjear terreno para el mérito, tanto más las voces de los necesitados gritan su munificencia con las lenguas de la gratitud y del reconocimiento; constando pasar de 1600 ps. los que ya por sí, ya a diligencia suya, se han impendido en los Hospitales y Hospicio de Pobres. Todo es caridad su corazón, abrasándose entre sus ardores, porque no anhela a otro fin, que el de morir amante a lo divino. Los espirituales ejercicios, y místicas contemplaciones, el gobierno doméstico, y vida interior de san excelencia se nos ha dejado traslucir, más que por el testimonio de sus íntimos familiares, por uno u otro evento que no le ha sido dable dispensar el ardiente celo de su espíritu, de su piedad y su devoción, ya, como se vio, en el acompañamiento de la majestad de los Cielos Sacramentada, imitando el augusto ejemplo del inmortal Felipe V. y su Serenísima Esposa doña Isabel Farnesio, y ya en el lance de prenderse fuego al altar de los Dolores, que está en el Sagrario de Catedral, corriendo tan fuera de sí a cortar el fuego, que siendo entre una y dos de la tarde, hora tan pesada como molesta, salió destocado, y sin el adorno de la pompa de su Palacio, con tanta violencia, que desconocido de uno u otro Indio que por lo cerca pudieron ganar la palma de primeros, a éste le arrebataba la vasija para vaciar la agua, y a aquel le sufría tal vez la tropelía y empellón, por no embarazarle los violentos pasos del socorro. Acordose que era Cristiano, y olvidose que era virrey; porque en puntos de caridad, prefiere el impulso de la compasión a la etiqueta de la grandeza y de la majestad. Estas sublimes prendas de virtud, lo han conducido a tan alto grado de reputación, que no hay habitador en toda esta Nueva España, que no gradúe la particularidad de su carácter por el de Numa Pompilio en honrar los templos, por el de Marco Marcelo en llorar por los que venció, por el del Troyano Héctor en la animosidad discreta, y por el del español Trajano en el celo, agrado, y moderación; y para decirlo de una vez, a san excelencia deben estos reinos en el día la dulce posesión de la paz que Roma en el tiempo de sus Octavios, e Israel en el de Salomón; y afianzada la paz, ya está probada la Justicia, que los ha mantenido, y conserva en rectitud y equidad, sin que puedan ladearse a la ruina; porque es indisoluble el vínculo con que estrechamente se abrazan una y otra virtud: *Iustitia, et pax osculatæ sunt; renovándonos aquel Orietur in diebus eius iustitia, et abundantia pacis*, del Profeta: por lo que se le debe pedir a Dios incesantemente ilustre el ánimo de nuestros soberanos, para que lo ensalce, engrandezca, y perpetúe en el actual gobierno, como importa, y lo necesita toda esta Nueva España. Lo eternice, quiero decirle a vuestra majestad de modo que ni otras gentes nos los envidien, ni otros Cielos le sirvan de Dosel a su grandeza. Y cuando su grande corazón quisiera buscar aquella dilatada esfera a que lo arrastra la cuasi inmensidad de sus méritos, nuestras manos (permítale la soberanía de su excelencia a mis religiosas ansias este reverente atrevimiento, como dulce desahogo del respeto, del culto, y del amor) nuestras manos lo contendrán, para que viva, y siempre reine sobre nosotros:

> *Quis permisit peregrinum ducere cælum*
> *Ad gentes alias quis tibi fecit iter?*
> *Te ne manus unquam nostræ dimittere velent?*
> *Ante vel a membris dividar ipse meis.*

Ya por todo lo dicho vendrá vuestra majestad en un claro conocimiento de que la justicia y equidad de los jueces que la administran, ha conservado y mantenido el reino en la prosperidad y gloria que se halla.

**Español.** Así lo tengo entendido, y conozco que la total destrucción de muchos reinos ha consistido en el desprecio con que la han tratado. Y porque el fin es hablar todo lo que nos pareciere sin ofensa de nadie, oye una poca de Historia, que confirmará todo tu discurso.

Aquella dominación de los hebreos, que por todos títulos debía tener primer lugar entre todas las Potestades, ignominiosamente pasó a los Asirios o caldeos, y a mi juicio no fue otra la causa, que el haber abandonado la Justicia. No hay república que más me lastime el corazón, porque ¡qué ánimo no se cubrirá de tristeza al ver desplomada la robustez de sus Muros, sepultada la soberbia de sus Pirámides, deshecha la hermosura de sus edificios, profanados sus templos, desamparadas sus plazas, y teñidas las peñas de sus calles con la inocente sangre de sus Profetas! ¡Quién no se ha de doler, de mirar que aquella altiva cumbre de sus chapiteles, que le servían de trofeos para las lisonjas, vinieron solo a quedar en desmoronados padrones que la desengañan! ¡Que los caracteres con que eternizaban sus triunfos, los borraron las vanidades, y los esplendores de sus Púrpuras y Cetros, fueron delincuente olvido de los propios, y trágica memoria de los ajenos!

¡Que las extranjeras naciones que la adoraban con envidia, conmutaron los tributos de la adulación, en deshechos cadáveres de lástimas!

¡Quién no se ha de compadecer, al mirar que aquellas provincias que más anhelaban a desconocerlas que a conquistarlas, llegaran a ser sus señoras, poblando éstas con la gloria de sus Banderas los campos que solían despreciar para sus espigas! ¡Quién no ha de afligirse, al ver que las Sinagogas que imponían leyes a los pueblos, los Consejos de los Ancianos, la fidelidad de los amigos, la alegría de los mancebos, la fortaleza de los Soldados, la doctrina de sus maestros, el ejemplo de sus Profetas, el desvelo de sus pastores, la pureza de sus Sacerdotes, el estudio de sus prelados, y la potencia de sus monarcas y Fuertes, todo vino a dar en tierra, sin ocupar sus ojos en otros objetos, que en aquellos polvos que le dejaban las ruinas, las tragedias, y los infortunios! ¡Quién no ha de cubrirse de pena, al palpar que la Princesa pasó a tributarla, la señora a criada, la libre a esclava, quedando sin Esposo que la ame, sin padre que la acaricie, y sin Pastor que cuide sus Rebaños! ¡O Juicios Divinos! ¡O altitud de la Sabiduría de nuestro Dios, y cómo castigas las soberbias, las injusticias, y la impiedad! Faltoles a un tiempo la fe de sus Abrahames, el celo de sus Phinés, la verdad de sus Calebs, la integridad de sus Davides, la simplicidad de sus Danieles, los oráculos de sus Geús, las inspiraciones de sus Micheas, los cultos de sus Eccechías, la religión de sus Josias, y la virtud de sus Joas!

Perdió Israel la Justicia, para la que fueron tantos Justos reputados, e introdujo la impiedad de los Geroboanes, el engaño de los Manasés, y la improbidad de los Acabs y Eliacines. Abominó el juicio, y pervirtió las cosas rectas, por lo que el espíritu de Dios, comunicado a sus Profetas, dejó de inspirar en sus príncipes y pastores. Dejaron de inspirar los Samueles a los Saúles, las Natanes a los Davides, los Geús a los Acabs, y los Joyadás a los Atalías. Le faltó la voz de aquellos que hablaban sin rebozo y con libertad los testimonios divinos en presencia de los reyes; y entrando el Juicio del señor sobre ella, derramó la indignación, y todo el furor de su ira, dividiendo su reino, deprimiendo su poder, destruyendo su Monarquía, y poniendo en medio de sus glorias y vanidades el trabajo y las injusticias: permitió que por éstas, se transfiriera su reino de una en otra gente: Regnum a gente in gentem tranfertur propter iniustitias. Corrompiose la justicia de los Jueces de Israel y Judá, y pasó su dominación a los caldeos.

Tuvo esta su principio en los Asueros y Nabucos, y se consumió en los Baltasares. Los desórdenes de este impío hicieron que pereciera la memoria de Babilonia, dejando solo, para avisos de la Posteridad, las deshechas ruinas de las provincias. Mordían los Jueces de los Asirios, dijo un Sabio, como rabiosos Canes, a los que obraban rectitud, y se dividió su reino entre los Medos y los persas. Despedazó la ambición las túnicas que vestían las majestades, y dando paso franco a los escándalos y a la anarquía, se trasladó su poder a los griegos. Probó la Grecia todo género de suerte de gobierno, Monárquico, Democrático, Aristocrático Aristodemocrático. Ninguna república del universo pudo afianzar con más firmeza las columnas del trono, porque en los Sabios Consejos del Areópago, libraba la superioridad de los aciertos, y sublime dirección de sus leyes, pero entregados sus Antíocos y otros Tiranos al descuido y la desenvoltura, declinó en injusta, y dio con toda su autoridad y poder en mano de los romanos.

Cuasi ocho siglos impuso Roma leyes al universo, depresión a la soberbia, máximas a la Política, invención a las Artes, disciplina a los Soldados, tranquilidad a los Vasallos, y autoridad a sus Jueces. Estudiaba Roma en la gravedad de sus Catones, en la veneración de sus Cursios, en la integridad de sus Manlios o Torcatos, en la constancia de sus Régulos y Ofilios, y en el amor, prudencia, esfuerzo, animosidad y virtudes de sus Camilos. Desde los Zincinatos hasta los Marcelos, época la más extensiva, de los romanos, no tuvo Roma que envidiar con sus Pompilios las leyes que compusieron para los egipcios los Prometeos, los Solones a los griegos, y a los Lacedemonios los Licurgos; pero borró ingrata y delincuente aquellas glorias que la conducían a la inmortalidad y firmeza de su trono, porque olvidados sus Cilas, Brutos, Tiberios, Nerones, Atilas, Decios, Dioclecianos, y otros monstruos de la humanidad, integridad, y costumbres de sus augustos predecesores; le inspiraron la impiedad, la tiranía y las injusticias, con las que le labraron la deshonra, el desprecio, la ruina, y la desolación, transfiriéndose su Imperio a otras gentes; a las que dice Dios, les daré mi nombre, para que guarden mis cosas legítimas, justicia, ley, razón, mandamientos, y cuanto conduce a lo recto.

**Indio.** No diga vuestra majestad más, que ya con esas últimas palabras, le da un eficaz y constantísimo apoyo a mi argumento. ¿Y no me dirá quiénes son esas gentes en quienes se transfirió todo el poder, autoridad, y dominación que vuestra majestad ha referido? No es necesario que se me moleste en responder, que yo, sin violencia pienso, que sean aquellas que gloriosamente militan bajo de las Católicas Armas y Banderas de los invictos monarcas, reyes y príncipes de España; porque ¿qué gente hallará en todo el universo, que observe con más puntualidad la ley, mandamientos, y divina Justicia? A la verdad, podremos decir, que nuestra nación es aquella gente santa, Generación electa, su Sacerdocio el Real, y todos sus pueblos de adquisición: y dilatándose con su poder hasta los más escondidos senos de nuestro Suelo americano, bajo de cuya Real protección vivimos, y nos animamos todos los felices habitantes de él, es fuerza que nos quepa aquella parte de estabilidad y firmeza con que se felicitan los reinos, se afirman los tronos, y se conservan incorruptos los esplendores del gobierno. De adonde muchas veces, mirando con exquisita reflexión esta gran Casa de la América Septentrional, y admirando su maravilloso artificio por dentro y fuera, como aquella de quien dijo el poeta:

*Magna, capaxque domus nobilitata Dea:*

Me han venido deseos de fijarle sobre su anchurosa Portada este letrero:

VERE. NON. EST. HIC. ALIUD

NISI. DOMUS DEI. ET. PORTA. COELI.

Y por orla este mote:

ASTADO. TUA. ASTADO. IN. ETERNUM.

A la vista de la primera Sala, habitación de los Excmos. señores virreyes, esta letra:

DEUS IUDICIUM. REGI. DA.

ET. IUSTITIAM. TUAM. FILIO. REGIS

En el Salón de los Sagrados príncipes de las Iglesias este lema:

FECIT. IUDICIUM. ET. IUSTITIAM.

En la del Dormitorio de los venerables prelados de las religiones esta inscripción:

NOTUM. FECIT. IUDICIUM. ET. IUSTITIAM.

En el de los Sacerdotes, y respectivos Súbditos, la siguiente:

SACERDOTES TUI. INDUANT. IUSTITIAM.

En la Cámara general, y vivienda de todas clases de gentes, hombres, mujeres, ricos, pobres, chicos, y grandes, este dístico.

DILEXISTI. IUSTITIAM. ET. ODISTI. INIQUITATEM.

PROPTEREA. UNXIT. TE. DEUS

DEUS TUUS OLEO. LÆTITIÆ. PRÆ. CONSORTIBUS

TUIS

Y por fin sobre los dos tronos, Temporal y Eclesiástico, una Tarja, y en ella grabadas estas tres letras: I. F. san que dicen:

ASTADO. FIRMAT. SOLIUM.

De esta manera me he fingido yo muchas veces la hermosa arquitectura de mi indiano Edificio, como le dije, a vuestra majestad Y si la pintura le fuere desapacible, convéngase a que yo lo pinto como lo quiero.

**Español.** Ya sé que todo es pintar como querer, y que no hay quien no pinte a la patria como la ama. Justo es, que son muy dulces sus recuerdos; y no me extiendo a más elogio, porque desde que entraste al gobierno del excelentísimo señor Bucareli, advertí que pasabas en silencio uno de los sucesos más notables de nuestro siglo, y que según el orden cronográfico, correspondía al gobierno del excelentísimo señor marqués de Coix.

**Indio.** Ese fue el Concilio provincial celebrado en México; vuestra majestad tiene razón, y le protesto que el olvido tuvo su origen en la celeridad con que deseaba llegar al presente Virreinato; pero le doy mi palabra que la tarde de mañana la dedicaremos solo a ese fin.

## Tarde XVII. Concilio cuarto mexicano, y pronóstico de la duración y felicidad futura americana

**Indio.** El Concilio Cuarto mexicano se celebró el año pasado de 771 convocado y presidido por el ilustrísimo señor doctor don Francisco Antonio Lorenzana, que desde 14 de abril de 66 entró gobernando la Silla Arzobispal de esta Nueva España. El fin de juntar tan sagrado Congreso, fue el de establecer las antiguas máximas de la Iglesia, quitar algunos abusos introducidos por la ignorancia, ceñir el Clero a una rigidez cuasi Monacal, y los monjes a la austeridad penitente de los padres del Yermo. Esto es lo que apenas se ha percibido por entre las celosías de algunos discretos Conciliarios; porque con la desgracia de no haberse dado a los moldes sus respetables resoluciones, Sesiones, Cánones, y Artículos, carecemos de aquella luz que pudiera conducirnos a una particular instrucción, con que pudiéramos tirar unos breves y claros rasgos de su Historia. Dije que nada fuera de lo dicho se ha traslucido de la mente de los padres, y con lo dicho, todo se sabe de cuanto pudieron resolver; porque aunque quisiéramos formar alguna idea por aquellos casos, que son regulares en semejantes Congresos, especialmente cuando se mira ofendida la pureza de la religión, vulnerado el divino asenso de la fe, y atropellados los sagrados fueros de la inmunidad y dogmas católicos, nos desvían muchas leguas de tan funesta consideración el rendimiento, culto, y firme creencia de todos mis pueblos, a la fe, Cristiandad, y religión; con cuyo hecho se aseguran de cualesquiera recelos y sospechas.

**Español.** Lo que hasta aquí he inferido de tus voces es, que el sobredicho Concilio es una Arca tan cerrada, que le debieron de echar más Sellos que a la del Testamento, pues de ésta nos consta que encerró las Tablas, Maná, y Vara de Aarón. Mas con todas las gruesas llaves con que afianza el imperceptible secreto de sus arcanos, asientas por infalible lo uno, y niegas de positivo lo otro. Sábese, dices, que se juntaron los padres a reformar costumbres, pero no a condenar pravedades; como si no podemos considerar, que tan sepultadas entre las bóvedas del silencio se quedaran aquellas como éstas; y si me vale decir lo que juzgo, más bien me avengo a lo segundo que a lo primero, y me fundo, en que cuantos Concilios generales y provinciales he leído en las Historias eclesiásticas haberse celebrado, a más de los fines del Cuarto mexicano, han llevado los padres por principal objeto de su ardiente celo y vigilancia, arrancar alguna perniciosa yerba, que en los fértiles campos de la Iglesia ha sembrado la malicia de los Herejes, y obstinación de los Cismáticos: en un breve retazo de Historia te pondré muchos a la vista.

El Concilio provincial Ancirano, celebrado por los años de 308 en Ancira, ciudad situada en la Calacia, cuyos Cánones se aprobaron en la Sínodo 6. Constantinopolitana, se juntó a solo condenar y destruir los sacrificios, cenas, y banquetes que hacían muchos obispos y Sacerdotes católicos en los profanos templos de los Gentiles.

El Concilio general Niceno, siendo papa san Silvestre, emperadores Constantino, y su Madre Santa Elena, se celebró en Nicea, que está en la Bitinia, con 318 obispos, a fin de destruir los errores que contra la fe sembraba el impísimo Arrio; y aunque san Atanasio Alejandrino asegura, que fueron setenta los Capítulos decretados contra este monstruo, san Esteban no dio a luz más que veinte y son los mismos que transcribe Graciano. Por esta misma causa juntó el propio papa otro Concilio en Roma con 277 obispos, condenando con Arrio a Calixto, Fotino, Isabelio, que pretendían separar la naturaleza Divina, y substancia del Verbo con la del padre, creyendo que el Hijo era extrínsecamente creado por el padre. Asistió a todas sus juntas el Santo y Penitente Panuncio. En el sobredicho Concilio se declaró tener la Iglesia de Roma el Primado sobre todas las del Mundo: la segunda la de Alejandría, consagrada por el Evangelista san Marcos, Discípulo de san Pedro: la tercera la de Antioquía, ocupada primero por san Pedro, y en su lugar san Ignacio: y la cuarta la de Jerusalén, regida por Santiago el mayor; quitando por este medio las controversias y disputas que cada día se levantaban sobre la preferencia.

El Concilio Provincial Ilibertino o de Guadix, en el reino de Granada, Andalucía alta, se celebró con diecinueve obispos, concurriendo a él algunos de los que asistieron en el Niceno, como el pasmo de la sabiduría de aquel siglo, Osio, obispo de Córdoba, el de Sevilla, Toledo, y Málaga: dio a luz ochenta y un decretos, y entre los muchos errores que condenó, fue el de los estupradores de los Jóvenes.

El Concilio provincial Gangrense, celebrado en Paflagonia por los años de 344 y confirmado en la 6 Sínodo de Constantinopla, no tuvo otro fin que el de condenar la improbidad de Eustaquio, enseñando que los casados no podían salvarse, ni podían tener esperanza de gozar parte alguna en Dios, por el uso del matrimonio; lo mismo decía de los fieles ricos que no renunciaban todos los bienes.

**Indio.** Con que según lo que vuestra majestad dice y acaba de asentar, Eustaquio condena a los que se casan, y Lutero, hereje del siglo XVI gloriosamente predestina solo a los Casados. Éste se funda en el goce del sumo bien por el Sacramento; y el otro en el desorden de la sensualidad, que atribuía al Matrimonio, y sublime perfección del Celibato. No sé a cual de los dos deberemos creer.

**Español.** A ninguno; porque abundando cada uno maliciosamente en los extremos, se apartaban de la licitud y honestidad del medio, que es en el que consiste la virtud.

El Concilio Sardicense se convocó en tiempo de los emperadores Constante y Constancio, y de Julio papa, primero de este Nombre, con 377 obispos orientales y occidentales: subscribieron solo en créditos de la fe 121 porque divididos en bandos los católicos y Arrianistas, jamás pudieron convenirse. Favorecía por entonces la Iglesia la Causa de san Atanasio, desterrado por el poder de Arrio.

**Indio.** Así tuvo él los sucesos, que el día que había de dar prueba de sus abominaciones, la dio de sus costumbres corrompidas, reventando de harto de sacrilegios en una letrina; imitando en la muerte a aquel aleve Discípulo que tanto había amado y seguido en vida.

**Español.** El Concilio Constantinopolitano general en tiempo de los príncipes Graciano y Teodosio, y del papa español san Dámaso, con asistencia de san Cirilo Hierosolimitano, y 150 obispos, se juntó contra Esío, que quiere decir sin Dios, y contra Macedonio, que negaba ser Dios el Espíritu Santo.

El Concilio Celense, en tiempo de los emperadores Valentiniano y Valente, y del papa Siricio, se congregó a fin de confundir la malicia de Joviniano, y otros ímprobos insurgentes contra la verdad de la fe Católica, ayudando mucho para el crédito y autoridad de este Concilio, los irrefragables escritos de san Cirilo Pictaviense, y san Isidoro arzobispo de Sevilla.

Los Concilios Cartaginense, y Millevitano, congregados en tiempo del papa Inocencio I no tuvieron otro fin que el de condenar los errores de Pelagio.

El Efesino, con asistencia de Teodosio emperador, contra las impiedades y blasfemias inauditas de Nestorio, producidas contra el sagrado decoro de la virginal Pureza de María.

La quinta Sínodo Constantinopolitana, se congregó en tiempo de los Pontífices Agapito, Silverio, y Vigilio, para deprimir el orgullo de Pedro Antimo, Severo, y Zoara, que creían, haber sido crucificada la Trinidad Santísima, afirmaban que era pasible, y negaban la Encarnación del Verbo Divino, alentando con infernal persuasión los depravados dogmas de Maniqueo, Arrio, Apolinario, y Paulo Zamozateno.

El Concilio Turonense congregado en tiempo de Pelagio, primero papa, y del rey Toritverto contra los muchos que daban culto a las Calendas de un hombre Bárbaro y Gentil, como lo era Jano; y en tiempo de este mismo papa se juntó el quinto Concilio provincial Aurelianense, para extirpar las nefarias Sectas de Eutiqueto, y Discípulos de Nestorio.

El Concilio Sevillano, bajo de Pelagio II, y presidido por san Leandro, se juntó a fin de condenar el desordenado abuso de los que querían que las Iglesias fueran de los herederos de los obispos difuntos, y no del papa; bien que hubo tiempo que semejante Derecho se pretendiera establecer entre los mismos Sucesores de san Pedro.

El Concilio Toletano Tercero, celebrado bajo del mismo papa, y Recaredo rey de España, se congregó para borrar la arriana herejía introducida por los godos, con ruina universal de la española fe, mezclándose los abominables sacrificios que hacían a ajenos dioses.

El Concilio provincial Segundo Hispalense, se convocó en tiempo de Honorio papa, y Sisebuto rey, contra un obispo Ciro que negaba la propiedad de dos naturalezas en Cristo, y afirmaba ser pasible la Deidad.

El Concilio Cuarto de Toledo, en tiempo del mismo Honorio, y del rey Sisenando, se congregó contra los que predicaban el Apocalipsis de san Juan, y no recibían como Canónico.

El Concilio Bracarense, bajo del mismo papa, y Arriamito rey, se convocó contra los Priscialinistas, que creían que porque las almas pecaron en la celeste habitación, fueron arrojadas a los cuerpos humanos, y que el Demonio formaba los truenos, relámpagos, tempestades, lluvias, y sequedad, de las Inmundas criaturas, con otras muchas torpezas hijas de su limpieza y aseo.

El Concilio Lateranense general en tiempo de Martino papa, y el emperador Constante, con asistencia de 105 obispos, se celebró para condenar a Ciro Alejandrino, Teodoro, Sergio, Pirro, y Paulo, obstinados Herejes contra la fe adorable de la Trinidad. En tiempo de este mismo papa, siendo rey Recesvinto se celebró el Décimo Toletano contra Potamio, obispo burlador de todas las eclesiásticas Reglas.

El Concilio Cabilonense, convocado en Francia en tiempo del papa Eugenio, no tuvo otro fin que la condenación de los deshonestos cantares que se entonaban en las Iglesias, y la corriente estafa de los premios simoníacos entre los prelados.

El Concilio Bracarense Tercero, se juntó en tiempo del papa Vitaliano, contra los que sacrílegamente mezclaban la leche con el vino en el Sacramento Eucarístico.

La Sexta Sínodo de Constantinopla, en tiempo de los papas dono, Agatón, León el mozo, y el emperador Constantino, se congregó con 150 obispos contra Ciro, Sergio, Pirro, Pedro Paulo, y Macario, todos arzobispos de Constantinopla, y contra los Discípulos de este último, que se llamaban Esteban Policronio, y Anastasio: defendían que no había mas que una voluntad, y una sola operación en Cristo.

El Concilio Niceno Segundo, celebrado en los tiempos del papa Adriano, y del emperador Constantino hijo de Irene, se juntó contra Basilio, obispo Ancirano, Teodoro, Ciro, obispo de Mirón, Teodosio, obispo de Amorio, y contra los Iconocianos, que a más de jactarse con los Arrios, Nestorios, Eutiquetos, y Dióscoros, diciendo ser execrable delito sujetarse a la doctrina de la Iglesia, y tradición de los padres, se burlaban de las Imágenes sagradas, mandándolas arrojar de los templos y casas de los católicos. Y para no cansarnos, dime; ¿qué otros fines tuvieron los Concilios Lateranense y Tridentino para congregarse en el Espíritu Santo, sino el de confundir los errores de los Albigenses, y Cismas de los emperadores federico, Enrique, y Otón, y la obstinada malicia de los Luteros, Zuinglios, Calvinos, y otros asquerosos insectos que engendró la pravedad? Y si a más de otras muchas, las principales causas, razones, y motivos que ha tenido la Iglesia para juntarse en tantos Congresos particulares y generales, ha sido la extirpación de las herejías, cismas, y relajaciones contra la fe; ¿porqué dudas que con este mismo destino se congregaran los Prelados de las Iglesias americanas?

**Indio.** Yo no dudo que pudieran juntarse para semejantes resoluciones, porque en el mejor trigo suele mezclarse la avena y cizaña; pero sí niego el que juzgaran asunto en que hubieran tropezado contra la fe los Fieles habitadores de mi país: lo primero, porque en tres Concilios antes del de 71 celebrados en México, no nos consta de sus Cánones y Decretos, que hayan incurrido en el horrible crimen de tan escandalosa nota. Y aunque por éstos no debamos inferir corra la misma felicidad en el Cuarto, que es del que hablamos, se debe vuestra majestad persuadir a que así fuera, porque en puntos en que se despreciaba la fe, y ofendía la religión, no se podía desentender el catolicísimo celo de nuestro rey, callar la indispensable obligación del papa, ni menos podían dejar de dar gritos los vigilantes pastores del Rebaño americano, para que con la fuerza y la autoridad se disipara la malicia que pudiera podrir y corromper el inocente candor de sus ovejas.

No ignoro yo, señor mío, que desde el primer Concilio celebrado por los Apóstoles, y presidido por san Pedro en Jerusalén, se aplicó todo el Espíritu de Dios que hablaba por la boca de cada uno, a confundir los Paulianistas y Catafrigios, que bautizaban sin los nombres de las tres Divinas personas, y contra la ceguedad de Simón Mago, que pretendía poner al trato y comercio la virtud de hacer milagros: ni menos ignoro, el que según las necesidades de los tiempos, y por la abundancia de la malicia que ha dominado en el corazón de los hombres, deban haber hecho otro tanto los Sucesores de aquel Colegio sagrado, castigando, arguyendo, y tal vez lamentándose contra el bárbaro poder de la violencia y del desacato, como leemos en aquella lastimosa Carta que escribió el Santo papa Silvestre a Pedro obispo, Cabeza y Maestro de muchas Sectas, que referiré de ella aquella parte que más hace a nuestro intento.

¿Quién le dará agua a mi cabeza, y a mis ojos una fuente de lágrimas? ¿Cuál a la verdad, y qué digno llanto introduciré en mi alma, para que se conduela del señor y Salvador nuestro Jesucristo, y de la Santa, Católica, y Apostólica Iglesia? Por cierto ella misma lloró y llora sobre los hijos e hijas, y no hay quien la consuele de todos los que la aman. Todos los Tiranos y Heresiarcas la persiguen y maltratan por ti, o hermano Pedro honradísimo. Toda su hermosura, cuanto es de tu parte, está reducida a nada, y los enemigos que la miran, se alegran por la perdición de sus hijos. A aquellos que abrigó, nutrió y atrajo, a la mensura de la edad, y con la leche de las Profecías, y Apostólicas doctrinas, apacentó; tú en un momento de tiempo impíamente les quitaste la vida, porque has hecho lo que los Pescadores, que cogen los pescados en el anzuelo, que ceban con sus propias carnes.

Con esta elegancia y atribulada locución prosigue hasta el fin. Estos tiernos gemidos se han solido escuchar en la Iglesia nuestra Madre por la rebeldía, ingratitud, y contumacia de sus ingratos hijos, juntándose por lo mismo los Custodios y Guardas que la velan, para que los ladrones no se arrimen a la divina riqueza de sus tesoros, y la tiña y podres de la relajación y de la herejía, no corrompan su robustez y sanidad. Pero hasta ahora, sea Dios bendito, ningún Maestro que arrastre con su malicia la inocencia, ningún libro se ha escrito, que con la eficacia de su veneno trágicamente turbe el admirable curso y vitales espíritus de la fe, ni ninguna cátedra de pestilencia se ha erigido, que con su autoridad y magisterio confunda los sólidos cimientos de la religión, que se echaron desde los principios para levantar el espiritual Edificio americano. Y si no, pregunte, infórmese vuestra majestad ¿qué Hereje, qué Sectario, qué Cismático, qué Heresiarca, qué Protestante ha producido ni vomitado el dilatado Suelo de mi América Septentrional, en 258 años que ha que sobre él se plantó la verdadera fe de Cristo?

**Español.** Cómo no, ¿y los Treviños, Davides, Alemanes, y algo más de seiscientos que la rectitud del Tribunal de la fe presenta al público en sus respectivas tarjas, en qué tierra procuraron sembrar el pernicioso grano de su doctrina?

**Indio.** ¡O señor mío! esos fueron unos cuantos bobarrones necios, que alucinados con cuatro fingimientos que adquirieron de Miguel Molinos, corrieron con tanta aceleración al despeño, que en las cunas de sus errores, labraron trágicos sepulcros a sus desengaños. Estos infelices fueron unas llamas tan violentas y fugitivas, que en el oriente de sus luces, pisaron el ocaso de sus sombras. Solo en sí y para sí estudiaban la iniquidad, y cuando pretendieron logreros coger en otros los réditos de sus fatigas, dando por entre cortinas alguna luz de sus estupideces e ignorancias, les premió sus méritos y afanes el rectísimo Tribunal de la fe con los distinguidos honores del Sambenito y coroza. En una palabra, estos fueron unas delgadas hojas, que arrimadas al caliente rescoldo del rigor, en breves instantes se resolvieron, quedando sus adustas cenizas esparcidas por el aire; con lo que aún sus memorias se borraron de la presencia de los tiempos, dejando solo escarmientos a los simples, y mofas de sus alucinaciones a los Sabios. Debió de correr por entonces algún airecillo corrupto, que desde el centro de la Europa soplaba el depravado Molinos: enfermoles las cabezas, y tratáronlos más como a dementes que como a advertidos; y aunque el contagio y la enfermedad se apoderó de uno u otro, los sabios médicos, y celosos ministros de la religión, luego acudieron con las teas y luminarias de las pesquisas y los castigos, y quedó en un todo limpia, sana, y sin la más leve reliquia de achaque alguno la tierra. Con que si no hay quien siembre, quien coja, ni campo en que sembrar la cizaña de las falsas doctrinas, aun siendo cuasi inmensa la latitud del Mundo que habitamos, ¿a qué fin había de celebrarse un Concilio, removiendo los venerables prelados de Yucatán, Puebla, Oaxaca, Durango, y por sus respectivas Mitras los Comisionados de Michoacán y Guadalajara, ésta por vacante, y aquella por la avanzada edad de su obispo, y la de las Sacratísimas religiones?

Cuatro con éste son los Concilios que se han celebrado en nuestra Imperial corte de México: el primero año de 555 presidido por el ilustrísimo señor don fray Alonso de Montúfar, religioso Dominico. El segundo el año de 65 presidido por el mismo señor Montúfar. El tercero año, de 85 presidido por el ilustrísimo señor don Pedro Moya de Contreras, que es el que anda impreso, y aprobado por la Silla Apostólica. Este Concilio extendió el culto del divinísimo Esposo de MARÍA señor san JOSÉ, con Rito de primera clase, y Octava, constituyéndolo Patrono de estos reinos, sin perjuicio del Patronato del Apóstol Santiago; bien que en el Concilio citado de 55 se declaró por día festivo y de precepto. El cuarto el que por el año pasado de 71 se celebró, presidiéndolo, como antes dije, el ilustrísimo señor doctor don Francisco Antonio Lorenzana. Mandó que se celebre el día del Angélico doctor Santo Tomás con toda devoción, y lo tengan los Fieles por de precepto; acordando lo que estaba ya mandado por el Concilio tercero mexicano, y éste imitando al papa Pío V en los reinos de Nápoles.

Digo que cuatro han sido los Concilios celebrados, no obstante que la Junta que hizo el V padre fray Martín de Valencia por el año de 25 como Legado de Su Santidad por entonces en estas partes, con los Santos Clérigos, religiosos, y ministros seculares de loables costumbres, pudiera tener su lugar entre los referidos, por la notoria virtud, ciencia, y santidad de los congregados, y el objeto y fin santo que llevaban en todas las cosas que trataron; las que sirvieron de dechado, y copiaron en su idea los tres primeros Concilios citados arriba, como consta por estas palabras del primero mexicano: Nos debemos proponer aquellas santas determinaciones que los ejemplares ministros, y primeros Predicadores de la divina palabra, procuraron establecer en edificación del pueblo Cristiano, dilatación de la fe, enmienda de los vicios, y sana doctrina, a la nueva Grey que con tanta felicidad se iba arrimando al glorioso Rebaño de la Iglesia. Y aunque demos de caso que dicho primer Congreso no tenga lugar entre los referidos, se lo podré dar yo con el Profeta rey en los de los Justos: In concilio Iustorum, et congregatione.

**Español.** Con que solo cuatro Concilios se han celebrado en México, según tu narración. ¿Pues y aquella Ley del Tít. 7 que manda se conformen con el

Breve de la Santidad de Paulo V el que obliga a que por lo menos de doce a doce años se hayan de celebrar, cómo no se ha obedecido? Tú debes de estar errado en el número. Fuera de que cuando la Bula y las Leyes no estuvieran tan expresas, mucho ha que está mandado por las antiguas Constituciones de la Iglesia lo siguiente, que irás oyendo. El Concilio cuarto Toletano, en el Can. 3. ordena, que a lo menos cada un año se celebren Concilios provinciales. El Cartaginense 3. Can. 2. lo mismo. El papa Hormisdas decretó que dos veces al año, y el Concilio Aurelianense 2. Can. 2. manda que cada un año. Y cuando por las distancias y crecidos gastos se dispensara, como se dispensó, la celebración de cada un año, ¿qué motivo me asignarás para que no se congreguen sino de cien a cien años?

**Indio.** Jamás me metí a discurrir sobre los adorables juicios de la Iglesia, porque a esta Princesa Serenísima ninguno puede juzgarla, ni investigarle sus ocultos y sagrados resortes. Pero pues hablamos sin daño de nadie, diré: que pues los príncipes y celosos pastores de nuestra Iglesia americana, se desentienden de la obligación a que vuestra majestad los ciñe y estrecha, superiores causas les asistirán, que nosotros solo debemos venerar. Y pues debe alentarme aquel dulce desahogo, y religiosa vanidad con que en esta parte, y por esta vez, me lisonjean la autoridad, soberanía y grandeza de las sagradas Mitras, óigame vuestra majestad y verá si satisfago. El principal objeto que debe mover a congregarse en el Espíritu Santo los prelados y pastores del Rebaño evangélico, es el que prescriben los padres y antiguos Concilios de la Iglesia, que es alentar el corazón de los Fieles, especialmente al de los ministros del Santuario, para que propaguen la fe Católica, aumenten el divino culto, reformación del Clero y pueblo Cristiano, y común utilidad en las cosas espirituales y temporales, en cuanto éstas conduzcan al honesto fin de arreglar las costumbres, confundir la pravedad, obstinación y malicia, de los enemigos de la Iglesia, y extirpar y deprimir el orgullo de los Herejes, y sus falsas doctrinas. Estas son las causas, motivos, y fines que deben obligar a los padres para que se junten en Concilio. Y si todas estas faltan, porque resplandecen en cada uno de sus distritos y respectivas Diócesis el culto, la fe, y honestidad en el Clero, virtud en los Claustros, ejemplo y buenas costumbres, en las casas, sin el más leve rumor o sospecha de herejía, inobediencia, y contumacia a la fe, a la Iglesia, y su Suprema Cabeza, ¿qué necesidad, o qué obligación habrá para que causen gastos, se infieran molestias, y se agobien y quebranten unas saludes tan importantes a las Iglesias y a los Fieles?

Vuestra majestad sabe, que destruido el principal, cesa el accesorio: luego cesando el principal objeto de los Concilios, deben cesar todos los medios que tan justamente debían empeñar el celo santo de los prelados. Antiguamente necesitaban las Iglesias del socorro, auxilio, y santas inspiraciones y correcciones de sus pastores: en poco tiempo leemos, que se juntaron los padres seis veces a general Concilio en Constantinopla y Trullo, en pocos años quince veces en Toledo todos los obispos de España, y lo mismo en Sevilla, Cartago, Roma etc. y quiero que vuestra majestad me diga, que hoy ¿de cuántos a cuántos años se juntan? No años, sino siglos se pasan; y bien acordado, porque en aquellos tiempos prevalecía la libertad, el desorden, la relajación, los cismas, errores, herejías, Judaísmo, e infidelidad; pero pasaron aquellas funestas noches de la insolente desvergüenza de la malicia y de los vicios, y llegaron los alegres días del ejemplo, la edificación, compostura, perfección, y virtud en el pueblo Cristiano. Llegaron aquellos días, en que los pastores y Custodios de los Muros de Sión, pudieran descansar y dormir sobre su Rebaño. Llegaron aquellos días, en que desterradas las funerales sombras de la perdición y del despeño, cada uno en la luz de la fe y de la verdad, se guiara sin tropiezo a la prometida patria del gozo y felicidad eterna: *Umbram fugat veritas, noctem lux eliminat;* y si no, vaya vuestra majestad y todos los que quieran tener comprobación de esta verdad, vayan por los pueblos, sin dejar rincón de nuestra América Septentrional, bautizados hablo, inquieran por el oficio de la predicación, y ejercicio de los Sacramentos: *Ite ad prædicationis officium, et Sacramentorum ministerium;* y verán que no por su palabra, sino la de Dios; no por adquirir fama, sino por el nombre de Cristo, se desvelan los Sacerdotes, ministros, pastores, y prelados de la Iglesia, en dar a conocer la fe Católica a los Fieles y las gentes: *Ut agnoscas, quod non suo sermone, sed Dei verbo; nec proprio, sed Christi nomine, fidem Populis infudere Gentilibus.* Inquieran, y verán cómo aun los más tiernos Corderitos conservan y guardan aquel soberano depósito de la fe, doctrina sana, y de todas las virtudes, que san Pablo encarga a su amado discípulo Timoteo: O *Thimotee depesitum custodi*: porque aquellas sementeras de la idolatría, las viñas del error, y los olivares de la astucia, y diabólico engaño, quedaron abrasados y consumidos desde los primeros pasos de la Conquista, con la encendida llama de la verdadera fe, y religión Católica: *Fruges concrematæ sunt in tantum ut vincas quoque et oliveta flamma consumeret*.

Por todo lo que vuestra majestad podrá vivir desengañado, volviendo a lo primero, que todas mis gentes abrazaron para de una vez la religión Cristiana, y no los apartarán de ella ni Molinos con sus astucias, ni cuantos Molineros muelen el trigo de sus engaños y falsedades en las tristes tahonas de la infernal y fiera Proserpina. Digo que nadie los apartará de la Católica fe que profesan, porque los cimientos sobre que se levantó el edificio de la religión americana, se abrieron en los Montes de la virtud y santidad de tantos justos como veneramos en la Tarde XIII.

**Español.** Por muy débil tengo la causal que pones para fundar la duración de la fe en los católicos habitadores de estos reinos; y la razón es, porque siendo tan sólidos los fundamentos de Sión, como labrados de la santidad de los Profetas, patriarcas, Justos, y amigos de Dios, y lo que más es, con la preciosa Sangre del Cordero, se desplomó su robustez y caducó su firmeza. Extiende la vista a la Judea, Tebaida, Nitria, Palestina, Egipto, Líbano, Siria, y Grecia, y cuasi todo el Oriente, y verás como por sobre los montes de la virtud de los Antonios, Jerónimos, Basilios, Pablos, Macarios, Hilarianos, Hilarios, Atanasios, Agustinos, Crisologos, Crisóstomos, Ciprianos, y otro sin número, formó la impiedad de los donastistas, Arrianos, Nestorios, Maniqueos, e innumerable chusma de protervos, las soberbias paredes de la apostasía y la relajación. Extiende la vista por la Bohemia, Moravia, Eslesia, Lusacia, Carintia, Suecia, Dinamarca, Noruega, Prusia, Livonia, Esguizaros, Holanda, Lituania, Samogicia, Rusia, Moscovia, Escocia, Inglaterra, Brandemburgo, Sajonia, y cuantos habitan la fría región del Norte; y verás que sobre la elevada cumbre de la santidad y virtudes de los Patricios, Nepomucenos, Isabeles, Enriques, Tomases, Eduardos, y cuantos con su ejemplo fecundaron estas infelices provincias, levantaron las almenas de la contumacia y obstinación, Juan Hus, Berengario, Ultico Zuinglio, Ecolompadio, Carlos

Tadio, Bucero, Erasmo el Holandés, Juan Estapucio, Martín Lutero, Juan Calvino, Martín Quenizio, y Enrique Bulingero, con toda la inicua gavilla de los Anabaptistas, Ubiquitarios, Oscandros, Picardos, Montanos y otros.

Y pues ¿deberé yo dar crédito, y fundar concepto de tus dichos, cuando hallo en contra tan claras y persuasivas demostraciones que me apartan del asenso? Si todos los habitadores de tu país hubieran de vivir hasta la consumación de los siglos en la fe de Pedro, yo te concediera razón; ¿pero quién lo asegura? ¿Quién lo afianza? ¿Has tenido alguna revelación, o te lo ha asegurado algún oráculo del Cielo?

**Indio.** Y como que si, señor mío: he tenido revelación divina, porque si ésta no es otra cosa (*lato modo sumpta*) que un velo que se corre al entendimiento para que mire lo escondido, y rigurosamente una manifestación sobrenatural de la verdad oculta, que Dios comunica a sus humanas criaturas, como principal Agente; a mí, a vuestra majestad a cada uno en particular, y a todos en común, nos la tiene manifestada por la Iglesia en la luz de la fe que luego le comunicó, como ya veremos. Por todo es fuerza persuadirme a darles un asenso infalible. Y porque asuntos de tanta majestad los debemos manejar con el mayor tiento y delicadeza, hágame vuestra majestad favor de irme respondiendo a cuanto yo le fuere preguntando. ¿Porqué dice Cristo que las Puertas del Infierno no podrán prevalecer contra su Iglesia?

**Español.** Porque confortó con tanto poder sus cerrojos, como potestad le dio para deprimir el orgullo y soberbia de los que temerariamente se atrevieran a romperlos.

**Indio.** ¿Porqué dice Cristo, que ningún otro fundamento, fuera del que estaba puesto, se había de poner en su Iglesia?

**Español.** Porque era el mismo Cristo el que estaba puesto.

**Indio.** ¿Porqué dice que primero faltará la firmeza de los Montes, que falte la fe en ella?

**Español.** Porque la fijó y edificó sobre la firme piedra que era el mismo Cristo.

**Indio.** ¿Porqué dice que todos los enemigos de su Iglesia estarán lejos de sus Atrios, y muy distantes de ofenderla?

**Español.** Porque la verdad infalible que es Cristo, la ciñe y rodea con el Escudo de la fe.

**Indio.** Pues ahora bien: ¿cómo podrá faltar la fe y la religión en un Edificio que Cristo es el escudo, la piedra, el fundamento, y Herrero divino que le ha echado fuertes cerraduras para defenderlo?

**Español.** Eso esté bien que se entienda con la Iglesia en común, no con la americana.

**Indio.** Allá iremos: pues si la Iglesia Asiática, Africana, y Europea, en las partes que vuestra majestad ha referido, quitó aquella piedra sobre que se levantaba la fe, y puso por cimiento la del escándalo; ¿qué Iglesia es donde solo la piedra Cristo es el fundamento, y ningún otro fundamento puede ponerse fuera del que está puesto, que es Cristo Jesús?

**Español.** La Iglesia Católica.

**Indio.** Ahora respondió vuestra majestad como debía, porque esa es la Congregación de los Fieles, cuya invisible Cabeza es Cristo, y la visible el papa.

**Español.** Pero ni se ciñe a éstas, ni a las otras gentes, sino a todas las que abrazan la fe, que por eso se llama Católica, porque es universal.

**Indio.** Bien está, y esa universalidad, ese epíteto de Católica, ¿a qué Iglesia se le da como predicado, carácter, y distintivo de las demás? Vese vuestra majestad precisado a decir que a la española; porque siguiendo los miembros la condición de la Cabeza, si ésta es Católica, ha de ser Católico todo lo que sujeta. ¿Y qué Cabezas en el Orbe ciñen sus gloriosas sienes con la inmortal diadema de Católicas, sino nuestros invictos monarcas soberanos españoles? Y porque vuestra majestad no carezca de esta preciosa noticia, ha de saber, que el primer rey Católico que tuvo nuestra España, fue Recaredo, nombre que le dio el papa san Gregorio, teniéndolo antes granjeado por la defensa de la fe Ataúlfo, primer rey Godo, y Riquiario, rey de Galicia: a Recaredo siguió Sisebuto, que arrojó el Judaísmo de España; a éste Suintila, Flavio, y Eugerio, a quienes confirmó en el mismo título el papa León, continuando en Alfonso primero sin corrupción alguna, hasta el gloriosísimo Carlos, que hoy dichosamente reina. Quien esto supiere, sabrá que no ha faltado, ni puede faltar la verdadera religión en nuestra Iglesia; porque de lo contrarío dejaría de ser Católica, que es tan imposible, como el que los Montes se trastornen, y se desquicien los Cielos. El apoyo de esta verdad, lo tiene vuestra majestad en las mismas Historias, diciéndonos, que en más de 1.700 años que ha que abrazaron nuestros españoles el Evangelio, jamás claudicaron en la fe, no obstante de haber estado poseída la España tantos siglos del bárbaro poder del Mahometano, y de los godos, que engañados del emperador Valente, y del obispo Endoxio, profesaron el Arrianismo; atribuyéndosele esta felicidad, a que fue la tierra donde Santiago, primer Mártir de los Apóstoles, fundó la primera Iglesia de la Cristiandad en Zaragoza, poco después de la venida del Espíritu Santo.

**Español.** No hay duda en lo que dices; y agrégale a ese incomparable beneficio, el de haber sido el primer suelo que consagró la Madre de Dios con su presencia, apareciéndosele al Apóstol en carne mortal sobre una Columna, que hasta ahora da testimonio de sus ternuras y finezas; siendo el Pilar un fuerte Muro, que ha defendido y defenderá la España del contagio de la herejía, y de toda la grasa que pueda manchar la pureza de la Católica fe: y lo más es, que no satisfecho su amor con tanto exceso, ha declarado sus piedades, estando gloriosa e inmortal en la portentosa Imagen de Montserrat en Cataluña, de Aránzazu en Vizcaya, de los Milagros en Galicia, del Socorro, Montes claros y otras en la Cantabria, del Heñar en Castilla, de Guadalupe en Extremadura, de Atocha en Madrid, del Sagrario en Toledo, de las Angustias en Granada, de la Consolación en Utrera, de la Antigua en Sevilla, y de la Bella, Regla, Perdón, y otros muchos celestiales Simulacros, en los que ya por ministerio de Ángeles, y ya constituyéndose Artífice la misma Emperatriz de los Cielos, ha vaciado tantas Copias de su beldad y hermosura, que no hay instante que no nos asegure su dignación por medio de ellas, en la verdadera fe de su hijo, y nos libre de la rabia de la infidelidad, apostasía, cisma, y otras venenosas pestes y contagios. Puerta de la Iglesia es MARÍA, pues lo es del Cielo: y siendo los españoles los primeros que entraron por ella a profesar el Evangelio, como bautizados primero que ningunos otros por Santiago, ¿qué malicia se atreverá a corromperla, ni acercarse temerariamente a sus umbrales, cuando el mismo señor que la fabricó, y entra y sale por ella, la defiende en la potencia de su brazo?

**Indio.** Nada tengo que replicar, antes sí debo darle a vuestra majestad muchas gracias por la abundante luz que me ha comunicado en su discurso, para confirmación del mío. Y porque de sus mismas armas he de valerme, quiero apartarme de las inutilidades de la paja, y recoger los intereses del grano. Hágame vuestra majestad favor de dar un paso desde el abreviado Imperio de Aragón al dilatado Imperio de la América, desde Zaragoza a México, y sin hacer alto a que el mismo Apóstol fue el primero que se dejó ver en nuestros gentiles horizontes, amparando la causa que igualmente protegía la reina de los Ángeles, conducida en Retrato (y con la advocación de los Remedios) por Juan Rodríguez de Villafuerte, y después a los diecinueve años de la Conquista, aparecida bajo de un Maguey en el Cerro de Totoltepec al Indio Juan de Águila; y sin hacer alto, digo, en estos misterios, fijemos la consideración en el celestial prodigio de Guadalupe, blanco donde tira sus tiros el amor indiano, y centro donde van a dar todas las líneas de la piedad, devoción, gratitud, culto, y obsequio de todos los habitadores de esta nueva España. No es mi ánimo disputar glorias, ni hacer paralelo con el de Zaragoza; porque a más de que muchos Doctos lo han formado, no es de nuestro intento reñir, ni pesar las dulces expresiones de sus cariños: lo que hace al caso es, que apareció la gran reina de los Ángeles en el Cerro de Tepeyac a un venturoso Neófito, que si no era como otro Santiago, juntó misteriosamente en sí toda la prole del Zebedeo, llamándose Juan Diego;

dejándole grabada su incomparable belleza en el feliz Ayate o dichosa Tilma que usaba por cobija, cuya grosera y corruptible materia, hasta el día más incorrupta y consistente que la Columna de Zaragoza, es un inmortal padrón que eterniza la felicidad americana. En ese Ayate quiero hacer revista de mi poder y finezas, le dice MARÍA al Indio, porque en él quiero imprimirme de tal modo, que adorándome como a Madre de Dios, me améis como a Madre vuestra: y por tanto es mi voluntad, que en este sitio me edifiquéis un Templo, en el que me mostraré piadosa Madre contigo, y con todos los que se acogieren a mi Patrocinio: aquí quiero que permanezcan para siempre mis ojos y mi corazón, para que éste aliente vuestra fe, y aquellos no se aparten de vuestras miserias, congojas, y tribulaciones.

Ahora vuestra majestad discurrirá, ¿cómo si con una protección tan soberana y manifiesta podrán las gentes de mi país errar los caminos de la verdad, y despeñarse en los abismos de la obstinación? No, señor mío, porque si allá en Zaragoza, al aparecerse al Apóstol, les deja en el Pilar a los españoles Puerta de refugio para que se aseguren de los asaltos de la malicia; acá en el día que habla al Neófito Indio, deja en la Tilma un Muro, para que edifiquemos todos los americanos sobre él Propugnáculos de fe y religión: *Quando aloquenda est: Si Murus est, ædificemus super eum propugnacula argentea. Si ostium, compingamus illud tabulis Cedrinis.* Sin que por esta inefable dignación de Misericordias, agote el caudal de sus finezas; porque continuando los gloriosos desvelos de sus benignísimas piedades, nos ha dejado un inexpugnable Castillo en cada uno de los divinos Simulacros que venera México, no solo en los referidos, sino también en los de la Piedad, Bala, Tránsito, Buen Suceso, y otros; Toluca en el de Texacic; Querétaro en el del Pueblito; Puebla en el de la Conquistadora, Defensa, Ocotlán, y otros; Oaxaca en los de la Piedad y Socorro; Michoacán en los de la Salud, Purísima de Celaya, y Remedios de Citáquaro; Guadalajara en los de Tzapopan, y san Juan de los Lagos; Guadiana en los del Zape, y Buen Suceso. No hay ciudad, pueblo, aldea, o rincón en nuestro continente, que no se gloríe y devotamente se jacte de la especial protección y favores de MARÍA señora nuestra, siendo aquella firme Torre de David, de adonde penden tantos miles de auxilios y divinas luces, que son las misteriosas armas con que los americanos resistimos y hacemos frente a la ceguedad y prevaricación de los malignantes y protervos.

Vuestra majestad no puede negarme, que una y otra Iglesia son legítimas hijas de las dulces entrañas de la Madre de Dios, sin otra diferencia, que haber nacido la española primero que la americana: por eso parece, que habló con la nuestra Salomón cuando dijo: Nuestra hermana es pequeñuela. Suelen estar trocados los derechos del Cielo con los del Mundo: en las heredades divinas, llama la Ley al menor para la propiedad, uso, y goce del patrimonio. Mírase en Esaú y Jacob, José y el Benjamín, Efraín y Manasés. Jacob se lleva el mayorazgo, no obstante de ser primero Esaú. Sea mayor, sea primera la Aparición de MARÍA en el Pilar, como la de Guadalupe se lleve el mayorazgo. Nazca aquella España primero que la nuestra; que ésta por Benjamín menor, se ha de llevar las bendiciones. Eres ¡O América Septentrional, o Nueva España! (permítame vuestra majestad este apóstrofe con mi patria) por pequeñuela, el Vínculo o Casa de Jacob, donde la fe del Hijo de Dios ha de reinar perpetuamente, y la religión Católica siempre en ella permanecerá, porque no tendrá fin. No por esto digo que faltará la fe en la antigua, porque una y otra vivirán siempre y por siempre en santidad y justicia, delante de la misma que las protege, ampara, y favorece, que es la Madre de la esperanza, de la consolación, y amor santo MARÍA.

**Español.** Mucho has esforzado tus razones para elogiar tu patria.

**Indio.** Señor mío, cuando su memoria no fuera tan dulce, que hasta morir por ella es gloria, le bastarían la ley, la razón, y la justicia para hacerse digna de más justas alabanzas. Suspendo las mías por coger las de un insigne poeta:

> *Semper honos, nomenque tuum, laudesque manebunt;*
> *Ast tibi me grates solvere voce deest.*

**Español.** Con superior viveza me has revuelto la punta: nada me ofende, porque vanamente me lisonjeo el que convengamos en uno. Deben dar lugar, y abrir un largo paréntesis las rigorosas leyes del melindre y de la crítica, a las festivas expresiones de la patria, porque

*Nihilque mihi melius, nil dulcius esse videtur*
*Orare pro patria.*

Y porque temo engolfarme en el grande Océano de estas ternuras, volvamos a coger el hilo. Supongo la piedad de parte de la Madre de misericordia, y la devoción por parte vuestra, porque aquella es gloria de MARÍA, y ésta conveniencia vuestra; ¿pero qué firmeza podrá tener un reino en la fe y religión, donde la superstición, la magia, agüero, divinación, y otras obscenidades tienen radicado su trono y autoridad?

**Indio.** Debo creer que vuestra majestad habla, si es, de la divinación, de aquellos que por arte del Diablo inquieren los secretos y cosas ocultas, pasando de lo oculto a lo futuro, queriendo adivinar por sombras y fingidos lenguajes de los muertos todo lo por venir; que estos en buen romance se llaman Nigrománticos, y a los que se valen de las suertes para asegurar lo oculto, pretérito y futuro, Sortílegos. Creo que la Magia de que habla, será aquella que por virtud del Demonio obra la criatura cosas maravillosas y præter naturales; y el augurio, el que interviniendo pacto diabólico, afirman por el canto y voces de las aves lo que ha de suceder; y por superstición aquel acto de robarle a Dios su culto, y dárselo a la criatura, que se debe llamar idolatría. Y creo asimismo, que vuestra majestad no ignorará, que no hubo nación antes de la venida del Verbo, que no viviera torpemente entregada a la sacrílega fe de estos fatídicos engaños, creyéndose divinos aquellos a quienes el Demonio malignamente dotaba de tan aparentes ciencias; asegurándolo así Valerio Máximo, y en su tercera Década Tito Livio. Tantos eran los cultos que arrastraban los infelices profesores de esta infernal arte, que Cicerón se jacta y vanamente gloria de que Quinto Ortensio lo coloque entre el número de los adivinos.

Platón llama a Epiménides Varón divino, porque pronosticaba la buena o mala suerte de cada uno por las contingencias del juego. Varrón y Lucano afirman, que los caldeos, Etruscos, Pisidas, Civilos, Tebanos, y otras innumerables gentes, adoraban dioses a los que pronosticaban por el canto y vuelo de las aves, bramido y movimientos de los brutos, los sucesos futuros. De este pestilente contagio no vivió libre el pueblo de Dios en tiempo del Impío Manasés, y de la desenvuelta reina Jesabet, que sin perjuicio de los votos que ofrecía sacrílega a la inmunda estatua de Baal, tributaba indecentes cultos a 450 agoreros. Es cierto que no vivieron exentas mis naciones, ni libres de este achaque, creyendo en el gemido de la Tórtola, y triste canto del Tecolotl, algún suceso trágico y desastrado. La Nigromancia, Magia, y todo género de convenciones diabólicas, era separado estudio de los Sacerdotes, habiendo ocasión que se contaran solo en Zempoalan 365 aparte de los que profesaban la astrología Judiciaria, o adivinación de los sucesos futuros, que se sujetan al libre albedrío del hombre, y que para nosotros está condenada por los papas Sixto V y Urbano VIII. Tenían Preceptores de estas artes, que llamaban Tonalpouhqui, y libros escritos de suertes y venturas, que los intitulaban Tonalamatl, como en Roma Colegios, según Cicerón; pero hoy, gracias a Dios, está mi América tan ajena de este estudio, como Roma de aquellos Seminarios. Si vuestra majestad me habla de aquellos pronósticos, agüeros, y adivinaciones donde no se mezcla pacto con el Demonio, le confesaré pecho por tierra, que adolecen igualmente los míos del mal que los de vuestra majestad Regularmente en la ausencia o llegada de las aves, tardo o violento paso de los animales, retozos y carreras de los brutos, pronostican los rurales y gente campestre los hielos, las aguas, y sequedad: por los ligamentos y trabazón de las venas de las manos pronostican la buena o mala ventura los Gitanos en los países de vuestra majestad y los Saludadores, de quienes cuentan muchos de sus Paisanos, ser tanta su virtud, que con sola la saliva apagan una barra ardiendo. Estas especiales gracias no nos han comunicado vuestras majestades hasta ahora, pues enteramente se ignoran entre los míos. Los Santiguadores y Ensalmistas han propagado con tanta fuerza su prole, que dudo haya alguna parte de la Cristiandad en que no se conozca su generación; y pasan con sus oraciones y bebidas puercas en toda ella, como no se les perciba expreso o virtual pacto con el padre de la mentira.

Oyen o miran muchos, poco o nada instruidos en las índoles y genios de los míos, que entierran las cruces, voltean los pabilos de las velas para el suelo, matizando los extremos o asientos con varios colores, o bailan en sus Oratorios al son de los instrumentos las aguas que alambican para sus curaciones; y sin otra prueba y calificación del hecho, los condenan a la brujería, el maleficio, agorismo, y superstición, sin saber, como yo lo sé, que el fin de mis infelices Paisanos no es otro, que el de estrechar por medio de aquella extravagancia, el valimiento de las ánimas, que siempre pintan en sus cruces, de quienes sin controversia son especiales devotos; festejando igualmente las bebidas en presencia de sus Santos, porque viven en la creencia de que con aquellos festivos cultos, mueven sus piedades para que se interesen en sus alivios. Al modo que para que san Antonio les conceda a los señores españoles una u otra cosa que le piden, lo amarran de un brazo o cintura, y sumergiéndolo en la oscura prisión de un pozo, o lóbrega sinosidad de algún agujero, no lo restituyen a la posesión de su altar o repisa en tanto que no experimentan el beneficio con el buen éxito del despacho. ¿Cuántas veces habrá visto vuestra majestad a los suyos poner aguas medicinales en los altares, y llevarla de los cálices librando toda la curación de los achaques en la fe con que las beben y festejan? Vuestra majestad créame, que de ignorantes indios, y de no muy sabios españoles, se compone aquel Stultorum infinitus est numerus. No niego totalmente, que vivan mis gentes desposeídas del augurio, hechicerías, y otras alucinaciones de que la naturaleza débil adolece; pero asimismo me habrá de confesar vuestra majestad que el Canon 26 del Concilio Ilibertino, que mandaba arrojar a los agoreros y pantomimos de las Iglesias; y el Canon 28 del Concilio Toletano Cuarto, que prohibía con censura y deposición del honor de la dignidad, al obispo y Sacerdotes que consultan y creen a los Adivinadores, agoreros etc. no se escribieron en aquel entonces por los míos, ni menos por los obispos y Sacerdotes de mi América Septentrional, de quienes tengo la gloria, y puedo llenar la boca de satisfacciones, que hasta ahora no ha caído uno ni ninguno en la engañosa red de semejantes delirios, diabólicos fraudes, y locuras. Y no porque hubiera obispos y Sacerdotes, y haya (ojalá y no) quien infelizmente esté poseído de estos engaños, deja vuestra majestad de asegurar infaliblemente la firmeza, estabilidad, y duración eterna de la religión y fe Católica en su España. Entiendo que persuado; y cuando no, volvamos a los imponderables beneficios que la antigua y nueva España debe a la soberana reina de los Ángeles. Hablo por ahora solo con la Nueva. Nos consta infaliblemente, que apoderándose los Demonios de algunas criaturas, por divina permisión, atormentaban sus cuerpos con tanta crueldad, cuanta corresponde a la furia y eterna desesperación en que infelizmente viven. Es Texto evangélico, y la experiencia cada día nos lo enseña.

**Español.** Sin que cites lugares de Escrituras, podría contarte hasta por sus nombres muchas mujeres y hombres endemoniados, o poseídos del furor infernal, que he tratado y conocido.

**Indio.** Pues yo creo que ninguno habrá sido de mi país, porque en 258 años que ha abrazó la fe de Cristo, ni se lee en los libros, ni lo cuentan los viejos, ni nuestros ojos han tocado ni visto a alguno que gima y se lamente de tan tirana aflicción; prerrogativa tan excelente y admirable, que puede mi nación lisonjearse de la más afortunada y venturosa sobre todas; extendiéndose tan sin semejante beneficio no solo a los que habitamos la América Septentrional, sino a todos cuantos de otras partes del universo vienen a ella poseídos del Demonio. La fe que de mí pueda dudarse, no se le habrá de negar a la experiencia, y al erudito padre Florencia, quien en su Zodiaco Mariano, en el Cap. 1. §. 4. dice de un cierto Andaluz, que afligido de tan terrible dolencia, y noticioso del privilegio que gozábamos las gentes de estos reinos, se embarcó en Cádiz, sin sufragarle hasta allí a su alivio ni los conjuros de la Iglesia, ni las continuas deprecaciones que incesantemente remitía a sus Santos Patronos y Abogados. Navegó, y apenas surgió la embarcación en Veracruz, comenzó a sentirse aliviado, y en México libre de la fiera opresión que impíamente lo atormentaba. Así vivió algunos años, hasta que olvidado del molesto achaque, se regresó a España, y saliéndole al encuentro su poderoso enemigo, le hizo retroceder para estas partes con más presteza de lo que él se había pensado: probó igual fortuna que antes, y avecindándose para siempre en México, se burló del Demonio el que hasta entonces había sido blanco de sus iras.

**Español.** Inaudito caso es el que refieres, y en su vista no dudo, que si muchos infelices fueran sabedores, venderían su libertad al remo por venir a redimirse de cautiverio tan tirano: ¿y tus sabios, doctos, y reflexivos Compatriotas, no le han buscado el origen a un favor tan alto, y portento tan conocido?

**Indio.** No hay más ciencia, ni más inquisición de la causa, que el inagotable manantial de misericordias, amparo, y protección que junto al Cerrillo de Tepeyac, como a una legua de México, tenemos en el prodigioso Simulacro, y celestial embeleso de los corazones GUADALUPE, queriendo con esta imparticipable prerrogativa, distinguir entre todas a mi nación, la que en nación alguna hay otra tal. Todos admiran la benignidad de los efectos, y remiten a la adoración los escondidos resortes de la causa: yo he tenido siempre para mí, que no es otra, que el de desempeñar el carácter con que se apareció, que fue el de deprimir y hollar la cabeza de la mordedora Serpiente, con cuyo carcelaje y opresión vive inepta, e impotente de ofender y explicar sus furias con las humanas criaturas que habitan este reino. Esto expresa aquel nombre de Tequantlaxopeuh, que le dio a la Imagen aparecida Juan Bernardino, tío del dichoso Juan Diego, que mal entendido de los españoles, lo glosaron por el de Guadalupe. Tequani es, animal que muerde, en mexicano: Xopal significa planta del pie: Xopeuh aventar con el pie: y su pretérito tlaxo, haber aventado con los pies. Con que juntando todas estas voces, quiso decir, que se debía llamar: la que avienta y aventó con los pies a la Serpiente mordedora. Y siendo éste el dulce empleo de tan soberana Princesa, ya está descubierta la causa, sin otra investigación y trabajo. Y porque de una vez sepa vuestra majestad el origen de nuestras dichas, quiero callar, porque hable la dulzura del nuevo Marcial de nuestros tiempos, honor del Carmelo, y gloria de la Galicia, fray José de san Benito, dándonos en el Certamen de un Epigrama cabalmente el dibujo de tan celestial Milagro.

> *Floribus en pollent cum sidera mixta sub axe*
> *Astrivagos flores, florivagumque Polum.*
> *Phæbus adest terris redeunt Phaetontida Regna:*
> *Luna, polum linquit: Endimionis erant.*
> *Sidera per Campos, proscripta sede, pererrant,*

*Sicque novum Cælum, sic nova terra viret.*
*Cur Dea mexiceis polles sic lumine terris?*
*Nempe quod et flores iam nova terra tulit.*
*Terra dedit Cælo, Cælum dat sidera flores.*
*Vincere quod, dando, cernitur alterutrum?*
*Mutua Vírginea contendunt munia Veste*
*Sidera, Sol, Luna, et lumina, cumque Rosis.*
*Tu Stellas, Cælum, Lunas, Solesque dedisti:*
*Hispanas (vicit) si indica terra Rosas.*

Todas estas particulares y supremas circunstancias, me han hecho creer como por divina revelación, la duración y firmeza del reino Temporal y Espiritual; librando no solo la presente, sino la futura felicidad, a la Prudencia en que se fundó, Justicia que la conserva, y fe indeleble que la justifica; sobre cuyas tan firmes basas enarbola el imperial carácter de una grandeza que no tendrá fin, y que permanecerá para siempre: porque el señor, que aparejó su Silla en ella, dispondrá que domine sin término, y que su inmortal gloria transcienda de Generación en Generación, como en todos los que guardaren sus Leyes y Testamento.

**Español.** Y ya que tomas las palabras del Profeta para vaticinar la estabilidad americana, debes llevarlas hasta el fin, diciendo: y aquella otra Generación venida desde los últimos confines de la Tierra (Europa) fue la elegida y recibida en los Atrios americanos, para que anunciara esa Justicia, y perfeccionara en juicio y equidad cuanto iba plantando por medio de sus ministros la mano del Altísimo en ella; por más que imaginen los no muy buenos querientes, que los hijos de esa electa Generación se hacen extraños con los hermanos vuestros, y peregrinos con los hijos de vuestra madre la América.

**Indio.** Ya entiendo a vuestra majestad y sépase, que el que así no lo conociere tendrá muy poco de Cristiano, y nada de Católico; porque si así no fuera, aún estuviera mi país, como lo estaba, cubierto del negro manto de la Idolatría, y sumergidos todos nosotros en los inmundos pantanos, y

**338**

asquerosos cenagales del error del Gentilismo. No hay quien ignore, que la fe Católica no pudo nacer de los magueyes, sino de la divina Palabra que se recibe en el alma por el oído. Si vuestra majestad hablara y tratara con los muchos Sujetos de mi nación que se adornan de los dotes de discreción, sensatez, cordura, y conocimiento, hallaría en la sinceridad de sus labios lo mismo que les dicta la nobleza de su interior; como que saben muy bien, que aquellas gentes extrañas, no las del Tiro, ni pueblo de los Etíopes, sino las del pueblo Católico, que es el español, vinieron a la América, para alegrarse con todos los indianos, y echar sus raíces entre ellos como en propia habitación. Esto es lo que los hombres de juicio y madurez discretamente piensan, acreditando con la verdad de las obras la sanidad de las intenciones.

**Español.** Tan pocos deben de ser los que tú pintas, que en los años que tengo de reino no he encontrado uno de esa opinión; antes sí he presenciado lances en que me he visto precisado a revestirme del carácter del sufrimiento y de la prudencia, por no llegar a un rompimiento sensible y escandaloso. Porque aquí de Dios: ¿qué ánimo, por pacífico y moderado que sea, justamente no se irritará al oír que (direlo con las voces mismas que lo profieren) los Gachupines son unos judíos, ambiciosos y llenos de avaricia, que no vienen mas que a robarles sus caudales, desposeerlos de sus tierras, destronarlos de sus empleos y dignidades, y hacerse dueños hasta de sus propias hijas y mujeres? ¿Qué cordura será bastante, para escuchar: más quisiera ser hijo del Verdugo, que del más alindado Gachupín, y si pudiera separar la sangre que tengo de ellos, sin derramar la de mi madre, con cada gota de mis venas rubricaría el odio y la venganza con que los miro. ¿Qué corazón podrá sufrir estos y otros muchos dicterios, injurias, y desprecios, dirigidos inmediatamente contra aquellos que les dieron el ser, la crianza, la educación, cultura, alimentos, y lo que es más, fe y religión? ¿Si los Gachupines no hubieran conquistado estos reinos, no serían sus habitadores tan indios y Gentiles como lo son los Apaches, Comanches, y otras bárbaras naciones del Norte? ¿Si los Gachupines no hubieran propagado de una en otra generación tanta multitud de gentes que pueblan vuestra América, qué estado, qué existencia tuvieran los que mal avenidos con su propia sangre, pretenden inhumanamente derramarla? A buen concederles, sería el estado de la posibilidad.

**Indio.** No se me impaciente vuestra majestad y crea que donde piensa que ha encontrado los desprecios, ha de hallar las alabanzas.

> *Invenies vestri præconia nominis illic:*
> *Invenies animi, pignora multa mei.*

Estos reverentes obsequios que vuestra majestad toca en mi ingenuidad, alienta cada pecho de mis Compatriotas, hacia el honor y culto de todos los señores Gachupines. Suele acontecer, no lo dudo, que muchos de éstos que se dicen de humor, por buscar la lengua, y celebrar las prontitudes y dichos de algunos Europeos, mueven semejantes jocosidades en que entretienen el tiempo, y desahogan con el chiste los ímpetus de sus genios.

Ningún americano deja de conocer, que todos los bienes que gozan y gozaron sus Antepasados, vinieron juntamente con los Gachupines, y que los honores y dignidades no viven estancadas precisamente en ellos; sino que repartidas según la superioridad del mérito, alternan los empleos conforme a la Justicia. No reparten desde la alta cumbre de su grandeza sagrados esplendores las Mitras, Togas, Bengalas, y Prebendas, de que no cojan mucha parte: no verificándose jamás que esté ociosa la equidad, y en lo que cabe, la gracia de la soberana mano que los confiere, para engrandecer al que lo merece.

> *Nunquam pigra fuit nostris tua gratia rebus.*

Nunca faltan en las repúblicas genios suspicaces y altaneros, que trabajen tercamente en inducir, especialmente la Plebe, a la novedad y el desorden. No niego que muchos se imaginan con la Cuna americana herederos de las dignidades, como si por nacer el hijo del Traficante en Pretesburgo o Estocolmo, habrá de argüir derecho al señorío de la Moscovia y la Suecia. Ni menos dejo de percibir aquella loca extravagancia, y preocupación de algunos, que mal avenidos con la nobleza de la sangre y de la reputación, afean los ilustres enlaces de las familias naturales y Criollas con los Gachupines; queriendo persuadir con el Canon 13 del Noveno Concilio Toletano, la fuerza de sus cavilosidades. Dicen que así como dicho Concilio prohibió, por juicio general, que los españoles católicos no pudieran mezclarse, por vía de matrimonio, raptura, u otra cosa, con los romanos y godos, no obstante de haber sido éstos los gloriosos Conquistadores de la España, inhabilitando para todo empleo a los que contravinieran a lo mandado; debía decretarse lo mismo con los Patricios indianos, respecto de los Gachupines, sin embargo de haber sido los felices Conquistadores de la América. Así discurren algunos necios que miran la superficie de la letra, y no los fondos del espíritu. Perseveraban los romanos en sus gentílicas costumbres, y los godos en la fe de los Arrianos; y priva el Concilio la unión de los españoles con éstos, porque no se debía igualar la criada con la señora, ni la esclava con la libre. Eran unos y otros señores de la España; pero esclavos del Demonio. Si los Gachupines delinquieran en lo que los romanos, y abrazaran lo que los godos, España fuera la Esclava, y América la señora, siendo crimen *læsæ religionis* casarse las indianas con los españoles.

Desengañémonos, que todos somos hijos de la Iglesia, un Pastor nos rige, una fe nos alienta, un Bautismo nos lava, un Crisma nos unge, y un solo soberano, que es el Católico, nos manda y gobierna. Muchos son los miembros del cuerpo, distantes y desiguales en su textura y disposición; pero todos se unen amistosamente entre sí para socorrerse y obedecer una cabeza. Miembros son del cuerpo Católico los Gachupines, Criollos, y naturales de estos reinos; ¿pues porqué no han de vivir unidos, amándose y sujetándose al papa y rey como Cabezas? No debemos imitar a los Étnicos y Publicanos, ni vestirnos del carácter de los brutos, a quienes el freno pone en obediencia de sus señores: *in camo, et freno, maxillas eorum constringe.* Y si en los que no conocen, hace la naturaleza lo mismo que la razón en los que conocen; ¿porqué nos hemos de desviar de una ley que solo a los troncos áridos no comprende?

**Español.** Basta, que la noche está oscura, y distamos mucho trecho de nuestras posadas: basta te dije; y será para de una vez, por instarme el crédito de mis dependencias a la celeridad de mi partida, que con el favor de Dios, será mañana. Las estrechas obligaciones con que has ligado y aprisionado mi gratitud, las lleva selladas mi pecho tan vivamente, que no podrá borrarlas la distancia, ni el tiempo tendrá jurisdicción para ofenderlas. Poco he debido a mi aplicación, mucho a tu estudio, muchísimo a tu trabajo, e infinito a tu ingenio, y no menos a tu paciencia, índole, y agrado: ninguna otra recompensa hallo para satisfacer la sublimidad de estos dotes, que la que transcriben mis labios del Cap. 3. del Profeta Sofonias: *Gaudebit super te in Lætitia, silebit in dilectione tua, et exultabit super te in laude.* Y no porque ya me considere rico con el precioso caudal e inestimable tesoro de tus exquisitas noticias, enmudecerá mi lengua en tu alabanza; porque entonces me condenaría al inocente estado de la puerilidad, por aquello del Cardenal Hugo: *Puer quando habet, quod optat, silet.* Llevo en mi poder, cuanto con tan repetidos afanes y desvelos jamás pude adquirir. Y si las naturales ansias de saber, segunda vez me arrastraren a tus umbrales, se lisonjeará mi confianza con aquel *Aderit enim semper mihi gratia tua.*

Dijísteme en algunas ocasiones, que te habías propuesto trabajar y sacar a luz antes de estas Tardes una AMÉRICA TRIUNFANTE, imitando a Fabio y Lucano, en su Roma del mismo modo titulada: y acuérdome también que te repliqué, diciéndote, que más servicio harías a Dios, al rey, y al Mundo en desenterrar las olvidadas memorias de tus antiguos ritos, hechos, y heroicidades, colocar en orden los símbolos, caracteres, figuras, y otra infinidad de asterismos, que en separados Mapas, y carcomidos Papeles andan en manos de los ignorantes: poner en método con una genuina declaración lo escrito en las lenguas Nahual, Otomí, y Tarasca en los primeros años de la Conquista, y cuanto en las lenguas Castellana y Latina ha discurrido la aplicación de los estudiosos: gloriosas fatigas que podrían conducir a formar una nueva Historia general indiana, prometida por muchos, y por ninguno cumplida.

**Indio.** Ya tengo presente esa reconvención, y también me acuerdo que le respondí a vuestra majestad que ese carácter era propio de aquellos a quienes el soberano da la sacra investidura de Cronista Real. ¿Qué voces no diera el Mundo a la circunspecta majestad del trono? ¿Qué clamores no dirigieran los Sabios a la rectitud de los ministros, si vieran a un miserable Indio colocado en un empleo, que más que con copiosos afanes del rostro, con repetidos sudores del espíritu, gloriosamente desempeñaron los Guevaras, Herreras, Solises, Pelliceres, Gomaras, González, Salazares, Boturinis, y tantos a quienes el mérito los hizo iguales con la fortuna? Vuestra majestad aparte de sí, como mal pensamiento semejante especie, y ajustándose al estrecho cauce de mi abatida esfera, disponga de mi lealtad e inviolable fe cuanto fuere servido.

**Español.** Aunque en la alta comprensión de nuestros soberanos, en igual balanza se pesan los estudios de los indios que los de los españoles, quiero ahora graduar tu razón como ineludible, y convenirme en lo primero ultroneamente, por darles tan gratulatorio aviso a mis Paisanos; salvo que perciba que queden sus delicados gustos empalagados y desabridos con la mal sazonada vianda que por ahora les ofrecen mis respetuosos y reverentes anhelos, porque entonces no puedo darles pena con el pan por más que tengan hambre.

*Palato, non sano, pæna est panis.*

De todo me han de avisar los Amigos, y todo fielmente te lo he de participar. Y entre tanto, a ti por la alabanza digna de tu mérito, y al Lector por lo que pueda disimular, si es discreto, diré con el poeta:

*Et veniam pro laude peto: laudatus abunde,*
*Non fastiditus si tibi, lector, ero.*

## Nota el Indio

El año de 678 del siglo pasado, es memorable entre los indios por el Eclipse total de Sol, enlutando las tinieblas en tanto grado nuestro Continente, que cantaron los Gallos, y se pobló el Cielo de Estrellas. Es este año la fe del Bautismo, con que presencian sus edades los muchos que nacieron en él, y viven en el día. Los años de 14, y 50 del corriente siglo, jamás se apartará de la memoria de nuestros americanos, por la mucha hambre que padecieron, muriendo muchos lastimosamente. Llegó a valer la carga de maíz, alimento esencial para la conservación de la vida en estos países, a 12 y 14 pesos, precio desigual e insoportable a las facultades de nuestras extremas desdichas y pobrezas; como si en España valiera el cahiz de trigo cien ducados. Los años de 36 y 37, son la época con que acuerdan los sustos, miedos, tristezas, y suspiros: llamáronles del Matlazahuatl, por el universal contagio, y mortandad que hubo entre los indios. Fue esta peste la tercera en el orden de los tiempos, y la primera en el horror de los estragos. En solo este pueblo y su corto recinto, pasaron de sesenta los muertos.

En este año de 78, día primero de abril, entre cuatro y cinco de la tarde, se formó una tempestad sobre nuestro horizonte, entre Sur y Oriente, tan repentina, como espantosa y formidable: desgarrose la nube, no en agua, sino en piedra tan gruesa, que el tamaño y figura era de regular naranja, y el peso de libra; así contestes lo deponen todos los habitadores del pueblo del Rincón, y entre ellos personas religiosas y constituidas en dignidad, de quienes tengo carta que me lo aseguran. Dícese, que en un granizo se dejaba ver perfectamente delineada la Divina Imagen de nuestra Madre y señora de Guadalupe. Muchos refieren este prodigio como testigos de vista, viendo conducir el granizo de casa en casa, envuelto entre algodones. Y aunque necesita más comprobación el caso, no repugna creer que retratara su Imagen en el hielo, quien supo dibujarla en el Ayate. En otras partes aseguran, que cayó con la misma figura de naranja, pero tan hueco y sutil como si fuera pelota de algodón; y aunque mayores monstruos se engendran en la esfera, no deja de atribular el ánimo la particularidad de unos fenómenos que jamás vieron los presentes ni los pasados. En este mismo año se ejecutó generalmente en este obispado de Michoacán, y en todos los demás, el soberano orden de la majestad, sobre la abolición de los Notarios, y Juzgados Eclesiásticos en cuanto al conocimiento de las presentaciones, y Causas matrimoniales; trasladando en esta parte toda la autoridad a los Curas de los Territorios, remitiendo todos los costos que indispensablemente sufrían las partes contrayentes en semejantes casos, quedando pensionado el Indio a la corta exhibición de dos reales, y el de razón a la de cuatro. Los Jueces dichos foráneos, solo tienen facultad de conocer en las Causas contenciosas, actuando ante Escribano Público; bien que el ilustrísimo señor don Juan Ignacio de la Rocha, obispo de esta

Diócesis, manda que se abstengan de toda figura de Juicio, y que los Curas extrajudicial y paternalmente compongan las Partes, corrijan y castiguen, si necesario fuere, para acallar la queja y excusarles gastos. He visto y leído todo el Decreto e Instrucciones del modo con que se han de gobernar en lo futuro, y no hay cláusula que no respire el celo y la piedad con que en todo este nuevo Mundo es conocido, tan Sabio como amante Pastor. No puedo menos que reflexionar sobre un hecho, cuya determinación deja tanta utilidad en toda esta gran parte de América. El que con curiosidad se dedicare a sacar Copias del número de Notarías de cada obispado, y haga una prudente regulación de los esquilmos y emolumentos que cada un año percibían, conocerá el imponderable beneficio que la soberana piedad de nuestro Católico monarca le ha hecho a cada uno de sus Vasallos, contrapesando con esta Real munificencia a cuantas justas exacciones obligan las leyes al Vasallaje. En el año de 73 del siglo pasado fueron instituidos por el Ilmo. y Rmo. señor don fray Payo de Ribera los dichos Jueces Eclesiásticos, a causa de haber ganado los Párrocos Bula de su Santidad para conocer por sí las presentaciones matrimoniales.

Y si vuestra majestad quiere instruirse de otras cosas notables y dignas de la admiración, lea la erudita y nunca bien elogiada Historia de Nueva España, que escribió el gran Conquistador Cortés, y aumentó por el año pasado de 70, con especiales documentos y notas el ilustrísimo señor don Francisco Antonio Lorenzana, arzobispo de Toledo, y por entonces de México, etc.

Rectum Deo, sinistrum mihi.
O. san C. su majestad E. C. A. reverendo

Dando fin el Impresor, dijo:
Concluí tus Discursos Sabios,
GRANADOS, y por tributos
Sus bien sazonados frutos
Dejan la miel en los labios:
Mis elogios son agravios
Para obra tan elegante;

Y así, sin perder instante,
Espero que tus desvelos
Den a la AMÉRICA vuelos
Hasta ponerla TRIUNFANTE.

## Libros a la carta

A la carta es un servicio especializado para

empresas,

librerías,

bibliotecas,

editoriales

y centros de enseñanza;

y permite confeccionar libros que, por su formato y concepción, sirven a los propósitos más específicos de estas instituciones.

Las empresas nos encargan ediciones personalizadas para marketing editorial o para regalos institucionales. Y los interesados solicitan, a título personal, ediciones antiguas, o no disponibles en el mercado; y las acompañan con notas y comentarios críticos.

Las ediciones tienen como apoyo un libro de estilo con todo tipo de referencias sobre los criterios de tratamiento tipográfico aplicados a nuestros libros que puede ser consultado en Linkgua-ediciones.com.

Linkgua edita por encargo diferentes versiones de una misma obra con distintos tratamientos ortotipográficos (actualizaciones de carácter divulgativo de un clásico, o versiones estrictamente fieles a la edición original de referencia).

Este servicio de ediciones a la carta le permitirá, si usted se dedica a la enseñanza, tener una forma de hacer pública su interpretación de un texto y, sobre una versión digitalizada «base», usted podrá introducir interpretaciones del texto fuente. Es un tópico que los profesores denuncien en clase los desmanes de una edición, o vayan comentando errores de interpretación de un texto y esta es una solución útil a esa necesidad del mundo académico.

Asimismo publicamos de manera sistemática, en un mismo catálogo, tesis doctorales y actas de congresos académicos, que son distribuidas a través de nuestra Web.

El servicio de «libros a la carta» funciona de dos formas.

1. Tenemos un fondo de libros digitalizados que usted puede personalizar en tiradas de al menos cinco ejemplares. Estas personalizaciones pueden ser de todo tipo: añadir notas de clase para uso de un grupo de estudiantes,

introducir logos corporativos para uso con fines de marketing empresarial, etc. etc.

2. Buscamos libros descatalogados de otras editoriales y los reeditamos en tiradas cortas a petición de un cliente.

www.ingramcontent.com/pod-product-compliance
Lightning Source LLC
Chambersburg PA
CBHW020839020726
47497CB00005B/1178